Die Bonus-Seite

Ihr Vorteil als Käufer dieses Buches

Auf der Bonus-Webseite zu diesem Buch finden Sie zusätzliche
Informationen und Services. Dazu gehört auch ein kostenloser
Testzugang zur Online-Fassung Ihres Buches. Und der besondere
Vorteil: Wenn Sie Ihr **Online-Buch** auch weiterhin nutzen wollen,
erhalten Sie den vollen Zugang zum **Vorzugspreis**.

So nutzen Sie Ihren Vorteil

Halten Sie den unten abgedruckten Zugangscode bereit und
gehen Sie auf **www.galileodesign.de**. Dort finden Sie den
Kasten **Die Bonus-Seite für Buchkäufer**. Klicken Sie auf **Zur
Bonus-Seite/Buch registrieren**, und geben Sie Ihren **Zugangscode** ein. Schon stehen Ihnen die Bonus-Angebote zur Verfügung.

Ihr persönlicher
Zugangscode
acj3-wu6s-qnrx-ekhb

Kai Flemming

Adobe Illustrator CS6

Der praktische Einstieg

Galileo Press

Liebe Leserin, lieber Leser,

Illustrator ist ein wirklich faszinierendes Programm! Sicher haben Sie schon viele Illustrationen, Diagramme, Zeichnungen oder Logos gesehen, die mit Adobes Vektorkünstler erstellt wurden. Leider ist der Weg zu einer solchen Illustration oft steinig, denn das Programm ist überaus komplex.

Zum Glück gibt es dieses Einsteigerbuch von Kai Flemming, das Ihnen bei Ihren ersten Versuchen mit Illustrator zur Seite steht. Ein besonderes Plus des Buchs ist dabei, dass genau die Themen und Funktionen präsentiert werden, die Sie für einen gelungenen Einstieg in die Arbeit mit Illustrator wirklich benötigen. Dabei belässt Kai Flemming es aber nicht bei einer theoretischen Behandlung der Möglichkeiten: Er nimmt Sie an die Hand und führt Sie anhand zahlreicher Workshops Schritt für Schritt durch den Dschungel der Funktionen. Das benötigte Beispielmaterial finden Sie natürlich auf der Buch-DVD.

Dort haben wir für Sie außerdem ein attraktives Special bereitgestellt: In ausgewählten Video-Lektionen erleben Sie Illustrator CS6 live im Einsatz. Es lohnt sich, die DVD einmal in Ihren Rechner einzulegen!

Sollten Sie Fragen, Lob oder Anregungen zu diesem Buch haben, so freue ich mich über Ihre Mail.

Ich wünsche Ihnen viele gelungene Illustrationen!

Ihre Ruth Lahres
Lektorat Galileo Design
ruth.lahres@galileo-press.de

www.galileodesign.de
Galileo Press • Rheinwerkallee 4 • 53227 Bonn

Auf einen Blick

Wir hoffen sehr, dass Ihnen dieses Buch gefallen hat. Bitte teilen Sie uns doch Ihre Meinung mit. Eine E-Mail mit Ihrem Lob oder Tadel senden Sie direkt an die Lektorin des Buches: *ruth.lahres@galileo-press.de*. Im Falle einer Reklamation steht Ihnen gerne unser Leserservice zur Verfügung: *service@galileo-press.de*. Informationen über Rezensions- und Schulungsexemplare erhalten Sie von: *julia.mueller@galileo-press.de*.

Informationen zum Verlag und weitere Kontaktmöglichkeiten finden Sie auf unserer Verlagswebsite *www.galileo-press.de*. Dort können Sie sich auch umfassend und aus erster Hand über unser aktuelles Verlagsprogramm informieren und alle unsere Bücher versandkostenfrei bestellen.

An diesem Buch haben viele mitgewirkt, insbesondere:

Lektorat Ruth Lahres
Korrektorat Friederike Daenecke, Zülpich
Herstellung Janina Brönner
Layout Vera Brauner
Einbandgestaltung Janina Conrady
Coverbild iStockphoto: 11586784 © Jordan McCullough, 2730359 © Albert Campbell
Satz SatzPro, Krefeld
Druck Offizin Andersen Nexö Leipzig

Dieses Buch wurde gesetzt aus der Linotype Syntax (9,5 pt/13,75 pt) in Adobe InDesign CS5.5. Gedruckt wurde es auf matt gestrichenem Bilderdruckpapier (115 g/m^2).

Der Name Galileo Press geht auf den italienischen Mathematiker und Philosophen Galileo Galilei (1564–1642) zurück. Er gilt als Gründungsfigur der neuzeitlichen Wissenschaft und wurde berühmt als Verfechter des modernen, heliozentrischen Weltbilds. Legendär ist sein Ausspruch *Eppur si muove* (Und sie bewegt sich doch). Das Emblem von Galileo Press ist der Jupiter, umkreist von den vier Galileischen Monden. Galilei entdeckte die nach ihm benannten Monde 1610.

Bibliografische Information der Deutschen Nationalbibliothek:
Die Deutsche Nationalbibliothek verzeichnet diese Publikation in der Deutschen Nationalbibliografie; detaillierte bibliografische Daten sind im Internet über *http://dnb.d-nb.de* abrufbar.

ISBN 978-3-8362-1887-0
1. Auflage 2012
© Galileo Press, Bonn, 2012

Inhalt

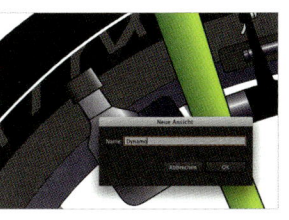

1   Oberfläche, Arbeitsbereiche & Dateien

2   Pfade

3   Objekte erstellen und bearbeiten

4 Bilder und Grafiken

5 Farbe und Verläufe

6   Ebenen

7 Muster, Pinsel und Symbole

8 Transparenzen und Effekte

9 Text

10 Grafiken für Web und Screen

11 Diagramme

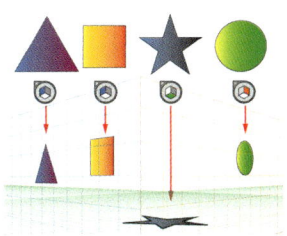

12 3D in Illustrator CS6

13 Zusammenspiel in der CS6

14 Ausgabe für den Druck

Workshops

Video-Lektionen

Als Ergänzung zum Buch möchten wir Ihnen relevante Lehrfilme aus dem Video-Training »Adobe Illustrator CS6. Das umfassende Training« (ISBN 978-3-8362-1903-7) von Karl Bihlmeier zur Verfügung stellen. So haben Sie die Möglichkeit, dieses neue Lernmedium kennenzulernen und gleichzeitig Ihr Wissen um Illustrator CS6 zu vertiefen. Sie schauen dem Trainer bei der Arbeit zu und verstehen intuitiv, wie man die erklärten Funktionen anwendet.

Kapitel 1: Einstieg in Illustrator CS6

1.1   Die Arbeitsoberfläche im Überblick (08:28 Min.)
1.2   Bedienfelder und Paletten kennenlernen (07:29 Min.)
1.3   Vektoren und Pixel im Vergleich (05:33 Min.)

Kapitel 2: Zeichnen und Gestalten

2.1   Freihandzeichnen mit Illustrator (12:01 Min.)
2.2   Mit Konturen gestalten (10:27 Min.)
2.3   Plastische Objekte mit dem Gitterwerkzeug erstellen (05:45 Min.)

Kapitel 3: Kreatives aus der Praxis

3.1   Handbuch-Illustrationen zeichnen (11:19 Min.)
3.2   Web-Buttons gestalten (12:24 Min.)
3.3   Comics zeichnen und illustrieren (17:45 Min.)

Einleitung

Liebe Leserinnen und Leser, wenn Sie dieses Buch in den Händen halten, wollen oder müssen Sie mit Adobe Illustrator CS6 arbeiten. Vorab kann ich Ihnen sagen, dass es ein fantastisches Programm für seine Aufgabengebiete ist. Dieses Buch soll Ihnen helfen, das zu entdecken und für sich nutzbar zu machen. Ich erläutere in dieser Einleitung kurz, für welche Bereiche Illustrator am besten einzusetzen ist, und zeige Ihnen auch, wie Sie dieses Buch dazu effizient nutzen können.

◄ **Abbildung 1**
Herzlich willkommen bei
Illustrator CS6

Anwendungsbereiche von Illustrator

Die Hauptanwendungen von Illustrator sind das Erstellen oder Digitalisieren von Logos, Piktogrammen und Signets. Auch das Digitalisieren von Fotos gehört dazu, aber in grafischer Anmutung, nicht fotorealistisch. Mit Illustrator erstellen Sie Informationsgrafiken, die Sachzusammenhänge visualisieren. Auch Vektorelemente, die als Hinterlegung oder Schmuckelement im Adobe-Layoutprogramm InDesign eingesetzt werden, sind häufig mit Illustrator entworfen. Ebenso können Sie mit Illustrator Diagramme generieren und gestalten. Dazu kommen 3D-Grafiken für Print und Web. Und nicht zuletzt ist das Illustrieren zu nennen, wie der Name des Programms ja schon sagt – ob technisch oder freihand, alles ist möglich.

Abbildung 2 ▶
Ob technisch oder frei –
alles ist möglich.

**Liebe
FreeHand-Anwender**

Adobe gab Ihnen nun
einige Jahre Zeit, um auf
Illustrator umzusteigen,
und unterstützte das
offene FreeHand-Format
noch bis zur Version CS5.
Nun ist Illustrator kom-
plett neu aufgebaut
worden (auf 64 Bit) und
öffnet das offene Free-
Hand-Format nicht mehr.
Arbeiten Sie innerhalb
der Creative Suite mit
den Suite-Programmen,
es lohnt sich!

Für wen ist dieses Buch geeignet?

Dieses Buch richtet sich an alle Grafiker/-innen und Medien-
gestalter/-innen, die (Vektor-)Grafiken erstellen oder in andere
Anwendungen wie InDesign oder Webprogramme einbetten
möchten. Es richtet sich an jene, die vom Kunden Logos als Pixelbilder bekommen und diese nachzeichnen müssen. Es richtet sich
natürlich auch an alle Illustratoren, die vektorbasierte Elemente
oder ganze Illustrationen erstellen wollen, und an alle diejenigen,
die Diagramme zu Präsentationszwecken brauchen. Es richtet sich
auch an Flash-Designer, die Vektorelemente in Flash einbinden
möchten.

Sie arbeiten hauptsächlich mit InDesign (vielleicht im Edito-
rial Design) und müssen nur manchmal Illustrator verwenden? Sie
machen eine Ausbildung zum Mediengestalter bzw. zur Medien-
gestalterin und lernen Illustrator in der Schule kaum? Sie kennen

Illustrator schon länger, benutzen es aber nicht so oft und müssen immer wieder neu nach den Funktionen suchen? Dann sind Sie hier genau richtig.

Wie »funktioniert« dieses Buch?

Mit diesem Buch möchte Ihnen nicht nur einen Überblick über die vielen Anwendungsmöglichkeiten von Illustrator geben, sondern möchte Sie darüber hinaus befähigen, selbst Grafiken, Illustrationen, Vektorelemente, Muster und Diagramme anzulegen – ganz gleich, ob Sie mit oder ohne Vorkenntnisse einsteigen. Die **Schritt-für-Schritt-Anleitungen** in den einzelnen Kapiteln zeigen Ihnen dabei einen Weg auf, wie Sie ganz konkret arbeiten können. Es lohnt sich auch dann, diese Anleitungen durchzugehen, wenn Ihnen das Thema schon vertraut ist, weil sie Ihnen möglicherweise andere Herangehensweisen näherbringen.

Sie finden am Ende einiger Kapitel auch jeweils eine **Zusammenfassung der wichtigsten Tastenkürzel**, die im jeweiligen Kapitel Anwendung finden. Denn Tastenkürzel helfen Ihnen, effektiv zu arbeiten.

Eine Übersicht aller Werkzeuge und Unterwerkzeuge aus der Werkzeugleiste finden Sie in Kapitel 1, »Oberfläche, Arbeitsbereiche & Dateien«. Das ist sehr hilfreich, weil im Buch immer die genauen Bezeichnungen des Programms verwendet werden, auch wenn es so manches Mal etwas gestelzt klingt.

Sie können das Buch von der ersten bis zur letzten Seite durchlesen, was sich besonders für Einsteiger lohnt. Dieses Vorgehen kann sich aber auch für die etwas erfahreneren Leser lohnen, weil Sie sicher noch Neues entdecken können. Wenn Sie zum Beispiel mit dem Pinsel-Werkzeug aus Kapitel 7, »Muster, Pinsel und Symbole«, arbeiten möchten, erzielen Sie schneller Erfolge, wenn Ihnen der Umgang mit Pfaden, der in Kapitel 2, »Pfade«, beschrieben wird, schon vertraut ist.

Wichtige Begriffe sind in **fetter** Schrift hervorgehoben. Die für die jeweilige Erklärung relevanten Illustrator-Begriffe oder -Menüeinträge sind in KAPITÄLCHEN gesetzt. Am Ende des Buchs gibt es einen Index, in dem Sie alle wichtigen Begriffe wiederfinden, um gezielt zu den entsprechenden Stellen im Buch zu

▲ **Abbildung 3**
Wenn Material oder Übungen für Sie auf der DVD bereit liegen, erscheint das DVD-Symbol.

PC	Mac
Strg + Alt + J	⌘ + Alt + J
Strg + J	⌘ + J
Strg + ⇧ + A	⌘ + ⇧ + A
Strg + 3	⌘ + 3
Strg + Alt + 3	⌘ + Alt + 3
Strg + A	⌘ + A
Strg + Leertaste	⌘ + Leertaste
Strg + Alt + Leertaste	⌘ + Alt + Leertaste
Strg + 0	⌘ + 0

▲ **Abbildung 4**
Tastenkürzel (für Windows und Mac) unterstützen schnelles Arbeiten. Sie finden sie in den jeweiligen Kapiteln.

▲ **Abbildung 5**
Der Hinweis, dass es für dieses Thema auch ein Video-Tutorial auf der DVD gibt. Hier können Sie einem erfahrenen Illustrator-Anwender über die Schulter schauen.

gelangen. Außerdem finden Sie an jedem Kapitelanfang eine Übersicht über die behandelten Themen, damit Sie auf einen Blick feststellen können, ob das Gesuchte dabei ist.

An einigen Stellen finden Sie in den Marginalspalten (also den Randspalten) Hinweise, die im weiteren Sinne zum Thema gehören. Sie enthalten nützliche Zusatzinformationen, die ich als Leser nicht auslassen würde.

Hinweis-Kästen

In solchen Kästen stehen weiterführende Informationen, die für Sie spannend, informativ oder hilfreich sein können. Unbedingt mitlesen!

Danke schön

Ich möchte zunächst allen Freunden für ihre Geduld danken, weil ich mich für so viele Wochen von allem zurückgezogen habe, um dieses Buch gewissenhaft zu schreiben und rechtzeitig dem Verlag zu übergeben.

Ich danke Galileo Press für das Vertrauen, mich auch das zweite Einsteigerbuch für Adobe Illustrator (diesmal CS6) schreiben zu lassen; und damit vor allem meiner Lektorin, Frau Ruth Lahres, die mit mir am gleichen Strang gezogen hat in dem Bemühen, Ihnen, liebe Leserinnen und Leser, ein gutes Buch zu liefern.

Wir, Galileo und ich, freuen uns auch immer über Rückmeldungen von Ihnen, damit wir auch das kommende Buch so gut wie nur irgend möglich machen können.

Und nun wünsche ich Ihnen viel Erfolg und vor allem viel Spaß mit diesem Buch und dem spannenden Programm Adobe Illustrator CS6.

Ihr Kai Flemming

Oberfläche, Arbeitsbereiche & Dateien

Ein Wegweiser durch das Programm

- ▶ Was sind Vektoren, was Pixel?
- ▶ Wie werden neue Dokumente erstellt?
- ▶ Wie werden Dokumente geöffnet?
- ▶ Wie reagiere ich beim Öffnen meines Dokuments auf eventuelle Warndialoge?
- ▶ Wie sieht meine Arbeitsumgebung aus?
- ▶ Wie lässt sich der Arbeitsbereich sinnvoll einrichten?
- ▶ Wie finde ich mich im Dokument leicht zurecht?

1 Oberfläche, Arbeitsbereiche & Dateien

Video-Training

Auf der Buch-DVD finden Sie Lektion 1.3, »Vektoren und Pixel im Vergleich«.

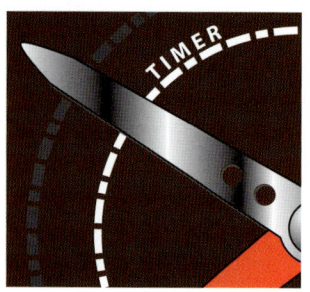

▲ **Abbildung 1.1**
Oben sehen Sie das Raster im Druck, in der Mitte die Pixel in Photoshop in der Vergrößerung. Nur als Vektorform bleiben alle Kanten scharf (unten).

Bevor ich Sie in den kommenden Kapiteln in die Werkzeuge und Techniken von Illustrator einführe, erfahren Sie in diesem Kapitel alles Wichtige über das Anlegen eines Dokuments, die Arbeitsumgebung oder das Navigieren im Dokument selbst – mit einem Wort: alles über das »Handling«. Was Sie hier lernen, begleitet Sie den ganzen Arbeitsprozess hindurch. Ob Sie mit Texten arbeiten, eine freie Illustration anlegen oder ein Diagramm erstellen, immer benötigen Sie ein neues oder zu aktualisierendes Dokument, geben Werte in Bedienfelder ein und wechseln zwischen verschiedenen Ansichten Ihrer Datei. Ich möchte, dass Sie am Ende dieses Kapitels »Ihr« Illustrator vor sich haben, das Sie mit einem Klick wieder »aufräumen« und in dem Sie sich immer schnell zurechtfinden. Zuerst aber wollen wir uns noch einmal den Unterschied zwischen Vektoren und Pixeln vergegenwärtigen.

1.1 Pixel und Vektoren

Ein paar Grundlagen über die Arbeitsweise von Illustrator zu kennen und zu wissen, wie das Programm funktioniert, ist hilfreich. Vor allem den Unterschied zwischen vektorbasierten Objekten und pixelbasierten Dateien sollten Sie kennen. Entweder lassen Sie Ihre Dateien aus Illustrator drucken, dann ist die Druckerei Ihr Partner, oder der Webdesigner möchte Ihre Daten aus Illustrator einbetten. Oder Sie arbeiten mit den eigenen Illustrator-Grafiken in anderen Programmen weiter.

Pixel, Vektoren und Datenmengen

Illustrator ist ein Vektorprogramm. Aber was sind Vektoren, und was sind Pixel?

Ein Foto, das Ihnen digital vorliegt, besteht aus einzelnen Pixeln. Das heißt, dass die Bildfläche waagerecht und senkrecht in viele Zeilen und Spalten aufgeteilt ist. So entsteht ein Raster. Je höher die Auflösung eines Bildes, desto feiner ist dieses Raster.

Jeder der Rasterzellen ist ein Farbwert zugewiesen, so wird jeder einzelne Bildpunkt beschrieben. Die Menge der Daten ist relativ hoch und steigt schnell an, wenn das Bild feiner aufgelöst ist. So hat ein 5×5 cm großes Bild bei einer Auflösung von 72 dpi eine Datenmenge von 51 Kilobyte. Läge das Bild hingegen in einer Druck-Auflösung von 300 dpi vor, wäre es schon 1.023 Kilobyte groß.

Ein Problem ist, dass Pixelbilder nicht beliebig skalierbar sind. Vergrößern Sie nämlich das Bild, entstehen beim In-die-Länge-Ziehen »Lücken« in den Daten, die nur unzureichend ausgeglichen werden können. Die Bilder werden »pixelig«, die Konturen erscheinen unscharf.

 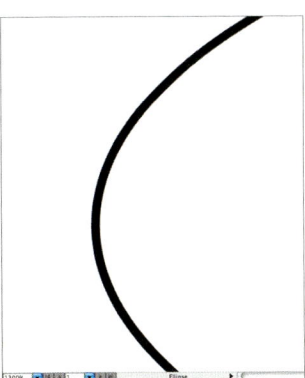

◄ **Abbildung 1.2**
Links eine Kurve in Pixeln, rechts eine aus Vektoren (vergrößert)

Anders ist es mit Vektoren: Diese werden nicht Punkt für Punkt innerhalb eines Rasters beschrieben, sondern in ihrer Form mathematisch »errechnet«. Wird zum Beispiel ein Quadrat beschrieben, ist es völlig gleich, ob in der Beschreibung steht, dass es Kantenlängen von 4 cm oder von 4 m hat. Hierdurch sind Vektorgrafiken beliebig skalierbar, ohne Qualität einzubüßen. Auch die Datenmengen sind meistens kleiner.

Kleine Datenmenge, scharfe Kanten und beliebige Skalierbarkeit – das alles sind sehr gute Gründe dafür, gerade Logos mit einem Vektorprogramm wie Adobe Illustrator zu erstellen.

An dieser Stelle möchte ich aber anmerken, dass Illustrationen eines Vektorprogramms immer etwas »cleaner« anmuten als viele mit der Hand angelegte Zeichnungen, Bilder und Grafiken. Auch

Pixel

Im Gegensatz zu den Vektoren, die die Formen im Hintergrund mit Formel beschreiben, wird bei Pixelbildern die Fläche in ein mehr oder weniger feines Raster unterteilt. Jede dieser dadurch entstehenden Rasterzellen enthält dann die Information über z. B. die Farbe an dieser Stelle des Bildes. Je feiner das Raster, desto mehr Informationen auf kleiner Fläche.

dpi

»dpi« steht dabei für »dots per inch«, gibt also an, wie viele Punkte (dots) auf einer Strecke von einem Inch (2,4 cm) gedruckt werden (siehe auch den Abschnitt 14.4, »Überdrucken und Überfüllen«).

▲ **Abbildung 1.3**
Die technische Illustrator-Grafik (unten) wurde auf Basis eines Marker-Layouts (oben) erstellt.

fotorealistische Anmutungen sind eher etwas für Photoshop. Profis arbeiten deshalb gerne in Illustrator vor und in Photoshop nach. Kapitel 13, »Zusammenspiel in der CS6«, gibt Ihnen hierfür Anregungen.

Schauen wir uns jetzt an, wie Sie mit Illustrator CS6 arbeiten.

1.2 Ein neues Dokument anlegen

Rastereffekt

Der Rastereffekt legt die Auflösung der als Pixel erzeugten Effekte wie SCHATTEN oder WEICHE KANTE fest.

Der Dialog NEUES DOKUMENT, den Sie über DATEI • NEU... oder mit Strg/⌘+N erreichen, ist zweigeteilt.

1. Im oberen Teil finden Sie verschiedene grundsätzliche Einstellungen, die Sie für Ihr Dokument vornehmen müssen.

2. Im unteren Teil – ERWEITERT – stellt der etwas erfahrenere Anwender zum Beispiel den FARBMODUS ❼, die RASTEREFFEKTE ❽ und den VORSCHAUMODUS ❾ ein und legt fest, ob Objekte an einem Pixelraster ausgerichtet sein sollen ❿.

Abbildung 1.4 ▶
Der Dialog NEUES DOKUMENT

Dokumentprofil auswählen

Unter PROFIL ❶ wählen Sie zwischen verschiedenen Dokumentprofilen, die bereits die wichtigsten Einstellungen im Hinblick auf das jeweilige Ausgabemedium enthalten.

In den allermeisten Fällen werden Sie sich für Druck entscheiden – auch dann, wenn Sie ein Logo für eine Webanwendung kreieren wollen. Denn später soll das Logo vielleicht doch auch noch gedruckt werden.

Wenn Sie explizit Designs für das Web oder den Bildschirm kreieren, wählen Sie jedoch hier schon eine der dafür vorgesehenen Einstellungen aus (Web, Devices, Video und Film), damit Sie gleich die Pixeleinheit bekommen und sich Ihre Objekte am Pixelraster orientieren.

Abhängig von den Einstellungen unter Profil werden Ihnen bei Grösse unterschiedliche Auswahlen angezeigt. Entscheiden Sie sich z. B. für Druck, können Sie unter Grösse verschiedene DIN-Formate einstellen. Wählen Sie bei Profil hingegen Web aus, bekommen Sie eine Auswahl von Bildschirmauflösungen in Pixel angeboten. Beim Profil Geräte haben Sie die Möglichkeit, unter Grösse schon bestimmte mobile Geräte wie iPhone oder iPad auszuwählen.

▲ **Abbildung 1.5**
Wahlmöglichkeiten unter Profil

◄ **Abbildung 1.6**
Für verschiedenste Anwendungen stellt Illustrator unter Grösse verschiedene Formate, Auflösungen und Geräte zur Auswahl: Profil Druck, Web, Geräte und Video & Film

Selbstverständlich können Sie immer unter Breite und Höhe ❺ auch eigene Werte eingeben und die Maßeinheit ⓭ selbst bestimmen.

Bei der Einstellung Web wechselt im Erweitert-Bereich unten der Farbmodus ❼ automatisch auf RGB, und die Rastereffekte stellen sich auf Bildschirm (72 ppi) um. Gleiches passiert bei

Farbmodus

Die Farben von Bildern und Grafiken können in unterschiedlichen Farbmodi dargestellt werden, denen jeweils ein anderer Farbraum zugrunde liegt. Die gebräuchlichsten Farbmodi basieren auf RGB, CMYK, Lab, Graustufen und Bitmap (Schwarzweiß).

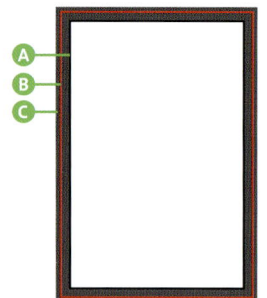

▲ **Abbildung 1.7**
Beim Profil VIDEO UND FILM lässt sich auch ein Transparenzraster einstellen.

Weitere Auswirkungen von Profilen

Je nachdem, welches Profil Sie wählen, verändert Illustrator auch schon den Inhalt der Bedienfelder und gibt Ihnen andere Farben und Symbole vor.

Abbildung 1.8 ▶
NEU AUS VORLAGE öffnet ein bestehendes Dokument, das überschrieben werden kann.

▲ **Abbildung 1.9**
Die schwarze Umrandung zeigt die Zeichenfläche Ⓐ, die rote Umrandung den Beschnitt Ⓑ. Grau wird die Montagefläche dargestellt Ⓒ.

GERÄTE und VIDEO UND FILM. Bei Letzterem können Sie im ERWEITERT-Bereich noch ein TRANSPARENZRASTER definieren.

Die Dokumentprofile FLASH BUILDER und WEB haben eine weitere Besonderheit: Bei ihnen ist im ERWEITERT-Bereich die Funktion NEUE OBJEKTE AN PIXELRASTER AUSRICHTEN aktiviert. Objekte schnappen dann in ein im Hintergrund arbeitendes Pixelgitter ein, was beim Arbeiten für den Bildschirm eine sehr sinnvolle Sache ist, denn feine Linien zum Beispiel werden dann nicht unscharf dargestellt, weil sie nun mit dem Pixelraster konform sind.

Im Dropdown-Menü von PROFIL kann das DURCHSUCHEN (ganz unten) auch sehr praktisch sein. Mit dieser Funktion können Sie zu einem schon bestehenden Dokument navigieren, dieses anklicken und mit ÖFFNEN bestätigen, dass Ihr neues Dokument mit den Grundeinstellungen dieser angeklickten Illustrator-Datei erstellt wird. Sie bekommen dann auch dessen Farbfelder (aber auch nur diese, nicht die Standardfarbfelder wie sonst). Sie kopieren also quasi die Datei ohne Inhalt, um eine neue daraus zu machen.

Die Zeichenfläche

Schon beim Anlegen eines neuen Dokuments können Sie eine ANZAHL AN ZEICHENFLÄCHEN ❷ (Abbildung 1.4) bestimmen, deren Anordnung in Ihrem Dokument ⑪ und auch den Abstand dieser Zeichenflächen zueinander festlegen ❸ sowie die Anzahl der SPALTEN ⑫ angeben, in denen diese angeordnet werden sollen.

Mit den Symbolen ⑭ wechseln Sie zwischen Quer- und Hochformat. NEUE OBJEKTE AN PIXELRASTER AUSRICHTEN ⑩ ist für Bildschirmanwendungen wichtig, damit feine Linien zum Beispiel auch am Monitor sauber dargestellt werden.

Sie können, was für den Druck sehr wichtig sein kann, Ihren Zeichenflächen jeweils einen ANSCHNITT ❻ zuweisen. Dieser legt um die »Seiten« einen Rahmen in definierter Größe (Standard ist

3 mm), an dem Sie sich orientieren können. Denn alle Objekte (wie farbige Hinterlegungen oder Fotos), die im Druck ganz bis zum Papierrand reichen, müssen ein wenig darüber hinausgezogen werden, damit in der Produktion weiße Blitzer am Papierrand ausgeschlossen werden können. Gestalten Sie also ganze Seiten statt Einzelelementen, müssen Sie dies beachten. Umgekehrt dürfen Sie auch Objekte, die nicht angeschnitten werden sollen, nicht zu nah an den Papierrand bzw. an die Zeichenfläche heranlegen.

Darstellung der Montagefläche

In den Voreinstellungen können Sie unter Benut- zeroberfläche die Arbeitsflächenfarbe auch von Grau auf Weiß umstellen.

1.3 Dateien öffnen

Ob Sie nun über das Hauptmenü Datei gehen oder die Tastenkombination Strg/⌘+O drücken, Sie gelangen zum Öffnen-Dialog. Im unteren Teil ist unter Dateityp bzw. Aktivieren (Mac) standardmäßig Alle Formate (Windows) bzw. Alle lesbaren Dokumente (Mac) eingetragen.

◄ **Abbildung 1.10**
Der Öffnen-Dialog am Mac

Illustrator zeigt Ihnen in Ihrer eigenen Ordnerstruktur alle vorhandenen Dokumente an. Am Mac werden Dokumente, die Illustrator nicht öffnen kann, abgeschwächt dargestellt. Sie können Ihre Suche einschränken, indem Sie sich nur eine ganz bestimmte Art von Dokumenten anzeigen lassen. Auf diese Weise entdecken Sie schnell die gesuchte Kategorie (auch dann, wenn die Dokumente keine Dateinamenerweiterung haben sollten). Formate, die Illustrator hier auflistet, sind oft keine Illustrator-Formate. Sie werden dann beim Öffnen von Illustrator so gut es geht interpretiert.

Eine Illustrator-Datei öffnen

Wenn Sie z. B. eine Illustrator-Datei auswählen (egal ob *.ai* oder *.eps*) und den Button ÖFFNEN betätigen oder auf die Datei doppelklicken, öffnet das Programm sie so, wie sie zuletzt gespeichert wurde.

Andere Formate öffnen

Wenn Sie eine PSD-Datei anklicken, öffnet Illustrator eine neue Illustrator-Datei mit einer Zeichenfläche in den Maßen des Bildes. Öffnen Sie eine JPG-Datei, platziert Illustrator das Bild in die Mitte einer neuen Datei, und zwar in der Größe der zuletzt angelegten AI-Datei.

Handelt es sich um ein Bild im Farbmodus RGB, so ist auch die Illustrator-Datei eine RGB-Datei. Handelt es sich um ein Bild mit CMYK-Profil, wird auch die Illustrator-Datei als CMYK-Datei angelegt.

Weicht das Farbprofil des Bildes vom Arbeitsprofil von Illustrator ab, erscheint ein Dialog, in dem Sie gefragt werden, wie Sie nun mit dem Farbprofil des Bildes verfahren wollen. Mehr dazu folgt in Abschnitt 1.4 unter »Fehlendes (Farb)-Profil«.

Achtung

Bilder, die über den ÖFFNEN-Dialog zu Illustrator kommen und nicht über den PLATZIEREN-Dialog, sind grundsätzlich EINGEBETTET statt VERKNÜPFT. Was das bedeutet, lesen Sie in Abschnitt 4.1, »Dateien platzieren«. Auch liegen beim Öffnen eines Bildes keine vorangelegten Farbfelder für Sie bereit. Wie Sie neue Farben hinzubekommen, lesen Sie in Abschnitt 5.2, »Illustrator und seine Farben«.

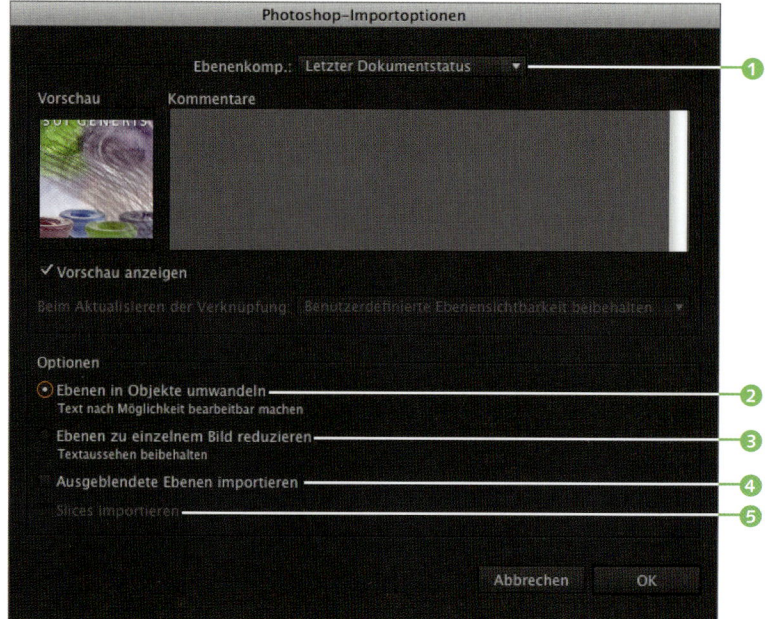

Abbildung 1.11 ▶
Dialog beim Öffnen eines Pixelbildes

Möchten Sie eine Datei mit Ebenen öffnen, werden Sie gefragt, ob Sie die Ebenen des Bildes als Einzelobjekte in Illustrator übernehmen möchten ❷ oder ob sie zu einem Objekt zusammengefügt werden sollen ❸. Wurde eine Photoshop-Datei mit Ebenenkompositionen angelegt, können Sie auch diese hier auswählen ❶. Entscheiden Sie auch, ob ausgeblendete Ebenen ❹ und in Photoshop angelegte Slices ❺ mitimportiert werden sollen.

Eine PostScript-Datei öffnen

Wenn Sie eine PostScript-Datei eines anderen Programms öffnen, wie zum Beispiel ein altes FreeHand-EPS, versucht Illustrator, diese Datei nach allen Maßgaben der PostScript-Informationen zu konvertieren. Es ist zwar erstaunlich, was Illustrator alles öffnen kann, aber zaubern kann das Programm nicht – Sie müssen eventuell noch korrigieren. Illustrator zeigt Ihnen vor dem Öffnen einen Dialog an, in dem aufgelistet wird, was nicht konvertiert werden kann, bzw. in dem Sie gefragt werden, was und wie Sie es öffnen möchten. Im schlimmsten Fall erhalten Sie die Meldung, dass Illustrator das Format gar nicht kennt und somit auch nicht öffnen kann.

1.4 Warndialoge beim Öffnen

Ihr Programm läuft im Hintergrund mit vielen Einstellungen. So wird es passieren, dass Sie ein Dokument verwenden wollen, das mit anderen Einstellungen angelegt worden ist. Daraufhin öffnet sich ein Warn- oder Fragedialog, auf den Sie reagieren müssen, weil Illustrator ohne Antwort nicht weiterarbeitet.

Fehlendes (Farb-)Profil

Der Dialog Abweichung vom eingebetteten Profil zeigt Ihnen an, dass in das zu öffnende Dokument kein oder ein anderes Farbprofil eingebettet ist, als Ihr Arbeitsfarbraum verlangt. Auch hierzu folgt mehr in Kapitel 5, »Farbe und Verläufe«. Doch im Groben erläutere ich Ihnen schon einmal, was es bedeutet und wie Sie sich hier verhalten können.

▲ **Abbildung 1.12**
Wenn keine Farbfelder in der Datei liegen, öffnen Sie welche.

Das Dokument hat keine Farben

Öffnen Sie das Farbfelder-Bedienfeld, klicken Sie auf den linken Button in dessen Fußzeile, und wählen Sie dort Standard-Farbfelder • Druck (Abbildung 1.12).

FreeHand wird nicht mehr unterstützt

Sehr schade ist, dass offene FreeHand-Dateien nun nicht mehr von Illustrator geöffnet werden. Lediglich das EPS-Format (von FreeHand) wird noch unterstützt; wobei das EPS-Format veraltet ist und wohl bald aus der Welt des Designs verschwinden wird. Entsprechend viel muss eventuell an einer FreeHand-EPS-Datei korrigiert werden.

Abbildung 1.13 ▶
Sind keine Pixelbilder in der Datei enthalten, können Sie sich auch für EINGEBETTETES PROFIL LÖSCHEN entscheiden, wenn Sie sonst unsicher sind.

Colormanagement

Meine Empfehlung: Das PrePress-Handbuch über PDF-Ausgabe und Colormanagement von »cleverprinting.de«.

In den Farbeinstellungen im Menü BEARBEITEN (oder noch besser zentral in der Bridge für die gesamte Creative Suite: BEARBEITEN • CREATIVE SUITE FARBEINSTELLUNGEN…) legen Sie fest, wie Illustrator (bzw. die Creative-Suite-Programme) Farben darstellen und auch behandeln soll.

In einem Illustrator-Dokument, das Sie öffnen, kann aber etwas anderes eingestellt sein als in Ihren Programmvorgaben. Sie entscheiden nun, ob das Dokument trotzdem unverändert geöffnet werden soll ❶, ob Sie ihm ein ganz anderes Profil zuweisen möchten ❷ oder ob das Farbprofil des Dokuments gelöscht werden soll ❸.

Wenn Sie wissen, was später mit dem Dokument passieren soll, und sich mit Farbmanagement auskennen, kann das Löschen des Profils sinnvoll sein. Sind Sie sich unsicher, lassen Sie es zunächst unverändert (EINGEBETTETES PROFIL VERWENDEN) und konvertieren es gegebenenfalls später (BEARBEITEN • PROFIL ZUWEISEN…). Sie sehen dann an einem kalibrierten Monitor mit ANSICHT • FARBPROOF in etwa, wie es aussehen wird. Bitte lesen Sie hierzu auch unbedingt Kapitel 5, »Farbe und Verläufe«, damit Sie später nicht enttäuscht sind über die im Druck dann doch anders aussehenden Farben.

Fehlende Schriften

Der Dialog SCHRIFTPROBLEME weist Sie darauf hin, dass das zu öffnende Dokument Schriften enthält, die aktuell nicht in Ihrem System aktiviert sind. Die fehlenden Schriften werden aufgelistet.

Ein Illustrator-Dokument mit fehlenden Schriften können Sie trotzdem öffnen. Sie müssen die fehlenden Schriften dann nachträglich auf Ihrem Computer aktivieren, wenn Sie sie beibehalten wollen (siehe unten).

Bei PDF-Dokumenten, die Sie in Illustrator öffnen, kann es vorkommen, dass eine nicht vorhandene Schrift in Pfade umgewandelt wird, um sie darstellen zu können. Illustrator informiert Sie in diesen Fällen. Möchten Sie das nicht, aktivieren Sie auch hier die Schrift in Ihrem System, öffnen dann aber die Datei erneut.

Schriftenverwaltung
Gut ist der Einsatz eines Schriftenverwaltungsprogramms, das über Plug-ins für Ihre Grafikprogramme verfügt und in Fällen fehlender Schriften diese automatisch öffnet, wenn Sie sie besitzen (z. B. der FontExplorer von Linotype oder Suitecase und andere).

◄ **Abbildung 1.14**
Eine Schrift ist beim Öffnen nicht im System aktiv.

Erhalten Sie mit einer Illustrator-Datei auch die verwendeten Schriften geliefert, erstellen Sie in Ihrem Programmordner einen Ordner namens *Fonts*. In diesem Ordner legen Sie die Schrift ab; Illustrator verwendet sie automatisch.

◄ **Abbildung 1.15**
Ordner für temporär aktivierte Schriften

Fehlende Verknüpfungen

Ist in Ihrem Illustrator-Dokument eine andere Datei als Verknüpfung platziert – es kann sich um ein Bild handeln, aber auch um Grafiken –, fragt Illustrator Sie nach eben diesen Verknüpfungen, wenn er die Bilder/Grafiken nicht finden kann. Das kann passieren, wenn Sie sie auf Ihrem Computer gelöscht oder verschoben haben oder wenn eine Illustrator-Datei weitergegeben wird, nicht aber die dazugehörigen Verknüpfungen.

Im Dialog haben Sie drei Möglichkeiten: Sie können das Öffnen Abbrechen (und Feierabend machen), die Verknüpfung Ignorieren (sie fehlt dann in der Datei) oder sie Ersetzen, also neu laden (Sie müssen dann zu der entsprechenden Datei navigieren und die Verbindung wiederherstellen).

Abbildung 1.16 ▶
Häufiges Problem: Verknüpfte Bilder werden nicht mit der Illustrator-Datei mitgeschickt.

Interaktiv nachgezeichnete Objekte

Wenn Sie ein älteres Illustrator-Dokument öffnen, in dem Sie das interaktive Nachzeichnen benutzt haben, werden Sie nun von Illustrator CS6 gefragt, ob Sie das Bild erneut mit dem neuen Bildnachzeichner nachzeichnen möchten. Freuen Sie sich aber nicht zu früh: Das geht nur dann, wenn Sie das Bild in der alten Datei nicht schon umgewandelt hatten (was aber eher üblich ist). Ob die Nachzeichnungen der neuen Version besser sind als die alten, darüber gehen die Meinungen auseinander.

Abbildung 1.17 ▶
Wollen Sie interaktiv nachgezeichnete Objekte erneut nachzeichnen lassen?

In der Datei müssen Sie aber noch das Originalbild auswählen und das schon nachgezeichnete Bild ausblenden – beides am besten über das Ebenen-Bedienfeld (wie das geht, erfahren Sie in Kapitel 6, »Ebenen«).

In der Ebene versteckt: Die Nachzeichnengruppe ❸ muss ausgeblendet werden ❶, und die Verknüpfung ❺ muss eingeblendet ❷ und aktiviert ❹ werden.

Wenn Sie nun alle Warndialoge beantwortet haben, können Sie loslegen und im geöffneten Dokument weiterarbeiten. Es kann übrigens sein, dass alle hier aufgeführten Warnungen hintereinander aufpoppen. Das ist meistens dann der Fall, wenn das Dokument auf einem anderen Rechner erstellt wurde.

1.5 Die Arbeitsoberfläche von Illustrator CS6

Nachdem Sie ein neues Dokument erstellt oder ein bestehendes geöffnet haben, sehen Sie Ihre eigentliche Arbeitsumgebung. Es ist sehr wichtig, sich diesen Arbeitsplatz so einzurichten, dass Sie nicht lange nach Bedienfeldern und Werkzeugen suchen müssen. Damit Sie wissen, wie Sie Ihren Arbeitsbereich einrichten, erfahren Sie zunächst, wie Illustrator in dieser Beziehung »tickt«.

Die Arbeitsfläche

In der Mitte Ihres Bildschirms liegt bzw. liegen die **Zeichenfläche(n)** ❺ (Abbildung 1.19) – eingerahmt (jeweils) mit einer schwarzen Kontur. Mit einer roten Kontur wird der **Beschnitt** gekennzeichnet, wenn Sie Ihren Zeichenflächen einen Beschnitt zugewiesen haben. Außerhalb dieser Zeichenfläche liegt die **Montagefläche** ❻. Hier können Sie Objekte ablegen, vorbereiten und montieren, wie auf einem richtigen Schreibtisch auch. Alles zusammen ergibt die **Arbeitsfläche**.

Links am Monitorrand finden Sie standardmäßig die **Werkzeugleiste** ❹. Denn wie beim klassischen Handwerk auch brauchen Sie in Illustrator für alle Arbeiten das entsprechende Werkzeug.

Windows- und Mac-Aussehen

Ein letzter gravierender optischer Unterschied zwischen Windows und Mac ist der bei Windows standardmäßig eingeblendete Anwendungsrahmen, den Mac-User unter FENSTER einschalten können.

▲ **Abbildung 1.19**
Die Arbeitsfläche von Illustrator (hier mit vier Zeichenflächen)

Oberhalb Ihrer Arbeitsfläche liegt das Steuerung-Bedienfeld ❸ oder die **Steuerleiste**, wie sie auch oft genannt wird. Das Steuerung-Bedienfeld ist Ihre Schaltzentrale, die immer die wichtigsten Attribute des gerade aktiven Objekts/Werkzeugs anzeigt.

Darüber (Mac) bzw. neben der Menüleiste (Windows) befindet sich die **Anwendungsleiste** ❷ und ganz oben die **Menüleiste** ❶. Rechts am Monitorrand liegen die **Bedienfelder** ❿. In diesen finden Sie die Funktionen von Illustrator, aufgeteilt nach Themenbereichen. Der Name des Dokuments ❾ zeigt auch den Farbmodus an, und ein »*« erscheint, wenn Änderungen in der Datei noch nicht gespeichert sind. Darunter und auch am linken Rand der Arbeitsfläche liegen die Lineale an ❼.

Abbildung 1.20 ▶
Die Statusleiste

Der untere Dokumentrahmen ❽, der auch **Statusleiste** genannt wird, informiert Sie über den Vergrößerungsfaktor, die aktuell aktive Zeichenfläche oder Ihr aktuelles Werkzeug (oder Farbprofil, das Datum und anderes).

Die Werkzeugleiste

Die Werkzeugleiste befindet sich standardmäßig links am Monitorrand. In der Werkzeugleiste finden Sie alle Werkzeuge, mit denen Sie direkt auf Ihrer Zeichenfläche arbeiten.

Es sind aber so viele, dass nicht alle sichtbar sind. Unter denen, die ein kleines Dreieck in der Ecke unten rechts haben, finden Sie jeweils weitere zu dieser Kategorie gehörende Werkzeuge. Wenn Sie einen Moment mit gedrückter Maustaste auf das sichtbare Werkzeug zeigen, klappt die Liste mit den weiteren Werkzeugen auf; so gelangen Sie zu einem Werkzeug Ihrer Wahl.

◄ **Abbildung 1.21**
Wenn Sie auf einem Werkzeug mit Dreieck für eine Sekunde die Maustaste gedrückt halten, zeigt es weitere Werkzeuge an, die zu dieser Kategorie gehören. Sie können die Gruppe mit einem Klick auf den Pfeil herauslösen.

Am rechten Rand dieser Pulldown-Listen befindet sich wieder ein kleines Dreieck; klicken Sie hierauf, lösen Sie diese Werkzeuggruppe heraus, sodass Sie sie an eine beliebige andere Stelle Ihrer Arbeitsfläche ziehen können.

Die unterschiedlichen Werkzeuge werden in den jeweiligen Kapiteln ausführlich erklärt. Auf der nächsten Doppelseite erhalten Sie einen Überblick darüber, wie die Werkzeuge heißen und wo sich welches versteckt. Die Hauptwerkzeuge sind schnell über Tastenkürzel zu erreichen. Das Kürzel besteht meist nur aus einem Buchstaben. Manchmal müssen Sie zusätzlich die ⬆-Taste drücken (vorausgesetzt natürlich, dass Sie nicht gerade im Text arbeiten).

Hier wird mit Text gearbeitet, die Textwerkzeuge dicht dabei.

▲ **Abbildung 1.22**
Die Textwerkzeuge dicht beim Text zum Arbeiten

▲ Abbildung 1.23
Die Werkzeugleiste
und ihre Tastenkürzel

❶ Auswahl-Werkzeug – $\boxed{V}$

❷ Zauberstab-Werkzeug – $\boxed{Y}$

❸ Zeichenstift-Werkzeug – $\boxed{P}$

❹ Liniensegment-Werkzeug – $\boxed{⇧}$+$\boxed{:}$

❺ Pinsel-Werkzeug – $\boxed{B}$

❻ Tropfenpinselwerkzeug – $\boxed{⇧}$+$\boxed{B}$

❼ Drehen-Werkzeug – $\boxed{R}$

❽ Breitenwerkzeug – $\boxed{⇧}$+$\boxed{W}$

❾ Formerstellungswerkzeug – $\boxed{⇧}$+$\boxed{M}$

❿ Gitter-Werkzeug – $\boxed{U}$

⓫ Pipette-Werkzeug – $\boxed{I}$

⓬ Symbol-aufsprühen-Werkzeug – $\boxed{⇧}$+$\boxed{S}$

⓭ Zeichenflächenwerkzeug – $\boxed{⇧}$+$\boxed{O}$

⓮ Hand-Werkzeug – $\boxed{H}$

⓯ Fläche – $\boxed{X}$

⓰ Standardfläche und -kontur – $\boxed{D}$

⓱ Farbe – $\boxed{,}$ / Verlauf – $\boxed{.}$ / Ohne $\boxed{\#}$

⓲ Normal zeichnen / Dahinter zeichnen / Innen zeichnen – $\boxed{⇧}$+$\boxed{D}$

⓳ Bildschirmmodus ändern – $\boxed{F}$

⓴ Direktauswahl-Werkzeug – $\boxed{A}$

㉑ Lasso-Werkzeug – $\boxed{Q}$

㉒ Text-Werkzeug – $\boxed{T}$

㉓ Rechteck-Werkzeug – $\boxed{M}$

㉔ Buntstift-Werkzeug – $\boxed{N}$

㉕ Radiergummi-Werkzeug – $\boxed{⇧}$+$\boxed{E}$

㉖ Skalieren-Werkzeug – $\boxed{S}$

㉗ Frei-transformieren-Werkzeug – $\boxed{E}$

㉘ Perspektivenraster-Werkzeug – $\boxed{⇧}$+$\boxed{P}$

㉙ Verlaufwerkzeug – $\boxed{G}$

㉚ Angleichen-Werkzeug – $\boxed{W}$

㉛ Vertikales Balkendiagramm – $\boxed{J}$

㉜ Slice-Werkzeug – $\boxed{⇧}$+$\boxed{K}$

㉝ Zoomwerkzeug – $\boxed{Z}$

㉞ Fläche und Kontur vertauschen – $\boxed{⇧}$+$\boxed{X}$

㉟ Kontur – $\boxed{X}$

Direktauswahl | Gruppenauswahl

Zeichenstift | Ankerpunkt hinzufügen | Ankerpunkt löschen | Ankerpunkt konvertieren

Text | Flächentext | Pfadtext | Vertikaler-Text | Vertikaler Flächentext | Vertikaler Pfadtext

Liniensegment | Bogen | Spirale | Rechteckiges Raster | Radiales Raster

Rechteck | Abgerundetes Rechteck | Ellipse | Polygon | Stern | Blendenflecke

Buntstift | Glätten | Löschen

Radiergummi | Schere | Messer

Drehen | Spiegeln

Skalieren | Verbiegen | Form ändern

Breitenwerkzeug | Verkrümmen | Strudel | Zusammenziehen | Aufblasen | Ausbuchten | Kristallisieren | Zerknittern

Formerstellung | Interaktiv malen | Interaktiv malen-Auswahl

Perspektivenraster | Perspektivenauswahl

Pipette | Mess-Werkzeug

Symbol aufsprühen | Symbol verschieben | Symbol stauchen | Symbol skalieren | Symbol drehen | Symbol färben | Symbol transparent gestalten | Symbol gestalten

Vertikales Balkendiagramm | Gestapeltes vertikales Balkendiagramm | Horizontales Balkendiagramm | Gestapeltes horizontales Balkendiagramm | Linien-diagramm | Flächendiagramm | Streudiagramm | Kreisdiagramm | Netzdiagramm

Slice | Slice-Auswahl

Hand | Druckaufteilungswerkzeug

◄ **Abbildung 1.24**
Die Werkzeuge im Überblick

37

Bedienfelder anordnen

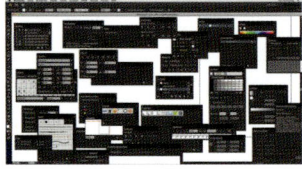

▲ **Abbildung 1.25**
Bedienfelder gibt es in Illustrator recht viele. Ein Grund
mehr für ein gutes Ordnungs-
system.

Die Bedienfelder, Ihnen vielleicht eher als Paletten bekannt (oder amerikanisch als Panels), finden Sie alle unter dem Hauptmenü FENSTER. Da SCHRIFT allein sieben verschiedene Bedienfelder aufweist, sind diese bei einem Klick auf eine Kategorie in einer Pulldown-Liste aufgelistet. Befindet sich ein Haken vor dem Namen, ist das Bedienfeld schon geöffnet. Wählen Sie eines ohne Haken aus, öffnet es sich.

Sie können jedes Bedienfeld an seinem (Karteikarten-)Reiter oder an seiner Kopfleiste anfassen und an jede beliebige Stelle auf Ihrem Monitor verschieben.

Sie haben drei verschiedene Möglichkeiten, Ihre Bedienfelder anzuordnen.

1. Als Erstes können Sie sie in Gruppen miteinander **verschachteln**. Dazu fassen Sie eines an seinem (Karteikarten-)Reiter oder an seiner Kopfleiste an und ziehen es direkt neben den Reiter eines anderen Bedienfeldes. Wenn Sie sehen, dass jenes Bedienfeld komplett blau umrahmt wird, lassen Sie die Maus los und bekommen so eine Gruppe. Die Reihenfolgen innerhalb der Gruppen können Sie durch einfaches Verschieben innerhalb der Bedienfeldgruppe verändern; ziehen Sie auch hierzu an den Reitern. Wenn Sie in den Namen eines Bedienfeldes klicken, holen Sie es in den Vordergrund und sehen so seine Funktionen.

▲ **Abbildung 1.26**
Fassen Sie die Bedienfelder an ihrem Titelbalken oder Namen an,
und achten Sie auf die blauen Hervorhebungen.

▲ **Abbildung 1.27**
Es entstehen Gruppen mit
(Karteikarten-)Reitern.

2. Eine zweite Möglichkeit besteht darin, Bedienfelder aneinander »**anzudocken**«. Wenn Sie ein Bedienfeld nicht über ein

anderes ziehen, sondern ganz nahe zu seinem unteren oder oberen Rand (es erscheint diesmal nur ein Balken), werden die Bedienfelder untereinander angedockt.

▲ Abbildung 1.28
Kommen Sie nahe genug (!) an die Unterkante des Bedienfeldes, erscheint eine blaue Linie zum »Andocken«.

▲ Abbildung 1.29
In diesem Fall stehen die Bedienfelder untereinander.

Beide Methoden eignen sich gut für das Arbeiten an zwei Monitoren, wobei ein Monitor die eigentliche Arbeitsfläche zeigt und der zweite Monitor nur offene Bedienfelder enthält, bzw. für sehr große Monitore, bei denen die offenen Bedienfelder auf einer Seite die Arbeitsfläche nicht verdecken.

3. Für das Arbeiten an einem nicht so großen Monitor gibt es eine dritte Methode, die sehr platzsparend ist. Hierbei ziehen Sie die Bedienfelder nicht über- oder aneinander, sondern an den **Monitorrand**. Kommen Sie diesem ganz nahe, erscheint ein senkrechter blauer Balken. Lassen Sie sie nun los, sind Ihre Bedienfelder am Monitorrand verankert und können wie die anderen auch bedient werden.

Sie können auch ein **Bedienfeld in eine bestehende Gruppe** ziehen (wieder wird die gesamte Gruppe blau umrandet), oder Sie ziehen das Bedienfeld zwischen bestehende Gruppen (nur ein blauer Balken).

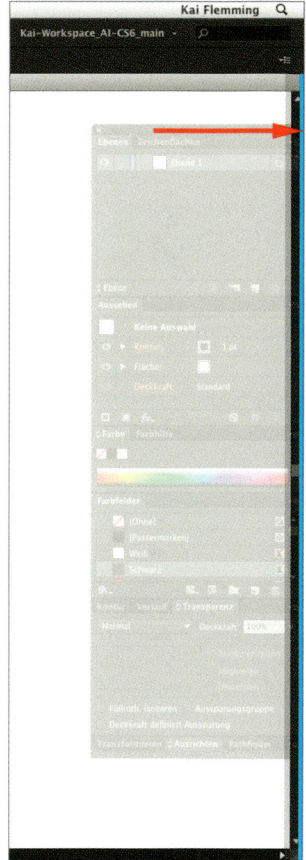

▲ Abbildung 1.30
Ziehen Sie Ihre ganzen Bedienfeldgruppen an der Kopfleiste an den Monitorrand, um sie dort zu verankern.

Ich empfehle Ihnen, nicht zu viele Bedienfelder in eine Gruppe zu sortieren, weil diese sonst zu unübersichtlich wird. Stattdessen sollten Sie Gruppen nach Themen bilden.

In gruppierten Bedienfeldern bestimmen Sie mit Mausklicks auf die jeweiligen Namen, welches Bedienfeld im Vordergrund Ihrer Gruppe ist. Haben Sie zu viele Gruppen untereinander, können nicht alle offen angezeigt werden – sie sind auf ihren Reiter minimiert. Ein Klick in deren Namen öffnet die auf ihren Namen beschränkten Reiter.

Über den am Monitorrand verankerten Bedienfeldreihen, direkt unter dem Steuerung-Bedienfeld, befindet sich ein **Doppelpfeil ❷**. Dieser öffnet alle am Monitorrand verankerten Bedienfelder, und umgekehrt schließt er sie, sodass dann nur noch deren Namen oder sogar nur deren Symbole zu sehen sind ❶.

Mit der Maus können Sie Bedienfeldreihen aufziehen, sodass Sie die ganzen Namen erkennen können. Das kann für den Einsteiger sehr sinnvoll sein, weil sich die Symbole erst mit der Zeit einprägen. Kommen Sie mit der Maus an den äußeren Rand Ihrer am Monitorrand verankerten Bedienfelder, erscheint ein kleiner Doppelpfeil, mit dem Sie sie auseinander- oder auch wieder zusammenschieben.

▲ **Abbildung 1.31**
Zu viele Bedienfelder in einer Gruppe sind nicht sinnvoll. Sie erkennen die einzelnen Namen einfach nicht mehr.

Abbildung 1.32 ▶
Symbole aufziehen, um die Bedienfeldnamen erkennen zu können, oder am Doppelpfeil ganz aufklappen

Klicken Sie nun in ein Symbol ❸, öffnet sich das Bedienfeld mit seinen Funktionen. Klicken Sie in ein anderes, schließt sich das noch offene Bedienfeld, und das angeklickte öffnet sich stattdessen. Wollen Sie ein aus dem Monitorrand geöffnetes Bedienfeld schließen, ohne ein anderes zu öffnen, klicken Sie entweder erneut in sein Symbol oder seinen Namen, oder Sie nutzen den Doppelpfeil in dessen Titelbalken.

▲ **Abbildung 1.33**
Sie können sogar ein Symbol einzeln auf Ihrer
Zeichenfläche platzieren und per Klick öffnen.

Zum Schließen des Bedienfeldes klicken Sie oben auf den kleinen
Doppelpfeil ❹.

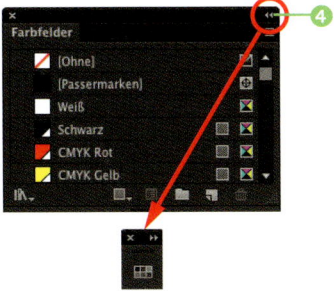

◀ **Abbildung 1.34**
Schließen Sie das Bedienfeld
über den Doppelpfeil.

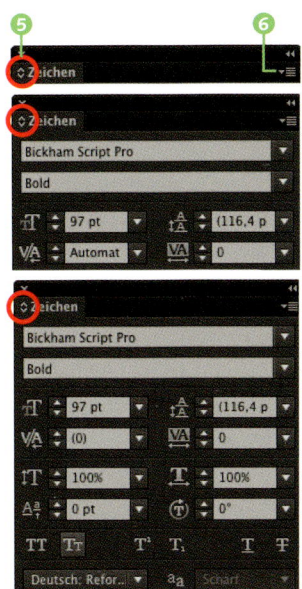

Arbeiten in Bedienfeldern und Menüeinträgen

Nicht genug damit, dass es überhaupt so viele Bedienfelder gibt –
einige zeigen zunächst nur das Wesentlichste und offenbaren erst
ihr ganzes Ausmaß, wenn Sie auf den kleinen Doppelpfeil links
neben dem Bedienfeldnamen ❺ im Titelbalken klicken. An gleicher Stelle können Sie es mit einem weiteren Klick auch wieder
verkleinern.

Doch es geht noch weiter, denn in der rechten oberen Ecke des
Bedienfeld-Titelbalkens finden Sie die sogenannten **Bedienfeldoptionen** ❻, auch Flyout-Menü genannt. Mit einem Klick öffnen sich weitere Funktionen. Einige dieser Punkte betreffen das
Bedienfeld selbst, wie z. B. sein Aussehen oder die Art der Darstellung seiner Funktionen. Andere Punkte halten weitere Funktionen für Sie bereit, die nicht im eigentlichen Bedienfeld auszuwählen sind.

▲ **Abbildung 1.35**
Der senkrechte Doppelpfeil
zum Minimieren oder Erweitern des Bedienfeldes

Abbildung 1.36 ▶

Mit den Flyout-Menüs rufen Sie meist seltener benutzte Optionen auf, dafür aber ebenso nützliche.

Auch die **Arbeit innerhalb** dieser Bedienfelder ist wichtig. Über Buttons bzw. Symbole (❺ und ❸) aktivieren Sie entsprechende Funktionen. Anderes wählen Sie aus Dropdown-Menüs aus ❻.

Und öfter geben Sie auch Werte ein – die Stärke einer Kontur zum Beispiel ❷. Dazu klicken Sie einfach in die Bezeichnung neben dem Eingabefeld. Ist der Wert eines Bedienfeldes erst mal aktiviert, können Sie entweder einen eigenen Wert eingeben, oder Sie vergrößern bzw. verkleinern diesen, indem Sie auf Ihrer Tastatur den Aufwärts- bzw. Abwärts-Pfeil drücken, bis Sie mit der Eingabe zufrieden sind. Eine Bestätigung mit der Eingabetaste ⌃ am Mac oder der Zeilenschaltung ↵ schließt diesen Vorgang ab.

Es gibt auch Schieberegler ❼, mit denen Sie Prozentwerte einstellen können, wenn Sie den Regler unter der Werteleiste verschieben. Mit den Doppelbuttons ❶ für herauf bzw. herunter stellen Sie ganze Werte ein.

Abbildung 1.37 ▶

Verschiedenste Eingabemöglichkeiten über Buttons, Checkboxen, Schieberegler, Dropdown-Menüs und Eingabefelder

Zuletzt gibt es noch die Checkboxen ❹, mit denen Sie Funktionen aktivieren und so inaktive Felder zugänglich machen.

Mit der **Tabulator-Taste** ⇥ springen Sie in den Bedienfeldern von Eingabefeld zu Eingabefeld und bestätigen die getätigte Eingabe. Das Feld, zu dem Sie springen, ist dann aktiv, sodass Sie gleich einen Wert eingeben können, ohne den bisherigen Wert erst löschen oder auswählen zu müssen.

Einfache **Rechenschritte** sind möglich. Setzen Sie Ihren Cursor hinter den bestehenden Wert, und tippen Sie ⊡ zum Subtrahieren, ⊞ zum Addieren, ⊘ zum Dividieren und ⊛ zum Multiplizieren. Wenn Sie verschiedene Maßeinheiten benutzen, rechnet Illustrator es für Sie um: »mm« für Millimeter, »cm« für Zentimeter, »pt« für Punkt und »%« für Prozent. Es ist pro Eingabe nur eine Rechenoperation möglich.

▲ **Abbildung 1.38**
Einfache Rechenschritte erledigt Illustrator für Sie.

Arbeitsbereiche speichern

Mit den oben vorgestellten Methoden können Sie sich Bedienfelder so zusammenstellen, wie Sie es für Ihre Projekte brauchen. Damit Sie das aber nicht jedes Mal vor der Arbeit wieder tun müssen, haben Sie die Möglichkeit, Ihre Zusammenstellungen und Anordnungen der Bedienfelder in sogenannten Arbeitsbereichen zu speichern: FENSTER • ARBEITSBEREICH • Neuer ARBEITSBEREICH. Geben Sie Ihren Arbeitsbereichen am besten Namen, die ausdrücken, für welche Art von Aufgabe sie gedacht sind.

Haben Sie im Eifer des Gefechts Unordnung in die Bedienfelder gebracht, sie an andere Stellen verschoben oder andere geöffnet, die Sie nur kurz brauchten, kommen Sie schnell wieder zu Ihren eigentlichen Einstellungen zurück: Gehen Sie zu ARBEITSBEREICH ZURÜCKSETZEN (FENSTER • ARBEITSBEREICH oder in der Anwendungsleiste ganz oben rechts im Pulldown-Menü ❽). Wie von Zauberhand stellt Illustrator die Ordnung wieder her. Sie werden sich diese Funktion auch für Ihr Atelier oder Ihren Schreibtisch wünschen.

Illustrator bietet Ihnen einige voreingestellte Arbeitsbereiche an: AUTOMATISIERUNG, DRUCKEN UND PROOFEN, GRUNDLAGEN, LAYOUT, MALEN, NACHZEICHNEN, TYPOGRAFIE oder WEB machen Sinn. Sie zeigen die Bedienfelder, die für die jeweilige Projektkategorie hauptsächlich Verwendung finden werden.

▲ **Abbildung 1.39**
Vergeben Sie sinnvolle Namen für Ihre Arbeitsbereiche.

▲ **Abbildung 1.40**
Rechts im Pulldown-Menü des Anwendungsrahmens finden Sie die Arbeitsbereiche.

1.6 Navigation im Dokument

Ein ebenfalls wichtiger Punkt ist die Navigation im Dokument. Wenn Sie sich die ganze Seite anzeigen lassen, sind viele Details zu klein; Ihre Arbeit wird zu ungenau und Ihr Rücken zu krumm, wenn Sie sich nach vorne beugen, um mehr zu sehen. Sie müssen sich also den jeweils idealen Ausschnitt Ihres Projekts anzeigen lassen. Hierzu gibt es viele verschiedene Tools, allen voran die Tastaturkürzel.

Funktion	Tastenkürzel
Ganze Zeichenfläche einblenden	`Strg`/`⌘`+`0`
Alle Zeichenflächen einblenden	`Strg`/`⌘`+`Alt`+`0`
100 %-Anzeige	`Strg`/`⌘`+`1`
Vergrößern	`Strg`+`Alt`+`⇧`+`+` `⌘`+`⇧`+`=`
Verkleinern	`Strg`/`⌘`+`-`
Hand-Werkzeug temporär aufrufen (nicht im Textmodus)	`Leertaste`

▲ **Tabelle 1.1**
Tastaturkürzel machen die Navigation im Dokument leichter und vor allem schneller.

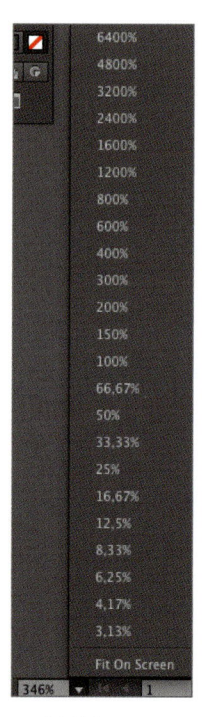

▲ **Abbildung 1.41**
Am Fensterrand unten links können Sie einen Vergrößerungsfaktor von 3 bis 6400 % auswählen.

Mit dem Hand-Werkzeug (`H`) ✋ verschieben Sie die Zeichenfläche und lassen sich den benötigten Ausschnitt am Monitor zeigen. Temporär erreichen Sie die Hand durch Drücken der Leertaste, was viel effektiver ist als die Scrollbalken am Rand des Dokuments. Haben Sie eine Maus mit Rad, nutzen Sie ruhig auch dieses.

Außerdem gibt es noch das Zoomwerkzeug (`Z`) 🔍. Sie können mit ihm einen Bereich aufziehen, der auf die Monitorgröße angepasst wird, oder einfach zum schrittweisen Vergrößern auf die Zeichenfläche klicken. Wenn Sie dabei `Alt` gedrückt halten, wechselt das Werkzeug auf Verkleinern.

Sie können aber auch einen Wert in das Eingabefeld am unteren Fensterrand eingeben oder auswählen, um einen bestimmten Vergrößerungsfaktor zu erhalten.

Der Navigator

Zur Navigation im Dokument gibt es aber auch – Sie haben es erraten – ein Bedienfeld. Es heißt auch so: NAVIGATOR (FENSTER • NAVIGATOR). Es zeigt Ihnen Ihr Dokument und mit rotem Rahmen ❶ den sichtbaren Ausschnitt auf Ihrer Zeichenfläche. Diesen Rahmen können Sie mit der Maus anfassen und verschieben; der Ausschnitt am Monitor bewegt sich mit. Auch hier haben Sie ein Eingabefeld für den Vergrößerungsfaktor am unteren Bedienfeldrahmen ❷. Rechts daneben befindet sich dafür auch ein Schieberegler ❹ mit beiden Symbolen links und rechts davon ❸ für eine größere oder kleinere Darstellung. Wenn Ihnen das alles zu klein ist, ziehen Sie das Bedienfeld einfach an seiner unteren rechten Ecke größer.

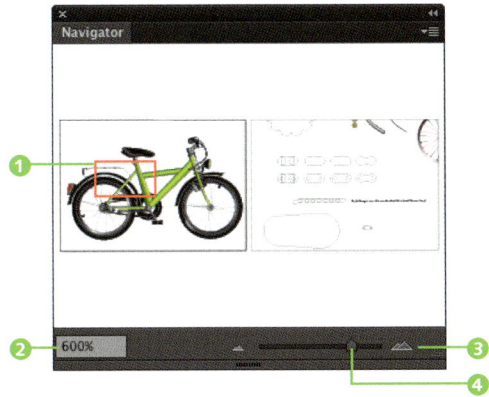

◀ **Abbildung 1.42**
Der Navigator zeigt den Ausschnitt, der auch auf dem Monitor zu sehen ist.

Verschiedene Ansichtsmodelle

Eine sehr schöne Sache ist es, eine neue Ansicht zu kreieren, denn oft müssen wir zwischen ganz bestimmten Ausschnitten unserer Arbeit hin und her wechseln. Zunächst passen Sie den gewünschten Ausschnitt in Ihren Monitor ein und gehen dann im Hauptmenü auf ANSICHT • NEUE ANSICHT… Im folgenden Popup-Menü können Sie diese Ansicht noch benennen und gelangen über das Menü ANSICHT jederzeit schnell wieder zu genau diesen gespeicherten Ansichten. Eine neue Ansicht merkt sich nicht nur den Ausschnitt auf Ihrem Monitor, sondern auch die Sichtbarkeit Ihrer Ebenen. Im Menüpunkt darunter, ANSICHT BEARBEITEN, können Sie lediglich den Namen ändern und neue Ansichten wieder löschen.

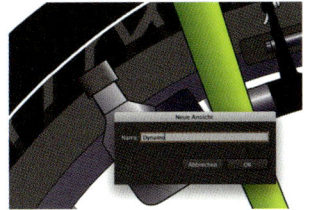

▲ **Abbildung 1.43**
Das Wechseln zwischen verschiedenen Ansichten Ihrer Illustration wird Ihnen durch NEUE ANSICHT leicht gemacht.

Ein neues Fenster öffnen

Manchmal arbeiten wir aber nicht an ganz verschiedenen Ansichten, sondern brauchen einen Zoom und eine Übersicht desselben Dokuments gleichzeitig. Das erreichen Sie nicht mit verschiedenen Ansichten, sondern mit einem weiteren Fenster.

Abbildung 1.44 ▶
Mehrere Fenster derselben Datei gleichzeitig: Mehr Übersicht ist nicht möglich. Selbst die Aktivierung der Objekte wird überall angezeigt.

▲ **Abbildung 1.45**
In der Anwendungsleiste links finden Sie den Button Dokumente anordnen.

▼ **Abbildung 1.46**
Geöffnete Dokumente werden übersichtlich in Reitern organisiert, die auch Informationen über die Datei enthalten.

Öffnen Sie hierfür zwei Fenster desselben Dokuments über Fenster • Neues Fenster. Lassen Sie sich die Fenster nun nebeneinander anzeigen, indem Sie in der Anwendungsleiste links oben auf den Button Dokumente anordnen klicken und die gewünschte Anordnung auswählen. Ein Fenster zeigt dann vielleicht die ganze Zeichenfläche für Ihren Überblick. Das andere Fenster zeigt eine Vergrößerung des Bereichs, an dem Sie gerade arbeiten. Nun können Sie zwischen der Detailansicht in einem Fenster und dem Überblick im anderen wechseln.

An den Stegen zwischen den einzelnen Fenstern lassen sich die Dokumente auch verschieben. So können Sie das eine größer ziehen, während die anderen entsprechend kleiner werden – ganz nach Ihren Wünschen.

Pfade

Das A und O Illustrators

▶ Was sind Pfade, Ankerpunkte und Griffe?

▶ Wie werden Formen gezeichnet?

▶ Wie lassen sich Pfade und Punkte korrigieren?

▶ Wie werden Pfade verbunden und getrennt?

▶ Wie zeichnet man ein Logo nach?

▶ Wie lässt sich eine Handskizze anfertigen?

2 Pfade

▲ **Abbildung 2.1**
Die Pfadwerkzeuge Zeichenstift-Werkzeug, Pfadsegment-
Werkzeug, Buntstift-Werk-
zeug und Pinsel-Werkzeug

Das A und O bei Adobe Illustrator sind die Pfade. Sie sind die Formbeschreibungen aller Objekte, die wir in Illustrator zeichnen. Wenn Sie mit einem Formwerkzeug ein Quadrat »aufziehen«, beschreibt ein Pfad automatisch jene Form. Und wenn Sie eine eigene Form kreieren wollen, müssen Sie auch diese als Pfad zeichnen. Illustrator stellt hierfür verschiedene Werkzeuge zum Erzeugen und zum Verändern bzw. Korrigieren zur Verfügung, die Sie in diesem Kapitel kennenlernen werden.

2.1 Pfade, Ankerpunkte und Griffe – Eine Definition

Ein Pfad besteht immer aus mindestens zwei **Ankerpunkten** ❶. Die Verbindung dieser Ankerpunkte ergibt den **Pfad** ❸ – auf kürzestem Weg eine Gerade oder auf »Umwegen« eine Kurve.

Abbildung 2.2 ▶
Ob Gerade oder Kurve –
immer gibt es Ankerpunkte
❶, zwischen denen der Pfad
❸ entsteht, und Griffe zum
Biegen des Pfades bei einer
Kurve ❷.

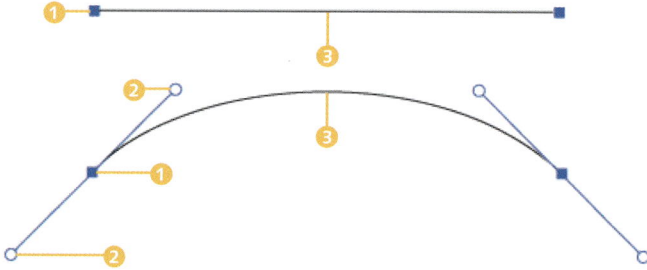

Wenn ein Objekt aus einem längeren Pfad besteht, wird es auch mehrere Ankerpunkte haben. Die Pfade zwischen den einzelnen Ankerpunkten werden auch **Pfadsegmente** genannt. Dabei ist es egal, ob Sie die einzelnen Ankerpunkte selbst mit dem Zeichenstift-Werkzeug setzen, eine Linie mit dem Buntstift-Werkzeug zeichnen oder einfach eine Grundform wie Kreis oder Quadrat aufziehen. Immer besteht Ihr Objekt aus Ankerpunkten und Pfadsegmenten.

◀ **Abbildung 2.3**
Der Pfad besteht aus Pfadsegmenten **5**, die von Ankerpunkt zu Ankerpunkt reichen.
Die Ankerpunkte heißen Eckpunkte beim Quadrat **3** und
Kurvenpunkte **4** bei Kreis
und Spirale.

Nun gibt es zwei Arten von Ankerpunkten. **Kurvenpunkte** **4** haben zwei miteinander verbundene Griffe und bilden immer einen Übergang von einem Pfadsegment zum nächsten, ohne einen »Knick«. **Eckpunkte** **3** haben keinen, nur einen oder aber zwei nicht miteinander verbundene Griffe und erzeugen eine Ecke im Pfad.

◀ **Abbildung 2.4**
Der Ankerpunkt **3** besitzt
zwar zwei Griffe und biegt
seine Pfadsegmente, erzeugt
aber im Pfad einen »Knick« –
ist also ein Eckpunkt.

2.2 Pfade zeichnen mit dem Zeichenstift

Einige Werkzeuge, wie das Buntstift-Werkzeug oder der Pinsel, funktionieren ähnlich wie das Zeichnen mit einem Stift auf
Papier, sind aber nicht so genau und eher für das freie Arbeiten
geeignet. Das Zeichenstift-Werkzeug (P) 🖊 arbeitet mehr kon-
struktiv, ist dafür aber sehr viel genauer. Deshalb wird es auch
gerne zum Nachzeichnen von Logos, aber auch für viele andere
Aufgaben eingesetzt, bei denen es um Genauigkeit geht. Es ist
das gebräuchlichste, wenn auch für den Einsteiger ein zunächst
ungewohntes Werkzeug.

Das Zeichenstift-Werkzeug setzt einzelne Ankerpunkte. Je
nachdem, wie Sie den Punkt setzen, erscheint der Pfad gerade,
gebogen oder abgeknickt.

▲ Abbildung 2.5
Die verschiedenen Spitzen
des Zeichenstift-Werkzeugs

Das Zeichenstift-Werkzeug hat verschiedene Unterfunktionen. Diese können Sie direkt aus dem versteckten oder aufgeklappten Menü des Werkzeugs wählen. Halten Sie hierfür die Maus einen Moment auf dem gerade sichtbaren Werkzeug gedrückt, und lassen Sie damit die dahinter verborgenen Werkzeuge ausklappen.

Da das Werkzeug kontextbedingt funktioniert, wechselt die Werkzeugspitze in den meisten Fällen aber auch selbstständig. Alternativ drücken Sie die ⎡Alt⎤-Taste, um temporär seine Zeichenspitze zu ändern.

Voreinstellungen für die Arbeit mit Pfaden

Nehmen Sie am besten noch einige Einstellungen zur Arbeit mit Pfaden vor. Unter BEARBEITEN/ILLUSTRATOR • VOREINSTELLUNGEN • AUSWAHL UND ANKERPUNKT-ANZEIGE stellen Sie das Aussehen der Ankerpunkte und Griffe so ein, wie Sie es am liebsten haben.

Abbildung 2.6 ▶
Eine gute Voreinstellung sorgt
für flüssiges Arbeiten.

Wer eine weniger ruhige Hand hat, kann z. B. die Toleranzeinstellungen etwas erhöhen ❶. Sie müssen dann nicht ganz so genau den Punkt oder eine Hilfslinie treffen. Die größeren ANKER- und GRIFFPUNKTE und ihre unterschiedlichen Farbhervorhebungen erleichtern das Arbeiten sehr ❷.

Wenn Sie mit der Maus über einen Ankerpunkt – auch eines nicht aktiven Pfades – gehen, wird dieser durch Hervorhebung sichtbar gemacht ❸. Wenn Sie später mit dem Direktauswahl-

Werkzeug mehrere Punkte gleichzeitig aktivieren, können Sie sehen, ob Ihre Griffe einigermaßen gleich lang sind ❹.

Zeichnen einer eckigen Form

Bevor Sie den ersten Klick mit der Maus ausführen, zeigt Ihnen die Werkzeugspitze ein kleines Kreuz ✎. Es symbolisiert, dass Sie einen neuen Pfad beginnen ❺. Wenn Sie dann die nächsten Punkte ausführen, erscheint das Symbol ✎ ❻. Kommen Sie aber wieder an dem Ausgangspunkt an und befindet sich Ihre Werkzeugspitze genau über dem Startpunkt, erhält es einen kleinen Kreis ✎ ❼. Wenn Sie nun in den Startpunkt klicken, schließen Sie den Pfad. Gewöhnen Sie es sich am besten an, immer auf die Symbole der Werkzeugspitzen zu achten – Sie können dadurch so manchen Fehlklick vermeiden.

▲ **Abbildung 2.7**
Startpunkt ❺, weitere Klicks ❻, Endpunkt zum Schließen des Pfades ❼

Zeichnen einer kurvigen Form

Sollen nun aber die Pfade zwischen den Punkten gebogen sein, müssen Sie mit der Maus nach dem Klicken ziehen, bevor Sie die Maus wieder loslassen.

Das Ziehen bewirkt, dass Sie die sogenannten **Griffe** aus den Ankerpunkten herausziehen. Die Griffe sind Tangenten des eigentlichen Pfades und biegen diesen je nach Richtung und Länge. Es entstehen immer zwei Griffe, die wie eine Wippe miteinander verbunden sind. Ein Griff biegt das vorherige Pfadsegment, der andere wird das kommende Pfadsegment biegen, wenn Sie den nächsten Ankerpunkt setzen.

Im Hintergrund läuft eine mathematische Berechnung, die nach Pierre Bézier benannt ist. Daher werden diese Kurven auch Bézier-Kurven genannt. Die Berechnung interessiert hier zum Glück nicht, aber eine Vorstellung dessen, was passiert, wenn Sie die Griffe aus dem Ankerpunkt herausziehen, ist hilfreich: Stellen Sie sich vor, an dem Griff ist ein Gummiband befestigt. Je weiter Sie es spannen, desto stärker wird Ihre Kurve gedehnt. Zieht ein anderes Gummiband (eines zweiten Ankerpunktes) an dem gleichen Pfadsegment, biegt es dieses seinerseits in eine andere Richtung. Das Kräfteverhältnis beider bestimmt nun den Verlauf des Pfades.

▲ **Abbildung 2.8**
Überall dort, wo Pfadsegmente gebogen sind, werden sie von einem Griff in diese Biegung gezogen.

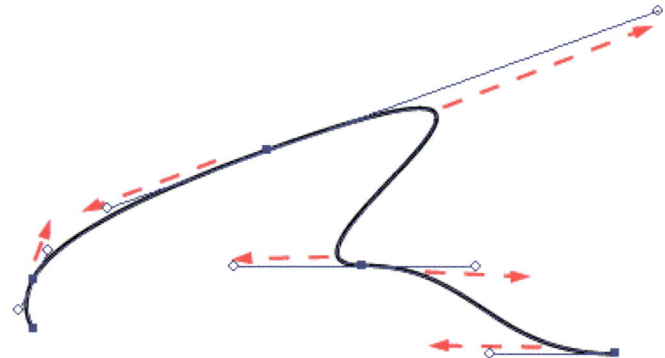

Abbildung 2.9 ▶
Griffe, die Sie aus dem Ankerpunkt herausziehen, dehnen
die Pfade und biegen sie zu
Kurven.

Doch in welche Richtung sollen Sie nun mit der Maus ziehen, und
wie lang sollen Sie den Griff herausziehen?

Wichtig ist, dass Sie sich vorstellen, wie der weitere Verlauf
Ihres Pfades aussehen soll, um so vorweg schon festzulegen, wo
die nächsten Ankerpunkte hin sollen. Denn in diese Richtung des
folgenden Ankerpunktes muss auch der Griff herausgezogen werden. Ansonsten gibt es Schlaufen, die man, wenn sie falsch korrigiert werden, am Monitor leider mal übersehen kann. Im hoch-
auflösenden Druck fallen sie dann aber unschön auf.

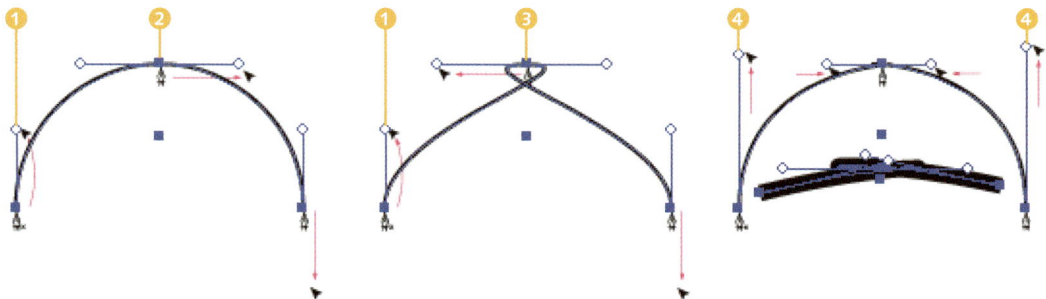

◀ **Abbildung 2.10**
Startpunkt mit Ziehen nach
oben ❶. Kurvenpunkt mit
Ziehen nach rechts ❷ ergibt
eine gute Kurve, beim Ziehen
nach links ❸ entsteht eine
Schlaufe. Die Korrekturen
durch Verlängerung der Griffe
❹ sind unsauber.

Bleibt noch die Frage zu klären, wie lang die Griffe sein sollen. Da
jeder Pfad anders ist, gibt es keine sichere Formel, aber immerhin
einen Anhaltspunkt: Ziehen Sie den Griff auf etwa ein Drittel des
folgenden Pfadsegments heraus. Ist nämlich Ihr erster Punkt zu
kurz, muss der nächste umso länger sein, was eine spätere Korrek-
tur jedoch nicht gerade erleichtert (siehe Abschnitt 2.3, »Ändern
und Korrigieren von Pfaden«).

Zeichnen eines Halbkreises

1 Startpunkt

Aktivieren Sie das Zeichenstift-Werkzeug (P) . Stellen Sie sich auf Ihrer Zeichenfläche einen Kreis vor. Setzen Sie einen ersten Ankerpunkt. Klicken und ziehen Sie schon den »Startpunkt« mit der gedrückten Maus nach oben. Halten Sie für eine senkrechte Linie dabei die ⇧-Taste gedrückt. Zwei Grifflinien werden so herausgezogen. Der nach oben zeigende Griff wird die kommende Kurve biegen.

▲ **Abbildung 2.11**
Schon beim Startpunkt ziehen Sie mit der Maus.

2 Kurvenpunkt

Setzen Sie einen zweiten Ankerpunkt auf seinen (gedachten) Zenit, und ziehen Sie auch hier mit gedrückter Maustaste – diesmal allerdings waagerecht und nach rechts – Grifflinien aus dem Punkt heraus. Halten Sie dabei wieder ⇧ gedrückt.

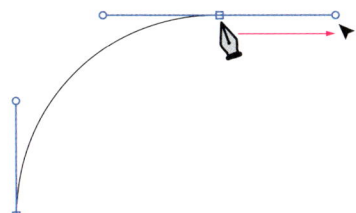

◄ **Abbildung 2.12**
Auf dem Scheitel des Halbkreises ziehen Sie nach rechts, um die linke Kurve zu erzeugen und die künftige Kurve nach rechts vorzubereiten.

3 Eckpunkt

Wenn Sie nun Ihren dritten Punkt rechts setzen, ziehen Sie wieder mit der Maus. Diesmal ziehen Sie gerade nach unten, und zwar mit gedrückter ⇧-Taste, sodass die Kurve zum Punkt davor schön rund wird.

◄ **Abbildung 2.13**
Setzen Sie noch einen dritten Punkt.

4 Ankerpunkt-konvertieren-Werkzeug

Wechseln Sie nun die Werkzeugspitze, indem Sie länger das Zeichenstift-Werkzeug in der Werkzeugleiste gedrückt halten und auf das Ankerpunkt-konvertieren-Werkzeug (⌂ + C) ▶ ziehen. Mit diesem Werkzeug können Sie den Griff, der nach unten zeigt, einfach in seinen Punkt zurückschieben. Dadurch löschen Sie den unteren Griff.

Abbildung 2.14 ▶
Mit dem Ankerpunkt-konvertieren-Werkzeug können Sie Griffe löschen.

5 Pfad schließen

Wechseln Sie wieder auf das Zeichenstift-Werkzeug (P) ✎, und klicken Sie auf den zuletzt gesetzten Punkt ❶, um den Pfad wieder aufzunehmen. Nun gehen Sie mit Ihrer Maus über den Startpunkt (die Werkzeugspitze ändert sich in einen Zeichenstift mit Kreis ❷) und klicken, um den Halbkreis zu schließen.

Abbildung 2.15 ▶
Der letzte Klick auf den Startpunkt schließt einen Pfad.

Zeichnen einer gemischten Form

Jetzt wird's schwieriger, weil Sie hier lernen, nicht nur eine Gerade durch einfaches Klicken zu erzeugen oder eine Kurve durch Ziehen, sondern beim Zeichnen die Punkte in ihrer Art zu verändern.

◀ **Abbildung 2.16**
Kurven- und Eckpunkte
gemischt in einem Objekt

In Abbildung 2.16 hat der Startpunkt ❸ einen symmetrischen Kurvenpunkt. Das heißt, dass seine Griffe miteinander verbunden sind. Würde man den einen nach unten ziehen, ginge der andere in die entgegengesetzte Richtung hoch (nur die Länge des anderen Griffs bliebe unverändert). Der Punkt ❹ hingegen ist ein Eckpunkt. Er hat zwar einen rückwärts gerichteten Griff, der dieses Pfadsegment biegt, aber nach vorn hat er keinen Griff. Es entsteht hier ein harter Übergang von einer Kurve in eine Gerade, also eine Ecke. Die Punkte ❺ und ❻ haben keinerlei Griffe, sind daher ganz normale Eckpunkte an einer Ecke. Punkt ❼ hat wieder nur einen Griff; diesmal aber nach vorn.

▲ **Abbildung 2.17**
Liegt der Griff direkt auf dem Pfad, entsteht ein exakter Übergang von Gerade zu Kurve.

◀ **Abbildung 2.18**
Auch Eckpunkte ❽ können Griffe haben. Kurvenpunkte hingegen haben weiche Übergänge ❾.

Schritt für Schritt
Wir zeichnen ein Herz

1 **Vorbereitung**

Öffnen Sie auf der DVD mit den Übungsdateien die Vorlage »Herz.ai«, die ich für Sie vorbereitet habe. Dort ist in Grau das Herz zu

herz.ai

▲ **Abbildung 2.19**
Das fertige Herz mit Ankerpunkten und Griffen

sehen, das Sie nun nachzeichnen werden. In der Werkzeugleiste klicken Sie einmal auf die Fläche ❶ und dann auf OHNE ❷.

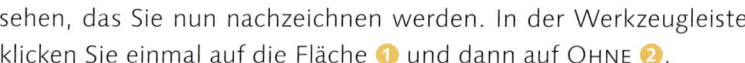

Wählen Sie als Erstes kurz das Direktauswahl-Werkzeug ([A]) aus, damit beim temporären Auswählen mit der [Strg]- bzw. [⌘]-Taste dieses Werkzeug erscheint und nicht das Auswahl-Werkzeug ([V]) .

2   Startpunkt

Aktivieren Sie nun das Zeichenstift-Werkzeug ([P]) . Ziehen Sie aus dem Startpunkt bei gedrückter Maustaste zwei Grifflinien nach rechts unten heraus. Die nach rechts unten zeigende Grifflinie wird die kommende Kurve biegen.

3   Kurvenpunkt

Setzen Sie dort, wo die Rundung ihre Richtung ändert, einen zweiten Punkt, und ziehen Sie mit gedrückter Maustaste die Grifflinien nach links unten heraus. Bewegen Sie die Maus hierbei ruhig etwas nach links und rechts, bis sich der Pfad optimal an die Rundung des Herzens anschmiegt. Wie Sie sehen, bestimmt die zuvor angelegte Tangente die Rundung zum vorherigen Ankerpunkt. Die zweite Tangente, die leicht in das Herz hereinragt, wird über die Form der kommenden Kurve entscheiden.

▲ **Abbildung 2.20**
Schon beim Startpunkt ziehen
Sie mit gedrückter Maustaste
nach rechts unten.

Abbildung 2.21 ▶
Setzen Sie dort, wo die Rundung ihre Richtung ändert,
den zweiten Ankerpunkt, und
ziehen Sie sogleich nach links
unten.

4 Eckpunkt

Wenn Sie nun den nächsten Ankerpunkt auf die Spitze des Herzens setzen, lassen Sie die Maustaste nicht gleich wieder los, sondern ziehen Sie fast senkrecht nach unten, bis sich die Kurve zum vorherigen Ankerpunkt so gut es geht mit der Vorlage deckt.

Lassen Sie die Maus weiterhin nicht los! Drücken Sie die `Alt`-Taste, und ziehen Sie nun mit weiterhin gedrückter Maustaste die untere Grifflinie neben die obere. Diese Tangente wird die Rundung auf der linken Seite der Herzspitze formen.

◄ **Abbildung 2.22**
Der nach oben zeigende Griff formt die rechte Seite der Herzspitze.

◄ **Abbildung 2.23**
Die sonst miteinander verbundenen Griffe fungieren nun einzeln, sodass der linke Griff die linke Herzspitze formen wird.

5 Ankerpunkt-konvertieren-Werkzeug

Wenn Sie eben die Maustaste schon losgelassen haben, bevor Sie mit der `Alt`-Taste den vorderen Griff nach oben herumgezogen haben, wechseln Sie auf das Ankerpunkt-konvertieren-Werkzeug (`⇧`+`C`) , fassen mit ihm – ohne eine weitere Taste zu drücken – den Griffpunkt an (am Ende des Griffes) und ziehen diesen nun nach oben an die gewünschte Position.

▲ **Abbildung 2.24**
Der hintere Griff ragt leicht ins Herz hinein, während der vordere herausragt.

6 Kurvenpunkt

Setzen Sie auf der linken Seite dort, wo die Rundung des Herzens ihre Richtung ändert, den vierten Ankerpunkt. Wie schon auf der rechten Seite ziehen Sie auch hier mit der Maus einen Kurvenpunkt, dessen hinterer Griff in das Herz hineinreicht, während der vordere Griff aus ihm herausragt (Abbildung 2.24).

7 Vorletzter Ankerpunkt

Nachdem Sie den vorletzten Ankerpunkt gesetzt haben, ziehen Sie wieder mit gedrückter linker Maustaste eine Grifflinie aus dem Ankerpunkt nach oben rechts heraus. Die beiden miteinander verbundenen Griffe bilden dabei eine Tangente zur Rundung des Herzens an dieser Stelle.

▲ **Abbildung 2.25**
Der vorletzte Ankerpunkt

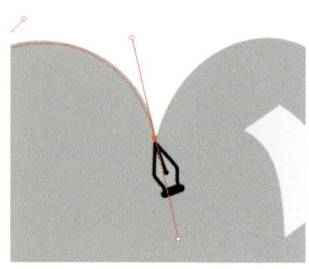

▲ **Abbildung 2.26**
Noch ist es ein Kurvenpunkt.

Pfad verloren?

Wenn Sie beim Zeichnen das Werkzeug wechseln, macht Illustrator leider nicht dort weiter, wo Sie aufgehört haben, wenn Sie das Zeichenstift-Werkzeug erneut wählen. Sie müssen erst wieder in Ihren letzten Ankerpunkt klicken, um fortzufahren.

▲ **Abbildung 2.28**
Aus dem Startpunkt ziehen Sie ein letztes Mal mit der Maus einen zweiten Griff heraus.

8   Letzter Eckpunkt

Setzen Sie den letzten Eckpunkt in die Kerbe der Herzform. Wie schon an der Herzspitze klicken und ziehen Sie mit der gedrückt gehaltenen Maustaste fast senkrecht nach unten, bis sich die linke obere Rundung der Vorlage anpasst.

Wenn Sie die Maustaste jetzt nicht loslassen und die (Alt)-Taste gedrückt halten, brauchen Sie danach das Ankerpunkt-konvertieren-Werkzeug ((⇧)+(C)) �(icon) nicht manuell aufzurufen. Ziehen Sie die untere Grifflinie nach oben, und zwar rechts neben die andere Grifflinie.

Wollen Sie lieber in zwei Schritten arbeiten, können Sie die Maustase loslassen, das Ankerpunkt-konvertieren-Werkzeug ▲(icon) in der Werkzeugleiste aktivieren und die untere Grifflinie, wie beschrieben, oben rechts positionieren. Danach wählen Sie wieder das Zeichenstift-Werkzeug aus.

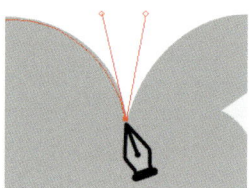

▲ **Abbildung 2.27**
Der vordere Griff wird abgeknickt und erzeugt einen Eckpunkt.

9   Pfad schließen

Wenn Sie mit der Maus über den Startpunkt fahren, erscheint an der Werkzeugspitze ein kleiner Kreis, damit Sie wissen, dass Sie hier den Pfad schließen. Klicken Sie in den Start-Ankerpunkt hinein, und halten Sie die Maustaste weiter gedrückt. Mit gedrückter Maustaste richten Sie nun das Pfadsegment so aus, dass die so entstehende Kurve annähernd der Vorlage entspricht.

Wie Sie die einzelnen Griffe und Ankerpunkte korrigieren können, um sie noch genauer an die Vorlage anzupassen, erfahren Sie später in diesem Kapitel. Wenn Ihre Flächenfarbe vorne ist (siehe Schritt 1), können Sie in dem Farbwähler-Bedienfeld den angelegten Pfad z. B. mit einem hübschen Rot füllen.

Versuchen Sie doch einmal, mit dem Zeichenstift-Werkzeug auch den Glanzfleck auf der rechten Herzseite nachzuzeichnen.

2.3 Ändern und Korrigieren von Pfaden

Haben Sie einen Pfad gezeichnet, müssen Sie ihn vielleicht auch korrigieren.

Der beste Weg ist immer noch der, beim Zeichnen selbst schon so genau zu arbeiten und vor allem die »richtigen« Punkte zu setzen, dass sich das Korrigieren auf das Nötigste beschränkt. Setzen Sie also an Kurven auch Kurvenpunkte, anstatt erst mal (scheinbar schnell) einen Eckpunkt zu platzieren. Sie müssen diesen sonst später umständlich in einen Kurvenpunkt umwandeln, anpassen und in die richtige Beugung quälen.

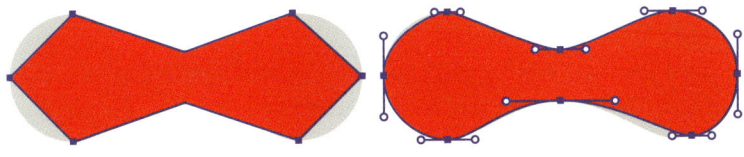

◄ **Abbildung 2.29**
Links muss jeder Eckpunkt erneut angefasst und in einen Kurvenpunkt umgewandelt werden, um die graue Vorlage abzudecken. Rechts müssen Sie nur wenig korrigieren.

Wenn Sie aber Pfade korrigieren müssen – und das müssen auch die Profis –, dann stehen Ihnen auch hier verschiedene Werkzeuge und Optionen zur Verfügung:

▶ das Auswahl-Werkzeug
▶ das Steuerung-Bedienfeld
▶ der Zeichenstift

Korrekturen mit den Auswahl-Werkzeugen

Mit dem Auswahl-Werkzeug ▨ (Ⓥ) aktivieren Sie ganze Objekte oder Gruppen und auch Ihren Pfad als Ganzes. Sie können ihn damit verschieben oder einfach auswählen, um alle seine Elemente gleichzeitig zu bearbeiten (Konturstärke, Farbe etc.).

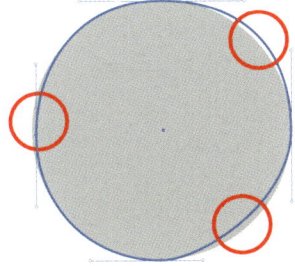

▲ **Abbildung 2.30**
Wenn Sie genau hinsehen, stellen Sie fest, dass der blaue Kreis einiger Korrekturen bedarf, wenn er mit der grauen Vorlage übereinstimmen soll. Das Ziel ist Deckungsgleichheit.

▲ **Abbildung 2.31**
Das Auswahl-Werkzeug aktiviert ganze Pfade bzw. Objekte, die Sie nun verschieben können.

Auswählen eines Objekts ohne Farbe

Hat Ihr Objekt keine Flächenfarbe, müssen Sie es an seinem Pfad anfassen. Ansonsten klicken Sie erfolglos »hindurch«.

Auswahl-Werkzeuge aufrufen

Mit der gehaltenen ⌘Strg/⌘-Taste können Sie das Auswahl- und das Direktauswahl-Werkzeug temporär aufrufen, egal in welchem Werkzeug Sie sich gerade befinden. Das Werkzeug ist so lange ausgewählt, wie Sie die Taste gedrückt halten. Dabei stellt Illustrator immer das Werkzeug ein, das Sie als letztes ausgewählt hatten.

Das Werkzeug der Wahl bei Pfadkorrekturen ist aber das Direktauswahl-Werkzeug . Mit der Taste Ⓐ können Sie es am schnellsten auswählen, ohne erst auf die Werkzeugleiste zu klicken (ausgenommen natürlich, Sie arbeiten gerade im Text).

Ankerpunkte verschieben | Möchten Sie einen falsch gesetzten Ankerpunkt verschieben, brauchen Sie das Direktauswahl-Werkzeug (Ⓐ). Mit ihm ziehen Sie den Punkt einfach an die gewünschte Stelle. Sie können ihn nicht nur mit der Maus verschieben: Ist er einmal ausgewählt, lässt er sich auch mit den Richtungspfeilen auf Ihrer Tastatur verschieben. Mit der gehaltenen ⇧-Taste und weiteren Klicks können Sie noch mehr Punkte zu Ihrer Auswahl hinzunehmen.

Sind die Sprünge zu groß, wenn Sie die Richtungspfeile Ihrer Tastatur benutzen, geben Sie in den VOREINSTELLUNGEN bei ALL-GEMEIN • SCHRITTE PER TASTATUR kleinere Werte ein. Für größere Schritte halten Sie ⇧: Der Schritt verzehnfacht sich dann.

▲ **Abbildung 2.32**
Haben Sie einen Ankerpunkt ausgewählt, können Sie ihn verschieben.

▲ **Abbildung 2.33**
Bewegen eines Griffs in Länge und Position

Griffe anpassen | Sollen nur die Griffe eines Punktes angepasst werden, müssen Sie ebenfalls den Punkt, um den es geht, oder das angrenzende Pfadsegment mit dem Direktauswahl-Werkzeug aktivieren, damit die Griffe erscheinen. Nun können Sie die Griffe an den Griffpunkten verschieben (die Grifflinien sind nicht auswählbar). Sie können sowohl die Länge ❷ als auch die Richtung ❶ verändern.

▸ Handelt es sich wie hier (in Abbildung 2.33) um einen symmetrischen Ankerpunkt, bewegt sich wie bei einer Wippe immer der gegenüberliegende Griff mit – jedoch nur in der Richtung, nicht in der Länge!

▶ Handelt es sich hingegen um einen abgeknickten Kurvenpunkt, können Sie den einzelnen Griff verändern, ohne dass der zweite Griff dieses Punktes sich mitbewegt.

Griffe löschen | Soll einer der Griffe gelöscht werden, schieben Sie ihn einfach in seinen Punkt zurück. Zunächst ist das Werkzeug während des Zurückschiebens wie gewohnt schwarz ▶.

Wenn Sie aber in der Nähe des Ankerpunktes angekommen sind, wird die Werkzeugspitze weiß ▷, und der Griff wird gelöscht.

Griffe abknicken | Möchten Sie einen der beiden Griffe eines symmetrischen Ankerpunktes nachträglich abknicken, können Sie das auch mit dem Direktauswahl-Werkzeug erledigen. Sie müssen dafür lediglich die ⌜Alt⌟-Taste gedrückt halten, während Sie den Griff bewegen. Es erscheint ▷₊ als Werkzeugspitze.

▲ **Abbildung 2.34**
Zurückschieben eines Griffs in den Ankerpunkt (linke Pfeilspitze)

◀ **Abbildung 2.35**
Einen verbundenen Griff abknicken: Es entsteht ein Eckpunkt.

Korrekturen mit dem Steuerung-Bedienfeld

Ein anderer Weg, Ankerpunkte zu verändern, ist mit Hilfe des Steuerung-Bedienfeldes ganz oben in Ihrem Fenster. Es ist kontextbedingt, d. h., dass sich sein Inhalt und die Funktionen je nach aktivem Element verändern. Möchten Sie einen Ankerpunkt konvertieren, also verändern, müssen Sie ihn zuvor wieder mit dem Direktauswahl-Werkzeug aktivieren. Nun zeigt das Steuerung-Bedienfeld Veränderungsmöglichkeiten dieses Punktes an.

Ankerpunkt in Ecke konvertieren | Mit dem Button ❶ (Abbildung 2.36) können Sie aus einem Kurvenpunkt einen Eckpunkt machen. Egal ob Ihr Punkt einen oder zwei Griffe hat, symmetrisch als Waage oder abgeknickt ist, alle Griffe werden gelöscht.

Pfad vs. Punkt aktivieren

Sie müssen hier Punkte ausgewählt haben. Ist der ganze Pfad aktiviert, zeigt das Steuerung-Bedienfeld andere Pfadfunktionen.

Ankerpunkte konvertieren

Die Griffe eines Ankerpunkts können Sie zwar anfassen und bewegen, nicht aber auswählen. Nur der zugehörige Punkt ist auswählbar.

▲ **Abbildung 2.36**
Das Steuerung-Bedienfeld für Ankerpunkte ist aktiv.

Abbildung 2.37 ▶
Die Griffe des aktiven Anker-
punkts werden gelöscht.
Übrig bleibt ein Eckpunkt.

Ankerpunkt in Kurvenpunkt konvertieren | Andersherum ist es
mit dem zweiten Button ❷: Dieser konvertiert die aktiven Punkte
in Übergangspunkte, wie Illustrator hier den (symmetrischen)
Kurvenpunkt nennt. Er bekommt also zwei miteinander verbundene Griffe. Die Länge der Griffe, die Illustrator nun kreiert, hängt
von der Länge der Pfadsegmente ab. Hat der Punkt schon einen
abgeknickten Kurvenpunkt, wird dieser ebenfalls symmetrisch.
Das Ergebnis ist schwer einzuschätzen, und in jedem Fall müssen
Sie mit dem Direktauswahl-Werkzeug nachkorrigieren.

Abbildung 2.38 ▶
Die ausgewählte Spitze wird
rund.

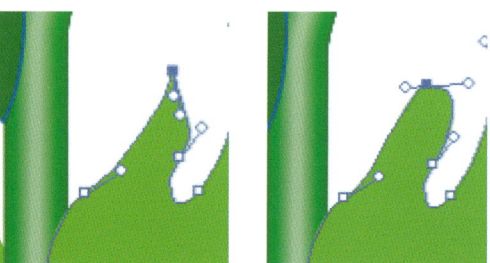

Griffe ein- und ausblenden | Der dritte ❸ und vierte ❹ Button
der Steuerungsleiste verändert das Wesen Ihres Punktes nicht. Er
blendet, wenn Sie mehrere Punkte aktiviert haben, lediglich alle
Griffe aus bzw. ein. Das kann manchmal bei aufwendigen Pfaden
praktisch sein, um den Durchblick zu bewahren, ohne erst in die
Voreinstellungen wechseln zu müssen, wo Sie es unter AUSWAHL
UND ANKERPUNKT-ANZEIGE für Ihr Programm einstellen können.

Ankerpunkte löschen | Möchten Sie zu viel gesetzte Punkte löschen, den Pfad aber nicht zerschneiden, hilft der fünfte Button ⑤. Er löscht einen oder mehrere Punkte ⑧ aus Ihrem Pfad ⑨. Die übrigen Punkte sind weiter miteinander verbunden. Würden Sie die aktivierten Punkte mit der Entf-Taste löschen, hätte Ihr Pfad eine Lücke ⑩.

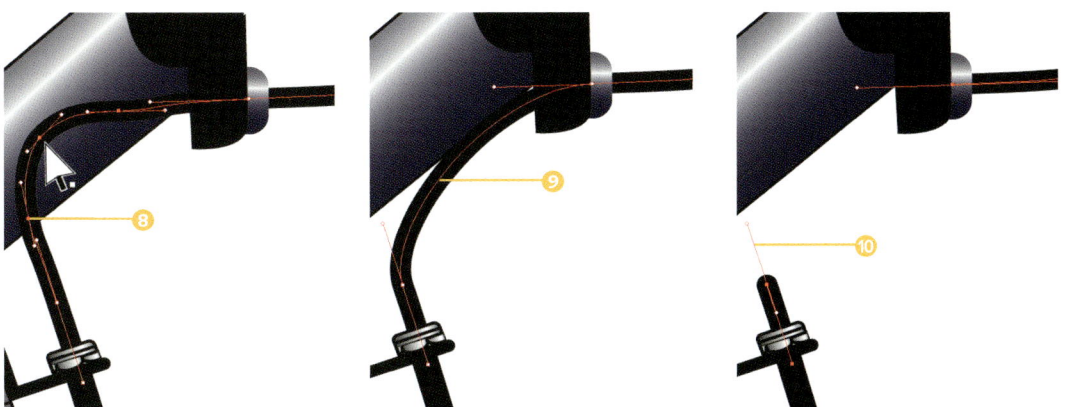

Endpunkte verbinden | Der sechste Button ⑥ schließt mit dem Direktauswahl-Werkzeug ausgewählte Endpunkte eines noch offenen Pfades auf direktem Weg und erzeugt eine Gerade. Sie dürfen dabei auch mehr Punkte als nur die beiden Endpunkte auswählen, jedoch müssen die beiden Endpunkte zu Ihrer Auswahl dazugehören. Haben Sie Endpunkte *zweier* Pfade aktiviert, werden die Endpunkte ebenfalls verbunden. Es dürfen aber nicht mehr als zwei Endpunkte aktiv sein, und es dürfen nicht mehr als zwei Pfade aktiv sein!

◄ **Abbildung 2.39**
Aktivieren Sie mehrere Ankerpunkte mit ⇧ und dem Direktauswahl-Werkzeug. Dann können die Ankerpunkte eines Pfades gelöscht werden; der Pfad bleibt erhalten. Mit der Entf-Taste würde der Pfad zerschnitten.

◄ **Abbildung 2.40**
Auch wenn die Endpunkte Kurvenpunkte waren: Nach dem Verbinden ist die Verbindung eine Gerade.

Die gleiche Funktion finden Sie auch unter OBJEKT • PFAD • ZUSAMMENFÜGEN (Strg / ⌘ + J).

Durchschnitt berechnen

Achse

Horizontal

Vertikal

⊙ Beide

Abbrechen   OK

▲ **Abbildung 2.41**
Der Durchschnitt
berechnen-Dialog

Abbildung 2.42 ▶
Zwei Kelchhälften werden an
der Spitze zusammengebracht
und dann über Zusammen-
fügen miteinander verbunden.

Abbildung 2.43 ▶
Durchschnitt berechnen:
Vertikal, Horizontal und
Beide

Abbildung 2.44 ▶
Hübsch, aber nicht gewollt.
So kann es aussehen, wenn
Sie beim Zusammenfügen
versehentlich mehr als nur die
beiden Endpunkte aktiviert
haben

Ebenfalls unter Objekt • Pfade finden Sie eine weitere sehr nützliche Hilfe: Durchschnitt berechnen. Mit dieser Funktion können Sie die zwei Endpunkte, die Sie aktiviert haben, vor dem
Zusammenfügen zunächst genau aufeinanderlegen. Achse • Beide
verschiebt beide aktiven Endpunkte zueinander, während Horizontal die Endpunkte zwar in der Waagerechten auf eine Achse,
nicht aber aufeinanderlegt. Vertikal verfährt genauso, lediglich in
der Senkrechten.

Sie haben zwei ausgewählte Endpunkte mit der Funktion Durchschnitt berechnen genau aufeinandergelegt. Mit der Funktion
Zusammenfügen wird aus beiden Ankerpunkten einer gemacht.

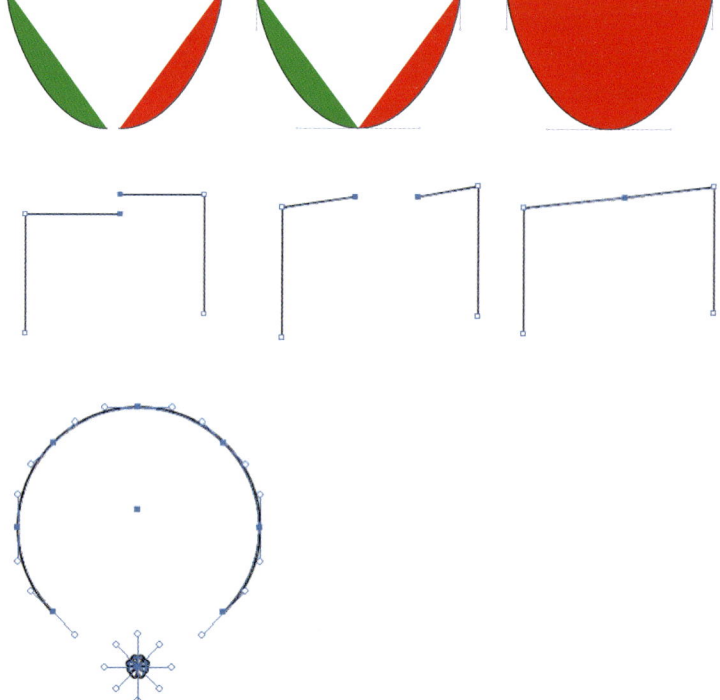

Pfad an Ankerpunkten zerschneiden | Der siebte Button ❼ in der
Steuerleiste für Ankerpunkte zerschneidet den Pfad. Dazu muss
ein Ankerpunkt aktiviert sein. Haben Sie mehrere aktiviert, wird
Illustrator Ihren Pfad an jedem dieser Punkte zerschneiden. Das
Tückische ist: Sie sehen es nicht! Die Ankerpunkte behalten ihre
Griffe und die Pfade ihr Aussehen.

▲ **Abbildung 2.45**
Erst wenn man die Pfade aus-
einandernimmt, wird sichtbar,
dass sie zerschnitten wurden.

Korrekturen mit dem Zeichenstift-Werkzeug

Bisher haben Sie das Zeichenstift-Werkzeug nur beim Zeichnen kennengelernt. Wir erinnern uns: Es verändert seine Spitze, wenn Sie einen Pfad beginnen 🖋, weitere Punkte setzen 🖋 und am Ende wieder beim Startpunkt ankommen 🖋. Es gibt aber noch weitere Spitzen.

Ankerpunkt hinzufügen | Wollen Sie noch einen weiteren Punkt in den schon gezeichneten Pfad einfügen, brauchen Sie nur mit dem Werkzeug über eben diesen Pfad zu gehen. Die Werkzeug-spitze ändert sich in 🖋 und setzt beim Klicken einen **Ankerpunkt**. Setzen Sie ihn in eine Gerade, ist es ein **Eckpunkt**. Setzen Sie ihn in eine Kurve, ist es ein **symmetrischer Kurvenpunkt**. Die Griffe passen sich so an, dass das Aussehen des Pfades erhalten bleibt. Die Griffe werden entsprechend der angrenzenden Ankerpunkte gekürzt.

▲ **Abbildung 2.46**
Kommt ein Punkt hinzu, passen sich die anliegenden
Griffe an, sodass das Aussehen erhalten bleibt.

Ankerpunkt löschen | Umgekehrt wandelt sich die Werkzeug-spitze in 🖋 um, wenn Sie über einen bestehenden Punkt fahren, der nun beim Klicken gelöscht wird. Der Pfad wird nicht unterbro-chen, er verbindet jetzt die Punkte vor und hinter dem gelöschten Ankerpunkt.

▲ **Abbildung 2.47**
Beim Löschen von Punkten
kann die Form des Pfades
nicht erhalten bleiben; nur
die Griffe der angrenzenden
Ankerpunkte bleiben so, wie
sie sind.

Ankerpunkt verändern | Auch die Art des Ankerpunktes können Sie mit dem Zeichenstift-Werkzeug verändern:

Halten Sie die Alt-Taste gedrückt, verändert sich die Spitze in ▶ (Ankerpunkt-konvertieren-Werkzeug). Klicken Sie in einen Kurvenpunkt, wird dieser zu einem Eckpunkt; er verliert seine Griffe. Ziehen Sie mit der Maus, anstatt nur zu klicken, ziehen Sie symmetrische Griffe heraus, die die alten Griffe ersetzen.

▲ **Abbildung 2.48**
Wenn die Spitze des Sattels eckig werden soll, klicken Sie mit dem Ankerpunkt-konvertieren-Werkzeug auf den Kurvenpunkt: Seine Griffe werden gelöscht. Nun müssen Sie die übrigen Griffe nur noch anpassen.

Andersherum ist es bei einem Eckpunkt: Aus diesem ziehen Sie symmetrische Griffe heraus und wandeln so den Eck- in einen Kurvenpunkt um. Aber Vorsicht: Achten Sie auf die Richtung, in die Sie ziehen, damit es keine Schlaufen gibt (siehe Abbildung 2.10).

Griffe verändern | Das Ankerpunkt-konvertieren-Werkzeug kann aber nicht nur an den Ankerpunkten angewendet werden, Sie können damit auch einen Griff anfassen. Wenn Sie den Griff eines (symmetrischen) Kurvenpunkts bewegen, knicken Sie ihn ab und erzeugen an dieser Stelle eine Ecke.

Gehen Sie also behutsam mit dieser Funktion um. Nicht, dass Sie am Ende zwar schön an der Vorlage anliegende Pfade haben, aber überall Ecken, die vielleicht erst im Druck richtig sichtbar werden. Benutzen Sie also zum Anpassen des Pfades lieber das Direktauswahl-Werkzeug ([A]).

Abbildung 2.49 ▶
Klicken Sie mit dem Zeichenstift-Werkzeug in die Gerade, und ziehen Sie dann mit dem Ankerpunkt-konvertieren-Werkzeug Griffe heraus. Schon haben Sie eine geschwungene Schale.

Abbildung 2.50 ▶
Ziehen Sie mit dem Direktauswahl-Werkzeug den oberen Kreispunkt hoch, und bringen Sie dann mit dem Ankerpunkt-konvertieren-Werkzeug die Griffe nach unten: So bekommen Sie schnell einen Tropfen.

◀ **Abbildung 2.51**
Wenn Sie einen Griff mit dem Ankerpunkt-konvertieren-Werkzeug bewegen, ist dieser hinterher abgeknickt.

2.4 Pfade verbinden

Wie kann ich überprüfen, ob mein Pfad irgendwo unterbrochen ist?

▶ Ist er an mehreren Stellen unterbrochen, ist das leicht zu erkennen: Wenn Sie den Pfad an irgendeiner Stelle mit dem Direktauswahl-Werkzeug ([A]) ▶ aktivieren, werden auch nur die miteinander verbundenen Punkte aktiviert, und Sie sehen zwischen den Punkten den Pfad in der Ebenenfarbe hervorgehoben.

◀ **Abbildung 2.52**
Links ist der Pfad geschlossen, rechts fehlt eine Verbindung ❶; der Pfad ist also offen.

▶ Ist Ihr Pfad an nur einer Stelle unterbrochen – und zwar so, dass beide Endpunkte so beieinanderliegen, dass Sie die beiden Endpunkte nicht einzeln sehen können –, hilft diese Methode nicht. Fassen Sie am besten denjenigen Punkt mit dem Direktauswahl-Werkzeug an, den Sie als Letztes gesetzt haben, und ziehen Sie ihn zur Seite.

Meistens ist es der falsch gesetzte Endpunkt, der nicht schließt. War dies nicht der Fall, hilft Ihnen bestimmt das ZUSAMMEN-FÜGEN. Es reicht, dass Sie den gesamten Pfad mit dem Auswahl-Werkzeug aktivieren und OBJEKT • PFAD • ZUSAMMENFÜGEN auswählen. Bei dieser Methode wissen Sie zwar nicht, welche Punkte falsch waren, aber sie sind nun verbunden. Lagen die Punkte genau aufeinander, wird es auch nur einen Ankerpunkt geben. Ansonsten gibt es eine kleine Verbindung zwischen den Punkten.

Wie sind meine Ankerpunkte aufgebaut?

Wenn Sie wissen wollen, wie Ihr Pfad aufgebaut ist, können Sie dies auch über die Dokumentinformationen einsehen: Wählen Sie FENSTER • DOKUMENTINFORMATIONEN, und aktivieren Sie im Bedienfeldmenü OBJEKTE. Wählen Sie den zu prüfenden Pfad aus. Das Bedienfeld zeigt Ihnen nun an, ob der Pfad offen oder geschlossen ist, wie viele Ankerpunkte er besitzt etc.

Abbildung 2.53 ▶
Illustrator schließt auf dem kürzesten Weg, wenn die Ankerpunkte nicht genau aufeinanderliegen.

Abbildung 2.54 ▶▶
Oft ist der Übeltäter der letzte Punkt, den Sie gesetzt und nicht genau getroffen haben.

▲ **Abbildung 2.55**
Wenn Sie beim Verbinden mit der Maus ziehen, können Sie gleich den Verbindungspunkt verbiegen (unten).

Immer wieder werden Sie in die Situation kommen, einen versehentlich unterbrochenen Pfad oder einfach zwei einzeln gezeichnete Pfade manuell miteinander verbinden zu müssen. Auch hierfür verwenden Sie das Zeichenstift-Werkzeug. Kommen Sie nämlich mit der Maus über einen Endpunkt eines offenen Pfades, wechselt die Werkzeugspitze zu 🖋. Wenn Sie nun in den Endpunkt klicken, nehmen Sie den Pfad an dieser Stelle wieder auf und können ihn fortführen – in beliebiger Richtung oder zu einem Endpunkt eines zweiten Pfades. Dann wechselt die Werkzeugspitze zu 🖋, und Sie können mit einem Klick beide Pfade miteinander verbinden. Das Gleiche gilt natürlich auch, wenn Sie auf den Endpunkt desselben Pfades klicken. Dieser wird dann geschlossen.

2.5 Pfade aufschneiden und trennen

Anders als beim Entfernen einzelner Ankerpunkte mit dem Zeichenstift-Werkzeug können Sie einen Pfad aufschneiden,

▶ indem Sie ein Pfadsegment entfernen oder
▶ indem Sie den Pfad an einem Ankerpunkt aufschneiden, ohne seine Form zu verändern.

Achtung
Wenn Sie mehrere Pfadsegmente ohne deren Ankerpunkte aktivieren und löschen, bleiben die Ankerpunkte dazwischen stehen. Diese sind nur unter ANSICHT • PFADANSICHT als kleine Kreuze zu sehen.

Ankerpunkt oder Pfadsegment löschen

Illustrator kann sowohl einen Ankerpunkt aktivieren als auch ein Pfadsegment. In beiden Fällen verwenden Sie das Direktauswahl-Werkzeug (A) ▸. Haben Sie einen Ankerpunkt aktiviert und löschen ihn mit der ⟵ -Taste oder der Entf -Taste, verschwindet nicht nur der Punkt selbst, sondern auch die beiden angrenzenden Pfadsegmente. Gleiches gilt, wenn Sie nur den Endpunkt eines offenen Pfades aktiviert haben. Das Löschen eines Pfadsegments aktiviert alle verbleibenden Punkte. Ein weiteres Drücken der ⌞Entf⌟-Taste würde nun den ganzen Pfad löschen.

◀ **Abbildung 2.56**
Das Löschen eines Pfadsegments lässt die Ankerpunkte davor und dahinter als Endpunkte stehen.

Wenn Sie nur ein Pfadsegment aktivieren, indem Sie mit dem Direktauswahl-Werkzeug auf einen Pfad statt auf einen Punkt klicken – Illustrator zeigt es Ihnen hier durch die sichtbaren Griffe im linken Segment –, bleiben nach dem Löschen die beiden Punkte vor und hinter dem gelöschten Segment stehen und bilden nun jeweils Endpunkte.

Einen Pfad mit der Schere trennen

Eine ganz andere Art, einen Pfad aufzuschneiden, ist das Schere-Werkzeug (⌞C⌟) . Klicken Sie mit dem Werkzeug auf einen Ankerpunkt, trennt Illustrator hier den Pfad, und an der Stelle des einen Ankerpunktes entstehen zwei direkt aufeinanderliegende Ankerpunkte – jeweils als Endpunkt Ihres Pfades.

Klicken Sie aber in ein Pfadsegment hinein, trennt Illustrator den Pfad an eben dieser Stelle und generiert an der Trennstelle zwei direkt aufeinanderliegende Ankerpunkte als Endpunkte der Pfade. In beiden Fällen verändert sich das Aussehen des Pfades nicht. Ob Ihr Pfad offen oder geschlossen war, spielt keine Rolle.

▲ **Abbildung 2.57**
Radiergummi, Schere, Messer

▼ **Abbildung 2.58**
Links: Der unzerschnittene Pfad. Mitte: aufgeschnitten an einem Pfadsegment. Neue Endpunkte werden gebildet. Rechts: Aufgeschnitten an einem Punkt. Die symmetrischen Griffe bleiben erhalten.

Einen Pfad mit dem Messer trennen

Etwas dynamischer verhält sich das Messer (kein Tastenkürzel). Jedoch wirkt es nur an geschlossenen Pfaden. Dafür können Sie mit ihm aber richtig schneiden. Halten Sie die Maustaste gedrückt, und zerschneiden Sie den Pfad. Sie können auch Kurven und andere Formen fahren, müssen das geschlossene Objekt aber ganz durchfahren. Illustrator wird das zerschnittene Objekt an den Schnittstellen wieder zu einem geschlossenen Pfad verbinden.

Abbildung 2.59 ▼
Der geschlossene Pfad muss ganz durchtrennt werden. Illustrator wird die Teilstücke wieder zu geschlossenen Pfaden machen.

Fahren Sie nur von außen in die geschlossene Form hinein, erhalten Sie auch nur einen »Einschnitt«; der Pfad bleibt geschlossen.

▲ **Abbildung 2.60**
Der Pfad bleibt geschlossen, erhält jedoch einen Einschnitt. Rechts: Zur Verdeutlichung ist der Ankerpunkt verschoben.

Einen Pfad mit dem Radiergummi trennen

Nach dem gleichen Prinzip funktioniert das extrem leistungsstarke Radiergummi-Werkzeug (⇧+E) . Bei diesem Werkzeug haben Sie aber noch die Möglichkeit, die Breite des Schnittes ❸ und auch die Form der Werkzeugspitze ❷ zu bestimmen. Klicken Sie hierzu doppelt auf das Radiergummi-Werkzeug in der Werkzeugleiste. Wenn Sie die Form auf nicht rund stellen (rund wäre 100%), können Sie auch den Winkel der elliptischen Werkzeugspitze verändern ❶.

◀ **Abbildung 2.61**
Die Radiergummioptionen
rufen Sie durch Doppelklick
auf das Werkzeug auf.

Arbeiten Sie mit einem Grafiktablett – wofür Illustrator an mehreren Stellen Optionen für Sie bereithält –, sind auch Einstellungen wie DRUCK und NEIGUNG möglich. Auch wenn es unprofessionell klingt: Probieren Sie doch verschiedene Einstellungen durch, um ein Gespür dafür zu bekommen, was jeweils passiert. Abbildung 2.62 soll Ihnen dabei Anregung und Hilfe sein. Komplexe Objekte werden ebenso radiert (zerschnitten) wie einfache.

▲ **Abbildung 2.62**
Passen Sie die Radiergummioptionen Ihrem jeweiligen Vorhaben an.
Hier wurden die Objekte, die nicht mit radiert werden sollen, zuvor fixiert:
Wählen Sie dazu die Objekte aus, und drücken Sie dann Strg/⌘+2.
(Zum Lösen drücken Sie Strg/⌘+Alt+2.)

2.6 Weitere Werkzeuge zum Erzeugen von Pfaden

Nachdem Sie nun das wichtigste Werkzeug für das Zeichnen von Pfaden – das Zeichenstift-Werkzeug – ausgiebig kennengelernt haben, zeige ich Ihnen noch weitere Werkzeuge, die alle im richtigen Moment sehr hilfreich sind und Ihnen das Leben erleichtern können. Lernen Sie, wie und wann Sie sie einsetzen.

Die Liniensegment-Werkzeuge

Das Liniensegment-Werkzeug (⌂ + ⁚) ◢ erzeugt eine Linie zwischen zwei (Eck-)Punkten. Es macht dann Sinn, wenn Sie Objekte grafisch konstruieren wollen.

Hierzu kann es hilfreich sein, die Linie numerisch zu definieren, also ganz bestimmte Zahlenwerte für die Länge und Ausrichtung einzugeben. Um das zu tun, klicken Sie einfach an die Startposition der geplanten Linie (ohne mit der Maus zu ziehen!). Es erscheint ein Popup-Menü. Hier können Sie die Länge und die Richtung vom Startpunkt aus bestimmen. Um die Linie anschließend weiterzuführen, müssen Sie das Werkzeug wechseln, z. B. das Zeichenstift-Werkzeug aufrufen. Sie können aber auch an einem der Endpunkte ansetzen ◖ und von dort aus weiterzeichnen.

Abbildung 2.63 ▶
Numerische Werte bestimmen die Länge und Richtung der Geraden.

Positive und negative Werte

Ausgegangen wird von der Mausposition. Bei einem negativen Wert wird rechtsherum gedreht; bei einem positiven Wert gegen den Uhrzeigersinn.

Ist die Option LINIE FÜLLEN aktiviert, würde sich Ihr Pfad mit der Farbe füllen, die Sie zuvor ausgewählt haben (zu sehen in der Werkzeugleiste). Eine Linie hat aber an sich keine Fläche, sodass, wie in Abbildung 2.63 zu sehen ist, das Grün auch nicht auftaucht. Erst wenn Sie den Pfad später weiterbearbeiten und dadurch Flächen entstehen, werden diese automatisch mit der Flächenfarbe gefüllt.

Aber Vorsicht: Wenn Sie ein zweites Liniensegment an einem der beiden Endpunkte des ersten ansetzen, sind diese Segmente nicht miteinander verbunden. Sie können so zwar eine Form numerisch konstruieren, doch besteht sie aus einzelnen Linien!

Möchten Sie die Einzellinien miteinander zu einer Fläche verbinden, müssen Sie sie aktivieren. Haben die einzelnen Segmente unterschiedliche Flächen- und Konturfarben, sehen Sie in der Werkzeugleiste Fragezeichen, die anzeigen, dass unterschiedliche Farben verwendet werden.

Mit ⌈Strg⌉/⌈⌘⌉+⌈J⌉ verbinden Sie die Liniensegmente jetzt miteinander. Die Fläche wird mit der Flächenfarbe des obersten Segments gefüllt, also mit der Farbe des zuletzt gezeichneten Segments.

◄ Abbildung 2.64
Die konstruierte Form besteht aus Einzellinien. Noch immer ist keine Flächenfarbe zu sehen.

Fläche

Illustrator definiert eine Fläche sowohl in geschlossenen Objekten als auch in offenen und zieht bei Letzteren eine gedachte Gerade zwischen den Endpunkten. Hier wird das Objekt mit Farbe gefüllt, wenn eine Flächenfarbe markiert ist.

▲ Abbildung 2.65
Mehrere Farben sind zugewiesen; also erscheint in der Werkzeugleiste nur ein Fragezeichen.

◄ Abbildung 2.66
Es wird immer die Farbe des obersten Segments auf die neu entstehende Fläche angewendet.

Das Bogen-Werkzeug

Das Bogen-Werkzeug ⌐ (kein Tastenkürzel) erzeugt auch nur ein Pfadsegment. Wie seine gerade Schwester hat der Bogen zwei Endpunkte. Auch den Bogen können Sie nur mit anderen Werkzeugen weiterverarbeiten. Das Popup-Menü bei einem Klick auf die Zeichenfläche oder ein Doppelklick auf das Werkzeug ist aber deutlich größer.

Abbildung 2.67 ▶
Die Bogensegment-Optionen

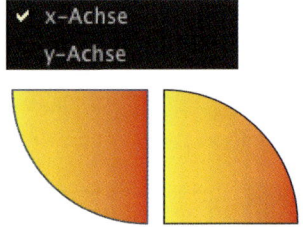

▲ **Abbildung 2.68**
Wenn Sie unter BASISACHSE die x- und die y-Achse vertauschen, dreht sich der Bogen um.

Abbildung 2.69 ▶
Steigung; von links: 100 / 50 / 0 / –50 / –100

Die Linienlänge des Bogens ❶ bestimmen Sie mit der x-Achse für die waagerechte und mit der y-Achse für die senkrechte Krümmung. Unter ART ❷ können Sie den Bogen aber gleich zu einer geschlossenen Form schließen lassen. Die BASISACHSE ❸ bestimmt die Richtung des Bogens.

Beim Bogensegment-Werkzeug haben Sie die Möglichkeit, die Bögen gleich mit Farbe zu füllen ❺. Mit dem URSPRUNG ❻ bestimmen Sie den Ausgangspunkt Ihres Bogens. Die STEIGUNG ❹ sagt aus, wie stark die Krümmung verläuft. Ein Wert von 0 erzeugt eine Gerade, ein Wert von 100 erzeugt eine Kurve um 90°.

Es gibt im Optionsmenü keine Vorschau, doch wenn Sie nach Bestätigung des Dialogs den Bogen aufziehen, sehen Sie, wie die Kurve aussieht, bevor Sie die Maustaste loslassen. Ziehen Sie waagerecht oder senkrecht zum Ausgangspunkt, entsteht eine

Gerade; ziehen Sie in 45° oder mit gedrückter ⇧-Taste, entfaltet der Bogen erst gänzlich seine eingegebenen Werte. Das ist schwer einzuschätzen, deshalb empfehle ich hier, lieber nur mit der Maus zu klicken und so den Bogen rein numerisch zu erzeugen.

Das Buntstift-Werkzeug

Das Buntstift-Werkzeug (Ⓝ) ist nun endlich ein Werkzeug, mit dem Sie in etwa so zeichnen, wie Sie es auf Papier gewohnt sind. Sie zeichnen also mit der Maus einfach eine Linie in gewünschter Länge, und Illustrator setzt selbstständig Ankerpunkte mit den entsprechenden Griffen bei den Rundungen.

Wie viele Punkte Illustrator für Sie setzt, wie genau also Ihre Linie beim Zeichnen ist, bestimmen Sie in den Werkzeugoptionen mit einem Doppelklick auf das Werkzeug.

▲ **Abbildung 2.70**
Buntstift-Werkzeug, Glätten-Werkzeug, Löschen-Werkzeug

◄ **Abbildung 2.71**
Mit den Buntstift-Optionen bestimmen Sie, wie Ihr Werkzeug läuft.

Wenn Sie eine hohe GENAUIGKEIT ❼ wählen, setzt Illustrator weniger Ankerpunkte und längere Griffe. Geben Sie einen hohen %-Wert bei GLÄTTUNG ein ❽, bekommen Sie zwar einen glatteren Pfad ohne viele Beulen, die Genauigkeit im Vergleich mit dem, was Sie gezeichnet haben, ist dann jedoch geringer. Ein etwas höherer Genauigkeitswert und eine mittlere GLÄTTUNG haben sich in der Praxis oft bewährt.

Abbildung 2.72 ▶
Verschiedene Einstellungen der GENAUIGKEIT bei gleicher, mittlerer Glättung; von links: 0,5, 10 und 20 Pixel.

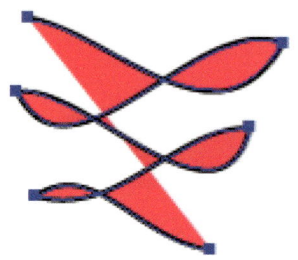

▲ **Abbildung 2.73**
Bei NEUE BUNTSTIFTKONTUREN FÜLLEN füllt Illustrator die Flächen von Endpunkt zu Endpunkt.

▲ **Abbildung 2.74**
Wenn der eine Pfad nicht schön ausgefallen ist (links), »überzeichnen« Sie ihn einfach.

Abbildung 2.75 ▶
Setzen Sie irgendwo am aktiven Pfad mit dem Buntstift-Werkzeug an, und zeichnen Sie die Form, die Sie lieber haben (unten).

Auch hier finden Sie die Funktion des Füllens ❾; dabei werden die beiden Endpunkte mit einer gedachten Geraden verbunden. Alle eingeschlossenen Flächen, die diese Gerade erzeugt, füllt Illustrator mit der Flächenfarbe.

AUSWAHL BEIBEHALTEN ❿ lässt nach dem Absetzen der Maus die gezeichneten Punkte aktiv, sodass Sie sie direkt weiterbearbeiten können. Haben Sie auch die Option AUSGEWÄHLTE PFADE BEARBEITEN ⓫ angehakt, können Sie den zuletzt gezeichneten Pfad durch den nächsten ersetzen, wenn Sie ihm nahe genug kommen (INNERHALB VON … PIXEL). Ob Sie mit dem Werkzeug innerhalb dieser Toleranz sind, erkennen Sie an dem kleinen »x« an der Werkzeugspitze, das Ihnen anzeigt, dass Sie einen neuen Pfad zeichnen würden. Ist es nicht zu sehen, ersetzen Sie den noch aktiven Pfad, indem Sie einfach einen neuen zeichnen.

Mit dem Buntstift können Sie sogar Pfade ersetzen, die Sie mit anderen Werkzeugen gezeichnet haben. Wenn Sie mit dem Buntstift-Werkzeug nur über einen Teil des aktiven Pfades fahren, bleibt der andere Teil erhalten.

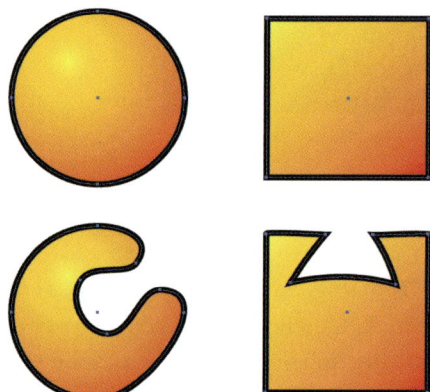

Das Glätten-Werkzeug

Mit dem Glätten-Werkzeug 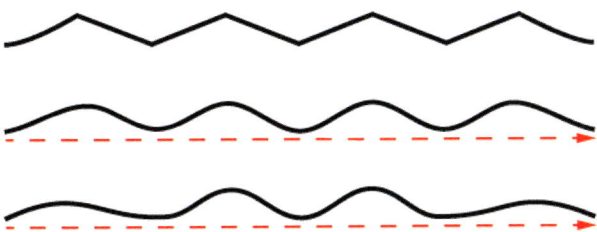 (kein Tastenkürzel) ist es möglich, den Pfad zu korrigieren, wenn er zu »beulig« geraten ist oder zu viele Punkte hat.

Ist die Genauigkeit zu gering, passiert nicht viel – oder manchmal sogar das Gegenteil. Der Glättungswert steuert die Stärke der Glättung. In Abbildung 2.76 sehen Sie unter der Originallinie eine Glättung mit dem Wert 60% und ganz unten mit 100%.

◀ **Abbildung 2.76**
Mitte: Glättung mit 60%
unten: Glättung mit 100%

Das Löschen-Werkzeug

Das Löschen-Werkzeug (kein Tastenkürzel) funktioniert nicht so grandios wie das Radiergummi-Werkzeug, das ich schon vorgestellt habe. Sie müssen dem aktiven Pfad am Beginn sehr nahe sein und ihn an einer weiteren Stelle schneiden, damit das Stück dazwischen gelöscht wird. Wenn Sie es auf einen aktiven, geschlossenen Pfad anwenden, wird immer die kleinere Hälfte ganz gelöscht. Da ist es doch einfacher, auf konventionellem Weg mit dem Schere- oder Radiergummi-Werkzeug zu löschen.

Das Pinsel-Werkzeug

Auch der Pinsel gehört an sich zu den Pfadwerkzeugen. Er wird aber in Abschnitt 7.2 behandelt.

2.7 Pfade in Aktion

Schauen wir uns nun die Werkzeuge zum Erstellen und Bearbeiten von Pfaden einmal im Praxiszusammenhang an. Zwei Workshops sollen Sie in der Anwendung der Werkzeuge schulen.

Nachzeichnen eines Logos

Eine der häufigsten Anwendungen von Illustrator ist das Nachzeichnen von Logos. Das ist so, weil Sie nur allzu häufig als Grafikerin oder Mediengestalter das Firmenlogo Ihres Auftraggebers

▶ **Video-Training**

Auf der Buch-DVD finden Sie einige Lektionen zum Freihandzeichnen mit Illustrator. Probieren Sie es einmal aus!

in eine Broschüre, Website oder die Visitenkarte einbauen sollen. Doch bekommen Sie eine druckfähige Datei des Logos? Seltener als gewünscht. Sie bekommen ein 10 x 10 mm großes JPG aus dem Web, eine selbst gezeichnete Skizze oder eine Zeitungsanzeige, in der das Logo früher schon mal verwendet wurde.

Noch eine Überlegung vorab: Welches Format und welche Farbeinstellungen werden gewählt? Logos werden normalerweise nicht in RGB erstellt. Auch die Auflösung der Datei und deren Rastereffekte müssen hoch sein. Das Format der Zeichenfläche hingegen ist nicht wichtig, wenn es sich hinterher um eine reine Vektorgrafik handelt. Sie ist beliebig skalierbar.

▲ **Abbildung 2.77**
Wählen Sie als Profil Druck, wenn Sie für Ihr Logo ein Neues Dokument anlegen.

Schritt für Schritt
Ein Logo nachzeichnen

1 Dokument öffnen

Damit Sie auch die Farbverläufe und Einstellungen haben, die in der Schritt-für-Schritt-Anleitung benutzt wurden, öffnen Sie die Datei »Logo_Vorlage.ai« von der DVD.

Sie sehen, dass in Grau schon das fertige Logo hinterlegt ist. Sie können dort erkennen, wo Sie welchen Ankerpunkt setzen sollen und auf welche Länge die Grifflinien am besten gezogen werden. Wenn Sie sich schon etwas auskennen und lieber selbstständiger arbeiten möchten, blenden Sie im Ebenen-Bedienfeld einfach, ohne sich die Vorlage genauer anzusehen, die untere Vorlagenebene aus.

Logo_Vorlage.ai

▲ **Abbildung 2.78**
So wird Ihr Logo gleich aussehen.

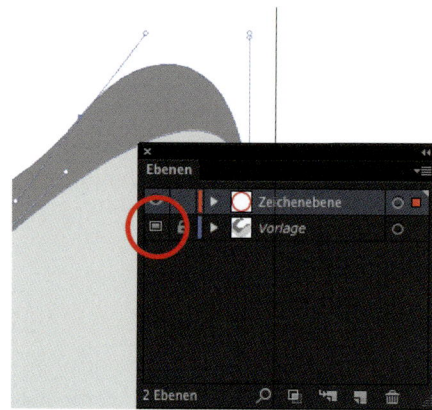

Abbildung 2.79 ▶
Die Ebene mit der Vorlage kann ausgeblendet werden.

2 Vorabeinstellungen

Damit das Logo gelingt, stellen Sie bitte Folgendes ein: Die Flächenfarbe in der Werkzeugleiste stellen Sie auf OHNE, die Konturfarbe, wenn sie nicht schon eingestellt ist, stellen Sie in der Steuerleiste auf Schwarz.

▲ Abbildung 2.80
Stellen Sie die Flächenfarbe auf OHNE und die schwarze Kontur auf 1 pt, bei gleichmäßigem, einfachem Strich.

3 Der Kreis

Es fängt ganz einfach an: Zeichnen Sie mit dem Ellipsen-Werkzeug (⌊L⌋) ⬭ und gedrückter ⬦-Taste einen Kreis. Drücken Sie dabei am besten auch die ⌊Alt⌋-Taste, damit Sie den Kreis von der Mitte her aufziehen. Sie können die Ankerpunkte einzeln mit dem Direktauswahl-Werkzeug aktivieren, damit Sie die jeweiligen Grifflinien des Kreis-Pfades sehen können.

◀ Abbildung 2.81
Alle Ankerpunkte und die Griffe des Kreises

4 Aufschneiden des Kreises

Klicken Sie mit dem Schere-Werkzeug (⌊C⌋) ✂ einmal in etwa dort, wo sich der rechte Ankerpunkt befindet. Danach klicken Sie mit dem Scherenwerkzeug etwas rechts vom oberen Ankerpunkt des Kreises, ungefähr auf »1 Uhr«. Drücken Sie nun zweimal die ⌊Entf⌋-Taste, um das Teilstück zu löschen. Achtung: Wenn Sie nur einmal die ⌊Entf⌋-Taste drücken, bleibt ein Ankerpunkt stehen, der Ihnen hinterher Schwierigkeiten bereiten kann!

▲ Abbildung 2.82
Der aufgeschnittene Kreis mit den neuen Ankerpunkten an den Schnittstellen

5 Eigene Ankerpunkte setzen

Setzen Sie mit dem Zeichenstift-Werkzeug an dem Ankerpunkt der oberen Schnittstelle an. Die Werkzeugspitze ändert sich auto-

▲ Abbildung 2.83
Der erste abgeknickte Ankerpunkt

matisch, sodass Sie nun mit dem Pfad-aufnehmen-Werkzeug 🖋,
arbeiten.

Setzen Sie einen zweiten Ankerpunkt links oberhalb der Kreismitte. Ziehen Sie gleich (noch bevor Sie die Maus loslassen!) eine
Grifflinie nach unten rechts heraus, um einen schönen Kurvenpunkt zu setzen. Damit das Logo oben rechts nicht abgerundet,
sondern spitz ist, müssen Sie noch mit dem Ankerpunkt-konvertieren-Werkzeug (⇧+C) ▶ einmal den Ankerpunkt der oberen Schnittstelle anklicken. Um den Pfad wieder aufzunehmen,
wählen Sie das Zeichenstift-Werkzeug (P) 🖋 aus und klicken
auf den zweiten gesetzten Ankerpunkt.

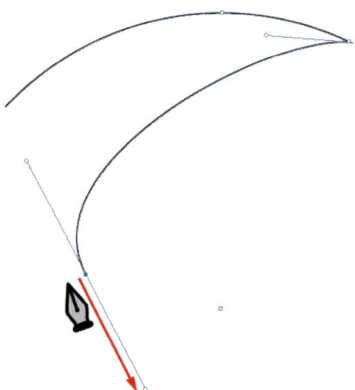

Abbildung 2.84 ▶
Der zweite Ankerpunkt ist ein
Kurvenpunkt.

Der dritte Ankerpunkt, den Sie rechts oberhalb der Kreismitte
setzen, ist auch wieder ein Kurvenpunkt, weil Sie hier ebenfalls
gleich mit der Maus ziehen – diesmal nach rechts oben.

Abbildung 2.85 ▶
Noch ein Kurvenpunkt

6   Den Pfad schließen

Wenn Sie nun mit dem Zeichenstift-Werkzeug über den End-punkt des ursprünglichen Pfads ziehen, ändert sich das Werkzeug und wird zum Pfad-schließen-Werkzeug. Doch auch hier zie-hen Sie gleich mit der Maus senkrecht nach unten, um eine gleich-mäßige Rundung zu erzeugen.

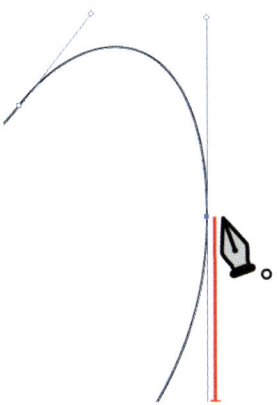

▲ **Abbildung 2.86**
Die Form wird geschlossen.

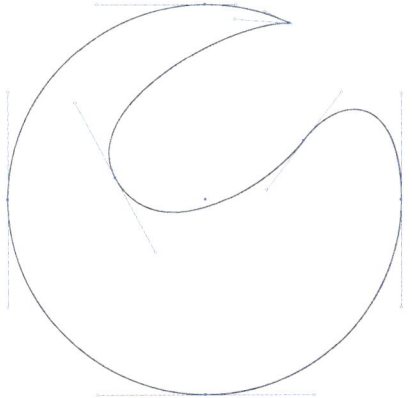

▲ **Abbildung 2.87**
So in etwa sollte Ihr Logo bis jetzt aussehen.

7   Ein Teilstück kopieren

Kopieren Sie ein Teilstück des Kreises so, dass dieses deckungs-gleich zu seinem Original zu liegen kommt. Kopieren Sie hier den unteren Halbkreis.

Dazu deaktivieren Sie alle Objekte mit Strg/⌘+⇧+A (oder über das Menü AUSWAHL • AUSWAHL AUFHEBEN). Nun klicken Sie mit dem Direktauswahl-Werkzeug (A) auf den untersten Ankerpunkt des Kreises.

◄ **Abbildung 2.88**
Nur der unterste Ankerpunkt wird aktiviert.

Mit ⌈Strg⌉/⌈⌘⌉+ ⌈C⌉ und ⌈Strg⌉/⌈⌘⌉+⌈F⌉ (oder über BEARBEITEN •
KOPIEREN und BEARBEITEN • DAVOR EINFÜGEN) fügen Sie nun das
kopierte Pfadsegment direkt vor seinem Original ein.

8 Farbe und Verläufe zuweisen

Aus dem Farbfelder-Bedienfeld ziehen Sie das rote Farbfeld auf
den Außenkreis und das Verlaufsfeld »Logo-Verlauf_Weiss« auf
den unteren Halbkreis – wobei Sie bei Objekten, die noch keine
Flächenfarbe haben, deren Kontur treffen müssen!

Abbildung 2.89 ▶
Zuweisen von Farben und
Verläufen

▲ **Abbildung 2.90**
Stellen Sie die Konturfarbe
auf OHNE.

Das Logo sieht allerdings besser aus, wenn es keine Konturfarbe
hat. Also aktivieren Sie die Objekte mit ⌈Strg⌉+⌈A⌉ und setzen die
Konturfarbe auf OHNE.

9 Den unteren Halbkreis gestalten

Wie schon beim aufgeschnittenen Außenkreis nehmen Sie mit
dem Zeichenstift-Werkzeug (⌈P⌉) 🖊 am linken Endpunkt des
Halbkreises den Pfad wieder auf, setzen etwas mittig im oberen
Drittel einen Kurvenpunkt und ziehen mit gedrückter Maustaste
nach rechts oben eine Grifflinie heraus. Anschließend klicken
Sie auf den rechten Ankerpunkt des Halbkreises und ziehen mit
gedrückter Maustaste senkrecht nach unten. Auf diese Weise
haben Sie den Pfad schön abgerundet geschlossen.

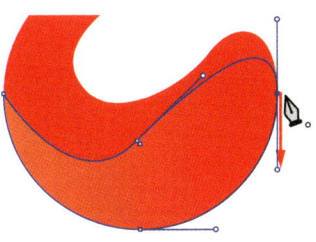

▲ **Abbildung 2.91**
Ansetzen und Fortführen des
Pfades

10 Ändern der Verlaufsrichtung

Klicken Sie in der Werkzeugleiste auf FLÄCHE, damit sich die folgenden Einstellungen nicht auf die Kontur beziehen. Mit dem Verlaufwerkzeug (G) ▣ ziehen Sie nun bei aktivem Halbkreis von der Mitte bis nach rechts unten, um so den spiegelnden Effekt zu kreieren. Fertig ist Ihr Logo.

▲ **Abbildung 2.92**
Ändern der Verlaufsrichtung mit dem
Verlaufwerkzeug

▲ **Abbildung 2.93**
Dieses Logo haben Sie erstellt.

Skizzen nachzeichnen

Eine Skizze mit »Handschrift« soll gezeichnet werden. Sie müssen sich bei solchen Aufgaben entscheiden, ob Sie zuvor mit Bleistift auf Papier eine Skizze anfertigen, sie einscannen, in die Datei platzieren (siehe Kapitel 4, »Bilder und Grafiken«) und nachzeichnen oder ob Sie sie von vornherein frei in Illustrator zeichnen möchten. Denn auch mit Illustrator kann man recht frei zeichnen, wie Sie gleich sehen werden (besonders dann, wenn Sie mit einem Grafiktablett arbeiten).

blume.ai

Eine Freihand-Skizze anfertigen

1 **Vorlage öffnen**

Für den Fall, dass Sie sich direkter an die Skizze halten möchten, habe ich Ihnen eine Skizze vorbereitet, die Sie im Übungsordner auf der DVD finden. Öffnen Sie einfach die Datei »Blume.ai«.

Es ist eine einfache Bleistiftskizze, die Ihnen als Vorlage dient. In der Datei ist sie schon platziert und auf einer extra Ebene fixiert und abgeblendet. Stört Sie die Vorlage, blenden Sie sie wie in der vorherigen Schritt-für-Schritt-Anleitung einfach aus.

▲ **Abbildung 2.94**
So kann Ihre Blume gleich auch aussehen.

Abbildung 2.95 ▶
Die Skizze wird in Ihrer Datei als Vorlage platziert.

2 **Die inneren Blütenblätter**

Zunächst starten Sie mit dem Ellipsen-Werkzeug (L) und ziehen eine senkrechte schmale Ellipse auf, die das mittlere Blütenblatt darstellt.

◀ **Abbildung 2.96**
Das mittlere Blütenblatt

3 **Blütenblatt duplizieren durch drehen**

Wählen Sie das Drehen-Werkzeug (R) 🔄, und klicken Sie einmal in den untersten Punkt der Ellipse, um dort den Drehpunkt zu fixieren. Mit gedrückter Alt-Taste zum Duplizieren drehen Sie nun das Blütenblatt nach rechts und verfahren dann andersherum für das linke innere Blütenblatt.

4 **Buntstift-Werkzeug-Einstellungen**

Als Nächstes sollen die äußeren Blütenblätter gezeichnet werden – mit dem Buntstift-Werkzeug (N) ✏️. Dafür empfiehlt es sich, das Buntstift-Werkzeug zunächst unseren Bedürfnissen anzupassen. Mit einem Doppelklick auf das Buntstift-Werkzeug in der Werkzeugleiste rufen Sie die Dialogbox OPTIONEN FÜR BUNTSTIFT-WERKZEUG auf.

Die Pfade dürfen gefüllt werden, müssen es aber nicht sein ❸ (Abbildung 2.98). Behalten Sie die Auswahl bei ❹, bleibt der Pfad aktiv, wenn Sie die Maus loslassen. Dann können Sie mit dem Buntstift die Skizze selbst gleich noch korrigieren und bearbeiten ❺. Ist der Strich nicht gelungen, »überzeichnen« Sie ihn einfach ein weiteres Mal. Die GENAUIGKEIT ❶ stellen Sie ruhig auf 20 Pixel und die GLÄTTUNG ❷ gern auf 50 % ein.

▲ **Abbildung 2.97**
Um den Drehpunkt drehen mit Kopie per Alt-Taste

Abbildung 2.98 ▶
Ein Doppelklick auf das Bunt-
stiftsymbol in der Werk-
zeugleiste öffnet die Buntstift-
Werkzeug-Optionen.

Wollen Sie das nächste Objekt zeichnen, deaktivieren Sie das
gerade aktive mit ⎯Strg⎯/⎯⌘⎯+⎯⇧⎯+⎯A⎯.

5 Äußere Blütenblätter zeichnen

Zeichnen Sie nun das linke und rechte äußere Blütenblatt freihän-
dig. Vielleicht stellen Sie zuvor noch die Konturstärke so ein, wie
sie auch zu sehen sein soll (z. B. 2 pt). Erscheint Ihnen das Blatt
nicht gelungen, überzeichnen Sie es einfach so lange, bis es Ihnen
gefällt. Wenn Ihnen partout nur ein »schönes« Blütenblatt gelingt,
können Sie dieses kopieren und dann spiegeln (OBJEKT • TRANS-
FORMIEREN • SPIEGELN).

Danach zeichnen Sie auch den Stängel und die Stängelober-
seite. Weil Sie diese Elemente nach den Blütenblättern gezeichnet
haben, liegen sie auch über der Blüte. Aktivieren Sie den unteren Teil des Stängels, und bringen Sie ihn nach hinten: OBJEKT •
ANORDNEN • IN DEN HINTERGRUND.

▲ **Abbildung 2.99**
Korrigieren Sie das aktiv
gebliebene Blatt.

Abbildung 2.100 ▶
Der fertige Blütenkelch und
der Stängel

6 Die Schraffuren vorbereiten

Wenn Sie alles aktivieren und in dem Farbe-Bedienfeld die Flächenfarbe auf Weiß stellen, lenken die Konturen der Blätter, an
denen Sie gerade nicht arbeiten, nicht so ab.

◄ **Abbildung 2.101**
Flächenfarbe auf Weiß setzen

Für die Schraffuren verändern Sie die Werkzeugeinstellungen. Da
wäre es hinderlich, die einzelnen Striche immer wieder zu deaktivieren, bevor Sie den nächsten zeichnen. Also stellen Sie Auswahl
beibehalten ab ❸, lassen die Genauigkeit ❶ auf 20 und erhöhen die Glättung ❷ auf 100%. Deaktivieren Sie zudem Ausgewählte Pfade bearbeiten.

◄ **Abbildung 2.102**
Einstellungen, die für die
Schraffur besser geeignet sind

Da die Schraffur nicht über die Konturlinien der gezeichneten Objekte hinausragen soll, werden Sie sie innerhalb dieser Konturen zeichnen. Ganz unten in der Werkzeugleiste finden Sie drei Buttons (wenn die Leiste zweispaltig ist). Aktivieren Sie das jeweilige Objekt, das Sie mit einer Schraffur versehen wollen, und klicken Sie auf den Button INNEN ZEICHNEN ⊙ .

Abbildung 2.103 ▶
Das Objekt, in dem innen gezeichnet wird, bekommt gestrichelte Ecken.

7 Mit dem Schraffieren beginnen

Nun schraffieren Sie fleißig drauflos. Sie dürfen dabei die Linien auch gern über die Kontur hinausziehen. Wenn Sie die Maus dann loslassen, sind sie nur noch innen sichtbar. Wichtig: Klicken Sie nach der Schraffur eines jeden Objekts immer wieder gleich auf den Button NORMAL ZEICHNEN! Aktivieren Sie den Button INNEN ZEICHNEN dann für jedes weitere zu schraffierende Element erneut.

Abbildung 2.104 ▶
Links sieht man in der PFAD-ANSICHT (unter ANSICHT), dass die Schraffur über das Blütenblatt hinausragt. Rechts in der VORSCHAU ist jedoch nur das Blatt schraffiert.

8 Schraffuren korrigieren

Möchten Sie einzelne Pfade oder Ankerpunkte nachträglich bearbeiten, müssen Sie das Objekt mit dem Auswahl-Werkzeug ([V]) aktivieren und dann im Steuerung-Bedienfeld links den Button INHALTE BEARBEITEN wählen. Dann können Sie die Korrekturen an Ihren Pfaden vornehmen. Umgekehrt bearbeiten Sie über den Button ZUSCHNEIDUNGSPFAD BEARBEITEN das Blatt als Ganzes.

▲ **Abbildung 2.105**
Zum Bearbeiten des Inhalts im Steuerung-Bedienfeld

◄◄ **Abbildung 2.106**
Die Schraffur innerhalb des Blattes bearbeiten Sie über INHALTE BEARBEITEN im Steuerung-Bedienfeld.

◄ **Abbildung 2.107**
Das Ergebnis unseres Workshops

2.8 Tastaturkürzel und Werkzeugspitzen

Mit einer gewissen Übung und zunehmender Sicherheit in Illustrator gewinnen die Tastenkürzel für die Effektivität des Arbeitens gerade in diesem Kapitel an Bedeutung. Achten Sie auch immer darauf, welche Spitze Ihr Werkzeug gerade zeigt. Die nachfolgenden Tabellen sollen Ihnen dabei helfen.

Zweck	PC	Mac
Auswahl-Werkzeug	`V`	`V`
Direktauswahl-Werkzeug	`A`	`A`
Zeichenstift-Werkzeug	`P`	`P`
Buntstift-Werkzeug	`N`	`N`
Liniensegment-Werkzeug	`⇧`+`:`	`⇧`+`:`
Schere-Werkzeug	`C`	`C`
Temporäres Aufrufen des letzten Auswahl-Werkzeugs	`Strg`	`⌘`
Hält zu setzende Punkte in 90° oder 45°	`⇧`	`⇧`
Wechselt Zeichenstift-Werkzeug zum Konvertieren	`Alt`	`Alt`
Punkte zusammenführen	`Strg`+`Alt`+`J`	`⌘`+`Alt`+`J`
Punkte verbinden	`Strg`+`J`	`⌘`+`J`
Alles deaktivieren	`Strg`+`⇧`+`A`	`⌘`+`⇧`+`A`
Aktives Objekt verbergen/ Alle verborgenen Objekte wieder einblenden	`Strg`+`3` / `Strg`+`Alt`+`3`	`⌘`+`3` / `⌘`+`Alt`+`3`
Temporäre Lupe für das Vergrößern/Verkleinern	`Strg`+`Leertaste`/ `Strg`+`Alt`+ `Leertaste`	`⌘`+`Leertaste`/ `⌘`+`Alt`+ `Leertaste`
Ganze Zeichenfläche zeigen	`Strg`+`0`	`⌘`+`0`

Symbol	Anwendung
	Ankerpunkte setzen | Pfad beginnen | Pfad aufnehmen | Pfad schließen | Punkt hinzufügen | Punkt löschen | Punkt konvertieren | Verbindung zu anderem Pfad
	Ankerpunkt konvertieren
	Zeigt die Werkzeugspitzengröße des Radiergummis an.

Objekte erstellen und bearbeiten

Aussehen und Grundformen von Objekten

- ▶ Wie arbeite ich mit dem Aussehen-Bedienfeld?
- ▶ Wie lassen sich (geometrische) Grundformen erzeugen?
- ▶ Wie werden Objekte skaliert, gedreht und gespiegelt und verformt?
- ▶ Wie lassen sich Objekte kombinieren und aneinander ausrichten?
- ▶ Wie kann man ein Objekt verzerren?

3 Objekte erstellen und bearbeiten

Adobe Illustrator hält eine ganze Reihe von Werkzeugen für Sie bereit. Ein Teil der Werkzeuge ist dafür da, Formen zu erzeugen, z. B. die Werkzeuge zur Erstellung geschlossener Formen wie Ellipsen, Recht- oder Vielecke. Andere Werkzeuge hingegen sollen schon bestehende, gezeichnete Formen verändern. Wir nähern uns zunächst dem Erstellen von Formen, um diese dann in den weiteren Teilen des Kapitels zu transformieren. Zunächst sehen wir uns aber eines der wichtigsten Bedienfelder von Illustrator CS6 an: das Aussehen-Bedienfeld.

3.1 Das Aussehen-Bedienfeld

Wenn Sie Formen erstellen – egal ob mit geometrischen Formwerkzeugen oder mit Freihandwerkzeugen –, brauchen Sie immer Bedienfelder, um die erzeugten Formen und Objekte zu verändern: die Farbe, die Konturstärke, die Konturart und vieles mehr. Die wichtigsten Funktionen vieler dieser Bedienfelder finden Sie in der Steuerleiste über Ihrer Zeichenfläche versammelt. Noch praktischer arbeiten Sie aber über das Aussehen-Bedienfeld, das alle Informationen über Ihr Objekt zusammenfasst.

Die Grundfunktionen

Ist ein Objekt aktiv, zeigt das Aussehen-Bedienfeld als Oberstes an, um was für ein Objekt es sich handelt ❹. Im Fall von Abbildung 3.1, einem ganz »normalen« Kreis, ist es ein Pfad. Darunter finden Sie drei Einträge: KONTUR, FLÄCHE und DECKKRAFT. Schnell können Sie so das Wichtigste auf einen Blick erfassen.

Doch Sie können hier auch die angezeigten Attribute verändern. Wenn Sie auf das Symbol klicken, das Ihnen die Konturfarbe anzeigt ❷, öffnet sich ein Popup-Menü mit dem Farbfelder-Bedienfeld, in dem Sie eine andere Farbe auswählen können.

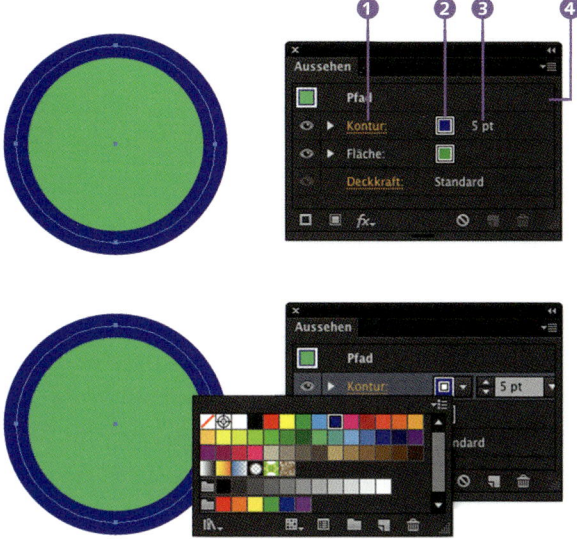

◄ **Abbildung 3.1**
Ein Kreis und sein Aussehen-Bedienfeld

◄ **Abbildung 3.2**
Mit einem Klick auf das Farbe-Symbol öffnen Sie temporär die Farbfelder.

Rechts daneben können Sie (wenn Sie die Zeile KONTUR angewählt haben) die Konturstärke verändern ❸. Erinnern Sie sich: Mit dem Auf- bzw. Abwärtspfeil links neben dem angezeigten Wert können Sie diesen erhöhen oder verringern; Sie können den angezeigten Wert überschreiben oder mit dem rechten Pfeil die Dropdown-Liste zur Auswahl vorgegebener Werte öffnen.

Wenn Sie auf das unterstrichene Wort KONTUR ❶ klicken, öffnet sich wie immer bei unterstrichenen Wörtern in Menüs (und in der Steuerleiste) das dazugehörige Bedienfeld. Es zeigt nun alle einstellbaren Attribute der Kontur.

◄ **Abbildung 3.3**
Wenn Sie auf die unterstrichenen Wörter klicken, werden die entsprechenden Bedienfelder angezeigt.

Bei einem Klick auf das Farbe-Symbol von FLÄCHE öffnet sich wieder das Farbfelder-Bedienfeld. Unter DECKKRAFT können Sie die Deckkraft für das ganze Objekt (also für Fläche und Kontur) herabsetzen, sodass untere Objekte hindurchscheinen können. Mehr zur Deckkraft erfahren Sie in Abschnitt 8.1.

Erweitertes Arbeiten mit dem Aussehen-Bedienfeld

Ihnen wird das **Auge**-Symbol ❺ in der linken Spalte des Bedienfeldes aufgefallen sein. Mit einem Klick darauf blenden Sie einzelne Attribute eines Objekts aus, ohne die Attribute löschen zu müssen; Sie können sie jederzeit wieder einblenden, wenn sie später doch zu sehen sein sollen.

Neugierig sind Sie sicher auch schon darauf, was sich hinter dem Pfeil vor KONTUR und FLÄCHE verbirgt ❻: Beide können ganz unabhängig voneinander eine unterschiedliche Deckkraft haben, sodass zum Beispiel die Kontur des Objekts halbtransparent ist, die Fläche aber deckend bleibt. Durch einen Klick auf das unterstrichene Wort DECKKRAFT öffnet sich das Transparenz-Bedienfeld, in dem man noch mehr als nur die Deckkraft verändern kann. (Wie gesagt: Mehr dazu lesen Sie in Kapitel 8.)

Abbildung 3.4 ▶
Über das Aussehen-Bedienfeld zur Transparenz

In der Fußleiste des Bedienfeldes finden Sie mehrere Buttons. Drei erkläre ich hier, drei im nächsten Abschnitt. Ganz rechts ist ein Mülleimer-Symbol ❾ zu sehen. Je nachdem, welches Attribut Sie aktiviert haben, können Sie sein Aussehen mit einem Klick in das Mülleimer-Symbol löschen.

Vorsicht: Klicken Sie zwei Symbole weiter links auf Aussehen löschen ❽, werden sämtliche Attribute auf 0 gesetzt. Ihr Objekt verliert seine Flächen- und Konturfarbe sowie angewendete Effekte. Es bleibt lediglich der reine Pfad übrig.

Das Symbol »fx« ❼ steht für Effekte. Hier können Sie Ihrem Objekt die unterschiedlichsten Effekte wie Schlagschatten, Weiche Kante oder Texturen zuweisen (siehe wieder Kapitel 8). Je nachdem, welches Attribut Sie auf der Arbeitsfläche aktiviert haben, wird der Effekt nur auf die Kontur, nur auf die Fläche oder auf das ganze Objekt angewendet.

Pfad und Kontur

Man könnte glauben, dass Pfad und Kontur das Gleiche ist. Doch der Pfad, den fast jedes Objekt in Illustrator hat, beschreibt lediglich die Form des Objekts, während die Kontur das eigentliche Aussehen des Pfades definiert.

◀ **Abbildung 3.5**
Hier wird auf die Kontur gerade der Transformations-filter Zickzack angewendet.

Klappen Sie ein Attribut mit dem Pfeil auf, sehen Sie auch die hinzugenommenen Effekte und können diese mit dem Auge-Symbol ausblenden oder mit einem Klick in das Mülleimer-Symbol wieder löschen.

◀ **Abbildung 3.6**
Auf die Kontur angewandte Effekte

Zum Ausprobieren

Am Ende dieses Kapitel
gibt es eine Schritt-für-
Schritt-Anleitung, mit der
Sie ein kleines Logo mit-
hilfe des Aussehen-
Bedienfelds erstellen können. Probieren Sie es aus!

Professionelles Arbeiten mit dem Aussehen-Bedienfeld

Der linke Button in der Fußleiste des Bedienfeldes erzeugt eine weitere Kontur ❿. Hat die untere der beiden Konturen eine andere Farbe und ist sie dicker als die obere, ragt sie hinter dieser hervor. Effekte wie in Abbildung 3.7 sind so aus einem einzigen Objekt zu erzeugen.

Abbildung 3.7 ▶
Interessantes Aussehen
mithilfe des Aussehen-
Bedienfelds

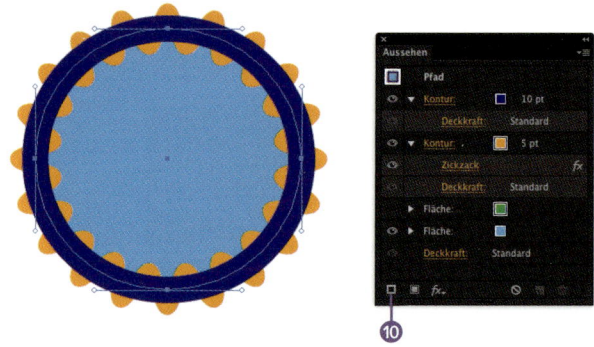

Was für die Kontur gilt, gilt in gleicher Weise auch für die Fläche mit dem Button NEUE FLÄCHE HINZUFÜGEN ⓫ der Fußleiste. Auch hier sind die Flächen unabhängig voneinander zu bearbeiten, zum Beispiel mit Effekten und Deckkraft, wie in Abbildung 3.9.

▲ Abbildung 3.8
NEUE FLÄCHE HINZUFÜGEN
über das Flyout-Menü des
Aussehen-Bedienfelds

Abbildung 3.9 ▶
Zwei Flächen und Effekte, die
auf die obere Fläche und die
untere Kontur angewendet
wurden.

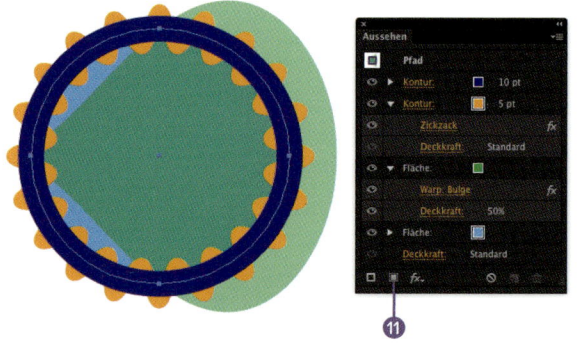

Der letzte Button ⓬ dupliziert eine ausgewählte Kontur/Fläche oder einen Effekt.

Zwei interessante Funktionen verbergen sich noch im Flyout-Menü des Aussehen-Bedienfelds: AUF GRUNDFORM REDUZIEREN löscht alle zusätzlichen Konturen/Flächen und die Effekte, wie auch reduzierte Deckkraft. NEUES BILD HAT GRUNDFORM heißt, dass, wenn Sie ein neues Objekt anlegen (z. B. ein Rechteck), dieses nur das Grundaussehen bekommt, ohne all die zuletzt angelegten Veränderungen. Ist der Eintrag nicht angehakt, bekommt jedes Objekt, das Sie neu erzeugen, die festgelegten Aussehen-Attribute – auch wenn das neue Objekt eine andere Form hat (siehe Abbildung 3.10).

Wenn ein neues Objekt anders aussieht als erwartet

Wenn Sie ein neues Objekt aufziehen und es alle möglichen Effekte, Formen etc. hat, aber nicht die erwarteten, so ist im Flyout-Menü des Aussehen-Bedienfelds bestimmt nicht der Haken bei Neues Bild hat Grundform gesetzt.

▲ **Abbildung 3.10**
Die Aussehen-Attribute werden auf das nächste Objekt übertragen.

Sie sehen: Das Aussehen-Bedienfeld ist ein sehr starkes Tool, und es lohnt sich, dieses Bedienfeld immer im Auge zu behalten. Ich persönlich liebe und nutze es sehr gern und oft. Es zeigt an, ob das ausgewählte Objekt eine Gruppe ist, eine Verzerrungshülle oder ein zusammengesetzter Pfad. Bekommen Sie eine fremde Datei, ist es unerlässlich, diese zunächst mit dem Aussehen-Bedienfeld zu analysieren, bevor Sie mit ihr weiterarbeiten. So sind Sie immer im Bilde, womit Sie es gerade zu tun haben.

3.2 Geometrische Formwerkzeuge

Kommen wir nun zur Erstellung unserer ersten Formen mit Adobe Illustrator CS6.

Für geometrische Formen hält Illustrator einige Werkzeuge bereit, z. B. Rechteck, Ellipse oder Stern. All diese Werkzeuge lassen sich mit der Maus aufzuziehen oder über eine numerische Eingabe erstellen. Die meisten Werkzeuge erzeugen geschlossene Formen ohne Start- und Endpunkt.

▲ **Abbildung 3.11**
Ein mit geometrischen Formwerkzeugen und dem Pinsel erstelltes Eis am Stiel

▲ **Abbildung 3.12**
Die Werkzeuge RECHTECK ❶,
ABGERUNDETES-RECHTECK ❷,
ELLIPSE ❸, POLYGON ❹, STERN
❺ und BLENDENFLECKE ❻.
Das Blendenflecke-Werkzeug
gehört eigentlich nicht mit zu
den geometrischen Form-
werkzeugen, obwohl es an
gleicher Stelle in der Werkzeugleiste zu finden ist.

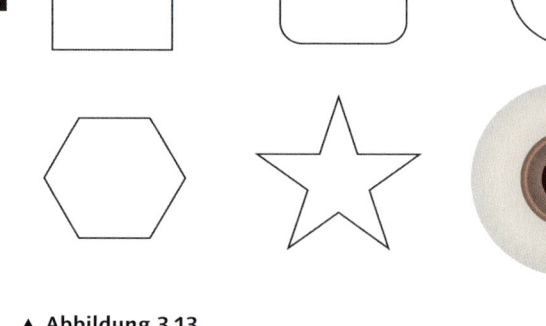

▲ **Abbildung 3.13**
Geometrische Grundformen

Rechteck

Wenn Sie das Rechteck-Werkzeug (M) aus der Werkzeugleiste ausgewählt haben (auch hier verbergen sich die jeweils anderen Werkzeuge unter dem kleinen schwarzen Pfeil des oben liegenden Werkzeugs), ziehen Sie das Objekt mit der Maus in einer beliebigen Größe auf. Beim Rechteck ist die oberste Ecke links der Startpunkt Ihrer Maus, wenn Sie nach unten rechts ziehen.

Oftmals ist es einfacher, ein Objekt von der **Mitte** her aufzuziehen als von seiner oberen linken Ecke. Dafür halten Sie beim Aufziehen einfach Alt gedrückt. Die Form vergrößert sich nun zu allen Seiten gleichzeitig.

Soll es aber kein Rechteck, sondern ein **Quadrat** sein (bzw. keine Ellipse, sondern ein Kreis beim Ellipse-Werkzeug), halten Sie die ⇧-Taste beim Ziehen gedrückt. Selbstverständlich können Sie auch ⇧- und Alt-Taste gemeinsam gedrückt halten, um z. B. ein Rechteck quadratisch von der Mitte her aufzuziehen.

Eine ganz andere Art, eine Form mit einem Formwerkzeug zu erzeugen, ist die **numerische Eingabe**. Hierfür klicken Sie (ohne zu ziehen) mit dem ausgewählten Werkzeug auf die Zeichenfläche und erhalten ein Dialogfenster. In diesem geben Sie die BREITE und HÖHE des gewünschten Rechtecks ein. Mit dem Kette-Symbol ❼ können Sie das Seitenverhältnis fixieren. Korrigieren Sie dann im Dialog einen der beiden Werte, ändert sich der andere entsprechend mit. Wenn Sie den Dialog mit OK bestätigen, wird das Rechteck erzeugt.

❼

Rechteck	
Breite:	50
Höhe:	70 mm
Abbrechen	OK

▲ **Abbildung 3.14**
Die numerischen Eingaben
beim einfachen Klick mit dem
Rechteck-Werkzeug auf die
Zeichenfläche

Mit Alt klicken

Wichtig für dieses Werkzeug (aber auch für spätere Funktionen) ist Folgendes: Wenn Sie mit gehaltener Alt-Taste in die Zeichenfläche klicken, wird Ihre Form an genau dieser Stelle der Zeichenfläche auch ihre Mitte haben.

Ellipse

Auch eine Ellipse (⌴) 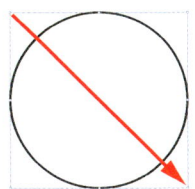 ziehen Sie von einer »Ecke« zur anderen auf, nur hat eine Ellipse keine Ecken. Sie können sich aber ein Rechteck um Ihre Ellipse vorstellen, um grob einzuschätzen, wo Ihre Ellipse platziert wird.

Wenn Sie also einen Kreis statt einer Ellipse haben wollen, halten Sie beim Aufziehen zusätzlich die ⌂-Taste gedrückt. Gerade bei Kreisen kann es sehr sinnvoll sein, sie mit Alt von der Mitte her aufzuziehen, wenn Sie zum Beispiel mehrere Kreise ineinanderlegen möchten. Auch beim Ellipse-Werkzeug können Sie mit einem Klick in die Zeichenfläche die Form numerisch erstellen.

▲ **Abbildung 3.15**
Aufziehen mit ⌂ sorgt für einen Kreis.

Abgerundetes-Rechteck

Alles, was über das Rechteck und die Ellipse gesagt wurde, gilt bis hier auch für das Abgerundetes-Rechteck-Werkzeug ▢ (kein Tastenkürzel). Anders ist jedoch der Aufbau der abgerundeten Ecke. Während das Rechteck nur Eckpunkte besitzt und die Ellipse nur Übergangspunkte, haben diese abgerundeten Rechtecke Punkte mit nur einem Griff zur Rundung hin. Das hat zur Folge, dass sich bei Verzerrungen, ungleichmäßigen Skalierungen oder beim Verschieben nur eines Punktes die Rundung der Ecke verzerrt. So geht die Rundung steiler in die Kurve, als sie heraustritt. Die runde Ecke wird unsymmetrisch.

Position »on the fly« nachsteuern

Wenn Sie während des Aufziehens die Leertaste drücken, können Sie die Position des Objekts korrigieren.

▲ **Abbildung 3.16**
Innen: Abgerundetes Rechteck mit einem Griff zur Rundung; Mitte: manuell gezeichnetes Rechteck mit runden Ecken; außen: Ecken abrunden...-Effekt

▲ **Abbildung 3.17**
Das Problem der verzerrten Ecken beim abgerundeten Rechteck-Werkzeug, wenn Sie es verändern

Bei der numerischen Eingabe kommt hier ein weiterer Punkt hinzu: ECKENRADIUS. Dieser bestimmt den Grad der Rundung. Eben dieser Radius wird auch dann wieder angewendet, wenn Sie das nächste Mal ein abgerundetes Rechteck mit der Maus aufziehen.

Runde Ecken per Effekt

Lesen Sie in Abschnitt 8.3, »Effekte«, wie Sie runde Ecken erzeugen, die sich beim Verändern des Objekts nicht verzerren.

Abbildung 3.18 ►
Per Effekt gerundete Ecken
sind jederzeit editierbar.

Polygon

Ein Polygon ist ein Vieleck. Und so nutzen Sie es, wenn Sie Dreiecke brauchen oder Sechsecke etc. Polygone ⬡ ziehen Sie, anders als Ellipse und Rechteck, immer von der Mitte her auf.

Die Anzahl der Seiten Ihres Polygons bestimmen Sie entweder über die numerische Eingabe oder indem Sie beim Aufziehen des Objekts die Pfeiltasten Ihrer Tastatur (↑ für mehr Seiten oder ↓ für weniger Seiten) drücken.

Die ⇧-Taste sorgt diesmal dafür, dass das Objekt auf einer waagerechten Flächenseite steht.

Abbildung 3.19 ►
Während des Aufziehens
bestimmen Sie mit den Pfeiltasten auf Ihrer Tastatur die
Anzahl der Seiten.

Abbildung 3.20 ►
Das Halten der ⇧-Taste beim
Aufziehen hält das Dreieck
waagerecht.

▲ **Abbildung 3.21**
In der numerischen Eingabe
stellen Sie die Anzahl der Seiten ein.

Die Verbindung der einzelnen Punkte ist beim Polygon grundsätzlich gerade; es sind nur Eckpunkte. Sie können bei der numerischen Eingabe einen RADIUS und die ANZAHL der Seiten bestimmen.

Stern

Das Stern-Werkzeug ⭐ ist dem Polygon sehr ähnlich. Auch die Sterne ziehen sich von der Mitte her auf. Die ⌂-Taste sorgt dafür, dass der Stern waagerecht auf einer oder zwei Spitzen steht.

Die Alt-Taste sorgt beim Stern dafür, dass die von den Spitzen wegführenden Kanten nicht zur Mitte hin oder von der Mitte weg führen (❶ und ❹), sondern genau auf den übernächsten Punkt zeigen: Sterne (❷ und ❺). Beim Stern bestimmen Sie mit den Pfeiltasten die Anzahl der Zacken ❸.

Wenn Sie beim Ziehen mit der Maus die Strg/⌘-Taste drücken, werden die Verbindungslinien des Sterns weiter zur Mitte hin gezogen (von der Mitte her wegziehen) oder nach außen (zur Mitte hinziehen).

◀ **Abbildung 3.22**
Das Halten der Alt-Taste beim Aufziehen verhindert, dass die Kanten zur Mitte hin oder von ihr weg zeigen (❶ und ❹ Stern).

Entsprechend hat die numerische Eingabe des Sterns auch zwei Radien: einen für die Spitzen und den zweiten für die inneren Ecken. Da es hier leider keine Vorschau im Dialog gibt, ist das Aufziehen mit der Maus beim Stern deutlich praktischer.

▲ **Abbildung 3.23**
Verwenden Sie RADIUS 1 für die Spitzen und RADIUS 2 für die inneren »Ecken« eines Sterns.

◀ **Abbildung 3.24**
Die Auswirkung der Radien ist bei der numerischen Eingabe schwer einzuschätzen.

Rechteckiges-Raster

In einer anderen Werkzeuggruppe (der mit dem Liniensegment-Werkzeug) liegt das Rechteckiges-Raster-Werkzeug ▦. Es erzeugt auch ein Rechteck, nur dass dieses Rechteck in Rasterzellen aufgeteilt ist.

▲ **Abbildung 3.25**
Unter dem Liniensegment liegen die Werkzeuge Recht-eckiges Raster und Radiales Raster verborgen.

Das rechteckige Raster zieht sich wie Rechteck und Ellipse von der Ecke her auf bzw. mit der ⌐Alt⌐-Taste von der Mitte her und mit ⌐⇧⌐ eben quadratisch.

Im Prinzip ist es ein Rechteck, das mit waagerechten und senk-rechten Linien gefüllt ist. Auf den Rahmen kann man aber auch verzichten, dann sind es nur waagerechte und senkrechte Linien. Eine Anwendung könnte das Erstellen eines Layoutrasters sein.

Ein Doppelklick auf das Werkzeug oder ein einfacher Klick in die Zeichenfläche bei aktiviertem Werkzeug öffnet den Dialog der numerischen Eingabe. Er heißt hier Optionen für Rechteckiges-Raster-Werkzeug.

Abbildung 3.26 ▶
Optionen für ein Raster

Breite und Höhe ❶ sprechen für sich. Bei den horizontalen und vertikalen Unterteilungen bestimmen Sie, wie viele Zwischen-linien erstellt werden sollen. Schieben Sie den Asymmetrie-Regler ❷ von der 0-Position weg, erzeugen Sie statt einer gleichmäßi-gen eine logarithmische Unterteilung (siehe den Hinweis auf der nächsten Seite). Äusseres Rechteck als Rahmen verwenden ❸ legt noch einmal ein Rechteck um alles herum. Wenn Sie einen Haken bei Raster füllen ❹ setzen, wird der äußere Rahmen (wenn auch dieser angehakt ist) mit der in der Werkzeugleiste erkennbaren Flächenfarbe gefüllt. Auch die Konturfarbe wird auf die äußeren und die Zwischenlinien angewendet.

▲ **Abbildung 3.27**
Raster können auch logarith-misch sein (unten).

◄ **Abbildung 3.28**
Das Raster wird automatisch
mit Flächen- und Konturfarbe
gefüllt.

Radiales-Raster

Beim Radiales-Raster-Werkzeug gilt das Gleiche wie beim Rechteckiges-Raster-Werkzeug, nur ist das Raster eben ellipsen- bzw. kreisförmig. KONZENTRISCHE UNTERTEILUNGEN ❺ sind die Kreise an sich. Die ANZAHL ❻ bestimmt, wie viele Kreise ineinander gestaffelt sind. Die ASYMMETRIE ❼ staucht die Kreise logarithmisch nach außen bei einem Wert über 0 % und nach innen, wenn der Wert unter 0 % liegt.

Logarithmische Verteilung

Im Gegensatz zur gleichmäßigen Verteilung der senkrechten und waagerechten Linien werden bei einer logarithmischen Verteilung die Abstände der Linien zunehmend enger.

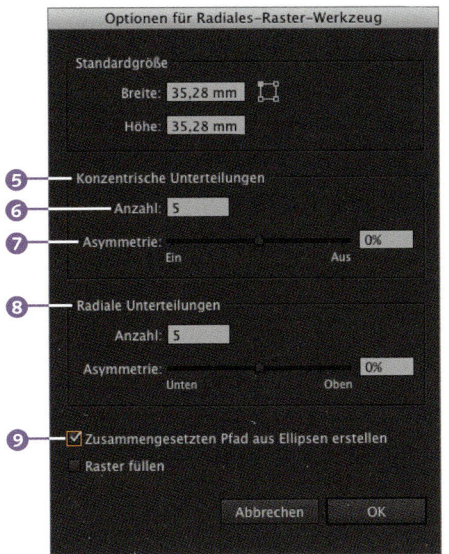

◄ **Abbildung 3.29**
Die Optionen für das radiale Raster

▲ Abbildung 3.30
Asymmetrie in den Kreisen (links) und in den Unterteilungen (rechts)

Radiale Unterteilungen ❽ der Kreise sind die Linien von der Mitte bis zum Rand. Auch diese können sich logarithmisch stauchen, wenn Sie die Asymmetrie von 0 % wegbewegen.

Anders als beim Rechteckiges-Raster-Werkzeug haben Sie die Möglichkeit, die Ellipse aus verbundenen Pfaden erzeugen zu lassen. Die einzelnen Ringe, die entstehen, sind dann jeweils für sich einzufärben. Setzen Sie hierfür den Haken bei Zusammengesetzten Pfad aus Ellipsen erstellen ❾.

▲ Abbildung 3.31
Die Anzahl der Segmente ist beliebig und auch, ob die Kreise zu Ringen verbunden werden (Mitte und rechts).

Spirale

Verjüngung der Spirale

Eine Spirale kann sich mit immer gleichem Abstand der Ringe zueinander zur Mitte hin winden. Sie kann sich aber auch »verjüngen«, also nach innen hin zunehmend schneller engere Windungen erzeugen.

Das Spirale-Werkzeug (das Sie auch unter dem Liniensegment-Werkzeug finden) erzeugt einen offenen Pfad mit Startpunkt und Endpunkt. Es zieht sich von der Mitte her auf.

Das Halten der [Strg]/[⌘]-Taste beim Aufziehen lässt die Verjüngung schneller (von der Mitte wegziehen) oder langsamer (zur Mitte hinschieben) werden. Die Pfeiltasten Ihrer Tastatur vermehren ([↑]) oder vermindern ([↓]) die Anzahl der Windungen.

Abbildung 3.32 ▶
Auch bei der Spirale haben Sie die Möglichkeit zur numerischen Eingabe. Bestimmen hier, ob sie links oder rechtsherum läuft.

◄ **Abbildung 3.33**
Verjüngung der Spirale: lang-
sam oder schnell mit ⌜Strg⌝/
⌜⌘⌝. Die Anzahl der Windungen: ⌜↑⌝ und ⌜↓⌝.

Glauben Sie mir, wenn ich Ihnen sage, dass Sie eine Spirale mit
dem Zeichenstift-Werkzeug nie so hinbekommen werden wie mit
diesem Werkzeug.

Blendenflecke

Das Blendenflecke-Werkzeug ist – ich sagte es bereits – kein
geometrisches Formwerkzeug im eigentlichen Sinne. Auch erzeugt
es keine Grundform, die aus Kontur und Fläche besteht, sondern
eine Mischung verschiedener Objekte, die durch Transparenzen
miteinander verbunden sind und so den Eindruck von Blenden-
reflexen einer Kamera simulieren sollen.

▲ **Abbildung 3.34**
Natürlich kann man auch die
Spirale mit Farbe füllen, auch
wenn sie eine an sich offene
Form ist.

Zur Erstellung eines Blendenflecks müssen Sie zweimal mit der
Maus klicken. Beim ersten Mal ❶ bestimmen Sie durch Ziehen
mit der Maus die Größe des mittleren Lichtes. Mit einem weiteren Klick ❷ geben Sie noch die Weite und Richtung des Reflexes
an. Solange Sie die Maus gedrückt halten, bekommen Sie diese als
Hilfslinien dargestellt und können sie noch verändern.

▲ **Abbildung 3.35**
Blendenflecken peppen hier
die Landschaft auf.

◄ **Abbildung 3.36**
Die Größe der Reflexe
bestimmen Sie beim ersten
Ziehen mit der Maus, die Ent-
fernung des Reflexes dann mit
einem zweiten Klick.

Die Menge der Strahlen können Sie auch hier wieder mit den Auf- und Abwärtspfeilen Ihrer Tastatur steuern.

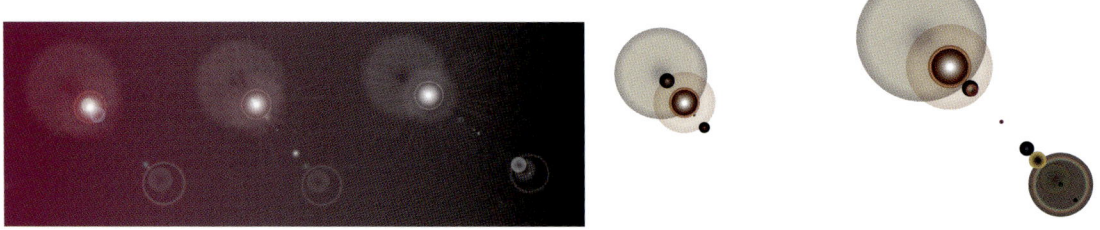

▲ **Abbildung 3.37**
Die Anzahl der Strahlen steuern Sie mit den Pfeiltasten auf Ihrer Tastatur.

Die Formwerkzeuge in der Praxis

Nach so viel Theorie schauen wir uns jetzt an, wie man wirklich mit den Formwerkzeugen arbeitet. Wir wollen einen Knopf erstellen.

Schritt für Schritt
Einen Knopf aus Grundformen erstellen

▲ **Abbildung 3.38**
Farbeinstellungen über das Aussehen-Bedienfeld

1 Neue Datei öffnen

Legen Sie mit DATEI • NEU… eine neue Datei an. Hier wählen Sie eine A4-Datei mit dem Profil DRUCK. Lassen Sie sich, falls sie nicht zu sehen sind, die Lineale anzeigen, und zwar über ANSICHT • LINE- ALE • LINEALE EINBLENDEN oder mit $\boxed{\text{Strg}}$/$\boxed{\text{⌘}}$+$\boxed{\text{R}}$. Nun ziehen Sie aus dem waagerechten und aus dem senkrechten Lineal je eine Hilfslinie an eine beliebige Stelle auf Ihrer Zeichenfläche.

Wählen Sie, wenn Sie möchten, schon jetzt im Farbfelder-Bedienfeld Farben für Kontur und Fläche (siehe Abschnitt 5.2). Benutzen Sie dazu das Aussehen-Bedienfeld.

2 Knopf-Grundform anlegen

Wählen Sie das Ellipse-Werkzeug ($\boxed{\text{L}}$) , und ziehen Sie mit gedrückter $\boxed{\text{⇧}}$- und $\boxed{\text{Alt}}$-Taste vom Schnittpunkt Ihrer Hilfslinien einen Kreis auf. Lassen Sie den Kreis aktiv, und wählen Sie das Skalieren-Werkzeug ($\boxed{\text{S}}$) 🔲 aus. Als Skalierungspunkt bestimmen Sie den Mittelpunkt des Kreises. Ziehen Sie von außerhalb des Kreises in einem Winkel von ca. 45° mit gedrückter $\boxed{\text{Alt}}$- und $\boxed{\text{⇧}}$-Taste nun zur Mitte des ersten Kreises einen weiteren, kleineren Kreis auf. (Lassen Sie erst die Maus los und erst dann die Tasten!)

▲ **Abbildung 3.39**
Einen Kreis von der Mitte her aufziehen

▲ **Abbildung 3.40**
Eine Kopie des ersten Kreises verkleinert aufziehen

Sie haben eine Kopie des ersten Kreises erzeugt – nur kleiner. Solange dieser aktiv ist, färben Sie ihn nach Bedarf um, um beide Kreise besser unterscheiden zu können.

3 Knopflöcher vorbereiten

Zeichnen Sie jetzt im oberen rechten Viertel des Innenkreises mit $\boxed{\text{⇧}}$ einen kleinen Kreis, der einmal eines von vier Knopflöchern werden soll. Mit dem Auswahl-Werkzeug ($\boxed{\text{V}}$) und gedrückter $\boxed{\text{Alt}}$- und $\boxed{\text{⇧}}$-Taste ziehen Sie ihn waagerecht als Kopie zur Seite. Aktivieren Sie nun mit gedrückter $\boxed{\text{⇧}}$-Taste auch wieder den ersten Knopfloch-Kreis. Ziehen Sie diesmal beide mit gedrückter $\boxed{\text{⇧}}$-Taste nach unten, um jetzt alle vier Knopfloch-Kreise zu erhalten. Aber: Bevor Sie die Maus loslassen, halten Sie noch die $\boxed{\text{Alt}}$-Taste gedrückt.

Wichtig ist nun, dass Sie alle vier aktivieren und gruppieren, und zwar über OBJEKT • GRUPPIEREN.

▲ **Abbildung 3.41**
Knopflöcher vorbereiten

4 Ausrichten der Kreise

Aktivieren Sie nun alle Kreise über AUSWAHL • ALLES AUSWÄHLEN. Wenn Sie jetzt auf den ganz großen Kreis klicken, wird dieser hervorgehoben und dient als Basisobjekt für die kommende Ausrichtung.

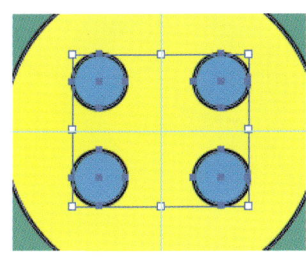

▲ **Abbildung 3.42**
Die vier Knopfloch-Kreise wurden gruppiert.

In der Steuerleiste klicken Sie nun einmal auf HORIZONTAL ZEN-
TRIERT AUSRICHTEN ❶ und einmal auf VERTIKAL ZENTRIERT VERTEILEN
❷. Nun sind die beiden großen Kreise und die Knopfloch-Kreise
mittig zueinander ausgerichtet.

Abbildung 3.43 ▶
Ausrichten der großen und
kleinen Kreise zueinander

▲ Abbildung 3.44
Löcher mit dem Formerstellungswerkzeug »stanzen«

5 Löcher »stanzen«

Wählen Sie nun das Formerstellungswerkzeug (⬆+Ⓜ 🔲 – alle
Kreise sind aktiv), und klicken Sie nacheinander mit gedrückter
Alt-Taste in die Loch-Kreise hinein. An der Werkzeugspitze ist
ein kleines Minus zu sehen, und die Kreise werden gerastert her-
vorgehoben, wenn Sie mit der Maus darüber kommen. So sehen
Sie, was genau ausgeschnitten wird.

6 Faden einfädeln

Mit dem Buntstift-Werkzeug (Ⓝ) 🖊 (siehe Abschnitt 2.6) ziehen Sie wie mit einem Stift eine fließende Linie und geben ihr wie
bereits beschrieben im Aussehen-Bedienfeld eine stärkere Kontur.

In der Steuerleiste finden Sie VARIABLES BREITENPROFIL ❸. Wählen Sie im Dropdown-Menü das »Breitenprofil 2« ❹ aus, um den
Faden »lebendig« erscheinen zu lassen.

▲ Abbildung 3.45
Den Faden zeichnen Sie mit
dem Buntstift-Werkzeug.

Wenn Sie nun wieder alles aktivieren (AUSWAHL • ALLES AUS-
WÄHLEN) und das Formerstellungwerkzeug ([⇧]+[M]) 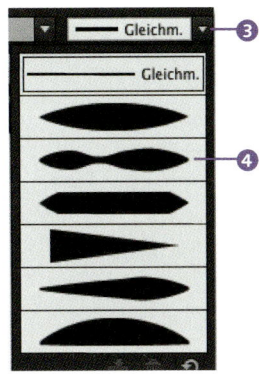 wählen,
klicken Sie mit gedrückter [Alt]-Taste auf das Stück des Fadens,
das gelöscht werden soll (es wird auch wieder gerastert hervorgehoben): Und schon ist der Faden in die Löcher eingefädelt.

▲ **Abbildung 3.46**
»Lebendige« Linien für das
Breitenprofil in der Steuer-
leiste

▲ **Abbildung 3.47**
Sie können den Faden mit dem Formerstellungswerkzeug auftrennen und
dort löschen, wo er nicht zu sehen sein soll.

3.3   Objekte transformieren

In dem vorangegangenen Abschnitt haben Sie Grundformen
erzeugt, wie z. B. ein Rechteck. Oftmals wollen wir aber aus diesen Grundformen andere Formen herleiten, wie z. B. ein Quadrat, das auf seiner Spitze steht. Dabei ist es einfacher, erst ein
»normales« Quadrat zu zeichnen und dieses zu drehen, anstatt es
gleich auf der Spitze stehend zu zeichnen. Oder Sie verbiegen ein
Quadrat zu einer Raute, anstatt eine Raute zu zeichnen. All diese
Veränderungen nennen wir **Transformationen**.

Veränderung von Größe und Position in der Steuerleiste

In der Steuerleiste können Sie nur die wichtigsten Transformationen vornehmen: Hier können Sie die Größe eines Objekts ❸
(Abbildung 3.49) und seine Position auf der Zeichenfläche ❷ verändern.

Wichtig für eine Transformation oder Positionsverschiebung ist
der URSPRUNG ❶ des Objekts. Er bestimmt den Punkt am Objekt,

▲ **Abbildung 3.48**
Einfache Transformationen

▲ **Abbildung 3.49**
Der Ursprung bestimmt den Ausgangspunkt einer Transformation.

der Ausgangspunkt Ihrer Transformation sein soll. Wählen Sie daher bei aktiviertem Objekt zuerst den Ursprung, indem Sie in einen der neun auswählbaren Punkte klicken. Die Entsprechung dieses Punktes am Objekt ist dann der Mittelpunkt Ihrer Transformation.

In der Steuerleiste werden Ihnen als **Position** die x/y-Koordinaten dieses Ursprungs angezeigt. Sie können die Koordinaten auch anhand der Lineale nachvollziehen (Strg/⌘+R oder Ansicht • Lineale • Lineale einblenden). Wenn Sie jetzt bei x und y neue Werte eingeben, so haben Sie eine neue Koordinate Ihrer Zeichenfläche ausgewählt, und das Objekt wird dorthin verschoben.

Abbildung 3.50 ▶
Am x/y-Wert oder im Lineal erkennen Sie die Koordinaten eines Objekts.

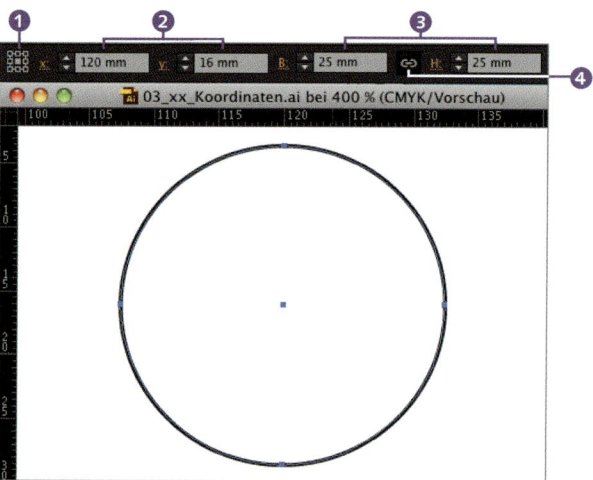

---

x/y-Koordinaten

Illustrator errechnet die Position eines Objekts anhand der waagerechten Position (also der x-Achse) und der senkrechten Position (der y-Achse). Der 0-Punkt ist die obere linke Ecke der gerade aktiven Zeichenfläche.

▲ **Abbildung 3.51**
Die aktivierte Kette sorgt für proportionale Transformationen.

Wichtig bei der Änderung der **Größe** ist das Ketten-Symbol ❹ zwischen den Werten für Höhe und Breite. Es sorgt dafür, dass das Höhen- und Breitenmaß proportional zueinander verändert wird und dass sich das Objekt nicht verzerrt. Geben Sie hier zur Größenänderung für Breite (B) oder Höhe (H) andere Werte ein. Wenn Sie in einen der Doppelpfeile neben dem aktuellen Wert klicken, können Sie die Größenveränderung live mitverfolgen.

Das Transformieren-Bedienfeld

Weitere Eingabemöglichkeiten finden Sie im Transformieren-Bedienfeld. Größenveränderung, Position auf der Zeichenfläche und Ursprung-Symbol sind hier identisch mit der Steuerleiste.

Außerdem können Sie auch noch einen Winkel für die Drehung des Objekts eingeben **6** und auch einen für das Verbiegen **9**.

◄ Abbildung 3.52
Die Funktionen des Transformieren-Bedienfelds entsprechen im oberen Bereich denen der Steuerleiste. Die unteren beiden Punkte können Sie über das Flyout-Menü einblenden lassen: OPTIONEN EINBLENDEN.

Spannend ist bei diesem Bedienfeld das Flyout-Menü: Hier bestimmen Sie, worauf sich die Transformationen überhaupt auswirken.

Es kann nämlich ein Objekt vergrößert werden, ohne dass auch die Konturstärke oder Effekte mitwachsen: KONTUREN UND EFFEKTE SKALIEREN (auch unter **7**) muss dann deaktiviert sein. Das Gleiche gilt auch für Muster: NUR OBJEKT TRANSFORMIEREN lässt das Muster eines Objekts unberührt und transformiert lediglich das Objekt selbst. Umgekehrt ist so aber auch ein Muster zu verändern – es lässt sich vergrößern, verkleinern, drehen oder verbiegen, ohne dass das Objekt selbst verändert wird (siehe auch Kapitel 7, »Muster, Pinsel und Symbole«).

Darüber hinaus können Sie im Flyout-Menü des Transformieren-Bedienfelds sehr einfach Objekte oder eben nur deren Muster spiegeln: HORIZONTAL bzw. VERTIKAL SPIEGELN.

Und last, but not least geben Sie auch an dieser Stelle durch Setzen eines Häkchens an, wenn ein Objekt an dem PIXELRASTER **8** ausgerichtet werden soll (was für Webobjekte sinnvoll ist; lesen Sie dazu auch Kapitel 10, »Grafiken für Web und Screen«).

▲ Abbildung 3.53
Das Flyout-Menü des Transformieren-Bedienfelds nimmt auch dann Einfluss, wenn es nicht geöffnet ist.

  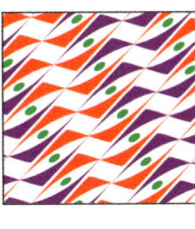

▲ Abbildung 3.54
Links das Ausgangsobjekt; Mitte: Nur der Rahmen ist gedreht; rechts: Nur das Muster ist verbogen.

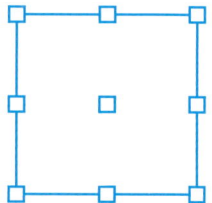

▲ **Abbildung 3.55**
Lassen Sie sich den Begrenzungsrahmen unter ANSICHT
anzeigen. Zu sehen sind auch
die Anfasspunkte an Seiten
und Ecken.

Proportionen

Nur das Halten von ⌂
sorgt für eine proportio-
nale Skalierung. Ziehen
Sie diagonal an einem
Eckpunkt, vergrößert
bzw. verkleinert sich das
Objekt in Zugrichtung.
Wird an einem Seiten-
punkt gezogen, findet die
Skalierung zu allen drei
Seiten in Zugrichtung
statt.

▲ **Abbildung 3.57**
Oben: unproportionale
Skalierung; unten: proportionale Skalierung, mit ⌂
in 45°-Richtung gezogen

Skalieren

Sie haben bereits erfahren, dass Sie über das Transformieren-
Bedienfeld skalieren können. Illustrator hält aber noch weitere
Möglichkeiten dafür bereit. Skalieren meint zunächst ein Vergrößern bzw. Verkleinern von Objekten. Das kann proportional erfol-
gen, d.h., das Höhen- und Breiten-Verhältnis eines Objekts bleibt
dabei gleich; oder es kann unproportional geschehen, wobei das
Objekt in seinem Höhen-Breiten-Verhältnis verzerrt wird.

Der einfachste Weg führt über den **Begrenzungsrahmen** eines
oder mehrerer aktivierter Objekte (ANSICHT • BEGRENZUNGS-
RAHMEN EIN- bzw. AUSBLENDEN).

Wenn Sie ein Objekt mit dem Auswahl-Werkzeug (Ⓥ) 🡒 aktivieren, wird es von einem Begrenzungsrahmen umrandet – und
zwar immer rechteckig. Also hat auch ein Kreis einen rechteckigen
Begrenzungsrahmen. Haben Sie mehrere Objekte oder eine Gruppierung aktiviert, erhält die ganze Gruppe einen Begrenzungsrahmen.

▲ **Abbildung 3.56**
Begrenzungsrahmen schließen aktive Einzelobjekte wie
Gruppen gleichermaßen ein.

Es gibt acht Anfasspunkte um das Objekt herum: an den vier Seitenkanten und an den vier Ecken (siehe Abbildung 3.55). An allen
Anfasspunkten können Sie das Objekt ziehen. An den Punkten
der Seitenkanten ziehen Sie Ihr Objekt in die Länge oder Breite.
An den Eckpunkten können Sie Ihr Objekt in alle beliebigen Ausmaße ziehen.

In der Werkzeugleiste gibt es das **Skalieren-Werkzeug** (Ⓢ)
🔲. Mit diesem Werkzeug können Sie Objekte oder auch Objektgruppen vergrößern und verkleinern.

Auch hier gibt es wieder zwei Arten des Skalierens:

▸ mit dem Werkzeug direkt am Objekt durch Ziehen mit der Maus

▸ über einen Dialog, den Sie bekommen, wenn Sie auf das Werkzeug doppelklicken

◂ **Abbildung 3.58**
Die Skalieren-Optionen bekommen Sie mit einem Doppelklick auf das Skalieren-Werkzeug.

In den Skalieren-Optionen entscheiden Sie sich erst einmal unter OPTIONEN ❸, ob nur das Objekt selbst oder auch seine Muster und die Konturen und Effekte mit skaliert werden sollen.

Nun legen Sie fest, ob das Objekt GLEICHMÄSSIG ❶ skaliert werden soll oder in der Höhe und Breite unabhängig voneinander, also UNGLEICHMÄSSIG ❷. Geben Sie dann entsprechend einen Skalierungsfaktor in Prozent an. Toll ist die Funktion, dass Sie schon beim Skalieren das Objekt duplizieren können – dass Sie hinterher also das Original und die skalierte Kopie haben. Klicken Sie dafür statt auf OK einfach auf KOPIEREN ❹.

Wie aber skalieren Sie nun mithilfe des Skalieren-Werkzeugs? Wenn Sie ein Objekt (oder eine Gruppe) aktivieren, zeigt Ihnen Illustrator den errechneten Mittelpunkt an ⊕, falls Sie das Skalieren-Werkzeug ausgewählt haben. Setzen Sie Ihre Maus außerhalb des Objekts an, und ziehen Sie zum Vergrößern vom Objekt weg und zum Verkleinern zum Objekt hin.

▴ **Abbildung 3.59**
Halten Sie ⇧-Taste und ziehen Sie waagerecht, vergrößert sich das Objekt von der Mitte her nur nach links und rechts. Ziehen Sie mit ⇧ in 45°-Richtung, bleiben die Proportionen erhalten.

▸ Soll die Vergrößerung/Verkleinerung proportional vonstatten gehen, halten Sie die ⇧-Taste gedrückt und ziehen dabei in einer 45°-Richtung vom/zum Mittelpunkt.

▸ Wollen Sie zu/von einem ganz anderen Punkt skalieren, klicken Sie, sobald das Objekt ausgewählt ist, an die Stelle Ihrer

Beim Transformieren gleichzeitig duplizieren

Drücken Sie Alt, *nachdem* Sie zu ziehen begonnen haben, um Ihr Objekt gleichzeitig zu duplizieren.

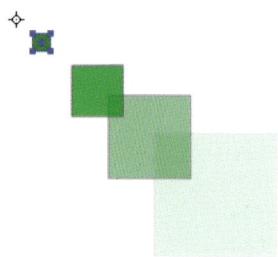

▲ **Abbildung 3.60**
Skalieren auf einen Skalierungspunkt, der außerhalb des Quadrates liegt (links oben)

▲ **Abbildung 3.61**
Auch beim Drehen mit der Maus duplizieren Sie, indem Sie Alt drücken.

Abbildung 3.62 ▶
Die Drehen-Optionen rufen durch Klicken mit gedrückter Alt-Taste oder durch Doppelklick auf das Drehen-Werkzeug auf.

Zeichenfläche, die der Skalierungsmittelpunkt sein soll. Bewegen Sie Ihre Maus auf diesen Punkt zu oder von ihm weg.

▶ Möchten Sie einen ganz bestimmten Skalierungspunkt und außerdem numerisch skalieren, klicken Sie mit gedrückter Alt-Taste irgendwo auf die Zeichenfläche. Die Skalieren-Option mit ihren oben beschriebenen Eingabemöglichkeiten erscheint und verwendet jetzt den Punkt auf Ihrer Zeichenfläche, auf den Sie mit Alt geklickt haben, als Referenzpunkt für die Skalierung.

Drehen

Mit dem Drehen-Werkzeug (R) 🔄 , der Name sagt es, können Objekte gedreht werden. Sie könnten dazu natürlich auch die numerische Eingabe im Transformieren-Bedienfeld oder im Steuerung-Bedienfeld verwenden. Doch oftmals ist es leichter nachvollziehbar, wenn Sie direkt mit dem Werkzeug arbeiten.

Das Drehen-Werkzeug funktioniert im Prinzip genauso wie das Skalieren-Werkzeug. Ist es ausgewählt, wird der Drehpunkt eines aktiven Objekts mit einem kleinen Symbol ⊹ angezeigt. Nun können Sie das Objekt von irgendwo außerhalb dieses Punktes mit der Maus nach Belieben um diesen Punkt drehen. Je weiter Sie von dem Drehpunkt entfernt sind, desto feiner steuern Sie die Drehung.

Nehmen Sie noch die Alt-Taste hinzu, wird es dabei dupliziert. Soll sich das Objekt um einen anderen Drehpunkt drehen, klicken Sie erst einmal auf die entsprechende Stelle Ihrer Zeichenfläche – oder Sie schieben den Drehpunkt ❶ mit Ihrer Maus einfach dorthin. Soll ein anderer Drehpunkt numerisch eingegeben werden, klicken Sie mit gedrückter Alt-Taste auf die Stelle, um die gedreht werden soll. Ein Doppelklick auf das Werkzeug öffnet wieder dessen Optionen.

Dort geben Sie den Winkel ❷ ein, um den sich das Objekt (um seinen Drehpunkt) dreht. Hier geben Sie auch an, ob das gedrehte Objekt beim Drehen eine Kopie ❹ erzeugt. Mit den Kontrollkästchen OBJEKTE TRANSFORMIEREN und MUSTER TRANSFORMIEREN ❸ sorgen Sie dafür, dass sich z. B. auch das Muster des Objekts mitdreht.

▲ Abbildung 3.63
Drehen inklusive Muster (oben) oder ohne (unten)

◄ Abbildung 3.64
Mit ⌜Strg⌝/⌜⌘⌝+⌜D⌝ wiederholen Sie die letzte Transformation, also auch das Drehen und Duplizieren in einem.

Schritt für Schritt
Eine Uhr erstellen

1 Vorbereitung
Erstellen Sie eine neue Datei mit dem Dokumentprofil DRUCK, und drücken Sie einmal die Taste ⌜D⌝. Die Objekte, die wir nun anlegen werden, bekommen dadurch automatisch eine schwarze Kontur und eine weiße Fläche, bis Sie andere Farben auswählen.

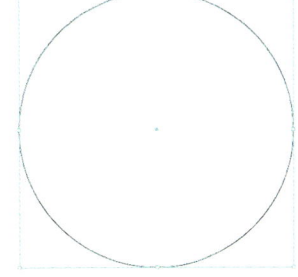

▲ Abbildung 3.65
Die Ellipse wird mit ⌜⌂⌝ zum Kreis.

2 Außenkreis (Uhrengehäuse)
Ziehen Sie mit dem Ellipse-Werkzeug (⌜L⌝) ⬤ eihen großen Kreis auf. Halten Sie dabei die ⌜⌂⌝-Taste gedrückt, damit der Kreis wirklich rund ist, und lassen Sie diese erst nach Ihrer Maustaste wieder los.

3 Innenkreise (Ziffernblatt)
Ihr Kreis ist immer noch aktiv. Wählen Sie nun das Skalieren-Werkzeug (⌜S⌝) ⧉ aus – der Mittelpunkt des Kreises ist der Skalierungspunkt –, und schieben Sie ihn mit der Maus bei gedrückten ⌜⌂⌝- und ⌜Alt⌝-Tasten von außen auf den Mittelpunkt zu. Ihr Kreis dupliziert sich nach innen. So erzeugen Sie einen Ring.

▲ **Abbildung 3.66**
Proportionales Skalieren und
Duplizieren gleichzeitig mit
⌂+Alt

Wiederholen Sie diesen Vorgang, und schieben Sie diesmal so weit, dass nur noch ein kleiner Kreis für den Zeiger in der Mitte stehen bleibt.

4 Minutenstriche

Lassen Sie Ihren kleinen Kreis in der Mitte wieder aktiv, und wählen Sie das Liniensegment-Werkzeug (⌂+ :) ✏ aus Ihrer Werkzeugleiste. Damit setzen Sie in der Mitte der Kreise an (weil sie noch aktiv ist, ist sie gut zu erkennen) und ziehen eine kurze Linie mit gedrückter ⌂-Taste senkrecht nach oben.

Schieben Sie diese Linie nun mit dem Auswahl-Werkzeug (V) ▶ und bei gedrückter ⌂-Taste an den oberen Ring heran.

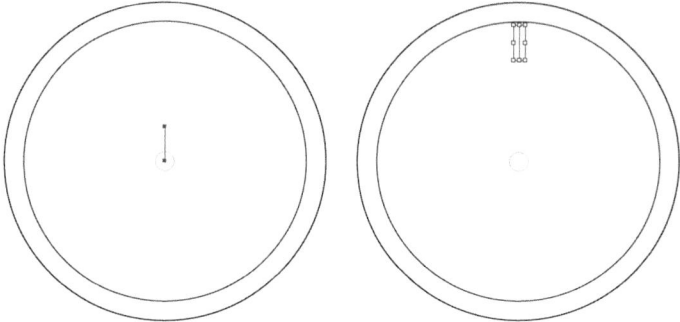

▲ **Abbildung 3.67**
Erst aus der Mitte heraus einen senkrechten Strich ziehen, dann mit dem Auswahl-Werkzeug nach oben schieben. Benutzen Sie ⌂, damit alles schön gerade und senkrecht wird.

5 Stundenstrich drehen

Wechseln Sie auf das Drehen-Werkzeug (R) ↻; der Stundenstrich ist immer noch aktiv). Um jetzt den Mittelpunkt der Kreise zu sehen, müssen Sie in die sogenannte Pfadansicht wechseln: Ansicht • Pfadansicht oder Strg/⌘+Y.

Hier klicken Sie mit gedrückter Alt-Taste in den mit einem kleinen »x« gekennzeichneten Mittelpunkt der Kreise und erhalten die Drehen-Optionen.

Geben Sie »–30°« für die 5-Minuten-Striche ein, und klicken Sie auf Kopieren. Der Strich wird kopiert und gleichzeitig um –30° um den Drehpunkt im Uhrzeigersinn gedreht.

▲ **Abbildung 3.68**
Erzeugen Sie eine schon gedrehte Kopie mit KOPIEREN.

6 Stundenstrich rotieren lassen

Um nun diese Transformation, die aus einer Drehung und einer Kopie gleichzeitig besteht, zu wiederholen, drücken Sie einfach Strg/⌘+D so häufig, bis der letzte Strich auf 11 Uhr steht.

◄ **Abbildung 3.69**
Strg/⌘+D wiederholt Transformationen. Zehnmal gedrückt, und schon sind die Stundenmarkierungen rotiert.

7 Strichstärke anpassen

Aktivieren Sie mit Strg/⌘+A alle Objekte, und weisen Sie ihnen im Steuerung-Bedienfeld eine einheitliche Konturstärke (von z. B. 1 mm) zu. Wechseln Sie wieder die Ansicht, diesmal auf VORSCHAU (ANSICHT • VORSCHAU), um Ihr Ergebnis zu sehen.

8 Viertelstundenstriche

Mit dem Direktauswahl-Werkzeug (A) und ⌖ aktivieren Sie nun lediglich die inneren Punkte vom 12-, 3-, 6- und 9-Uhr-Strich.

Mit dem Skalieren-Werkzeug (S) schieben Sie mit Ihrer Maus von schräg außen auf den Mittelpunkt zu, bis die aktivierten Striche deutlich länger sind als die übrigen.

▲ **Abbildung 3.70**
Eventuell mitskalierte Konturstärken »überschreiben« Sie einfach mit einer einheitlichen Stärke.

Abbildung 3.71 ►
Nur innere Ankerpunkte sind aktiviert und werden dann manuell mit dem Skalieren-Werkzeug nach innen skaliert.

Erhöhen Sie bei noch aktivierten Viertelstundenstrichen deren Konturstärke. Nutzen Sie diesmal das Aussehen-Bedienfeld (FENSTER • AUSSEHEN).

9 Zeiger

Wie Sie aus der Mitte heraus eine Linie zeichnen, wissen Sie ja schon aus Schritt 4. Zeichnen Sie für die Zeiger eine kurze und eine lange Linie. Diese können im Kontur-Bedienfeld eine Pfeilspitze bekommen. In der Dropdown-Liste ❶ erhalten Sie eine Auswahl verschiedener Pfeilformen – suchen Sie sich eine aus. Weil die Spitze wahrscheinlich zu dick sein wird, muss sie prozentual ❷ verkleinert werden. Das AUSRICHTEN ❸ bestimmt übrigens, ob die Spitze bis zum Ankerpunkt reicht oder dort erst beginnt.

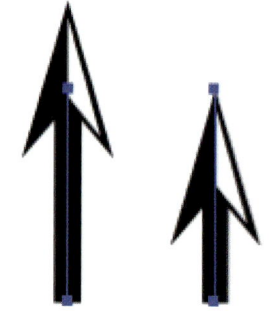

▲ **Abbildung 3.72**
Eine Pfeilspitze kann zum Ankerpunkt mittig sein (links) oder bei diesem enden (rechts).

Abbildung 3.73 ►
Das Kontur-Bedienfeld hält viele Optionen für Sie bereit – hier für die Uhr die Pfeilspitzen.

10 Flächen

Sie können nun die Flächen der Kreise nach Belieben mit Farbe füllen (siehe auch Kapitel 5, »Farbe und Verläufe«). Wählen Sie die Kreise aus, und weisen Sie ihnen Flächenfarben oder gar Verläufe zu. Es wirkt schön plastisch, wenn Sie im Außenkreis einen anderen Verlauf als für das Ziffernblatt wählen. Noch einen Blendenfleck drübergelegt, und fertig.

▲ **Abbildung 3.74**
Mit Flächenfarben oder Verläufen haben Sie hier im Handumdrehen eine ansprechende Illustration erzeugt.

Spiegeln

Die Grundfunktionen des Spiegeln-Werkzeugs (O) ![icon] sind wieder identisch mit denen des Drehen- und Skalieren-Werkzeugs. Ist es ausgewählt, erscheint der Spiegelpunkt, also der Punkt, um den gespiegelt wird, wieder mit diesem kleinen Symbol ⊕.

◄ **Abbildung 3.75**
Horizontales Spiegeln um einen außerhalb des Objekts liegenden Spiegelpunkt – per Alt -Klick in die Zeichenfläche oder manuell

Während Sie über das Flyout-Menü des Transformieren-Bedienfelds lediglich horizontal oder vertikal spiegeln können, ist es Ihnen mit dem Spiegeln-Werkzeug möglich, einen beliebigen Punkt zu wählen, um den gespiegelt werden soll.

Auch hierbei gilt wieder: Mit Alt und Klick auf die Zeichenfläche erhalten Sie die numerische Eingabemöglichkeit zum Spiegeln um den Punkt auf Ihrer Zeichenfläche, in den Sie geklickt haben.

Sie können auch um andere Winkel ❸ als horizontal ❶ oder vertikal ❷ spiegeln. Auch Muster können mitgespiegelt werden ❹.

Abbildung 3.76 ▸
Das Spiegeln-Optionsmenü erreichen Sie durch einen Doppelklick auf das Werkzeug oder bei aktiviertem Werkzeug per ⟨Alt⟩-Klick auf die Zeichenfläche.

Geben Sie einen Winkel an, denkt sich Illustrator zu diesem eine Spiegelachse. Fahren Sie aber mit der Maus um den gesetzten Spiegelpunkt (per Klick in die Zeichenfläche), können Sie mitverfolgen, wie gespiegelt wird. Das Halten der ⟨⇧⟩-Taste schränkt die Spiegelung auf 45°-Schritte ein.

Verbiegen

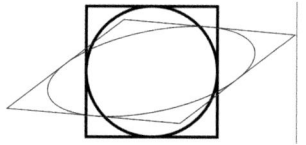

▲ **Abbildung 3.77**
Objekte in den Raum hinein verbiegen Sie mit dem Verbiegen-Werkzeug.

Spätestens bei diesem Werkzeug werden Sie dankbar für die numerische Eingabemöglichkeit sein, die Sie wie gewohnt mit einem Doppelklick auf das Verbiegen-Werkzeug (unter dem Skalieren-Werkzeug; ohne Tastenkürzel) 📐 erreichen. Denn hiermit werden Objekte in den Raum hinein (perspektivisch) verbogen.

Auch werden Sie dankbar für die Vorschaumöglichkeit sein. Denn das Verbiegen-Werkzeug ist nicht ganz leicht zu verstehen. Oben im Bedienfeld geben Sie den Biegungswinkel ❺ ein und darunter die horizontale oder vertikale Achse ❻. Mit dem Vorschau-Button ❾ sehen Sie live die Verbiegung – in die eine oder andere Dimension.

Mit dem Winkel ❼ kommen Sie nun gleichzeitig in eine zweite Dimension. Alle Biegerichtungen sind nur anwählbar, wenn auch schon der Biegungswinkel eingegeben wurde, der die »Stärke« der Biegung bestimmt. In den Optionen ❽ geben Sie an, ob Sie Muster, nur das Objekt oder beides verbiegen wollen.

◄ **Abbildung 3.78**
Das VERBIEGEN-Optionsmenü
erreichen Sie durch Doppelklick auf das Werkzeug oder
per [Alt]-Klick in die Zeichenfläche.

  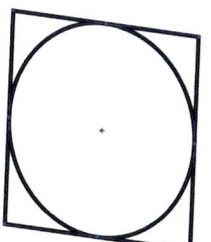

◄ **Abbildung 3.79**
Verbiegung von links:
HORIZONTAL, VERTIKAL,
WINKEL

Sie dürfen natürlich auch mit der Maus Ihre Objekte verbiegen.
Auch hier gilt: Wenn Sie nur das Objekt aktivieren, ist dessen
Mitte der Verbiegepunkt; klicken Sie mit der Maus auf die Zei-
chenfläche, ist dieser Punkt dann das Zentrum der Verbiegung.

Je weiter Sie mit der Maus vom Verbiegepunkt entfernt sind,
desto feiner ist die Verbiegung zu steuern. Setzen Sie Ihren Punkt
außerhalb des Objektes, wird es noch schwerer, denn das Verbiegen errechnet sich aus dem Objekt, dem Verbiegepunkt und Ihrer
Mausposition.

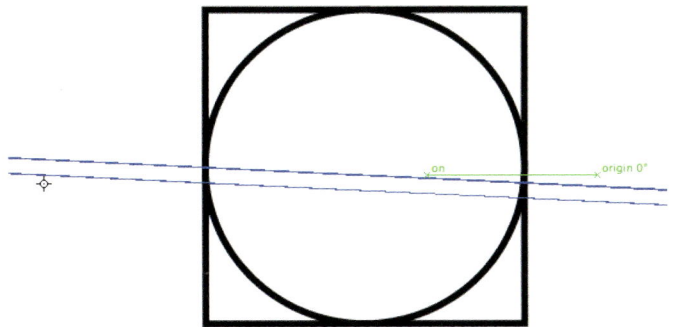

◄ **Abbildung 3.80**
Wenn Ihre Maus zu dicht am
Verbiegepunkt ansetzt, ist das
Ergebnis schnell extrem.

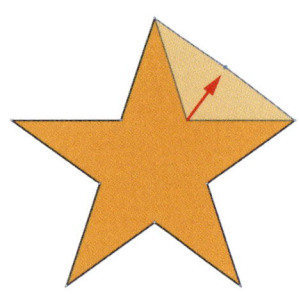

▲ **Abbildung 3.81**
Mit dem Form-ändern-Werkzeug verbiegen Sie nicht ganze Objekte, sondern nur Teile.

Form ändern

Das Form-ändern-Werkzeug [icon] finden Sie unter dem Skalieren-Werkzeug. Ihm ist kein Tastenkürzel zugeordnet. Es funktioniert anders als die bisherigen Transformationswerkzeuge: Ein Doppelklick auf das Werkzeug macht gar nichts, und auch ein (Alt)-Klick auf die Zeichenfläche lässt kein Eingabefenster aufspringen. Auch wenn Sie ein Objekt ganz, also mit dem Auswahl-Werkzeug, aktiviert haben, passiert nicht viel.

Dieses Werkzeug kann Ankerpunkte und Pfadsegmente, die zuvor mit dem Direktauswahl-Werkzeug aktiviert wurden, verschieben und dabei die Verbindung zu den nicht aktivierten Teilen des Objekts dynamisch halten. Wählen Sie also den Teil des Pfades aus, der verformt werden soll, und klicken Sie mit dem Werkzeug auf den aktiven Pfad, um neue Punkte zu setzen, die Ihnen dann als Form-ändern-Punkte dienen. An diesen Form-ändern-Punkten können Sie nun anfassen und die Form verschieben.

Wenn Sie zuvor mehrere Ankerpunkte aktiviert haben (z. B. mit dem Lasso-Werkzeug), werden diese Objektteile mit verändert; die anderen nicht aktivierten Ankerpunkte bleiben unberührt.

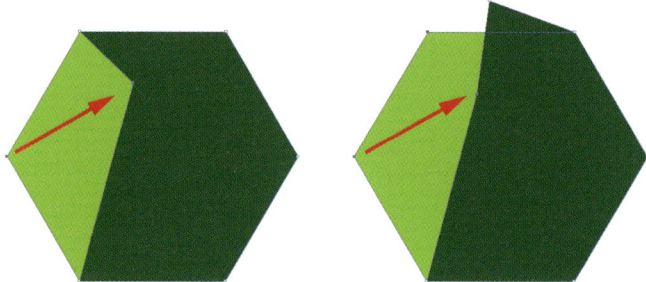

Abbildung 3.82 ▶
Links wurde nur am linken Ankerpunkt gezogen, rechts war noch der Ankerpunkt links oben mit aktiviert.

3.4 Objekte kombinieren

Mit den beiden folgenden Werkzeugen können Sie Pfade als Grundbausteine für komplexere Objekte verwenden.

Das Formerstellungswerkzeug

Das Formerstellungswerkzeug ((⇧)+(M)) [icon] erleichtert Ihnen das Erzeugen von Umrissformen, die aus Einzelteilen zusammengestellt sind. Sie haben für solche Aufgaben auch das Pathfinder-Bedienfeld, das Sie im nächsten Abschnitt kennenlernen werden. Für viele dieser oft gebrauchten Funktionen ist das Formerstellungswerkzeug aber eine deutliche Vereinfachung, weil Sie live am Objekt arbeiten.

Haben Sie also ein Objekt aus Einzelformen, wie das Eis, das aus dem Eis selbst und seinem Stiel besteht, und dann noch den Verbotsring, der aus dem Ring und dem Durchstrich besteht, können Sie die Objekte, die eins sein sollen, vereinen.

Aktivieren Sie die gewünschten Teile mit einem der Auswahl-Werkzeuge, und fahren Sie mit dem Formerstellungswerkzeug bei gedrückter Maus darüber. Die Teile, die Sie treffen, werden zur Kontrolle mit einem Raster hervorgehoben. Nach dem Loslassen der Maus haben Sie anstelle der hervorgehobenen Objekte nur noch eines. Dies können Sie zum Beispiel einheitlich einfärben.

▲ **Abbildung 3.83**
Gemein: Eisessen verboten!

Eis.ai

▲ **Abbildung 3.84**
Die Objekte, die Sie verbinden möchten, müssen ausgewählt sein, dann können Sie mit gedrückter Maustaste Verbindungen herstellen und mit gedrückter ⇧-Taste komplexe Gruppen.

Manchmal sind die Objekte komplex, und Sie erwischen nicht alle Objektteile gleichzeitig. Dann halten Sie die ⇧-Taste gedrückt und erhalten einen Auswahlrahmen. Alles, was damit überzogen wird, wird zu der Auswahl hinzugenommen und miteinander verbunden – wenn Sie es zuvor aktiviert haben.

Wenn Sie sich gefragt haben, wofür denn das kleine »+« ❶ am Werkzeug steht, halten Sie einfach mal die Alt-Taste gedrückt. Genau: Sie bekommen ein »–«. Alles, was mit dem Raster hervorgehoben wird, wird nun aus den anderen (aktivierten) Objekten herausgeschnitten.

▲ **Abbildung 3.85**
Mit der Alt-Taste passiert das Gegenteil: Teile werden abgezogen.

Schnittmenge

Eine Schnittmenge wie im Pathfinder kennt das Formerstellungswerkzeug leider nicht.

Wenn Sie nur in eine Teilform klicken, ohne über andere Teile hinwegzuziehen, extrahieren Sie diesen Teil vom Rest. Er ist jetzt einzeln und kann (wie hier der Eisstiel) einzeln eingefärbt werden.

Abbildung 3.86 ▶
Sehr praktisch ist das Klicken in ein »Einzelteil«, um es vom Rest zu extrahieren – hier für die transparente Anmutung des Stielteils im Eis.

Mit dem fast schon obligatorischen Doppelklick auf das Werkzeug öffnet sich das Optionenmenü.

Abbildung 3.87 ▶
Die umfangreichen Optionen geben Ihnen viele Möglichkeiten, um das Arbeiten auf den jeweiligen Zweck abzustimmen.

Über LÜCKENLÄNGE lassen sich offene Pfade schließen, wenn sie nahe genug beieinanderliegen ❶.

Mit der Funktion OFFENEN GEFÜLLTEN PFAD ALS GESCHLOSSEN BEHANDELN ❷ werden Konturen eines einzelnen Objekts geschlossen, wenn Sie von der Kontur zur Fläche ziehen.

Sehr nützlich ist die Anzeige der Farbfelder am Mauszeiger ■■■■ über CURSORFARBFELDVORSCHAU ❹, wenn diese die Farbe des zusammengefügten Objekts bestimmen sollen. Es werden dann nicht die Farben der Objekte genommen, sondern diejenigen, die Sie aus Ihren Farbfeldern wählen. Mit den Pfeiltasten nach links oder rechts wählen Sie eine andere Farbe aus Ihren Farbfeldern aus. Sogar teilen können Sie ein Objekt ❸. Klicken Sie mit dieser Option einfach auf eine Kontur sich überschneidender Objekte. Sie erhalten dann Einzelteile.

Ohne die Flächen-Hervorhebung ❺ der ausgewählten Objektteile macht das Werkzeug weniger Sinn. Dass Sie die Farbe der Hervorhebung der Konturen ändern können, kann jedoch mal nützlich sein, wenn Ihr Objekt die gleiche Konturfarbe wie die Hervorhebung hat. Wählen Sie dann eine andere Farbe aus der Dropdown-Liste.

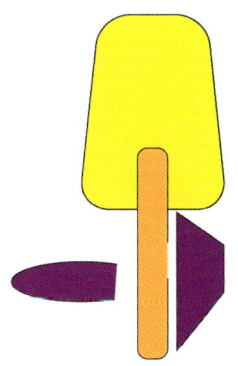

▲ **Abbildung 3.88**
Die offenen Pfade werden automatisch geschlossen ❷.

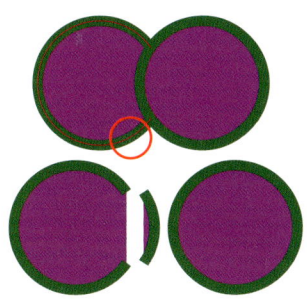

▲ **Abbildung 3.89**
Teilen der Objekte durch Klicken auf die Kontur

Pathfinder

Das Pathfinder-Bedienfeld finden Sie unter FENSTER • PATHFINDER. Mit den Funktionen dieses Bedienfelds verrechnen Sie Objekte miteinander: Eines kann vom anderen abgezogen werden, zwei oder mehrere Objekte können zusammengefügt werden etc. Sie erstellen also zusammengesetzte Formen.

Im Pathfinder finden Sie zwei Bereiche: den Bereich FORMMODI und den Bereich PATHFINDER. Im oberen Bereich bestimmen Sie, wie die Objekte einer zusammengesetzten Form aufeinander einwirken. Wichtig ist, dass mindestens zwei Objekte aktiv sind. In einigen Fällen macht es erst Sinn, wenn sie sich auch überschneiden.

Sie finden hier die Modi VEREINEN ❶, VORDERES OBJEKT ABZIEHEN ❷, SCHNITTMENGE BILDEN ❸ und SCHNITTMENGE ENTFERNEN ❹ (Abbildung 3.90).

▲ **Abbildung 3.90**
Das Pathfinder-Bedienfeld

▲ **Abbildung 3.91**
Unser Ausgangsobjekt

▲ **Abbildung 3.92**
VEREINEN ❶

▲ **Abbildung 3.93**
VORDERES OBJEKT ABZIEHEN ❷

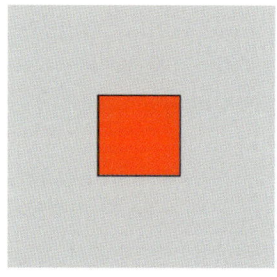

▲ **Abbildung 3.94**
SCHNITTMENGE BILDEN ❸

▲ **Abbildung 3.95**
SCHNITTMENGE ENTFERNEN ❹

Um eine Pathfinder-Funktion auf das Objekt anzuwenden, müssen Sie im unteren Bereich unter PATHFINDER auf einen der Buttons klicken. Die Symbole sprechen im Wesentlichen für sich: FLÄCHE AUFTEILEN ❻, ÜBERLAPPUNGSBEREICH ENTFERNEN ❼, VERDECKTE FLÄCHE ENTFERNEN ❽, SCHNITTMENGENFLÄCHE ❾, KONTUR AUFTEILEN ❿ und HINTERES OBJEKT ABZIEHEN ⓫. Ich zeige Ihnen hier am Beispiel, was in etwa passiert.

▲ **Abbildung 3.96**
FLÄCHE AUFTEILEN ❻

▲ **Abbildung 3.97**
ÜBERLAPPUNGSBEREICH ENTFERNEN ❼

▲ **Abbildung 3.98**
Das Ausgangsobjekt für
VERDECKTE FLÄCHE ENTFERNEN

▲ **Abbildung 3.99**
VERDECKTE FLÄCHE ENTFERNEN ❽

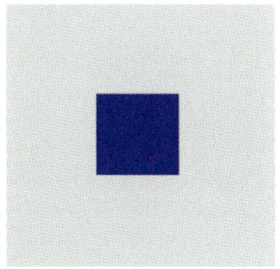

▲ **Abbildung 3.100**
SCHNITTMENGENFLÄCHE ❾

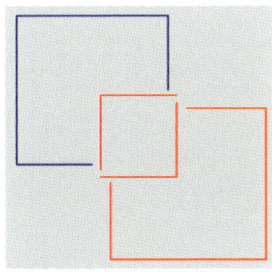

▲ **Abbildung 3.101**
KONTUR AUFTEILEN ❿

▲ **Abbildung 3.102**
HINTERES OBJEKT ABZIEHEN ⓫

Die Ergebnisse in der oberen Reihe des Pathfinder-Bedienfeldes sind noch editierbar, wenn Sie mit gedrückter ⌑Alt⌑-Taste auf die Buttons klicken. Die Flächen sind zwar schon miteinander verrechnet, aber die einzelnen Elemente lassen sich noch verschieben.

Sind Sie mit der Position eines der Objekte noch nicht zufrieden, verschieben Sie es einfach mit dem Gruppenauswahl-Werkzeug ⌑; deaktivieren Sie aber erst die entstandene Gruppe als Ganzes (⌑Strg⌑/⌑⌘⌑+⌑⇧⌑+⌑A⌑). Wissen Sie nicht, wo das Objekt liegt, das Sie verschieben möchten, sollten Sie die intelligenten Hilfslinien aktivieren (ANSICHT • INTELLIGENTE HILFSLINIEN oder ⌑Strg⌑/⌑⌘⌑+⌑U⌑), denn so werden auch die Pfade der inzwischen unsichtbaren Objekte angezeigt. Eine andere Möglichkeit, die ich persönlich sehr schätze, ist das kurze Wechseln in die Pfadansicht mit ⌑Strg⌑/⌑⌘⌑+⌑Y⌑. Hier sehen Sie alle Pfade, die noch nicht endgültig gelöscht wurden. Mit der gleichen Tastenkombination kommen Sie übrigens wieder zurück zur Vorschauansicht.

Wenn Sie mit Ihrem Ergebnis zufrieden sind, können Sie alle jetzt nicht mehr benötigten »Objektreste« löschen. Klicken Sie dazu auf den UMWANDELN-Button ❺ im Pathfinder-Bedienfeld.

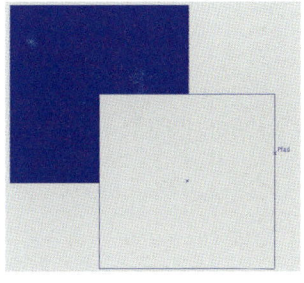

▲ **Abbildung 3.103**
Ein noch zu veränderndes Objekt. Die Pathfinder-Funktion ist noch nicht umgewandelt. In der Pfadansicht sehen Sie es und können es noch aktivieren.

▲ **Abbildung 3.104**
Mit Pathfinder und einfachen
Formen zur Illustration

3.5 Objekte ausrichten

Ständig müssen Sie Objekte aneinander (oder an Ihrer Zeichenfläche) ausrichten, damit sie auf gleicher Höhe sind, den gleichen Abstand zueinander haben oder vielleicht an deren Unterkante ausgerichtet sind.

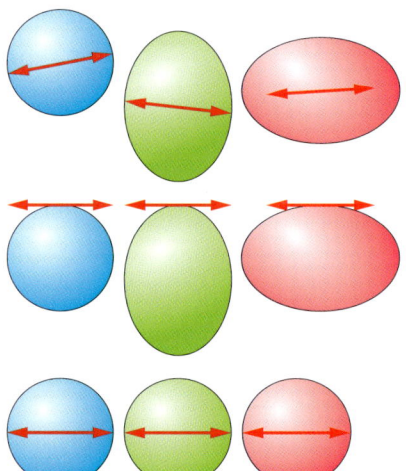

Abbildung 3.105 ▶
Die obere Reihe ist nicht ausgerichtet; die mittlere Reihe ist an der Oberkante ausgerichtet, und die untere Reihe ist in der Waagerechten mittig ausgerichtet.

Hierfür gibt es ein Bedienfeld, das eigentlich keine Wünsche mehr offen lässt: FENSTER • AUSRICHTEN. Doch noch besser ist es, gleich ausgerichtet zu arbeiten, damit Sie nicht jedes Objekt zweimal in die Hand nehmen müssen.

Ausrichten mit intelligenten Hilfslinien

Einen großen Teil der nachträglichen Ausrichtungen ersparen Ihnen nämlich die intelligenten Hilfslinien (ANSICHT • INTELLIGENTE HILFSLINIEN). Mit dieser Einstellung werden Ihnen diverse Infos angezeigt.

Was alles angezeigt werden soll, stellen Sie in den Voreinstellungen Ihres Programms ein: BEARBEITEN/ILLUSTRATOR • VOREIN-STELLUNGEN • INTELLIGENTE HILFSLINIEN.

▲ **Abbildung 3.106**
Die Voreinstellungen für intelligente Hilfslinien

❶ Die Hilfslinien rasten an Objekten und Ankerpunkten ein. Objekte werden optisch hervorgehoben, wenn Sie mit der Maus darüber fahren, und Transformationsinformationen werden angezeigt.

❷ Farbe der intelligenten Hilfslinien (siehe Abbildung 3.107)

❸ Beschriftet, was gerade einrastet oder sich unter Ihrer Maus befindet.

❹ Verschiedene Informationen: Distanzanzeige beim Verschieben; Winkel beim Drehen; Größe beim Skalieren (siehe Abbildung 3.109)

▲ **Abbildung 3.107**
Die Darstellungsfarbe für intelligente Hilfslinien ändern

▲ **Abbildung 3.108**
Winkelkombinationen, die
angezeigt werden sollen

❺ KONSTRUKTIONSLINIEN zwischen den Objekten und die Winkel einer Verschiebung werden angezeigt (siehe Abbildung 3.108).

❻ Bestimmen Sie, bei welchen Gradzahlen angezeigt und eingerastet werden soll.

❼ Wie nah müssen Sie an eine Hilfslinie oder ein Objekt herankommen, damit dort »eingerastet« wird?

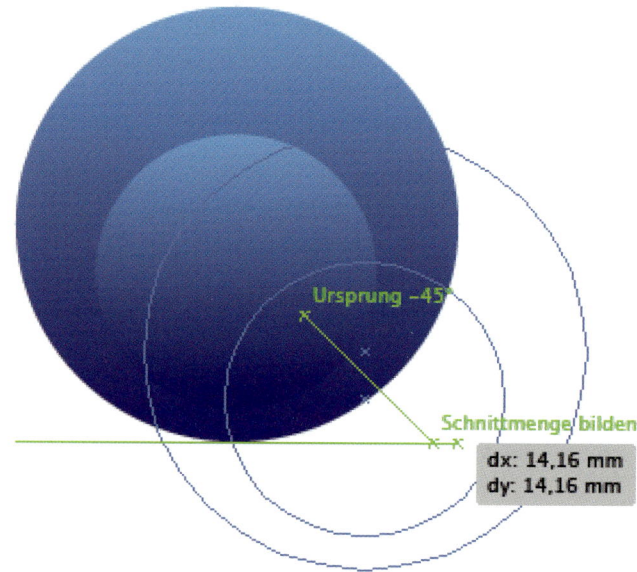

Abbildung 3.109 ▶
Die Distanz, der Winkel, eine
Schnittmenge mit anderen
Objektkanten und der Aus-
gangspunkt werden hier beim
Verschieben angezeigt.

Wenn Sie nun mit eingeschalteten intelligenten Hilfslinien arbeiten, sehen Sie beim Verschieben von Objekten, ob sie waagerecht zueinander stehen. Oder Sie sehen, wenn Sie ein Objekt mittig zu einem anderen Objekt anordnen, ob eine Außenkante des Objekts, das Sie verschieben, mit der Außenkante eines anderen Objekts korrespondiert etc. Kurzum, Sie haben schon sehr vieles unter Kontrolle.

▲ **Abbildung 3.110**
Das Ausrichten-Bedienfeld

Das Ausrichten-Bedienfeld

Angenommen, Sie haben verschiedene Objekte, die nicht zueinander in Beziehung stehen, aber aneinander ausgerichtet sein sollen. Dann brauchen Sie das Ausrichten-Bedienfeld (unter FENSTER). Fast alle Buttons, die Sie dort sehen, finden Sie aber auch im Steuerung-Bedienfeld.

Das Ausrichten von Objekten | Aktivieren Sie nur ein Objekt, kön-
nen Sie es lediglich an der Zeichenfläche ausrichten. Haben Sie zwei
oder mehr Objekte aktiviert, können Sie sie auch aneinander ausrichten (am Begrenzungsrahmen) oder an einem Basisobjekt, dass
sich beim Ausrichten nicht mitverschiebt (es wird hervorgehoben,
und Sie können in ein anderes klicken). Mit dem kleinen Abwärts-
pfeil ❻ können Sie auswählen, welche der Optionen Sie anwenden
möchten. Sollte er bei Ihnen nicht sichtbar sein, schalten Sie über
das Flyout-Menü den Eintrag OPTIONEN EINBLENDEN an.

▲ **Abbildung 3.112**
Klappen Sie das Dropdown-
Menü auf, um auszuwählen,
woran ausgerichtet werden
soll.

Die oberen beiden Reihen des Ausrichten-Bedienfelds erklären
sich glücklicherweise durch die Symbole und die QuickInfo selbst:
Die obere Reihe AUSRICHTEN zeigt links Buttons für LINKS AUS-
RICHTEN, HORIZONTAL ZENTRIERT AUSRICHTEN und RECHTS AUSRICH-
TEN ❶ und daneben Buttons für OBEN AUSRICHTEN, VERTIKAL ZEN-
TRIERT AUSRICHTEN und UNTEN AUSRICHTEN ❷.

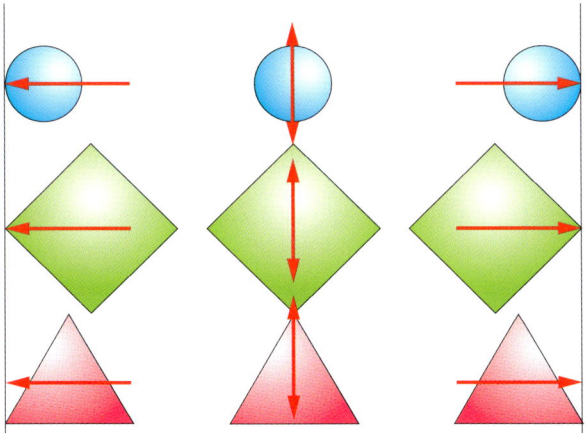

▲ **Abbildung 3.113**
Ausrichten an der linken Kante, der Mitte und der rechten Kante

**QuickInfo nicht
sichtbar?**

Falls die QuickInfos nicht
sichtbar sind, wenn Sie
die Maus einige Sekun-
den über einen Button
halten, zittern Sie entweder zu sehr, oder Sie
haben die Funktion nicht
angehakt: BEARBEITEN/
ILLUSTRATOR • VOREIN-
STELLUNGEN • ALLGEMEIN •
QUICKINFO ANZEIGEN.

Wenn Sie mehrere Objekte angewählt haben, die Sie aber nicht
gemeinsam aneinander, sondern vielmehr an einem **Basisobjekt**
ausrichten wollen, das auch ausgewählt ist (und das an seinem
Platz bleiben soll), dann klicken Sie nach dem Aktivieren der aus-
zurichtenden Objekte in das Basisobjekt. Das fixe Objekt wird

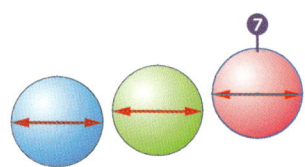

▲ **Abbildung 3.114**
Durch Klicken in das rechte Objekt wird dieses zum Schlüsselobjekt (Hervorhebung). Alles richtet sich nun nach ihm.

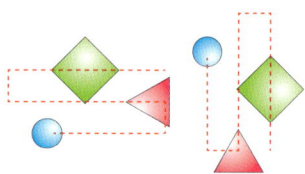

▲ **Abbildung 3.115**
Vertikal und horizontal zentriert verteilen

dann mit einem deutlichen Rand ❼ in der Farbe seiner Ebene gekennzeichnet.

Es können auch Objekte mehrerer **Ebenen** aneinander ausgerichtet werden. Die Objekte bleiben auch nach der Ausrichtung auf ihren jeweiligen Ebenen.

Das Verteilen von Objekten | Beim Verteilen erhalten die aktivierten Objekte einen gleichmäßigen Abstand zueinander. Zur Verfügung stehen hier Oben verteilen, Vertikal zentriert verteilen, Unten verteilen ❸ sowie daneben die Button Links verteilen, Horizontal zentriert verteilen und Rechts verteilen ❹ (Abbildung 3.110).

In der unteren Reihe des Bedienfelds können Sie ganz bestimmte (numerische) Abstände eingeben, die Objekte in der Waagerechten oder Senkrechten zueinander haben sollen. Aktivieren Sie dazu die Objekte, und wählen Sie in der rechten Dropdown-Liste ❻ An Basisobjekt ausrichten. Jetzt können Sie einen Wert in das Eingabefeld eingeben und auf den Button Horizontal verteilen oder Vertikal verteilen ❺ klicken. Wenn Sie den Wert korrigieren, müssen Sie danach erneut auf einen der Buttons klicken.

3.6 Objekte verzerren per Verzerrungshülle

Eine ganz andere Art der Transformation ist das Verzerren per Verzerrungshülle. Hier verbiegen Sie Ihr Objekt nicht in bestimmten Winkeln (wie mit dem Verbiegen-Werkzeug), sondern verzerren Objekte in ganz bestimmte Formen hinein. Illustrator kennt drei Arten:

1. das Verzerren in Formen, die Sie auswählen können
2. das Verzerren in einem beweglichen Gitter
3. das Verzerren in irgendeine ausgewählte freie Vektorform, die Sie selbst erstellt haben

Mit vordefinierten Hüllen verzerren

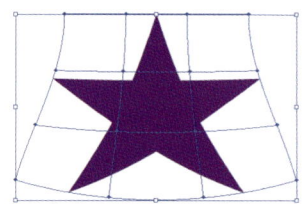

▲ **Abbildung 3.116**
Ein Stern wird durch eine definierte Form (hier Bogen) verzerrt.

Objekt • Verzerrungshülle • Mit Verkrümmung erstellen… ruft ein Eingabemenü auf, in dessen Dropdown-Liste unter Stil Sie eine vordefinierte Form auswählen ❽, die auf ein aktiviertes

Objekt angewendet werden kann. Lassen Sie sich am besten die
VORSCHAU ⓬ anzeigen, und probieren Sie die einzelnen Stile einmal durch.

◀ **Abbildung 3.117**
Die Verkrümmen-Optionen

Sie bestimmen, ob die Verkrümmung HORIZONTAL oder VERTIKAL
ausgeführt werden soll ❾. BIEGUNG ❿ gibt an, wie stark die Verkrümmung ausfällt. Bei einem negativen Wert biegt sich das Objekt
eben in die andere Richtung. Zusätzlich zum Biegen können Sie jetzt
außerdem noch verzerren ⓫ (wieder HORIZONTAL oder VERTIKAL).

Die Form, mit der Sie verzerrt haben, ist weiterhin editierbar. Mit dem Direktauswahl-Werkzeug (Ⓐ) können Sie einzelne Ankerpunkte, Griffe und sogar Flächen verschieben, um
an dem verzerrten Objekt noch ein bisschen weiter herumzuzer-
ren. Haben Sie sich anders entschieden, können Sie das verzerrte
Objekt auch wieder zurückwandeln: OBJEKT • VERZERRUNGSHÜLLE •
ZURÜCKWANDELN.

▲ **Abbildung 3.118**
Illustrator gibt Ihnen eine
ganze Reihe von Formen zur
Verzerrung vor.

◀ **Abbildung 3.119**
Links: »Normal« verbogen;
rechts: mit zusätzlicher Verzerrung

Die Maske, in die hinein verzerrt wurde, wird als eigenständiges
Objekt erzeugt und liegt nun über Ihrem zurückgewandelten
Objekt. Sie können die Maske löschen, für später aufheben oder
auf andere Objekte anwenden. Wie? Das kommt jetzt.

Mit einem Gitter verzerren

Was Sie sonst noch mit einem Gitter erstellen können, sehen Sie auf der Buch-DVD in Lektion 2.3, »Plastische Objekte mit dem Gitterwerkzeug erstellen«.

Die zweite unserer drei Methoden erzeugt nach Anwendung ein Gitter, mit dem Sie Ihr Objekt verzerren können. Sie bekommen über OBJEKT • VERZERRUNGSHÜLLE • MIT GITTER ERSTELLEN von vornherein ein Gitter. Es entspricht einem Raster, und Sie entscheiden im Dialog HÜLLENGITTER, wie viele ZEILEN (waagerecht) und SPALTEN (senkrecht) Sie haben möchten. Nach Bestätigen des Dialogs ist Ihr Objekt noch unverzerrt, hat aber bereits ein Gitter.

Abbildung 3.120 ►
Waagerechte und senkrechte Zellen in Zeilen und Spalten anlegen lassen

▲ **Abbildung 3.121**
Ein von Ihnen definiertes Gitter liegt über dem Objekt.

Deaktivieren Sie das Objekt zunächst, um dann mit dem Direktauswahl-Werkzeug (A) entweder einzelne Ankerpunkte zu verschieben, ganze Rasterzellen (wählen Sie mehrere mit der ⇧-Taste aus) oder die Griffe der Ankerpunkte (jeder Ankerpunkt hat in jede Rasterrichtung Griffe).

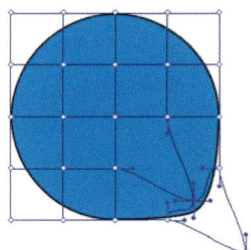

▲► **Abbildung 3.122**
Sie können Gitterkreuzungen, Gitterzellen oder einzelne Griffe der Ankerpunkte verschieben.

Mit eigenen Formen verzerren

Sind Ihnen die vordefinierten Verzerrungshüllen nicht vielseitig genug, zeichnen Sie sich einfach selbst welche. Diese Form muss nur oberhalb (nicht direkt über) dem zu verzerrenden Objekt liegen, und beide müssen aktiviert sein. Danach wählen Sie OBJEKT • VERZERRUNGSHÜLLE • MIT OBERSTEM OBJEKT ERSTELLEN – fertig.

◄ **Abbildung 3.123**
Diese Flagge wurde mit einer
Verzerrungshülle erstellt.

Auch hier können Sie mit dem Direktauswahl-Werkzeug (A) einzelne Ankerpunkte verschieben und damit auch das Objekt weiterhin verzerren. Nur erhalten Sie bei dieser Methode kein Gitter, wie bei den vorgegebenen Formen.

Hüllen bearbeiten

Sie haben einige Möglichkeiten, Ihre Hüllen oder Hülle und das Objekt weiter zu bearbeiten. Im Menü OBJEKT • VERZERRUNGS-HÜLLEN finden Sie drei Optionen:

▸ Das Zurückwandeln von Verzerrungshüllen (wie schon beschrieben) trennt Objekt und Maske voneinander. Die Maske der Verzerrung und das Objekt liegen als selbstständige Objekte übereinander, und die Verzerrung ist aufgehoben: OBJEKT • VERZERRUNGSHÜLLEN • ZURÜCKWANDELN.

▲ **Abbildung 3.124**
Das Zurückwandeln erzeugt
die Hüllenform vor dem
Quellbild.

▸ UMWANDELN (OBJEKT • VERZERRUNGSHÜLLEN • UMWANDELN) hingegen bestätigt die Verzerrung und verwandelt das Objekt inklusive Muster (wenn es eines hatte) in ein ganz normales Objekt. Die Verzerrung ist nicht mehr editierbar.

▸ INHALT BEARBEITEN (an gleicher Stelle) macht noch mal deutlich, dass es sich bei Verzerrungen um zwei Teile handelt: um das Objekt (INHALT) und um die Maske (HÜLLE). Beide sind unabhängig voneinander zu verändern. Und so können Sie den verzerrten Kreis in seiner Grundform, die er einmal hatte, noch verändern. HÜLLE BEARBEITEN bringt Sie wieder zu der eigentlichen Verzerrung zurück (Abbildung 3.126).

▲ **Abbildung 3.125**
Anders als das Zurückwandeln, versucht Illustrator beim UMWANDELN, das Aussehen zu erhalten, was nicht immer ideale Ankerpunkte erzeugt.

Mit den **Hüllen-Optionen** (OBJEKT • VERZERRUNGSHÜLLEN • HÜLLEN-OPTIONEN) steuern Sie nachträglich Ihre Verzerrungen. Bei PIXEL-

▲ **Abbildung 3.126**
Der Inhalt, also das verzerrte Objekt, kann auch nachträglich verändert werden: mit INHALT BEARBEITEN.

Abbildung 3.127 ▶
Die Hüllen-Optionen: GENAUIGKEIT ❹ spricht für sich, probieren Sie bei eingeschalteter Vorschau aus, wie es jeweils wirkt.

BILDER können Sie mit GLÄTTEN ❶ einstellen, dass Bilder, die Sie eventuell verzerrt haben, sauberer dargestellt werden. SCHNITTMASKE ❷ schneidet eventuell Teile Ihres Bildes ab, wenn es sich in schwierigen Formen nicht vermeiden lässt. TRANSPARENZ ❸ gibt die Möglichkeit, Alphakanäle auszuwählen, wenn Ihr Bild denn welche hat.

Ein verzerrtes Objekt kann ein bestimmtes Aussehen haben, Verläufe, Muster etc. Sollen nur die Außenumrisse verzerrt werden, entfernen Sie den Haken bei AUSSEHEN VERZERREN ❺. Soll der Verlauf nicht mit verzerrt werden oder nicht das Muster, nehmen Sie die Haken entsprechend heraus.

Schritt für Schritt
Einen DVD-Player erstellen

DVD-Player.ai als Vorlagendatei finden Sie auf der DVD im Ordner UEBUNGEN

1 Vorlagendatei öffnen
Navigieren Sie zu der Buch-DVD, und öffnen Sie dort eine Illustrator-Datei, die ich für Sie vorbereitet habe: UEBUNGEN • DVD-PLAYER.AI. Oben links in der Ecke ist ein DVD-Player, der Ihnen eine Anregung sein soll. Aber nehmen Sie ihn nicht in den Hinter-

grund zum Durchzeichnen, sondern zeichnen Sie mit mir zusammen frei einen neuen.

▲ **Abbildung 3.128**
So kann Ihr DVD-Player am Ende aussehen.

2 Der Body

Drücken Sie einmal die Taste ⬚D⬚ (ohne dass etwas aktiviert ist), um kommenden Objekten eine schwarze Kontur und eine weiße Fläche zu geben. Stellen Sie außerdem sicher, dass die intelligenten Hilfslinien aktiv sind (ANSICHT • INTELLIGENTE HILFSLINIEN).

Die Ebene »Body« ist aktiv (FENSTER • EBENEN). Ziehen Sie auf dieser Ebene mit dem Rechteck-Werkzeug (⬚M⬚) ▣ einen großen flachen Rahmen auf, der der Body Ihres DVD-Players sein wird.

◄ **Abbildung 3.129**
Der Body

3 Schalter und Displays

Legen Sie mit dem gleichen Werkzeug noch einen kleinen Einschalter und zwei Displays an. Die intelligenten Hilfslinien zeigen Ihnen an, wenn Sie auf gleicher Höhe mit dem vorherigen Rechteck sind. So können Sie schon beim Aufziehen für gleiche Größen sorgen.

◄ **Abbildung 3.130**
Rahmen, Schalter und Displays

4 Kreisrunder Knopf

Mit dem Ellipse-Werkzeug (⬚L⬚) ▣ und gedrückter ⬚⇧⬚-Taste für eine Kreisform ziehen Sie nun einen Kreis für einen Drückknopf auf. Kopieren Sie diesen Kreis nach rechts durch Verschieben mit der Maus, während Sie dabei die ⬚Alt⬚-Taste gedrückt halten.

Abbildung 3.131 ▸
Die ersten Knöpfe

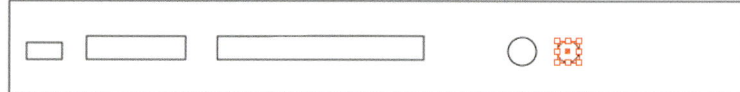

5 Knöpfe anpassen

Der zweite Knopf soll kleiner sein als der erste. Lassen Sie ihn aktiviert, oder aktivieren Sie ihn mit dem Auswahl-Werkzeug (V) 🖰.

Stellen Sie im Steuerung-Bedienfeld sicher, dass Höhen- und Breiten-Eingabefelder mit dem Ketten-Symbol ❶ verbunden sind. Nun können Sie den Kreis mit dem Auf- bzw. Abwärtspfeil ❷ verkleinern, ohne ihn zu einer Ellipse zu verzerren.

Abbildung 3.132 ▸
Numerisches Verkleinern des
Kreises im Steuerung-Bedienfeld

Duplizieren Sie ihn wieder nach rechts, und wiederholen Sie diesen Schritt zweimal durch Drücken der Tastenkombination Strg/⌘ + D.

6 Ausrichten

Aktivieren Sie alles mit dem Auswahl-Werkzeug (V) 🖰, indem Sie von außen die Maus mit gedrückter Maustaste über die Objekte ziehen, und klicken Sie anschließend noch einmal auf den Body-Rahmen, um diesen zum Basisobjekt der Ausrichtung zu machen.

Abbildung 3.133 ▸
Mehrere Objekte mit der
Maus auswählen. Wenn Sie
das Auswahl-Werkzeug
benutzen, reicht es, ein
Objekt nur zu treffen; es muss
nicht ganz umrandet sein.

Im Steuerung-Bedienfeld können Sie nun alle Objekte – Kreise und Rechtecke – auf die Mittelachse des fixierten Bodys bringen (An Auswahl ausrichten und Vertikal zentriert Ausrichten).

▲ **Abbildung 3.134**
Im Steuerung-Bedienfeld funktioniert das Anordnen der Elemente genauso wie im Ausrichten-Bedienfeld.

7 Chassis

Nachdem Sie die Objekte mit [Strg]/[⌘]+[⇧]+[A] deaktiviert haben, klicken Sie mit dem Auswahl-Werkzeug ([V]) ▸ auf den Rahmen des Bodys, kopieren ihn mit [Strg]/[⌘]+[C] (oder BEARBEITEN • KOPIEREN) und setzen ihn an der gleichen Stelle – also genau vor dem kopierten Rahmen – mit [Strg]/[⌘]+[F] (oder BEARBEITEN • DAVOR EINFÜGEN) wieder ein.

Nun haben Sie zwei Rahmen genau übereinander. Fassen Sie den oberen mit dem Auswahl-Werkzeug an seinem oberen mittleren Bezugspunkt an, und ziehen Sie ihn einfach nach unten.

◀ **Abbildung 3.135**
Ein schneller Weg zu einem zweiten Rahmen gleicher Breite

Wechseln Sie zum Skalieren-Werkzeug ([S]) ▦, und ziehen Sie von der Seite (!) mit gehaltener [⇧]-Taste ein kleines Stück auf den Mittelpunkt des Chassis zu. Nun ist es etwas schmaler als der Body.

▲ **Abbildung 3.136**
Kurzer Werkzeugwechsel, und von außen mit dem Skalieren-Werkzeug zur Mitte ziehen – am besten mit [⇧]

8 Füße

Die Füße des DVD-Players sind auch wieder nur Rechtecke. Ziehen Sie eines von der unteren Ecke des Chassis her auf. Dann halten Sie die [⇧]-Taste gedrückt, während Sie mit den Pfeiltasten auf Ihrer Tastatur den Fuß zwei Schritte nach innen verschieben. Mit einer Kopie des Fußes zur anderen Seite des Chassis verfahren Sie ebenso. Die Füße sind nun im gleichen Abstand nach innen eingerückt.

Abbildung 3.137 ▶
Die Füße verschieben Sie einfach mit den Pfeiltasten auf Ihrer Tastatur.

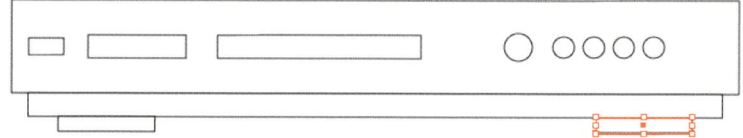

9 Prägnanz

Einen Profi-Trick zeige ich Ihnen noch. Aktivieren Sie mit gedrückter ⬦-Taste alle rechten Ecken der Rechtecke mit dem Direktauswahl-Werkzeug (Ⓐ) 🖈.

Abbildung 3.138 ▶
Nehmen Sie unbedingt das Direktauswahl-Werkzeug, sonst wählen Sie die ganzen Rahmen.

Kopieren Sie sie an gleicher Stelle mit Strg/⌘+Ⓒ und Strg/⌘+Ⓕ ein. Löschen Sie die Flächenfarben in der Werkzeugleiste, und geben Sie zum Schluss den Konturen im Steuerung-Bedienfeld einen etwas höheren Wert (bei mir 0,75 statt 0,353 mm). Schon wirkt der DVD-Player plastischer.

Abbildung 3.139 ▶
Oben: Hier ist zur Verdeutlichung eingefärbt, was Sie ausgewählt haben. Unten der Effekt: einfach, aber prägnant.

10 Flächen

Wenn Sie schon ins Kapitel 5, »Farbe und Verläufe«, geblickt haben, können Sie Ihren DVD-Player nun mit Flächenfarben oder sogar mit Verläufen versehen, die ich Ihnen in der Datei als Farbfelder gespeichert habe. Sie sehen die Namen der Farben in der Listenansicht des Bedienfelds. Aktivieren Sie nun einfach die einzelnen Objekte, wählen Sie in der Werkzeugleiste das Symbol für

FLÄCHE (statt KONTUR) aus, und klicken Sie dann auf ein FARB-
oder VERLAUFSFELD – fertig!

▲ **Abbildung 3.140**
Verlaufsfelder liegen für Sie schon bereit: Aktivieren Sie im Flyout-Menü des
Farbfelder-Bedienfelds die KLEINE LISTE.

Schritt für Schritt
Eine Dose erstellen

In dieser Übung wollen wir eine weitere Form erstellen, und zwar
eine einfache stilisierte Dose.

1 Neue Datei
In dieser Schritt-für-Schritt-Anleitung sind Sie auf sich selbst
gestellt. Das heißt, es gibt keine Vorlagendatei. Legen Sie sich also
eine neue Datei im Hochformat an, am besten wieder als DRUCK
im CMYK-MODUS und mit hoher Rastereffektauflösung.

2 Koordinatenkreuz

▲ **Abbildung 3.141**
So wird unsere Dose aus-
sehen.

Am Anfang vieler Illustrationen lohnt es sich, ein Koordinatenkreuz anzulegen, um dann, wenn es genau sein muss, auch numerisch arbeiten zu können, ohne viel rechnen zu müssen.

Ziehen Sie aus den Linealen oben und links einfach je eine Hilfslinie in die Mitte der Seite. Sind keine Lineale zu sehen, wählen Sie
Strg/⌘ + R.

Ziehen Sie nun noch aus dem Schnittpunkt der Lineale bei eingeschalteten intelligenten Hilfslinien den Nullpunkt Ihrer Seite

auf den Schnittpunkt Ihrer neuen Hilfslinien. Dafür gehen Sie wie folgt vor: Klicken Sie in das Feld links oben im Dokumentfenster, an dem sich die beiden Lineale treffen. Ziehen Sie dann die Maus zu der Stelle, an der Sie den Nullpunkt positionieren möchten. In unserem Fall ist das der Schnittpunkt der Hilfslinien. Fertig!

▲ **Abbildung 3.142**
Für den Dosenkörper reicht ein einfaches Rechteck.

▲ **Abbildung 3.143**
Der Linealursprung

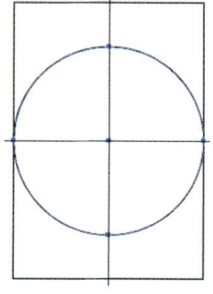

▲ **Abbildung 3.144**
Der Deckel ist zunächst ein Kreis.

3 Der Body

Der »Körper« der Dose ist unspektakulär; er besteht lediglich aus einem stehenden Rechteck. Ziehen Sie es mit dem Rechteck-Werkzeug (M) ▢ und gehaltener Alt-Taste aus der Mitte Ihres Koordinatenkreuzes auf (Abbildung 3.142).

4 Der Deckel

Gleicher Schritt, anderes Werkzeug. Nehmen Sie jetzt das Ellipse-Werkzeug (L) ⬭, und ziehen Sie ebenfalls von der Mitte her einen Kreis auf – mit Alt + ⇧. Sie sehen durch den Magnetismus der Hilfslinien, wenn Rechteck und Kreis gleich groß sind. Der Kreis rastet regelrecht am Rechteck ein (Abbildung 3.144).

Mit einem der Auswahl-Werkzeuge und gedrückter ⇧-Taste fassen Sie nun den Kreis in seiner Mitte an und schieben ihn bis zur Oberkante des Rechteckes (erst mit der Maus klicken und dann ⇧-Taste drücken!) (Abbildung 3.145).

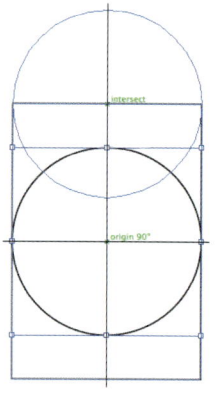

▲ **Abbildung 3.145**
Intelligente Hilfslinien und ⇧ sorgen für Genauigkeit ohne Zeitverlust.

5 Den Deckel halbieren

Mit dem Schere-Werkzeug (C) ✂ schneiden Sie den Kreis durch einfaches Klicken auf seine beiden seitlichen Ankerpunkte auf. Die untere Hälfte des Kreises können Sie löschen.

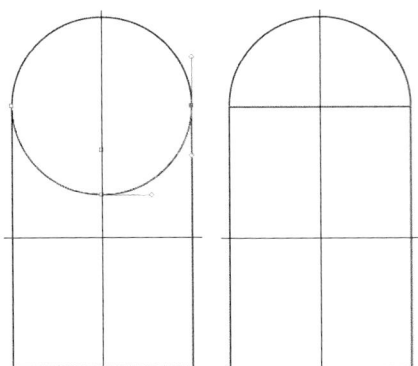

◄ **Abbildung 3.146**
Der links und rechts aufge-
schnittene Kreis. Die untere
Hälfte kann gelöscht werden.

6 Den Deckel öffnen

Aktivieren Sie mit dem Auswahl-Werkzeug ($\boxed{\text{V}}$) ![cursor] die verblie-
bene obere Kreishälfte, und wechseln Sie dann zum Drehen-
Werkzeug ($\boxed{\text{R}}$) ![rotate]. Mit diesem klicken Sie in die rechte untere
Ecke des Halbkreises ❶, um dort den Drehpunkt zu setzen.

Mit der Maus drehen Sie nun – irgendwo auf der linken Seite
angesetzt – den Deckel auf.

◄ **Abbildung 3.147**
Drehpunkt durch Klicken mit
dem Drehen-Werkzeug set-
zen und mit der Maus drehen

7 Pfad schließen

Um den offenen Pfad des Deckels zu schließen, brauchen Sie nur
eine Tastenkombination: $\boxed{\text{Strg}}$/$\boxed{\text{⌘}}$+$\boxed{\text{J}}$ (ansonsten zu finden
unter Objekt • Pfad • Zusammenfügen).

8 Verläufe

Wie in der letzten Schritt-für-Schritt-Anleitung wird Ihre Dose
auch hier durch Verläufe so richtig rund. Der Body braucht nur
einen waagerechten Verlauf (Linear), der Deckel einen kreis-

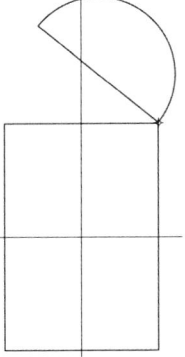

▲ **Abbildung 3.148**
Den offenen Pfad mit einer
Geraden schließen lassen

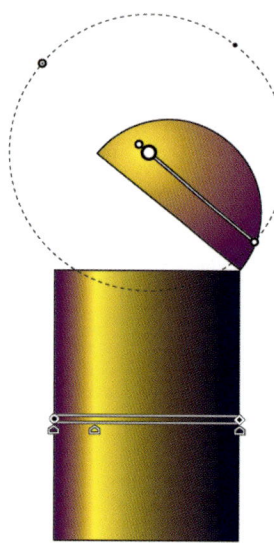

▲ Abbildung 3.149
Gut steuerbare Verläufe in Illustrator geben ein plastisches Aussehen

förmigen (KREISFÖRMIG). Mit dem Verlaufwerkzeug (G) ▣ und aktivem Objekt bestimmen Sie die Richtung und Länge des Verlaufs durch Ziehen mit der Maus. Im Verlauf-Bedienfeld kreieren Sie die Farben (siehe auch Abschnitt 5.5).

3.7 Tastaturkürzel

Auch in diesem Kapitel erleichtern die Tastenkombinationen das Arbeiten, wenn man denn zu den Liebhabern bzw. Liebhaberinnen der schnellen »Shortcuts« gehört. Hier sind die wichtigsten:

Zweck	PC	Mac
Skalieren-Werkzeug	S	S
Drehen-Werkzeug	R	R
Spiegeln-Werkzeug	O	O
Formerstellungswerkzeug	⇧+M	⇧+M
Verlaufwerkzeug	G	G
Lineale einblenden	Strg+R	⌘+R
Intelligente Hilfslinien	Strg+U	⌘+U
Pfadansicht/Vorschau	Strg+Y	⌘+Y
Begrenzungsrahmen	Strg+⇧+B	⌘+⇧+B
Transformation wiederholen	Strg+D	⌘+D
Objekt von der Mitte her aufziehen	Alt beim Aufziehen	Alt beim Aufziehen
Objekt duplizieren beim Verschieben	Alt beim Verschieben	Alt beim Verschieben
Halten in 45°-Winkeln bzw. Quadrat bzw. Kreis	⇧	⇧
Davor einfügen	Strg+F	⌘+F
Dahinter einfügen	Strg+B	⌘+B
Pfad zusammenfügen	Strg+J	⌘+J

Tabelle 3.1 ▶
Die wichtigsten Tastenkombinationen für die Transformation von Objekten

Bilder und Grafiken

Platzieren und nachzeichnen leicht gemacht

- ▶ Wie werden Bilder und Grafiken in Dateien platziert?
- ▶ Was ist der Unterschied zwischen Einbetten und Verknüpfen?
- ▶ Wie werden geänderte Verknüpfungen aktualisiert?
- ▶ Wie werden Bilder über die Bridge in Illustrator platziert?
- ▶ Wie kann ich ein Foto in eine Grafik umwandeln?
- ▶ Wie zeichne ich ein Foto nach?
- ▶ Wie male ich eine Illustration interaktiv aus?

4 Bilder und Grafiken

Oft brauchen Sie in Adobe Illustrator aus verschiedensten Gründen Pixelbilder. So wollen Sie vielleicht ein nur als Pixelbild vorliegendes Logo nachzeichnen, oder Sie erstellen eine Gebrauchsanleitung für ein technisches Gerät und zeichnen das eingescannte oder fotografierte Gerät mit all seinen Knöpfen und Schaltern nach. Oder Sie gestalten eine Titelseite für ein Reisemagazin inklusive einer Vektorillustration oder einen Autoaufkleber, der sich an ein bestimmtes Fahrzeugmodell anpassen soll.

Die Gründe, Pixelbilder in Ihr Dokument zu laden, sind also zahlreich, egal ob sie als Vorlage oder als eigenständiges Element dienen sollen. Auch Grafiken aus Illustrator oder anderen Vektoranwendungen wie CAD werden in Illustrator platziert, um sie weiterzubearbeiten oder mit Illustrator-eigenen Illustrationen zu vereinen.

4.1 Dateien platzieren

»Platzieren« oder »Importieren«?

In einigen Programmen heißt der äquivalente Ausdruck für das Platzieren in Illustrator »Importieren«.

Wenn Sie ein Bild als Vorlage zum Nachzeichnen in einer Illustrator-Datei haben möchten, erreichen Sie das nicht durch einen Doppelklick auf der Betriebssystem-Ebene im Windows-Explorer oder im Finder auf dem Mac. Denn ist es ein Photoshop-Bild, öffnet sich natürlich Photoshop statt Illustrator. Und gehen Sie mit dem Befehl ÖFFNEN MIT... an die Sache heran, lässt sich Illustrator zwar auswählen und wird auch eine Datei öffnen, in der das Bild mittig platziert ist, aber die Voreinstellungen der Datei haben Sie dann nicht mitbestimmt.

Das Platzieren-Dialogfeld

Erstellen Sie als Erstes also eine Datei nach Ihren Vorgaben, wie in Abschnitt 1.2, »Ein neues Dokument anlegen«, beschrieben.

Gehen Sie dann zu Datei • Platzieren. Im Platzieren-Dialogfeld navigieren Sie zum Foto oder zur Grafik Ihrer Wahl. Im unteren Teil des Dialogfelds finden Sie am PC die Option Dateityp • Alle Formate bzw. am Mac Aktivieren • Alle lesbaren Dokumente ❶. Illustrator kann sehr viele unterschiedliche Dateiformate platzieren.

▲ **Abbildung 4.1**
Die Liste der Formate, die Illustrator platzieren kann, ist lang.

◄ **Abbildung 4.2**
Der Platzieren-Dialog am Mac

Mehrere Optionen stehen Ihnen zur Verfügung, auf die wir im Folgenden noch näher eingehen werden:

▸ Haken Sie Verknüpfen ❷ an, stellt Illustrator eine Verbindung zur Originaldatei her. Ändern Sie an dieser etwas, können Sie das Bild in Illustrator aktualisieren. Bilder, die nicht mit Verknüpfen in Illustrator platziert wurden, werden eingebettet; die Dateigröße steigt um die Größe des Bildes. Verknüpfte Bilder hingegen müssen zur Weiterbearbeitung durch Dritte mit der *.ai*-Datei mitgeschickt werden. Nähere Informationen hierzu erhalten Sie auf Seite 150 unter »Verknüpfen oder einbetten?«.

▸ Bei angewählter Vorlage ❸ legt Illustrator das Bild automatisch auf eine eigene abgeschlossene und abgeblendete Ebene (Fenster • Ebenen, siehe auch Kapitel 5, »Ebenen«). Das Bild

▲ **Abbildung 4.3**
So erscheint das platzierte
Bild auf Ihrer Zeichenfläche.

ist so beim Nachzeichnen vor versehentlichem Verschieben geschützt.

▶ Der Button ERSETZEN ❹ (Abbildung 4.2) ist meist ausgegraut, also nicht anwählbar. Haben Sie in Ihrer aktuellen Datei jedoch zuvor ein Bild markiert, könnten Sie hier einen Haken setzen, damit es durch das zu platzierende Bild ersetzt wird. Wenn Sie nun Ihre Eingaben mit PLATZIEREN ❺ (Abbildung 4.2) bestätigen, wird das Bild in Ihr Illustrator-Dokument importiert.

Weiterverarbeitung des platzierten Bildes

Ist Ihr Bild platziert, stehen Ihnen im Steuerung-Bedienfeld viele Informationen und Optionen zur Verfügung.

▲ **Abbildung 4.4**
Das Steuerung-Bedienfeld bei
platziertem Bild

Als Erstes sehen Sie, ob das Bild verknüpft oder eingebettet ist ❶. Dann sehen Sie den Namen des Bildes ❷ und erfahren, in welchem Farbmodus (z. B. RGB oder CMYK) ❸ und mit welcher Auflösung ❹ es vorliegt.

Sie können das Bild an dieser Stelle gleich EINBETTEN ❺, wenn Sie wollen. ORIGINAL BEARBEITEN ❻ öffnet die Verknüpfung in dem Programm, mit dem sie erstellt wurde, um sie dort noch zu bearbeiten. Den BILDNACHZEICHNER ❼ zum Vektorisieren von Pixelbildern erkläre ich im letzten Abschnitt dieses Kapitels.

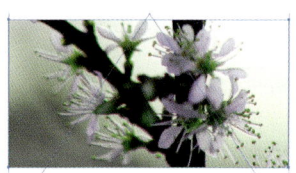

▲ **Abbildung 4.5**
Mit einer Maske können Sie
das Bild beschneiden.

Mit MASKE ❽ geben Sie dem Bild einen nicht sichtbaren Rahmen, mit dem Sie es beschneiden können, wenn Sie es nicht ganz sehen wollen. Und die DECKKRAFT ❾ lässt alles unter dem Bild entsprechend dem Prozentwert durchscheinen.

Platzieren als Vorlage oder einbinden?

Haben Sie sich beim Platzieren für die Option VORLAGE entschieden, sollten Sie sich jetzt das Ergebnis Ihrer Eingaben im Ebenen-Bedienfeld ansehen (FENSTER • EBENEN). Zwei Ebenen sind zu sehen:

▶ Oben sehen Sie die »Ebene 1« ⓬. Diese ist nicht gesperrt, sodass Sie hier nun selbst Objekte erstellen können.

▶ Darunter liegt die Ebene »Vorlage Verknüpft.psd«; sie ist gesperrt ⓫ und nach dem Bild benannt. Dass sie die Vorlagenebene ist, erkennen Sie an dem Symbol ⓾ und daran, dass der Name der Ebene kursiv geschrieben ist ⓭.

▲ **Abbildung 4.6**
Das Ebenen-Bedienfeld:
FENSTER • EBENEN

Wollen Sie die Vorlage bearbeiten, müssen Sie zuvor die Ebene mit einem Klick auf das Schloss-Symbol ⓫ aufschließen.

Ein Bild, das Sie als Vorlage platziert haben, ist standardmäßig aufgehellt. Der Grund dafür ist, dass Illustrator bei einer Vorlage davon ausgeht, dass Sie sie mithilfe der Zeichenwerkzeuge von Illustrator nachzeichnen wollen. Oft sehen Sie bei kräftigen Vorlagenbildern aber die Konturen, die Sie selbst zeichnen, nicht so gut. Wenn die Vorlage daher heller ist, können Sie Ihre eigene Zeichnung besser erkennen. Wie Sie Vorlagen abzeichnen, erfahren Sie in Abschnitt 2.7, »Pfade in Aktion«, anhand eines Logos und einer Freihandillustration, die ich dort mit Ihnen Schritt für Schritt abzeichne.

Manchmal wollen Sie ein Bild als Bild in Ihre Illustrator-Datei **einbinden**; es soll Bestandteil Ihrer Illustration sein. In diesem Fall müssen Sie beim Platzieren VORLAGE abwählen. Auch hier lohnt es sich natürlich, das Bild auf eine eigene Ebene zu stellen, um es zu schützen. Der Vorteil: Das Bild wird nicht aufgehellt.

Ebenen

Erfahren Sie alles über Ebenen in Illustrator in Kapitel 6, »Ebenen«.

◀ **Abbildung 4.7**
Eine Mischung aus platziertem Foto (im Hintergrund) und Vektorillustration (Fahrrad).

In der Regel stehen das Bild und Ihre eigene Vektorillustration nun nebeneinander in einer Illustrator-Datei. Sie können sie so ausdrucken. Dabei sollten Sie als Einsteiger darauf achten, dass das Bild

Hinweis

Sie benötigen für die Ausgabe Kenntnisse über das Colormanagement. In Kapitel 5, »Farbe und Verläufe«, gehe ich auf das Thema Colormanagement und Farbräume ein.

im gleichen Farbraum vorliegt wie Ihre Illustrator-Datei. Arbeiten Sie mit CMYK, ist es am einfachsten für Sie, auch Ihr Bild in Photoshop schon in CMYK umgewandelt zu haben. Wenn Sie Ihre Dateien als PDF ausgeben, können Sie Ihre Bilder in RGB lassen und erst bei der Ausgabe in den gewünschten Farbraum umwandeln. Dieses Vorgehen lässt Ihnen deutlich mehr Spielraum, wenn es darum geht, eventuell für verschiedene Ausgabemedien zu arbeiten (für das Web und Print zum Beispiel).

Verknüpfen oder einbetten?

Illustrator kennt zwei grundsätzlich verschiedene Arten des Platzierens: das Verknüpfen und das Einbetten. Mit welcher dieser Einstellungen Illustrator Ihr Bild platziert, legen Sie wie bereits erwähnt im Dialogfeld PLATZIEREN fest.

▶ **Verknüpfen** bedeutet, dass die Datei, die Sie platzieren, in Illustrator als eine sogenannte Vorschau zu sehen ist, während das Originalbild irgendwo auf Ihrem Rechner liegt. Illustrator merkt sich den Pfad zu dieser Datei, sodass es über diesen Pfad eine Verknüpfung gibt. Ändern Sie die verknüpfte Datei, erkennt Illustrator eine Differenz zwischen dem Original und der sichtbaren Vorschau in Illustrator. Nach einer Aktualisierung der verknüpften Datei zeigt Illustrator die Datei wieder so an, wie sie zuletzt im Original gespeichert wurde.

Dateigröße

Durch das Einbetten einer Datei steigt auch die Dateigröße des Illustrator-Dokuments entsprechend an.

▶ Wenn Sie Ihre platzierte Datei jedoch in Illustrator **einbetten**, erstellt Illustrator eine Kopie der Originaldatei und »klebt« sie in die Datei mit ein. Das Original der eingebetteten Datei hat keine Verbindung mehr zu Illustrator.

Wann sollten Sie Ihre Dateien einbetten?

Sie sollten Dateien nur dann einbetten, wenn Sie sicher sind, dass sich an der eingebetteten Datei nichts mehr ändert, bevor Ihr Dokument ausgegeben, also gedruckt oder in eine Webseite eingebaut wird.

Ein Einbetten ist dann sinnvoll, wenn Sie nur eine Datei zur Weiterverarbeitung aus der Hand geben wollen oder wenn an den eingebetteten Dateien nichts mehr verändert werden darf bzw. soll.

Das Einbetten ist auch dann unproblematisch, wenn Sie einen Screenshot (zum Beispiel eines Logos, das Sie nachzeichnen wollen) als Vorlage mit in Ihre Datei nehmen und dieser Screenshot nach getaner Arbeit wieder gelöscht wird.

Dateien mit Verknüpfungen ausgeben

Wenn Sie aus Ihrer Illustrator-Datei ein Druck-PDF machen (siehe Kapitel 14, »Ausgabe«), werden sowohl die verknüpften Dateien mit in die PDF-Datei geschrieben als auch die eingebetteten. Auch wenn die Illustrator-Datei in einem Programm wie InDesign platziert und aus diesem heraus gedruckt wird, gibt es keine Probleme.

Geben Sie aber Ihre Illustrator-Datei so weiter, wie sie ist, also »offen« oder »nativ« wie es oft genannt wird, müssen Sie auch die Bilder und Grafiken, die nur verknüpft sind, zusammensuchen und ebenfalls mit verschicken, damit an der offenen Datei gearbeitet werden kann. Andernfalls vermisst Illustrator diese Verknüpfungen. Schon beim Öffnen wird gefragt, was damit passieren soll (siehe Abschnitt 1.4, »Warndialog beim Öffnen«). Haben Sie die Verknüpfungen nicht oder nicht mehr, fehlen sie in der Datei. Sie müssen sie für den Fall, dass Sie sie in Illustrator bearbeiten müssen, wiederbeschaffen. Das ist ärgerlich.

Oftmals sind es nur Vorlagen, die fehlen und die nur Sie zum Nachzeichnen gebraucht hatten, die beim Öffnen aber als fehlend angemerkt werden. Im Warndialog können Sie dann einfach IGNORIEREN anklicken. Da Ihr Dienstleister oder der Kollege, der Ihre Daten weiterverarbeiten soll, aber nicht wissen kann, dass nichts Wichtiges fehlt, ist es trotzdem sehr sinnvoll, solche nicht zur Ausgabe bestimmten Verknüpfungen am Ende der Arbeit zu löschen. Ziehen Sie hierzu die Vorlagenebene auf das Papierkorb-Symbol am unteren Rand des Ebenen-Bedienfelds.

Das Verknüpfungen-Bedienfeld

Im Verknüpfungen-Bedienfeld werden alle in Ihrem Illustrator-Dokument platzierten Dateien aufgelistet. Sie erreichen es über FENSTER • VERKNÜPFUNGEN.

Vorsicht vor dem Platzieren von Daten einer CD oder externen Festplatte

Ist die CD ausgeworfen oder womöglich schon zurück beim Kunden, verliert Illustrator seine Verbindung zum Original. Es kann nur noch eine grobe Vorschau aus Illustrator direkt gedruckt werden.

Achten Sie beim Löschen der »Vorlagenebene« …

… unbedingt darauf, dass nicht aus Versehen Objekte Ihrer eigenen Illustration auf diese Ebene gerutscht sind und damit ebenfalls gelöscht würden. Schließen Sie am besten alle anderen Ebenen, und gehen Sie dann auf AUSWAHL • ALLES AUSWÄHLEN. Nun sehen Sie, was hier alles liegt.

Links im Bedienfeld ist ein kleines Icon mit einer Vorschau des Bildes zu sehen, daneben erscheint der Name des Bildes, und rechts stehen eventuell Symbole für weitere Informationen darüber, wie es um die entsprechende Datei bestellt ist:

▶ Ist dort ein gelbes Ausrufezeichen sichtbar ❸, symbolisiert dies, dass das durch VERKNÜPFEN platzierte Bild außerhalb von Illustrator geändert wurde.

▶ Findet sich dort stattdessen ein weißes X auf rotem Kreis ❷, fehlt das Bild sogar ganz.

▶ Ist ein Symbol mit Quadrat und Dreieck zu sehen ❶, wissen Sie, dass Ihr Bild nicht verknüpft, sondern eingebettet ist.

▶ Wenn keine Symbole zu sehen sind ❹, ist mit Ihrem Bild auch alles in Ordnung, und es hat eine Verbindung zum Original, ist also verknüpft.

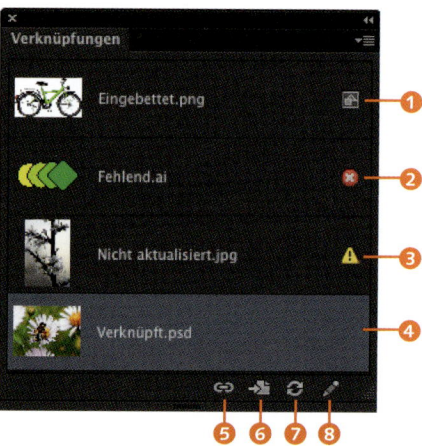

Abbildung 4.8 ▶
Das Verknüpfungen-Bedienfeld zeigt Ihnen schnell den Status der platzierten oder eingebetteten Dateien.

Am unteren Rand des Bedienfeldes sehen Sie einige Symbole. Sie müssen eine Verknüpfung ausgewählt haben, um die Symbole benutzen zu können.

▶ ERNEUT VERKNÜPFEN ❺: Sie öffnen den PLATZIEREN-Dialog und ersetzen die ausgewählte Datei durch eine neu auszuwählende.

▶ GEHE ZU VERKNÜPFUNG ❻: Die Datei wird Ihnen in Ihrem Dokument gezeigt, aktiviert und in das Programmfenster eingepasst. Denn manchmal haben Sie so viele Verknüpfungen, dass Sie nicht mehr genau sagen können, welche welche ist.

▶ VERKNÜPFUNG AKTUALISIEREN ❼: Wird Ihnen das gelbe Warndreieck angezeigt, das symbolisiert, dass die verknüpfte Datei außerhalb von Illustrator (nach dem Platzieren) bearbeitet wurde, können Sie die Verknüpfung hiermit aktualisieren.

▶ ORIGINAL BEARBEITEN **8**: Ein Klick, und es öffnet sich das Programm, mit dem die Verknüpfung erstellt wurde (so Sie es auf Ihrem Rechner installiert haben). Nun können Sie noch Änderungen an Ihrem Bild vornehmen.

Natürlich haben Sie auch in diesem Bedienfeld ein **Flyout-Menü**. Die oberen Begriffe der Dropdown-Liste entsprechen den gerade vorgestellten Symbolen. Kurz danach finden Sie auch schon BILD EINBETTEN, das Sie ja schon im Steuerung-Bedienfeld kennengelernt haben. Mit diesem Eintrag können Sie die im Bedienfeld aktivierte Datei einbetten und so die Verknüpfung zum Original kappen.

VERKNÜPFUNGSDATEIINFORMATIONEN erlaubt es, eventuell vorhandene Metadaten einzusehen. VERKNÜPFUNGSINFORMATIONEN zeigt Ihnen neben den Originalabmessungen, dem Skalierungsfaktor in Illustrator, eventuellen Transformationen und dem Änderungsdatum auch den Pfad, über den die Datei auf Ihrer Festplatte zu finden ist.

▲ **Abbildung 4.9**
Flyout-Menü des Verknüpfungen-Bedienfeldes

▲ **Abbildung 4.10**
Die Verknüpfungsinformationen: Wo liegt Ihr Bild auf der Festplatte, woher kommt es, und wann wurde es geändert? Ist es in Illustrator transformiert worden?

Besonders praktisch im Flyout-Menü ist IN BRIDGE ANZEIGEN, denn der Befehl öffnet in Bridge den Ordner, in dem die verknüpfte Datei auf Ihrer Festplatte zu finden ist. Wenn Sie alle Bilder, Grafiken, Texte und Informationen sowie die Illustrator-Datei selbst in einem Kundenordner vorhalten, haben Sie hier einen exzellenten Überblick und extrem viele Möglichkeiten mehr.

▲ **Abbildung 4.11**
Über das Steuerung-Bedienfeld »springen« Sie noch schneller zu Bridge.

▲ **Abbildung 4.12**
Entscheiden Sie in den Bedienfeldoptionen, wie groß die Icons angezeigt werden.

blumenbild.ai und stehwespe.psd im Ordner UEBUNGEN\BLUMENBILD

▼ **Abbildung 4.13**
Der Inhalt des Übungsordners in der Bridge

Die nächsten Begriffe im Flyout-Menü filtern Ihre Verknüpfungen-Liste, zeigen Ihnen nur fehlende, geänderte oder eingebettete Dateien an. Die Begriffe darunter sortieren Ihre Liste lediglich. Jedoch empfehle ich hier NACH STATUS SORTIEREN, damit Sie sofort die Problemfälle ganz oben aufgelistet bekommen.

Schritt für Schritt
Von Illustrator über Bridge zu Photoshop und zurück

1 Das Bridge-Fenster

Mit der Version CS6 erhalten Sie auch das Programm BRIDGE. Wenn Sie es öffnen, finden Sie im oberen linken Frame zwei Reiter: ORDNER und FAVORITEN ❷. Unter FAVORITEN aufgelistet steht unter anderem »Computer«. Dort werden Ihre Festplatte(n) und eben auch die Buch-DVD aufgelistet (wenn sie eingelegt ist). Mit Doppelklicks auf die Symbole können Sie nun zu folgendem Ordner navigieren: DVD • UEBUNGEN • BLUMENBILD. (In Abbildung 4.13 sehen Sie natürlich meinen Dateipfad.) Mit dem Pfeil ❶ kommen Sie übrigens wieder eine Ordnerebene zurück.

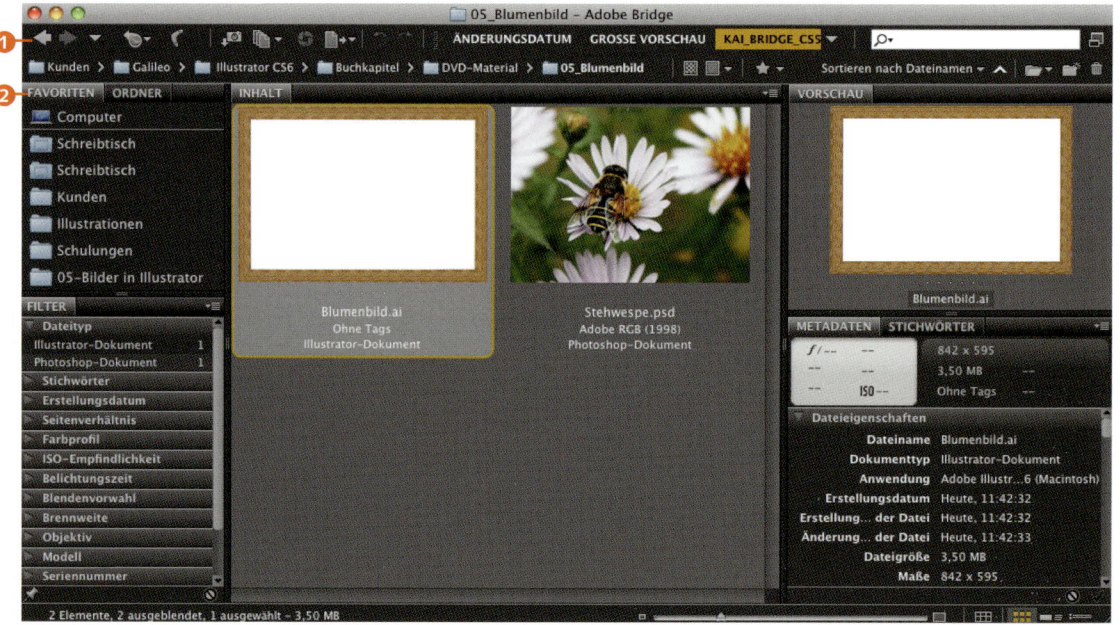

2 Daten von der DVD auf Ihren Rechner kopieren

An dieser Stelle können Sie direkt mit den Daten von der DVD arbeiten oder diese vorher kopieren. Falls Sie sich für eine Kopie entscheiden, ziehen Sie jetzt den Ordner UEBUNGEN im mittleren Fenster nach links zum Reiter FAVORITEN, genau auf SCHREIBTISCH/ DESKTOP. Nun erstellt die Bridge Ihnen eine Kopie des Ordners von der Buch-DVD auf Ihrem Schreibtisch/Desktop.

Wenn Sie unter Ihren FAVORITEN auf SCHREIBTISCH/DESKTOP klicken und dann auf den Ordner doppelklicken, öffnet sich dieser und zeigt Ihnen seinen ganzen Inhalt. Für unsere Übung ist das eine sehr übersichtliche Ansammlung: der Ordner BLUMENBILD mit den beiden Dateien »Blumenbild.ai« und »Stehwespe.psd«. In Kundenprojekten kommen schon mal zig Dateien zusammen.

3 Von der Bridge zu Illustrator

Mit einem Doppelklick auf die Datei »Blumenbild.ai« öffnet sich nun eine Illustrator-Datei – natürlich mit Adobe Illustrator. In der Datei liegt lediglich ein Holzrahmen. Das ist eine Kontur von Illustrator, die mit einem Musterpinsel gezeichnet wurde. Hier hinein soll das Bild aus Photoshop.

4 Von Illustrator zurück zur Bridge

In der Anwendungsleiste von Illustrator finden Sie den Button GEHE ZU BRIDGE, der Sie direkt zu Bridge bringt – und zwar in den Ordner, in dem Ihre Illustrator-Datei liegt.

5 Ein Foto aus der Bridge heraus öffnen

Nun soll der Illustrator-Datei das Bild »Stehwespe.psd« hinzugefügt werden. Allerdings können Sie direkt in der Bridge erkennen, dass es einen gewissen Korrekturbedarf gibt. Das Bild ist zu »flau«. Deswegen öffnen Sie es aus der Bridge heraus mit einem Doppelklick in Photoshop.

Nun können Sie in Photoshop das Foto bearbeiten bzw. korrigieren. Öffnen Sie in Photoshop unter FENSTER das Bedienfeld KORREKTUREN (FENSTER • KORREKTUREN). Dort klicken Sie einmal in den Button FARBTON/SÄTTIGUNG und erhöhen im aufspringenden Bedienfeld die SÄTTIGUNG auf ca. 30, indem Sie den Regler nach rechts schieben (Abbildung 4.17). Speichern und schließen Sie das Bild.

AI-Einzelprogramm

Wenn Sie Illustrator einzeln haben sollten, also ohne Creative Suite und Bridge, überspringen Sie diese Schritt-für-Schritt-Anleitung einfach.

▲ **Abbildung 4.14**
Der Illustrator-Rahmen der ».ai«-Datei

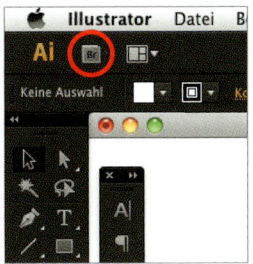

▲ **Abbildung 4.15**
Der Button GEHE ZU BRIDGE in der Anwendungsleiste

▲ **Abbildung 4.16**
Das Bild darf gerne noch etwas kräftiger sein.

Abbildung 4.17 ►
Schnelle Korrekturen in
Photoshop

6 Bild platzieren

Zurück in Illustrator platzieren Sie das bearbeitete Bild »Steh-
wespe.psd«. Achten Sie darauf, dass die Ebene BIENE UND BLUMEN
aktiviert ist. Wählen Sie DATEI • PLATZIEREN, und navigieren Sie zu
dem Ordner, in dem auch die Illustrator-Datei mit dem Rahmen
liegt. Den Dialog sollten Sie dann natürlich mit PLATZIEREN bestätigen.

Abbildung 4.18 ►
Der PLATZIEREN-Dialog für die
Stehwespe

7 Finetuning

Eventuell müssen Sie das Bild noch mit dem Auswahl-Werkzeug
(V) ![cursor] genau hinter den Holzrahmen schieben. Das Ergebnis
sieht dann so aus wie in Abbildung 4.19.

8 Für Fortgeschrittene

Wenn Sie sich schon etwas mit Illustrator auskennen sollten, lösen Sie die Ebene »Holzrahmen«, wählen ihn aus und rufen unter Effekt • Stilisierungsfilter • Schein nach innen auf. Hier stellen Sie den Modus auf Multiplizieren, die Farbe rechts daneben auf Schwarz und wenden diese Einstellungen nur auf die Kante an. Der Rahmen wirkt dadurch noch plastischer.

◄ **Abbildung 4.19**
Das fertige Bild aus Illustrator-Vektoren (Rahmen) und Pixelbild (Stehwespe).

▲ **Abbildung 4.20**
Fortgeschrittene können noch einen Schein nach innen erstellen.

4.2 Interaktiv nachzeichnen und interaktiv malen

In diesem Abschnitt geht es darum, ein Foto oder eine Zeichnung in eine Illustrator-Grafik oder -Illustration umzuwandeln. Es sind dann keine Bildpixel mehr, die das Aussehen des Fotos bestimmen, sondern Pfade, wie Sie sie in Kapitel 2, »Pfade«, bereits kennengelernt haben.

Es geht meist nicht darum, ein Foto, wie es in Photoshop zu sehen ist, nun auch vektorisiert in Illustrator zu haben. Vielmehr möchten Sie eine grafische oder illustrative Anmutung erzeugen und mit den gewonnenen Pfaden, Flächen und Farben »spielen«.

Der Bildnachzeichner

Der Bildnachzeichner ist ein eigenes Bedienfeld, das Sie wie immer unter Fenster finden. Möchten Sie seine Funktionen nutzen, müssen Sie ein Pixelbild (also meist ein Foto oder einen Scan) ausgewählt haben.

▲ **Abbildung 4.22**
Weitere Vorgaben

▲ **Abbildung 4.23**
Die Einstellungen zum Nachzeichnen

▲ **Abbildung 4.24**
Festgelegte Farbanzahl – aus dem Bild interpretiert oder aus einer Farbgruppe herausgelesen

▲ **Abbildung 4.21**
Das Bildnachzeichner-Bedienfeld

Als Erstes sehen Sie sechs Buttons mit voreingestellten Nachzeichnenoptionen ❶ (Auto-Farbe, Hohe Farbtiefe, Geringe Farbtiefe, Graustufen, Schwarzweiss, Pfadansicht). Ein Klick auf einen dieser Buttons startet die entsprechende Nachzeichnung Ihres Bildes. Mit der Checkbox Vorschau ❽ sehen Sie dann auch gleich Ihr Ergebnis.

Unter Vorgabe ❷ stehen noch weitere Voreinstellungen zur Verfügung. Auch Einstellungen, die Sie für ein Bild vorgenommen und gespeichert haben, werden hier aufgelistet (Abbildung 4.22).

Während die Ansicht ❸ lediglich verschiedene Möglichkeiten zeigt, Ihr Ergebnis zu kontrollieren, indem Sie sich z. B. auch die entstehenden Pfade mit anzeigen lassen (Abbildung 4.23), bestimmen Sie über Modus ❹, ob Ihr Bild farbig, schwarz-weiß oder in Graustufen nachgezeichnet werden soll.

Unter Palette ❺ können Sie (nur im Modus Farbe) statt der Anzahl der Farben ❻, die Sie mit dem Regler verändern können, eine Farbgruppe aus Ihrem Farbfeld-Bedienfeld auswählen (Dokumentbibliothek). Entsprechend werden dann die nachgezeichneten Farben interpretiert.

Im unteren Bedienfeldabschnitt bekommen erfahrenere Anwender Informationen über die Anzahl der Pfade, die Ankerpunkte und die Farben ❼.

Über den Button Nachzeichnen starten Sie den Prozess, der mitunter auch etwas länger dauern kann.

◄ **Abbildung 4.25**
Verschiedene Ansichten

Fortgeschrittene Techniken des Bildnachzeichners

Im Bereich Erweitert finden Sie, wie der Name schon sagt, weitere Optionen. Diese sind in erster Linie für fortgeschrittene Anwender interessant, daher erläutere ich sie hier nur in Kürze.

◄ **Abbildung 4.26**
Der Bereich Erweitert des Bildnachzeichners

Wenn Sie bei Pfade ❾ einen hohen Wert angeben, liegen die nachgezeichneten Pfade enger an den ausgelesenen Farben. Bei Ecken ❿ ist der Unterschied etwas deutlicher, weil mit einem höheren Wert öfter Eck- statt Kurvenpunkte gesetzt werden. Deutlich wird es aber meistens erst bei Rauschen ⓫, denn hier bestimmen Sie, ob auch ganz kleine Bildbereiche (vielleicht Flecken oder Krümel) mit nachgezeichnet werden sollen (kleinerer Wert).

Für das optische Ergebnis ist die METHODE **⑫** nicht entscheidend. Hier werden die Farben angrenzend nebeneinander gesetzt (linker Button), oder die Flächen überlappen sich. Bei der Überlappung jedoch können Sie mit dem Direktauswahl-Werkzeug (A) Flächen zur Seite ziehen, ohne dass dahinter ein Loch entsteht.

Abbildung 4.27 ▶
Links: Die Methode ANGREN-
ZEND mit Loch, wenn man die
Fläche verschiebt; rechts:
ÜBERLAPPEND

Sie können auch nur Konturen erstellen **⑬** anstatt wie meist die (Farb-)Flächen oder beides. Wenn Sie sich für Konturen entscheiden, müssen Sie festlegen, wie dick die Flächen sein müssen, um konturiert zu werden. Mit der Option KURVEN AN LINIEN AUSRICHTEN **⑭** machen Sie leicht gekrümmte Linien zu einer Geraden.

Eine sehr sinnvolle Checkbox ist WEISS IGNORIEREN **⑮**. Steht das Objekt im Bild auf einer weißen Fläche, wie es oft bei Freistellern der Fall ist, wird die weiße Farbe drumherum nicht mit nachgezeichnet und muss später nicht wieder gelöscht werden. Aber Achtung: Sind innerhalb des Objekts auch rein weiße Flächen vorhanden, werden auch diese ausgelassen.

▲ **Abbildung 4.28**
Verschiedene Vorgaben für das
Nachzeichnen: GERINGE
FOTOTREUE, GRAUSTUFEN,
SCHWARZWEISSLOGO, 6 FARBEN

Nachbearbeiten der Ergebnisse

Wenn Sie Ihr Bild haben nachzeichnen lassen, wollen Sie es oft noch durch Zugriff auf die Pfade weiterbearbeiten. Um an die Pfade heranzukommen, müssen Sie im Steuerung-Bedienfeld den Button UMWANDELN **❸** anklicken. Jetzt werden die Einstellungen zu Vektoren umgerechnet, sodass Sie die einzelnen Pfade bearbeiten könnten. Möchten Sie noch andere Einstellungen ausprobieren, bevor Sie umgewandelt haben (!), wählen Sie einfach eine andere VORGABE ❶ aus oder rufen wieder den Bildnachzeichner ❷ auf.

Jedes Motiv besteht nach dem Umwandeln aus Vektoren. In der Pfadansicht (Strg / ⌘ + Y) sieht das mitunter wild aus. Je strukturierter oder gemusterter die Pixelvorlage ist, desto mehr Pfade hat Ihr Ergebnis (siehe Abbildung 4.31).

Aktivieren Sie Ihr nachgezeichnetes Bild, und öffnen Sie das Farbfelder-Bedienfeld unter FENSTER. Am unteren Bedienfeldrand können Sie die Farben Ihrer Nachzeichnung mit dem Button NEUE FARBGRUPPE als eigene Farbfelder speichern und sie später bearbeiten. (Wie das geht, erkläre ich Ihnen in Kapitel 5, »Farbe und Verläufe«). Im Popup-Dialog geben Sie einen Namen für die neue Farbgruppe ein.

▲ **Abbildung 4.29**
Einstellungen für den Bildnachzeichner in der Steuerleiste

▲ **Abbildung 4.30**
Verschiedene Nachzeichnervorlagen des Originals (links oben): HOHE FOTOTREUE, GRAUSTUFEN, SCHWARZWEISSLOGO, 16 FARBEN, 3 FARBEN

▲ **Abbildung 4.31**
Die Pfadansicht der Nachzeichneroptionen

Interaktiv malen

Wenn Sie z. B. ein umgewandeltes Bild anders einfärben möchten, können Sie eine sogenannte Malgruppe aus Ihrer Illustration machen. Ich empfehle, eine weniger komplizierte Grafik zu nehmen, da Sie sonst zu viel Arbeit damit haben werden.

Aktivieren Sie das nachgezeichnete und umgewandelte Bild, wählen Sie das Interaktiv-malen-Werkzeug (K) 🖌, und klicken Sie einmal auf die Illustration. Nun ist diese in eine interaktive Malgruppe umgewandelt worden und kann mit den Farben Ihres Dokuments eingefärbt werden. Über dem Farbeimer werden sie dargestellt. Sie können mit den Tasten ← und → durch die Farben blättern.

Kommen Sie mit der Maus über eine Fläche einer Interaktiv-malen-Gruppe, wird diese hervorgehoben. Mit einem Klick füllen Sie die Fläche mit der Farbe, die gerade an Ihrem Mauszeiger ausgewählt ist.

▲ **Abbildung 4.32**
Über dem Mauszeiger werden die verfügbaren Farben des Dokuments angezeigt.

Abbildung 4.33 ▶
Die Fläche wird unter Ihrer Maus hervorgehoben. Klicken Sie zum Einfärben.

Der Farbeimer füllt nur geschlossene Flächen. Durch das Nachzeichnen kann es aber zu Lücken kommen: Das sind Stellen, die nicht aneinanderstoßen, obwohl sie es sollten. Tun sie es nicht, fließt die Farbe in falsche Flächen hinein.

Nach diesen Lücken können Sie suchen, um sie dann ebenfalls automatisch schließen zu lassen. Gehen Sie dazu bei ausgewählter Malgruppe zu OBJEKT • INTERAKTIV MALEN • LÜCKENOPTIONEN. Es öffnet sich ein Dialogfenster, in dem Sie sich je nach Motiv entscheiden können, kleine, mittlere oder große Lücken schließen zu lassen ❶.

▲ **Abbildung 4.34**
Der Himmel fließt ungewollt durch eine Lücke ins Gesicht.

◄ **Abbildung 4.35**
Die Lückenoptionen vom
interaktiven Malen

Passt keine der drei Optionen so richtig, können Sie auch eigene
Werte eingeben (BENUTZERDEFINIERTE LÜCKEN) ❷. Manchmal bei-
ßen sich die Hervorhebungsfarbe und die Farbe für die Lücken-
vorschau; dann stellen Sie eine andere Farbe für die gefundenen
Lücken ein ❸. Illustrator kann auch Pfade zwischen die Lücken
setzen ❹. Bei Schwarz-Weiß-Illustrationen kann das gut aussehen; es ändert aber das Flächenfüllen-Verhalten nicht: Beide Male
wird die Fläche als geschlossen erkannt.

▲ **Abbildung 4.36**
Wie groß sind die Lücken in
der Illustration?

▲ **Abbildung 4.37**
Die Lücke ist geschlossen, der Himmel fließt nicht mehr ins Gesicht.

Schritt für Schritt
Comic-Panel nachzeichnen

Kneipe.psd

1 Vorlage laden

Platzieren Sie die Vorlage »Kneipe.psd« von der Buch-DVD in eine neue DIN-A4-große Illustrator-Datei (Hochformat).

2 Bildnachzeichner

Mit dem Auswahl-Werkzeug (V) aktivieren Sie die platzierte Vorlage und rufen das Bildnachzeichner-Bedienfeld auf. Dort wählen Sie aus den Vorgaben SCHWARZWEISSLOGO.

Abbildung 4.38 ▶
Das Original soll mit SCHWARZWEISSLOGO nachgezeichnet werden.

3 Interaktive Malgruppe

Nachdem Sie den Bildnachzeichnen-Dialog mit NACHZEICHNEN bestätigt und danach im Steuerung-Bedienfeld auf UMWANDELN geklickt haben, wählen Sie das Interaktiv-malen-Werkzeug (K) . Klicken Sie auf die Zeichnung, wird sie in eine interaktive Malgruppe umgewandelt. Sie erkennen sie daran, dass die Bildanfasser mit kleinen Sternchen gefüllt sind ❶.

◄ **Abbildung 4.39**
Die interaktive Malgruppe
(rechts) hat andere Anfasser
als die »nur« umgewandelte
Illustration.

4   Farben anlegen

Um die Flächen der Illustration mit Farbe zu füllen, legen Sie sich
am besten einige Farbfelder an: FENSTER • FARBFELDER. Aktivieren
Sie dazu ein Farbfeld, und wählen Sie den Button NEUES FARB-
FELD ❷. In der Eingabemaske vergeben Sie oben einen Namen
und darunter die Farbwerte. Setzen Sie von vornherein einen
Haken bei GLOBAL ❸.

◄ **Abbildung 4.40**
Legen Sie Farben für Ihren
Comic an.

5   Farben zuweisen

Wählen Sie das Interaktiv-malen-Werkzeug (K) 🖌 und über
die Pfeiltasten Ihrer Tastatur eine der neu angelegten Farben, die
oberhalb der Maus angezeigt werden. Dann gehen Sie mit der
Maus über die gewünschte Fläche und klicken einmal hinein, um
die Farbe zuzuweisen. Achten Sie aber darauf, nicht aus Versehen
die Kontur zu erwischen.

Abbildung 4.41 ▶
Treffen Sie die Flächen, nicht
die Konturenzeichnung

6 Fertigstellen der Illustration

Im Handumdrehen kolorieren Sie so die gesamte Illustration. In
Kapitel 7, »Muster, Pinsel und Symbole«, erfahren Sie auch noch,
wie Sie mit dem Pinsel-Werkzeug ✎ umgehen, um die Glanz-
effekte des »Finish« zu kreieren (rechts).

Abbildung 4.42 ▶
Unsere kolorierte Kneipen-
szene; rechts mit Glanzlich-
tern finalisiert

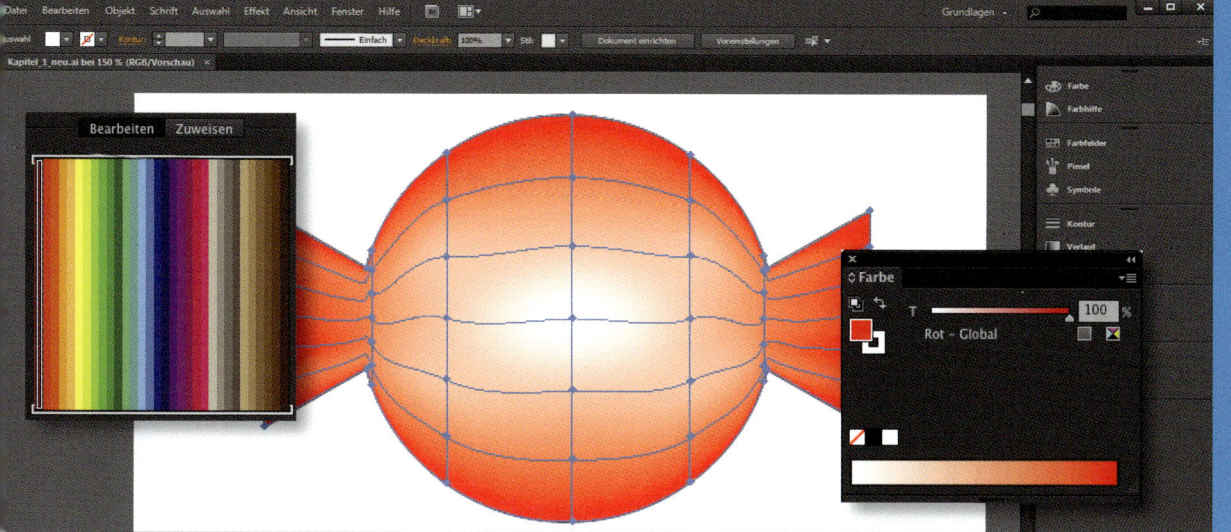

Farbe und Verläufe

Jetzt kommt Farbe ins Leben

▶ Was muss man über Farbe beim Arbeiten mit Illustrator wissen?

▶ Wo findet man in Adobe Illustrator überall Farbe?

▶ Wie werden Farbe und Verläufe auf Objekte angewendet?

▶ Wie lässt man mit Farbe Objekte plastisch erscheinen?

▶ Wie arbeitet man interaktiv mit Farbe?

▶ Wie werden schnell Illustrationen umgefärbt?

5 Farbe und Verläufe

Bevor ich Sie zu den praktischen Anwendungen von Farbe in Adobe Illustrator mitnehme, muss ich zunächst etwas theoretisch über das Thema »Farbe« sprechen. Es gibt viele gute Bücher zum Thema Farbe im Allgemeinen, und es lohnt sich in jedem Fall, sich mit diesem spannenden Thema ausführlicher zu beschäftigen. Wichtig für Sie sind aber vor allem die Informationen, die mit der Darstellung und der Ausgabe von Farben (z. B. für den Druck) zu tun haben, damit am Ende das herauskommt, was Sie sich auch beim Gestalten gedacht haben. Und damit sind wir beim Thema »Colormanagement«.

So heißt der Teil des Themas Farbe, der sich mit der konkreten Anwendung in Programmen, Druck und Medien beschäftigt.

Weiterführende Literatur

Weil es kostenlos herunterzuladen ist, sehr verständlich erklärt und ohne fachliche Angeberei auf die Praxis zugeschnitten ist, empfehle ich Ihnen sehr, das PrePress-Handbuch von Cleverprinting.de zu lesen. Auch Adobe-Illustrator-Einstellungen werden dort noch einmal verständlich erklärt.

5.1 Colormanagement

Das Colormanagement versucht in puncto Farbe zu vermitteln. Es vermittelt zwischen den einzelnen Ein- und Ausgabegeräten, wie Kamera, Monitor oder Drucker. Denn an jeder Schnittstelle werden Farben interpretiert, dargestellt oder ausgegeben.

Das Ziel ist eine möglichst konstante Farbhandhabung im gesamten Gestaltungsprozess, bis hin zur Produktion mit großen Druckmaschinen. Doch die Medien, auf denen Farben dargestellt werden, sind völlig unterschiedlich und basieren auf verschiedenen Farbsystemen.

Farbmodelle

Sie haben es mit zwei Farbsystemen zu tun: dem Lichtfarbensystem (additiv) und dem Körperfarbensystem (subtraktiv).

▶ Das Lichtfarbensystem begegnet Ihnen meist in Form des **RGB**-Systems (Rot, Grün, Blau). Es für Monitore, Displays, Beamer etc. verwendet. Durch Übereinanderblenden der drei Farben

▲ **Abbildung 5.1**
Das Lichtfarbensystem RGB

werden sehr viele Farben dargestellt. Dabei gilt: Je mehr Farbe, desto heller. Wenn alle drei Farben zu gleichen Anteilen übereinandergeblendet werden, ergibt das am Ende Weiß. Auch das Sonnenlicht enthält den Teil des Lichts, der für uns Menschen sichtbar ist, sichtbares oder auch weißes Licht genannt.

▶ Beim Körperfarbensystem werden Farben durch Mischen der Farbpigmente selbst erzeugt – im Tuschkasten, im Farbtopf oder auf dem Papier beim Druck. Das für den Gestalter relevante System ist das **CMYK**-System (Cyan, Magenta, Yellow, Key = Schwarz). Dieses System wird beim Druck angewendet. Die vier Farben werden aufgerastert und in mehreren Druckdurchgängen als Druckpunkte übereinandergedruckt. So entstehen die Farben im Prozess (weshalb die vier Farben auch »Prozessfarben« genannt werden). In CMYK-System gibt es aber deutlich weniger Farben, als beim Lichtfarbensystem vorkommen. Das heißt, dass nicht alle Farben, die Sie am Monitor erzeugen können, auch druckbar sind.

▲ **Abbildung 5.2**
Das Körperfarbensystem CMYK

Dass es zu einer deutlichen Differenz der Menge der Farben kommt, die in den verschiedenen Medien dargestellt werden können, macht deutlich, dass es an dieser Stelle ein Colormanagement geben muss, um hier zu vermitteln.

ICC-Profile

Da aber nicht nur die genaue Definition einer Farbe wichtig ist, sondern auch ihre geplante Anwendung, müssen auch diese Informationen mit den Dateien mitgeliefert werden. Soll auf gestrichenem Papier gedruckt werden oder auf ungestrichenem? Bedarf es eines großen RGB-Farbraums oder eines gerätespezifischen?

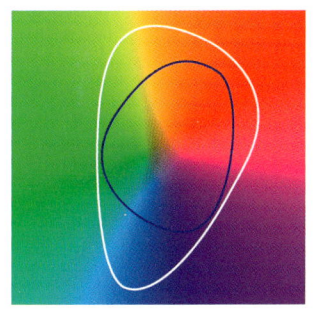

▲ **Abbildung 5.3**
Der RGB-Farbumfang (weiße Linie) ist größer als der druckbare Farbumfang (blaue Linie).

◀ **Abbildung 5.4**
ICC-Profile als zentrales Element des Colormanagements (hier als Icons auf dem Computer)

European Color Initiative (ECI)

Die European Color Initiative (ECI) ist eine Expertengruppe, die sich mit der medienneutralen Verarbeitung von Farbdaten in digitalen Publikationssystemen beschäftigt. Sie wurde im Juni 1996 auf Initiative der Verlagshäuser Bauer, Burda, Gruner+Jahr und Springer in Hamburg gegründet.

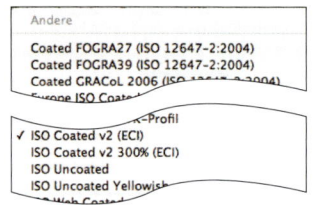

▲ **Abbildung 5.5**
Die oberen beiden ICC-Profile stammen von Adobe. Doch die unteren kommen von der ECI-Konferenz und sind in der europäischen Druckindustrie heute quasi Standard.

ICC-Profile laden

Da die Profile der ECI-Konferenz nicht mit der Creative Suite mitgeliefert werden, müssen Sie sie herunterladen und auf Ihrem Rechner installieren. Sie erhalten Sie auf dem Download-Link von *www.eci.org*.

Für solcherlei Fragen gibt es die sogenannten ICC-Profile, ohne die Sie inzwischen gar nicht mehr arbeiten könnten. Sie enthalten all die Farb-Informationen und Farb-Interpretationen. Entweder werden Ihre Dateien nach den Vorgaben dieser Informationen, der ICC-Profile, umgewandelt, also verändert, oder es wird lediglich die Information mit dem ICC-Profil an eine Datei angehängt und kann dann von anderen Programmen ausgelesen werden.

Ein ICC-Profil kann zum Beispiel bestimmen, dass nicht mehr als insgesamt 350 % Farbe gedruckt wird (Adobe-Profil »Coated FOGRA39«) oder dass maximal 330% Farbe im Druck entsteht (ECI-Profil »ISO Coated v2«). Fragen Sie bitte immer Ihren Drucker, unter welchen Bedingungen er druckt, also welche Profile er für den jeweiligen Druck gerne haben möchte.

Farbeinstellungen in der Creative Suite

Adobe möchte, dass es zwischen den Programmen und später für eine Ausgabe auf anderen Geräten oder beim Druck zu einer möglichst großen farblichen Übereinstimmung kommt. Deshalb wurde für die gesamte Creative Suite ein gemeinsames Colormanagement-System entwickelt.

▲ **Abbildung 5.6**
Die Suite-Farbeinstellungen rufen Sie aus der Bridge heraus auf.

Da es nicht an der Bedienung scheitern soll, wird dieses CMS zentral gesteuert – über die Bridge, zu der Sie am einfachsten über den Button GEHE ZU BRIDGE in der Anwendungsleiste gelangen. Hier stellen Sie dann die Farbbedingungen zentral für die Creative Suite-Programme ein (BEARBEITEN • CREATIVE SUITE-FARBEINSTELLUNGEN).

Mehrere »Einstellungspakete« liegen schon für Sie bereit. EUROPA, DRUCKVORSTUFE 3 ❸ ist das neueste, das bei der Version CS5 von Adobe hinzugekommen ist. Fangen Sie erst mal damit an zu arbeiten. Wählen Sie es aus, und klicken Sie auf ANWENDEN. Das ist wichtig, um die Einstellungen zu SYNCHRONISIEREN ❶.

◄ **Abbildung 5.7**
Oben: Der Dialog in der Bridge sagt, dass alle Programme der Suite mit synchronem Colormanagement laufen. Unten: In Illustrator wurde etwas geändert; die Suite läuft nicht mehr synchron.

Wenn Sie sich näher mit der ganzen Thematik beschäftigt haben, können Sie auch eigene Einstellungspakete ❷ auswählen. (Auch dies wird in dem oben erwähnten PDF-Handbuch sehr gut erklärt.) Entdecken Sie Ihr Paket nicht, lassen Sie sich die ERWEITERTE LISTE ❹ anzeigen. Wo die Pakete auf Ihrem Rechner liegen, finden Sie hier ❺.

Farbeinstellungen in Illustrator

Unter BEARBEITEN • FARBEINSTELLUNGEN öffnen Sie bei Illustrator ein großes Popup-Fenster, in dem Sie Farbeinstellungen vornehmen können, die dann nur für Illustrator gelten. Andere Adobe-Programme laufen eventuell mit anderen Einstellungen, was in der Darstellung und Ausgabe problematisch sein kann. Daher empfehle ich immer, Änderungen über die Bridge vorzunehmen.

Ganz oben zeigt Ihnen das Menü, ob Sie synchron arbeiten ❶ (Abbildung 5.8), ob also alle Adobe-Programme mit den gleichen Einstellungen laufen. Einstellen können Sie das, wie eben erklärt, in der Bridge. Wenn Sie dann aber einen Eintrag in den Illustrator-Farbeinstellungen ändern, heben Sie die Synchronisation der

Adobe-Programme wieder auf! Nutzen Sie die zentrale Farbverwaltung der Creative Suite; so vermeiden Sie mancherlei Ärger.

Abbildung 5.8 ▶
❶ Synchronizität der Adobe-Programme?
❷ Gespeicherte Einstellungen
❸ Arbeitsfarbräume für RGB und CMYK
❹ Was soll mit Dokumenten passieren, die andere Farbeinstellungen haben als Ihr Arbeitsfarbraum?
❺ Wollen Sie bei Problemen gefragt werden?
❻ Auch Sie können eigene Einstellungen speichern und in der Suite nutzen.

Sind Sie im Colormanagement sicher, können Sie hier in den Farbeinstellungen vorgenommene Änderungen speichern und über die Bridge dann anderen Programmen zur Verfügung stellen.

Dokumentfarbmodus

Unter DATEI • DOKUMENTFARBMODUS sehen Sie, ob Ihre Datei als CMYK oder als RGB läuft. Wenn Sie den Haken von CMYK auf RGB setzen und später wieder zurück, sind Ihre Farben nicht mehr dieselben. Jede Umwandlung interpretiert Ihre Farben neu. Das Schlimmste daran ist: Reines, 100%-Schwarz wird zu 4c-Schwarz. Es wird nun aus Cyan, Magenta, Gelb und Schwarz aufgebaut. Wandeln Sie also nur in Ausnahmefällen um, wenn Sie genau wissen, was Sie tun, und stellen Sie notfalls im Nachhinein die schwarzen Objekte wieder auf reines Schwarz.

Abbildung 5.9 ▼
Das reine Schwarz im CMYK-Modus verwandelt sich über eine Änderung in den RGB-Modus (Mitte) zu einem 4c-Schwarz (rechts). Es gibt nun 4 Farben statt 1 Farbe.

Farbeinstellungen beim Speichern

Beim Speichern eines Dokuments werden Sie gefragt, ob Sie Ihre ICC-Profile einbetten möchten. Das wären dann die Profile Ihrer Arbeitsfarbräume für RGB und für CMYK. Da Sie meistens Vektor-illustrationen erstellt haben werden, ist es sicherer, hier keine ICC-Profile einzubetten ❼, damit es in Layoutprogrammen nicht zu unerwarteten Farbverschiebungen der CMYK-Farben kommt, wie zum Beispiel zu einer Umwandlung von reinem Schwarz zu 4c-Schwarz. Haben Sie Fotos integriert, wie Sie im letzten Kapitel gelernt haben, macht es hingegen wieder Sinn, die ICC-Farbprofile mitzuspeichern.

◀ **Abbildung 5.10**
ICC-Profile sollten Sie generell nicht einbetten, es sei denn, Sie haben Bilder (Fotos) eingebunden.

Gerätekalibration

Und noch ein Tipp für die professionelle Arbeit mit Adobe Illustrator: Monitore sollten regelmäßig kalibriert werden! Das heißt, dass Ihr Monitor physikalisch oder wenigstens optisch geeicht wird, um die Farben »richtig« darstellen zu können. Das fängt schon damit an, den Monitor nicht so zu benutzen, wie er ausgeliefert wird (mit oft 9.000 Kelvin). Wenn Sie für den Druck arbeiten, entsprechen nur 5.000 bis 6.000 Kelvin eher dem »normalen« Tageslicht, unter dem auch Druckergebnisse betrachtet werden.

▼ **Abbildung 5.11**
Die Lichttemperatur Ihres Monitors entscheidet mit über das Aussehen Ihrer Gestaltung – aber eben nur am Monitor.

ca. 1.000 Kelvin	5.000 Kelvin / Tageslicht	ca. 9.000 Kelvin

Doch auch der Standort Ihres Gerätes ist wichtig. Scheint die Sonne auf ihn? Sind Sie von Neonröhren umgeben? Legen Sie Ihre

Vorlagen neben Ihre Tastatur auf den grünen Schreibtisch? All dies beeinflusst natürlich auch Ihre Farbwahrnehmung.

Dass Ihr Tintenstrahldrucker nicht das zeigt, was später im Druck zu sehen ist, ist klar. Bessere Geräte lassen sich jedoch auch kalibrieren, oder ein (Soft-)RIP bringt den Ausdruck in Ihrem Atelier dem des Offsetdrucks zumindest etwas näher – erübrigt es aber lange nicht, einen Proof machen zu lassen!

5.2 Illustrator und seine Farben

Kommen wir nun zum Thema »Farbverwaltung bei Illustrator«. Es gibt in Illustrator verschiedene Bedienfelder, die mit Farben zu tun haben. Je nach Aufgabe verwenden Sie das eine oder andere und oft auch mehr als nur eines allein.

Unterschiedliche Farbarten

Illustrator kennt zwei verschiedene Arten von Farbe: lokale und globale. Es ist sehr wichtig, die Unterschiede zu kennen, um Farbe sinnvoll und produktionssicher anzuwenden. Außerdem müssen Sie auch noch zwischen Prozessfarben und Volltonfarben unterscheiden.

Abbildung 5.12 ▶
Das Farbfelder-Bedienfeld mit lokalen ❷, globalen ❸ und Prozess- ❹ und Volltonfarben ❺. Farbfelder in eckigen Klammern ❶ sind nicht veränderbar.

1. Als Erstes ist die **lokale Farbe** ❷ zu nennen. Ihr Symbol ist ▮. Diese Farbart hat keine feste Bindung zu den Objekten, die mit dieser Farbe versehen wurden. Wenn Sie ein Objekt aktivieren, wird die Farbe in dem Farbfelder-Bedienfeld hervorgehoben, falls das Objekt mit einer Farbe von dort versehen wurde, und in

jedem Fall werden Ihnen die Farbwerte in dem Farbe-Bedienfeld angezeigt. Ändern Sie dort bei aktiviertem Objekt die Farbe, ändert sich nur das aktivierte Objekt. Alle anderen Objekte mit derselben Farbe bleiben so, wie sie sind.

2. Die zweite Farbart ist die **globale Farbe** ❸. Ihre Symbole in der Liste sind ▓ und █. Ändern Sie diese Farbe, ändern sich alle Objekte mit dieser Farbe mit – selbst dann, wenn keines aktiviert ist. Die globale Farbe gibt es nur als Farbfeld. Ändern Sie diese Farbe im Farbe-Bedienfeld, verliert das gerade aktive Objekt die Verbindung zum Farbfeld und ist nicht mehr global. Im Farbe-Bedienfeld können Sie den Tonwert einer globalen Farbe von 0 bis 100 % ändern. Die Farbe bleibt dabei global und wird nicht, transparent, sondern lediglich heller.

▲ **Abbildung 5.13**
Mit globaler Farbe versehene Objekte ändern sich mit der Veränderung des Farbfeldes alle mit (oben). Bei lokaler Farbe ändert sich nur das aktive Objekt (unten).

Prozessfarben ❹ (Symbol ▨) sind alle Farben, die aus den vier Farben Cyan, Magenta, Gelb und Schwarz im Vierfarbdruck zusammengesetzt werden. Diese können also in Illustrator als global oder lokal definiert werden. **Volltonfarben** ❺ (Symbole ◉ und █) andererseits (die auch als Schmuckfarben oder Sonderfarben bezeichnet werden) sind in Illustrator immer global. Anders als bei »Prozess«farben entsteht diese Farbe nicht durch den Druckprozess, sondern wird vor dem Druck als definierte Farbe vorgemischt und so gedruckt, wie sie ist. Dadurch ist ein separater Druckfilm bzw. eine weitere Druckplatte und meist ein fünfter Druckdurchgang (C-M-Y-K + Sonderfarbe) erforderlich, was Mehrkosten nach sich zieht. Auch die Volltonfarben können Sie im Tonwert verändern, denn sie sind grundsätzlich global. (Volltonfarben im Dokumentenmodus RGB machen keinen Sinn, denn sie spielen

▲ **Abbildung 5.14**
Der sehr farbumfangreiche Pantone-Fächer ist inzwischen auch in Deutschland Standard für Volltonfarben.

Farbarten	Beziehung zum Objekt	Verhalten	Farbfelder Liste/ Symbole
Lokale Farbe	Zwischen Objekt und Farbfeld besteht keine feste Verbindung.	Verhalten im Druck: Separation als Prozessfarben zu CMYK	▨ / █
Globale Farbe	Ändern Sie die Farbe, ändern sich alle Objekte dieser Farbe mit. Sie haben die Möglichkeit von Tonwertabstufungen.		▓ ▨ / █
Volltonfarbe		Weitere Farbe zu CMYK hinzu. Vorgemischt. Weiterer Druckdurchgang, weitere Kosten	◉ ▨ / █

nur für die Druckproduktion eine Rolle.) Es gibt standardisierte Sonderfarbensysteme wie HKS und Pantone.

Das Farbe-Bedienfeld

Das Farbe-Bedienfeld ist ein relativ kleines Bedienfeld, in dem Sie meist die vier Schieberegler für CMYK sehen ❼. Ist dies nicht der Fall, können Sie es im Flyout-Menü umstellen, indem Sie einen Haken bei »CMYK« setzen. Umgekehrt können Sie hier auch WEB-SICHERES RGB auswählen, wenn Sie fürs Netz arbeiten; die Farben sind dann abgestuft. Durch Verschieben der Regler stellen Sie Ihre Farben ein. Sie können auch feste Werte eintippen ❽.

Ganz unten liegt ein Farbkeil ❻, aus dem heraus Sie einzelne Farben (durch Hineinklicken) auswählen können. Jedoch enthalten Ihre Werte in den Schiebereglern dann Kommastellen, was ein Arbeiten schwieriger macht. Ich empfehle, so gewonnene Farben auf 5er-Schritte abzurunden. Diese Werte lassen sich auch aus guten Euroskala-Listen ablesen und vergleichen.

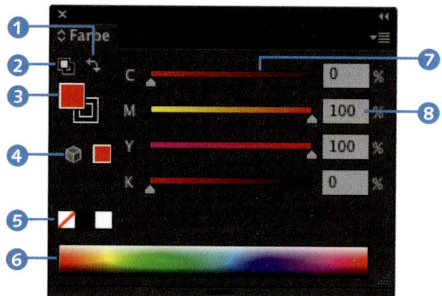

Abbildung 5.15 ▶
Das Farbe-Bedienfeld

▲ Abbildung 5.16
Seiten einer Euroskala

Das Symbol für Flächen- bzw. Konturfarbe ❸ zeigt Ihnen an, welche der beiden Farben Sie gerade verändern. (Klicken Sie in das Symbol, das oben liegen soll, um seine Farbe zu verändern, auf den kleinen Doppelpfeil ❶, um Flächen- und Konturfarbe zu tauschen, oder in das Schwarz-Weiß-Symbol ❷)

Über dem Farbkeil liegen die Symbole für OHNE (d.h. ohne Kontur und ohne Fläche), SCHWARZ oder WEISS ❺.

Wird eines der Symbole ❹ angezeigt, liegt die Farbe außerhalb des »websicheren« Bereichs bzw. des druckbaren Bereichs beim RGB-Wähler. Ein Klick in das Symbol des Würfels stellt die Farbwerte auf den nächsten druckbaren Bereich.

Um nun eine Farbe, die Sie eingestellt haben, auch zu **speichern**, also in das Farbfelder-Bedienfeld zu bekommen, ziehen Sie sie von dort mit der Maus in das Farbfelder-Bedienfeld und lassen sie dort los. Dazu dürfen beide Bedienfelder aber nicht in derselben Bedienfeldgruppe sein. Ansonsten müssen Sie über das Flyout-Menü NEUES FARBFELD ERSTELLEN wählen und im Popup-Fenster dann auf OK klicken. Farben, die Sie aus dem Farbe-Bedienfeld ziehen, sind immer lokale Farben.

▲ **Abbildung 5.17**
Zeigt Ihnen das Farbe-Bedienfeld nur einen Schieberegler an, ist ein Farbfeld mit globaler Farbe oder einer Volltonfarbe ausgewählt; diese wird angezeigt, bis Sie ein anderes farbiges Objekt aktivieren.

Das Farbfelder-Bedienfeld

Das Farbfelder-Bedienfeld enthält Farben, die in Ihrer Datei gespeichert sind. Illustrator gibt Ihnen schon eine ganze Reihe vor. Jedoch sind die vorgegebenen Farben von Illustrator leider lokale Farben und damit weniger hilfreich in der Anwendung. Welche Farben Sie bekommen, hängt vom Profil Ihrer Datei ab.

Sie können im Flyout-Menü bestimmen, wie Ihnen die Farbfelder angezeigt werden: als LISTE, in der Sie den Namen oder die Farbwerte gleich ablesen können, oder nur als MINIATUREN.

Auch bei den Miniaturen erkennen Sie, ob es sich um eine lokale ❾, globale ❿ oder Volltonfarbe ⓫ handelt. Die Miniaturenansicht zeigt oben ⓬ die einzelnen Farben, Verläufe und Muster und darunter die in Gruppen ⓭ zusammengefassten Farben.

Pantone, HKS etc.

Volltonfarben finden Sie in den FARBFELD-BIBLIOTHEKEN ⓮ bei FARBTAFELN. Meistens brauchen Sie »Pantone solid coated/uncoated« oder »HKS K/N«.

▲ **Abbildung 5.18**
Kleines Bedienfeld – viele Funktionen: FENSTER • FARB-FELDER. Links als Miniaturen, rechts als Liste.

Mit dem Symbol FARBFELDARTEN EINBLENDEN ⓯ bestimmen Sie, ob Sie alle Arten von Farbfeldern aufgelistet haben möchten oder vielleicht nur VERLAUFSFELDER, MUSTERFELDER oder nur FARBGRUPPEN. Der Button FARBFELDBIBLIOTHEKEN ⓮ führt Sie zu vorgefertigten Farbfeldern, die nach Themen zusammengestellt sind. Dort

Da Sie bei all den Farbfeldern schon mal den Überblick verlieren können, gibt es im Flyout-Menü den Eintrag ALLE NICHT VERWENDETEN AUSWÄHLEN. Wenn das geschehen ist, können Sie sie mit einem Klick in das Papierkorb-Symbol am unteren Bedienfeldrand löschen. Das hilft dabei, die Übersicht zu wahren, wenn Sie die Datei an andere weiterleiten möchten.

finden Sie übrigens auch unter FARBTAFELN die Sonderfarben-fächer Pantone, HKS etc.

Mit FARBFELDOPTIONEN ⑯ öffnen Sie die Farbwerte einer ausgewählten Farbe und können diese verändern. NEUE FARBGRUPPE ⑰ erstellt einen Ordner, sodass Sie sehr viele Farbfelder individuell sortieren können. Hatten Sie ein oder mehrere Farbfelder ausgewählt, werden diese in den neuen Ordner verschoben. NEUES FARBFELD ⑱ öffnet das Menü NEUES FARBFELD und kreiert eine neue Farbe. Der Papierkorb ⑲ löscht ausgewählte Farben aus dem Bedienfeld.

Farbfeldoptionen

Der Button FARBFELDOPTIONEN ⑯ (Abbildung 5.18) entspricht einem Doppelklick auf ein Farbfeld und öffnet den gleichnamigen Dialog.

Abbildung 5.19 ▶
Die Farbfeldoptionen

Mehrere Farbfelder in globale umwandeln

Wenn Sie mehrere Farbfelder gleichzeitig aktivieren und auf den Button FARBFELDOPTIONEN klicken, erhalten Sie die Farbfeldoptionen (die Schieberegler sind natürlich ausgegraut). Dort können Sie den Haken für »global« setzen.

Mit den Farbfeldoptionen ändern Sie die Farbart einer bestehenden Farbe oder wandeln sie nachträglich in eine globale um. Oder Sie ändern lediglich die Farbwerte, also die Farbe an sich.

In den Farbfeldoptionen verändern Sie eine Farbe mit den vier Schiebereglern ❺ (drei bei RGB). Stellen Sie eine Farbe auf GLOBAL ❸. Bei FARBART ❷ können Sie eine Farbe in eine VOLLTON-FARBE umwandeln – auch dann, wenn bei FARBMODUS ❹ CMYK steht! Lassen Sie sich also von »CMYK« nicht in die Irre führen: Es zeigt lediglich an, dass Sie diese Farbe selbst kreiert haben. Den FARBMODUS stellen Sie auch dann um, wenn Sie für Webanwendungen RGB brauchen, mit Lab-Werten arbeiten oder nur Graustufen aus reinem Schwarz kreieren wollen.

Was Sie bei FARBFELDNAME ❶ machen, dürfte klar sein. Ihre Arbeitsweise bestimmt, ob Sie Namen (»recht kräftiges Mittellindgrün«) oder Farbwerte (»40-0-80-0«) vergeben. Letztere erzeugt Illustrator für Sie automatisch, wenn Sie das Namensfeld unberührt lassen (C=40, M=0, Y=80, K=0); danach kommen Sie nicht mehr automatisch zu den Werten zurück und müssen diese wieder manuell eintippen.

▲ Abbildung 5.20
Dropdown-Menüs der Farbfeldoptionen: Oben: FARBART, unten: FARBMODUS

Das Farbhilfe-Bedienfeld

Mit dem Farbhilfe-Bedienfeld wird es Ihnen leichtgemacht, schnell eine SCHATTIERUNG oder FARBTÖNE einer zuvor in den Farbfeldern aktivierten Farbe auszuwählen. Im Flyout-Menü sind noch zwei weitere Von-bis-Schemata auswählbar: WARM/KALT und GEDECKT/STRAHLEND.

  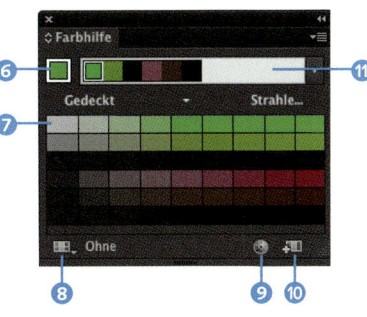

In der Pulldown-Liste ⑪ sind eine ganze Reihe von HARMONIEREGELN aufgelistet, die Ihnen zu den Ausgangsfarben weitere Farben auflisten, die der jeweiligen Harmonie entsprechen – auch jeweils zunehmend »verschattet« bzw. aufgehellt etc.

Der erste Button unten links am Bedienfeldrand schränkt die Harmoniefarben auf vorgefertigte FARBFELDBIBLIOTHEKEN ❽ ein.

Der Button FARBEN BEARBEITEN ❾ öffnet das gleichnamige Bedienfeld – eine neue Welt, auf die ich später in diesem Kapitel noch eingehen werde. Der letzte Button ❿ speichert die nichtabgestuften Grundfarben in einem separaten Ordner in das Farbfelder-Bedienfeld.

Was Sie jeweils für Regeln ausgewählt haben, sehen Sie über den eigentlichen Farbfeldern ❼, in die Sie dann klicken, um eine

▲ Abbildung 5.21
Die Farbhilfe erleichtert Ihnen die Auswahl von Farbvarianten.

Farbvariante zur Anwendung auf ein Objekt auszuwählen. Mit dem Feld ❻ wählen Sie eine Basisfarbe für die folgenden Farbvarianten.

Abbildung 5.22 ▶
Mit der Farbhilfe probieren Sie gezielt Farbvarianten aus.

Farben im Aussehen-Bedienfeld

Über das Aussehen-Bedienfeld haben Sie ja schon in Abschnitt 3.1 gelesen. Hinter den Begriffen KONTUR und FLÄCHE gelangen Sie mit einem Klick temporär in die Farbfelder. Dies ist eine äußerst praktische Art des Arbeitens, weil Sie mit dem Aussehen-Bedienfeld gleichzeitig noch andere Informationen für einen umfassenden Überblick bekommen.

Abbildung 5.23 ▶
Vom Aussehen-Bedienfeld aus greifen Sie mit einem Klick auf die Farbfelder zu.

Farbe im Verlauf-Bedienfeld

Über das Verlauf-Bedienfeld werde ich in diesem Kapitel auch noch sprechen. Schon einmal vorab: Haben Sie einem Objekt einen Verlauf zugewiesen, gelangen Sie mit einem Doppelklick in die Verlaufsregler temporär zu dem Farbfelder- oder Farbe-Bedienfeld und können dort Farben auswählen bzw. ändern.

◀ **Abbildung 5.24**
Vom Verlauf am Objekt, direkt mit einem Doppelklick in den Regler-Pfeil zum Farbe- oder Farbfelder-Bedienfeld.

Farbe in der Werkzeugleiste

Auch in der Werkzeugleiste befinden sich Farbfelder für Kontur und Fläche. Ein Doppelklick darauf öffnet den Farbwähler, in dem Sie numerisch Farbwerte für HSB, RGB, CMYK und Hexadezimal eingeben oder »gefühlt« Farben aus einem Farbkeil vorauswählen, um sie dann im Farbspektrumfeld genauer auszuwählen.

Da Sie hier anders als in den Schiebereglern auch Farben auswählen können, die außerhalb des druckbaren Spektrums liegen, werden Sie mit einem Warndreieck ❶ darauf hingewiesen. Das Farbfeld darunter zeigt die nächstdruckbare Farbe (in Abhängigkeit von Ihrem Arbeitsfarbraum). Das Gleiche gilt für sogenannte websichere Farben, die mit einem kleinen Würfel angezeigt werden ❷

▲ **Abbildung 5.25**
Über die Farbfelder der Werkzeugleiste gelangen Sie per Doppelklick zum Farbwähler (links Farbmodelle, rechts Farbfelder).

(siehe auch Abschnitt 10.1).
Geben Sie nach Bedarf numerische Werte ein ❸, um eine ganz bestimmte Farbe zu erhalten.

5.3 Farben auf Objekte anwenden

Im Prinzip gibt es drei Arten, wie Sie einem Objekt eine Farbe zuweisen. Sie sollten zuvor aber in Ihrer Werkzeugleiste nachsehen, ob die Flächen- oder Konturfarbe oben liegt. Zum Ändern klicken Sie in eines der Icons hinein oder drücken X auf Ihrer Tastatur.

1. Ist ein Objekt aktiv, brauchen Sie nur noch auf ein Farbfeld zu klicken. Alternativ dazu können Sie auch die Regler im Farbe-Bedienfeld verschieben bzw. Werte eingeben, oder Sie wählen aus dem Farbharmonie-Bedienfeld ein Farbfeld aus.

Weiß und Schwarz

Soll ein Objekt eine weiße Fläche und eine schwarze Kontur haben, brauchen Sie bei aktiviertem Objekt nur Strg/⌘+D zu drücken. Die Kontur wird dabei auf eine Stärke von 1pt gesetzt.

Farben tauschen

Sollten Sie sich mal verklickt haben und sollte die Flächen- und Konturfarbe vertauscht sein, hilft ⇧+X oder der kleine, runde Doppelpfeil in der Werkzeugleiste über den Farben: Die Fläche bekommt die Konturfarbe und umgekehrt.

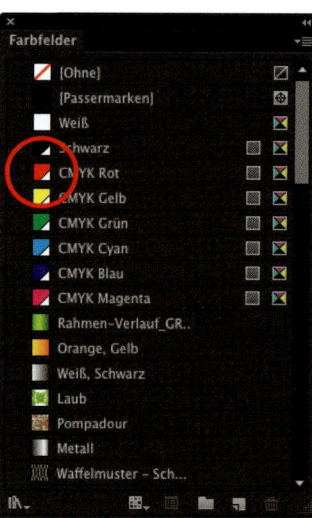

Abbildung 5.26 ▶
Klicken Sie bei aktivem Objekt auf ein Farbfeld.

2. Die zweite Methode lohnt sich, wenn das Objekt nicht aktiv ist. Dann können Sie ein Farbfeld mit der Maus auf das Objekt ziehen, um die Farbe zuzuweisen. Auch hier kommt es darauf an, ob FLÄCHE oder KONTUR oben liegt. Hat das Objekt noch keine Flächenfarbe, müssen Sie die Kontur treffen, um es einzufärben. In der PFADANSICHT (ANSICHT • PFADANSICHT und zurück: ANSICHT • VORSCHAU oder jeweils Strg/⌘+Y)

müssen Sie in jedem Fall den Pfad oder, wenn vorhanden, den Mittelpunkt treffen.

◄ **Abbildung 5.27**
Einfach ein Farbfeld auf ein Objekt ziehen

3. Die dritte Methode: Wählen Sie das Pipette-Werkzeug ([I]) aus, und klicken Sie bei aktivem Objekt auf jenes Objekt, dessen Flächen- und Konturfarbe es bekommen soll. Ist kein Objekt ausgewählt, nehmen Sie mit der Pipette die Farbinformationen auf. Nun können Sie sie mit gedrückter [Alt]-Taste einem anderen Objekt zuweisen. Sie können mit der Pipette so auch eine Farbe aus einem Pixelbild »herauslesen«, bekommen aber sehr krumme Werte, die Sie besser im Farbe-Bedienfeld auf gerade Werte runden.

▲ **Abbildung 5.28**
Mit dem Pipette-Werkzeug nehmen Sie Farbe auf und weisen sie zu.

5.4 Farben verwalten

Gerade im Bereich Ihrer Farbverwaltung müssen Sie Ordnung halten, damit Sie auch immer alles wiederfinden.

Farbfelder zusammenfügen

Manchmal müssen Sie Farbfelder zusammenfügen, wenn Sie aus Versehen zwei Farben für mehrere Objekte angelegt haben, die nun doch die gleiche Farbe haben sollen. Das geht nicht mit loka-

len Farben; es müssen eine oder mehrere globale (oder Volltonfarben) dabei sein. Die **zuerst** angeklickte Farbe bleibt am Ende
übrig – auch dies darf keine lokale Farbe sein. Mehrere Farbfelder
hintereinander können Sie mit der ⬦-Taste auswählen (nicht hin-
tereinanderliegende mit Strg bzw. ⌘). Dann wählen Sie den
Eintrag FARBFELDER ZUSAMMENFÜGEN aus dem Flyout-Menü des
Farbfelder-Bedienfeldes aus.

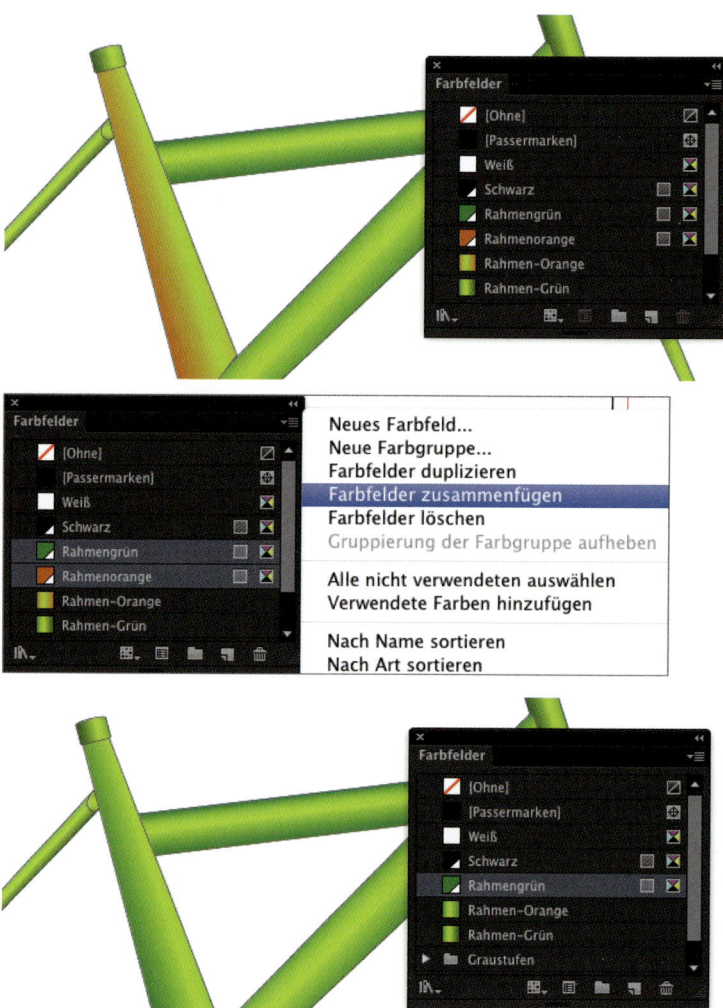

Abbildung 5.29 ▶
Gibt es mehrere Farbversuche
in einer Illustration, stellt das
Zusammenfügen von Orange
und Grün die Einheitlichkeit
wieder her.

Farben an Kunden schicken

Um Kollegen, Dienstleistern oder Kunden genau die Farbfelder zukommen zu lassen, die Sie für ein Projekt angelegt haben, müssen Sie nicht am Telefon die Farbwerte von 20 Farben durchgeben. Löschen Sie zunächst alle unbenutzten Farbfelder (Flyout-Menü des Farbfelder-Bedienfelds: ALLE NICHT VERWENDETEN AUSWÄHLEN und dann FARBFELDER LÖSCHEN), und wählen Sie dann den Eintrag FARBFELDBIBLIOTHEK ALS ASE SPEICHERN aus. Sie wählen im folgenden Dialog einen passenden Namen und einen beliebigen Ort, an dem die ASE-Datei (ASE steht für Adobe Swatch Exchange) gespeichert werden soll. Hierhin wird eine ASE-Datei gespeichert, die von allen Adobe-Programmen gelesen werden kann, die selbst ein Farbfelder-Bedienfeld haben. Beachten Sie, dass nur »normale« Farbfelder so gespeichert werden können, also keine Verläufe und Muster.

Möchten Sie aber auch Verläufe und Muster speichern – diese sind dann nur für Illustrator lesbar –, wählen Sie im Flyout-Menü des Farbfelder-Bedienfelds den Eintrag FARBFELDBIBLIOTHEK ALS AI SPEICHERN aus. Diese AI-Datei können Sie als neues Farbfelder-Bedienfeld laden: Wählen Sie im Flyout-Menü der Farbfelder FARBBIBLIOTHEK ÖFFNEN • ANDERE BIBLIOTHEK. Dort müssen Sie zur gespeicherten Datei navigieren und sie öffnen (es kann natürlich auch eine ASE-Datei sein).

Für den Kunden.ase

▲ **Abbildung 5.30**
Eine ASE-Datei für den Austausch von Farben

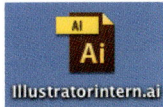

Illustratorintern.ai

▲ **Abbildung 5.31**
Eine AI-Datei zum Austausch von Farben innerhalb von Illustrator

5.5 Verläufe

Eines der schönsten Dinge in Illustrator sind die Verläufe. Sie bringen häufig Schwung in die Illustrationen oder machen sie oft erst plastisch.

Der sicherste Weg zu einem Verlauf ist es, ihn an einem aktiven Objekt live zu erstellen. Natürlich können Sie auch zuerst einen Verlauf kreieren und ihn dann einem Objekt zuweisen. Das ist aber schwieriger.

▲ **Abbildung 5.32**
Verläufe machen viele Objekte erst plastisch.

Verlauf auswählen

Wir arbeiten nun mit dem Verlauf-Bedienfeld (Abbildung 5.33). Über die Verlaufsfläche ❶ können Sie einen Verlauf auswählen.

Bestimmen müssen Sie, ob er gerade (LINEAR) oder KREISFÖRMIG ⑦ sein soll. Wählen Sie, ob er sich auf die Fläche oder Kontur bezieht ②. Die Farbreihenfolge können Sie später umdrehen ③. Sie können den Winkel des Verlaufs numerisch verstellen ⑨ und, wenn es sich um einen kreisförmigen Verlauf handelt, können Sie bestimmen, ob er rund oder linsenförmig werden soll (rund = 100%) ⑩.

Abbildung 5.33 ▶
Das Verlauf-Bedienfeld

Einzelne Verlaufsfarben können auch transparent sein. Wie stark die Transparenz sein soll, bestimmen Sie mit der DECKKRAFT zwischen 0% = durchsichtig und 100% = deckend ⑤.

Verläufe mit mehreren Farben erstellen

Wenn Sie mit mehreren Farben arbeiten, kann eine numerische Eingabe der POSITION ⑥ hilfreich sein. Position 0 ist ganz links, Position 100 ganz rechts. Dies gilt immer für die Farbe, die Sie per Klick auf einen der sogenannten VERLAUFSREGLER ④ ausgewählt haben.

▲ **Abbildung 5.34**
Mit einen Doppelklick auf einen Verlaufsregler öffnen Sie die Bedienfelder zur Farbauswahl (hier: Farbfelder-Bedienfeld).

Ein Doppelklick in einen bestehenden Verlaufsregler öffnet Ihnen temporär das Farbe- bzw. Farbfelder-Bedienfeld, um eine Farbe auszuwählen oder zu definieren. Es gibt einen Button für die Ansicht im Farbe-Bedienfeld und einen für das Farbfelder-Bedienfeld ⑬.

Klicken Sie an irgendeine Stelle unter der Verlaufsleiste doppelt, erscheint ein neuer Verlaufsregler. Sie können dort eine weitere Farbe hinzunehmen und gleich die Farbe bestimmen. Ein Klick in das Papierkorb-Symbol ⑫ löscht die ausgewählte Farbe aus dem Verlauf. Ein Schieben des Reglers ❹ verändert die Farbposition ❻.

Der Verlauf wird immer zwischen zwei Farben errechnet. Nehmen wir als Beispiel Schwarz zu Weiß. Genau in der Mitte ist 50 % Schwarz. Soll ein Verlauf aber schneller ansteigen oder langsamer abfallen, verschieben Sie die kleine Raute ⓫ über der Verlaufsleiste. Sie gibt den Mittelpunkt zwischen je zwei Farben an. So kann das 50%ige Schwarz weiter zu einer Seite verschoben werden.

Wenn Sie den Verlauf einer Kontur zuweisen, bestimmen Sie mit den drei Buttons ❽, ob sich der Verlauf über die Kontur erstreckt (links), ohne deren Form zu berücksichtigen, ob er der Kontur vom Anfang bis Ende folgt (Mitte) oder ob er die Kontur in seiner Breite erfasst (rechts).

Verlauf am Objekt

Ist einem Objekt erst einmal ein Verlauf auf die Fläche zugewiesen, können Sie diesen direkt am Objekt mit dem Verlaufwerkzeug (⌐G⌐) ⬛ steuern. Sobald das Werkzeug und ein Objekt mit einem linearen Verlauf ausgewählt sind, sehen Sie am Objekt eine »Stange« ⓮, die Verlaufsleiste, mit einem größeren Kreis ⓯ als Startpunkt und einem kleineren Quadrat ⓰ als Endpunkt des Verlaufes.

Kommen Sie mit der Maus in die Nähe dieser Stange, ändert sie ihr Aussehen ⓱ und ähnelt dann dem Verlauf-Bedienfeld mit den Verlaufsreglern und einem kleinen weißen Quadrat als Mittelpunkt zwischen den Farben. Das Auswählen und Verschieben der Farben funktioniert identisch – nur eben direkt am Objekt, was super ist, weil Sie genau bestimmen können, wo am Objekt welche Farbe hinkommt.

▲ **Abbildung 5.35**
Die Raute bestimmt die Position, also die Mitte zwischen zwei Farben.

▲ **Abbildung 5.36**
Von außen nach innen bzw. oben nach unten: Verlauf in Kontur, Verlauf horizontal auf Kontur, Verlauf vertikal auf Kontur anwenden

◄ **Abbildung 5.37**
Jedes Objekt hat seinen eigenen Verlauf mit Anfang, Ende, Richtung und Farben.

Ziehen Sie am Endpunkt ⑯ der Verlaufsleiste, können Sie den Verlauf verlängern – sogar über das Objekt hinaus. Fassen Sie am Startpunkt ⑮ an, verschieben Sie den Verlauf.

Kommen Sie mit der Maus etwas außerhalb des Endpunktes, ist dieser dort um den Startpunkt herum zu drehen ↻, egal ob es sich um einen linearen oder kreisförmigen Verlauf handelt. Der kreisförmige Verlauf hat noch einen schwarzen Punkt ❶ im gestrichelten Ring. Mit diesem lässt sich die Kreisform zur Ellipse stauchen.

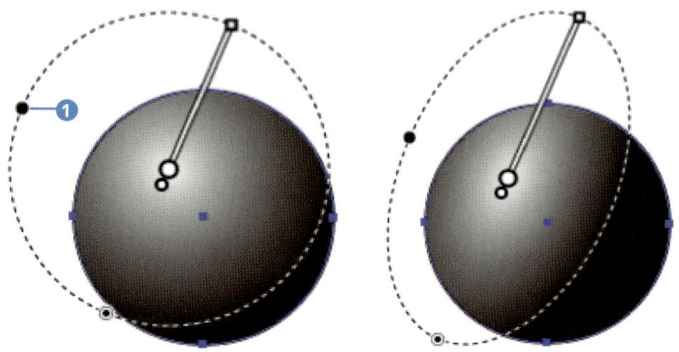

Abbildung 5.38 ▶
Am schwarzen Punkt im Ring können Sie den kreisförmigen Verlauf zur Ellipse stauchen.

Sie können aber auch mit dem Verlaufwerkzeug ganz neu in das aktivierte Objekt hineinklicken (oder sogar außerhalb) und dabei ziehen. Ihr erster Klick ist der Startpunkt; und dort, wo Sie die Maus wieder loslassen, ist der Endpunkt.

Abbildung 5.39 ▶
Der Startpunkt der Verlaufsleiste ist zugleich der Mittelpunkt bei kreisförmigen Verläufen.

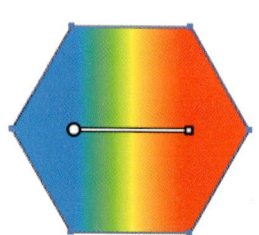

▲ Abbildung 5.40
Jenseits der Verlaufsleiste bleibt die letzte Farbe stehen.

Außerhalb von Start- und Endpunkt gibt es keinen Verlauf mehr; die letzte bzw. erste Farbe bleibt bestehen (Abbildung 5.40).

Haben Sie mehrere Objekte mit Verläufen gleichzeitig ausgewählt, erzeugt das Verlaufwerkzeug einen Verlauf über alle Objekte hinweg, über die Sie mit der Maus ziehen. Ein toller Effekt. Jedes Objekt hat nach wie vor seinen eigenen Verlauf, aber alle haben den gleichen Start- und Endpunkt.

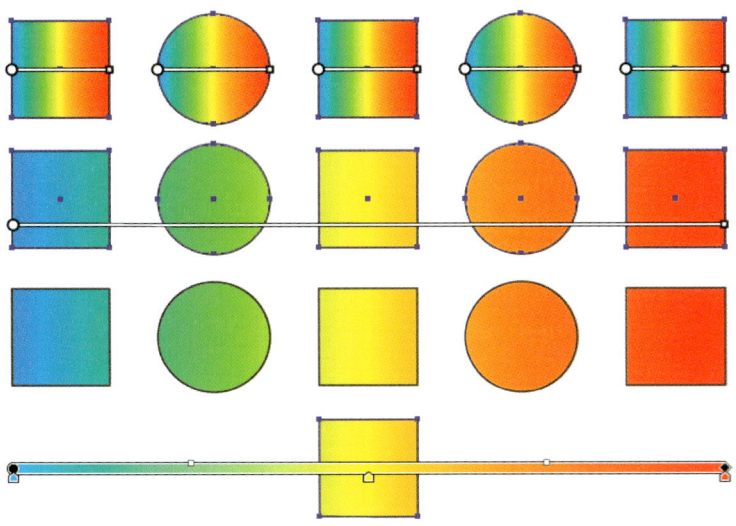

◄ **Abbildung 5.41**
Oben: Jedes Objekt hat seinen eigenen Verlauf.
Mitte: Alle Objekte bekommen einen Verlauf von ganz links nach ganz rechts.
Unten: Blau und Rot liegen nur außerhalb des mittleren Quadrates, gehören aber (unsichtbar) zum Verlauf dazu.

Nutzen Sie auch die Möglichkeiten, die Illustrator Ihnen seit der CS6 dadurch bietet, dass nun Verläufe auch auf Konturen angewendet werden können.

Verlauf auf Kontur

Dass Verläufe auch auf unterschiedliche Konturen anzuwenden sind, ist eine fantastische Sache. Leider können die Verläufe von Konturen aber nicht direkt am Objekt bearbeitet werden. Das spart sich Adobe vielleicht für die CS7 auf.

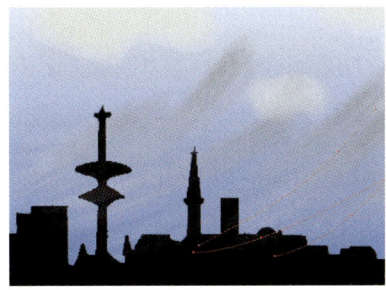

◄ **Abbildung 5.42**
Verlauf auf einer Kontur mit Breitenprofil oder auf einem Borstenpinsel

▲ **Abbildung 5.43**
Der fertige Knopf

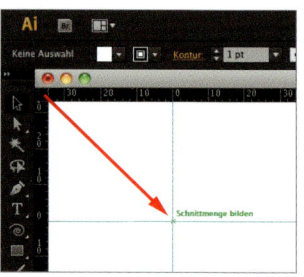

▲ **Abbildung 5.44**
Ein Koordinatenkreuz

▲ **Abbildung 5.45** ▶
Den ersten Kreis beim
Skalieren kopieren

Schritt für Schritt
Ein Jackenknopf mit Verläufen

Wir wollen nun ein einfaches Objekt gestalten und mit einem Verlauf versehen.

1 Neue Datei

Diesmal legen Sie wieder selbst eine neue Datei an. Die Ausmaße und Farbmodi spielen hier keine wesentliche Rolle.

2 Koordinatenkreuz

Dies ist kein Muss, aber in manchen Fällen hilfreich: Erstellen Sie aus Hilfslinien ein Koordinatenkreuz, damit Sie besser die Mitte halten können. Besonders wenn Sie Objekte zerschneiden und diese dann keinen sichtbaren Mittelpunkt mehr haben, fehlt oft eine Orientierung.

Ziehen Sie aus den Linealen am Rand Ihrer Zeichenfläche eine waagerechte und senkrechte Hilfslinie. Bei eingeschalteten intelligenten Hilfslinien (ANSICHT • INTELLIGENTE HILFSLINIEN) ziehen Sie den Schnittpunkt der Lineale auf den Schnittpunkt Ihrer beiden Hilfslinien.

3 Kreise

Ziehen Sie vom Mittelpunkt Ihres Koordinatenkreuzes, mittig mit der ⸤Alt⸥-Taste, einen großen Kreis auf. Doppelklicken Sie auf das Skalieren-Werkzeug (⸤S⸥) . Sie bekommen das Eingabemenü SKALIEREN, in dem Sie bei GLEICHMÄSSIG 75 % eingeben. Wählen Sie aber KONTUREN UND EFFEKTE SKALIEREN ab, damit der innere Kreis nach dem Skalieren die gleiche Konturstärke hat wie der äußere. Nach einem Klick auf KOPIEREN haben Sie zwei Kreise mit dem gleichen Mittelpunkt und der gleichen Konturstärke.

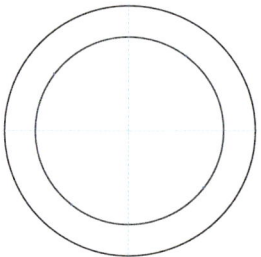

4 Verläufe zuweisen

Aktivieren Sie den äußeren Kreis, und weisen Sie ihm im Verlauf-Bedienfeld den standardmäßig vorhandenen Schwarzweiß-Verlauf mit der ART LINEAR zu.

Mit einen Doppelklick auf den schwarzen Verlaufsregler gelangen Sie zu den Farbwählern und mischen sich beim Farbe-Bedienfeld des Verlaufs ein Orange an.

▲ **Abbildung 5.46**
Zunächst braucht der Kreis einen Verlauf, um bearbeitet zu werden.

▲ **Abbildung 5.47**
Direkt aus dem Verlauf-Bedienfeld heraus mischen Sie sich die Farben an.

Anschließend aktivieren Sie den inneren Kreis und weisen ihm den gleichen Verlauf zu, drehen diesen aber mit dem Button VERLAUF UMKEHREN um.

◄ **Abbildung 5.48**
Der innere Kreis bekommt einen gegenläufigen Verlauf.

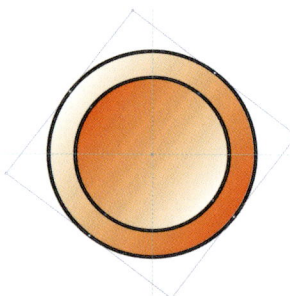

▲ **Abbildung 5.49**
Beide Kreise drehen

5 Kreise drehen

Wenn Sie beide Kreise aktivieren, können Sie sie drehen, wenn Sie mit dem Auswahl-Werkzeug ([V]) ▶ an einer seiner Ecken ankommen. Steht das Weiß des äußeren Kreises oben links, ist die Plastizität glaubwürdiger.

6 Knopflöcher

Ziehen Sie mit dem Ellipse-Werkzeug ([L]) ⬤ ein Knopfloch auf, und duplizieren Sie es, indem Sie es waagerecht ([⇧]-Taste) zur Seite duplizieren (drücken Sie dazu die [Alt]-Taste beim Ziehen). Das Gleiche machen Sie dann mit beiden aktivierten Knopflöchern nach unten.

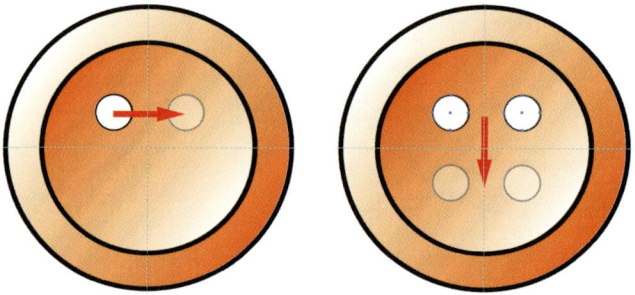

▲ **Abbildung 5.50**
Knopflöcher mit der [Alt]-Taste duplizieren

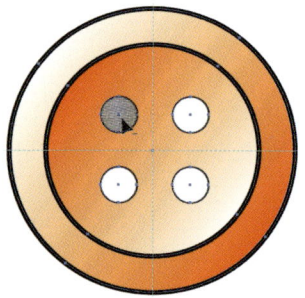

▲ **Abbildung 5.51**
Löcher mit dem Form-
erstellungswerkzeug aus dem
Knopf stanzen

Aktivieren Sie alle Kreise – die kleinen und die großen –, und wählen Sie dann das Formerstellungswerkzeug ([⇧]+[M]) ▣. Halten Sie die [Alt]-Taste gedrückt und kommen Sie über einen der Knopfloch-Kreise, wird dieser grau dargestellt. Klicken Sie in den Kreis, wird er aus allen Formen herausgestanzt; das Loch ist fertig. Verfahren Sie so auch mit den anderen Löchern.

7 Feintuning

Löschen Sie die Konturfarbe aller Kreise, denn Sie brauchen sie nicht mehr. Mit dem Ellipse-Werkzeug ([L]) ⬤ ziehen Sie nun wieder von der Mitte her einen Kreis auf, der sich mit dem inneren Kreis deckt. Doch bekommt dieser Kreis keine Flächenfarbe, sondern einen Verlauf auf die Kontur. Das macht den Knopf noch plastischer.

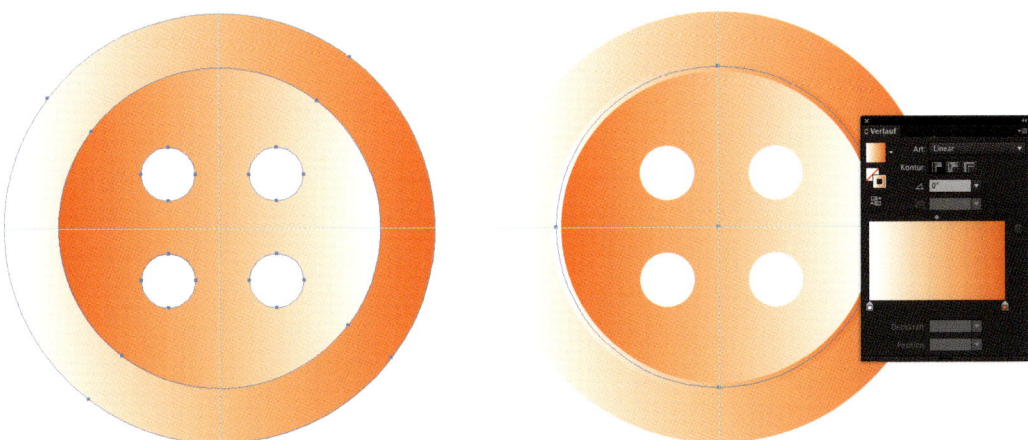

▲ **Abbildung 5.52**
Verlauf auf eine Kontur legen

Geben Sie dem Knopf zum Abschluss einen kleinen Schlagschatten:
EFFEKT • STILISIERUNGSFILTER • SCHLAGSCHATTEN.

◄ **Abbildung 5.53**
Am Ende noch einen Schlagschatten – fertig

▲ **Abbildung 5.54**
Wollen Sie so eine Blüte
zeichnen, kommen Sie mit
dem linearen oder kreisförmigen Verlauf nicht aus.
(Beispielillustration von
Adobe Illustrator)

5.6 Verlaufsgitter

Nicht immer werden Ihre Objekte dergestalt sein, dass ein linearer
oder kreisförmiger Verlauf ausreicht, um Ihrem Objekt gerecht zu
werden. Es gibt jedoch ein fantastisches Werkzeug, das es zulässt,

**Perspektivenraster-
Werkzeug**

Sollten Sie das sehr ähn-
liche Perspektivenraster-
Werkzeug ![] aus Ver-
sehen gewählt haben:
Ansicht • Perspektivras-
ter • Raster ausblenden.

dass die Farben eines Objekts mit dessen Formen »mitlaufen«:
das Gitter-Werkzeug (U) ![].

Wenn Sie sich schon in Abschnitt 3.6 für die Verzerrungshüllen
begeistern konnten, wissen Sie ja schon etwas mit Gittern anzu-
fangen. Denn auch mit diesem Werkzeug erzeugen Sie ein Gitter.
Diesmal tun Sie das aber nicht, um Objekte und Pfade zu verbiegen, sondern um deren Farben innerhalb des Objekts zu verbiegen.

Verlaufsgitter erstellen

Am sichersten ist es, das Objekt, das Sie zu einem Verlaufsgitter-
Objekt machen möchten, zuvor zu duplizieren. Denn es gibt keine
saubere Rückverwandlung, wenn Sie es sich später anders überlegen sollten. Kopieren Sie es, fügen Sie es über Bearbeiten • Davor
einfügen ein, und blenden Sie die Kopie aus (Objekt • Ausblenden • Auswahl oder (Strg)/(⌘)+(3)). Wenn es jetzt ganz schief-
geht, löschen Sie das fehlgeschlagene Objekt und holen sich das
ausgeblendete zurück ((Strg)/(⌘)+(Alt)+(3)).

Es gibt zwei Wege zum Verlaufsgitter:

1. Automatisch geht es über Objekt • Verlaufsgitter erstellen.
   Sie bekommen ein Eingabefeld, in dem Sie bestimmen, wie viele
   waagerechte (Zeilen) und senkrechte (Spalten) Unterteilungen
   Sie haben möchten. Mit dem Aussehen können Sie schon einen
   Verlauf zu Weiß erzeugen. Dieser geht nur Zur Mitte hin oder
   von der Mitte weg (Zur Kante) und ist meist uninteressant.
   Unter Lichter geben Sie an, ob es sich um reines Weiß oder um
   ein dunkleres Weiß handelt.

▲ **Abbildung 5.55**
Legen Sie eine Kopie des
Objekts an, bevor Sie ein Ver-
laufsgitter erzeugen.

▼ **Abbildung 5.56**
Bestimmen Sie die Anzahl der
Zeilen und Spalten; setzen Sie
aber nicht zu viele (rechts),
damit es nicht unübersichtlich
wird.

2. Der andere Weg ist spannender, weil Sie den Verlauf schon
   beim Erstellen bestimmen. Wählen Sie hierzu das Gitter-Werkzeug (U) ![].

Mit diesem klicken Sie entweder auf die Außenkontur und bekommen eine von Illustrator der Objektform entsprechend ausgerechnete Zeile oder Spalte – je nachdem, ob Illustrator die Kontur, in die Sie klicken, als Senkrechte oder als Waagerechte interpretiert. Sie müssen aber ein Pfadsegment treffen, nicht einen Ankerpunkt oder Griff. Oder Sie klicken gleich in die Fläche, dann erhalten Sie schon eine Kreuzung mit dem Schnittpunkt an der Mausposition. Auch hier errechnet Illustrator die Gitterlinie – was bei manchen Objekten nicht immer vorhersehbar ist, also ein Trial-and-Error bedeutet.

▲ **Abbildung 5.57**
Klicken Sie mit dem Gitter-Werkzeug in die Fläche, um von Illustrator einen Kreuzungspunkt errechnen zu lassen.

▲ **Abbildung 5.58**
Je nach Form des Objekts folgt Illustrator automatisch mit den Gitterlinien – so er kann.

Verlaufsgitter bearbeiten

Wenn Sie auf die eine oder andere Weise ein Gitter erzeugt haben, müssen Sie es vielleicht korrigieren. Mit dem Gitter-Werkzeug (U) ▨ können Sie Zeilen oder Spalten hinzufügen. Sie können aber auch welche löschen. Halten Sie hierzu lediglich die Alt-Taste, und klicken Sie auf eine Gitterlinie oder einen Kreuzungspunkt.

Sie können die Gitter auch modifizieren. Die Kreuzungspunkte ❶ lassen sich mit dem Direktauswahl-Werkzeug anfassen und verschieben (deaktivieren Sie eventuell zuvor das Objekt als Ganzes, damit Sie den einzelnen Punkt aktivieren können). Auch haben sie Griffe ❷, die Ihnen aus Kapitel 2, »Pfade«, bekannt sind. Auch damit lassen sich die Biegungen des Gitters verändern.

Wenn Sie mit dem Direktauswahl-Werkzeug (A) mitten in ein Feld hineinklicken, ist es als Ganzes mit seinen vier Kreuzungspunkten zu verschieben. Mit der ⇧-Taste können Sie mehrere Felder auswählen.

▲ **Abbildung 5.59**
Gitter haben Kreuzungspunkte ❶ und Griffe ❷, die Sie beliebig modifizieren können.

▲ **Abbildung 5.60**
Fassen Sie mit dem Direktauswahl-Werkzeug einfach ein Gitterfeld
(statt eines Gitterpunktes) an, und verschieben Sie es als Ganzes.

Verlauf am Gitter erstellen

Jetzt kommen Sie zum eigentlichen Verlauf. Sind eine oder mehrere Kreuzungen ausgewählt, reicht ein Klick in ein Farbfeld, und die Farbe wird sich entsprechend Ihrer Auswahl ausbreiten.

Das Lasso-Werkzeug (Q) ⌖ eignet sich besonders gut, um Gitterpunkte auszuwählen und sie dann einzufärben. Umfahren Sie damit einfach die gewünschten Punkte. Mit ⇧ nehmen Sie weitere hinzu, mit Alt wählen Sie schon ausgewählte wieder ab. Haben Sie das Farbe-Bedienfeld dabei offen, können Sie ohne Werkzeugwechsel in den Farbkeil klicken und weisen damit den ausgewählten Punkten Farbe zu.

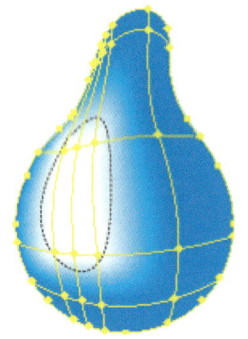

▲ **Abbildung 5.61**
Mit dem Lasso-Werkzeug lassen sich die Ankerpunkte des Gitters sehr gut auswählen

Abbildung 5.62 ▶
Erst die Grundfarbe, dann das Spotlicht und zuletzt die Raumtiefe in einer dunkleren Farbe (rechts)

Das Thema Transparenz behandele ich zwar erst in Kapitel 8, aber es ist wirklich unglaublich: Wenn Sie einzelne Punkte ausgewählt haben und das Transparenz-Bedienfeld (unter FENSTER) öffnen, können Sie bei DECKKRAFT im Dropdown-Menü einen kleineren Wert um die »0« auswählen und damit an dieser Stelle hintere Objekte durchscheinen lassen! Auf diese Weise wurde der Glanz auf dem Eis aus Abbildung 5.63 erzeugt. Links oben sitzt der Glanz, rechts unten die Schattierung, und dazwischen scheint das eigentliche Eis mit seinen Streifen hindurch.

◄ **Abbildung 5.63**
Ein leckeres glänzendes Eis. In der Mitte sehen Sie, dass der Glanz ein Verlaufsgitter ist, durch das die eigentliche Farbe des Eises mit seinen Streifen hindurchscheint. Rechts liegt zur Verdeutlichung ein Balken hinter dem eigentlichen Gitterobjekt.

In der folgenden Schritt-für-Schritt-Übung probieren wir dieses Prinzip an einem Theatervorhang aus.

Schritt für Schritt
Einen Theatervorhang mit dem Verlaufsgitter erstellen

Theater.ai

1 Datei laden

Den Vorhang habe ich für Sie schon vorbereitet, sodass Sie »nur noch« das Verlaufsgitter anlegen müssen. Öffnen Sie die Datei »Theater.ai«.

▼ **Abbildung 5.64**
Dieser Theatervorhang ist das Ziel, und links sehen Sie das Scribble dafür.

▲ **Abbildung 5.65**
Globale Farben und eine ein-
deutige Bezeichnung der
Farbfelder erleichtern spätere
Korrekturen.

2 Farben definieren

Der Rahmen ist vorerst gesperrt, damit Sie ihn beim Arbeiten
nicht aus Versehen verschieben. Nun können Sie den Vorhang
auswählen und in dem Farbfelder-Bedienfeld vier Rot-Schattie-
rungen von hell bis dunkel anlegen. Achten Sie darauf, dass Ihre
Farben GLOBAL sind!

3 Gitter erzeugen

Nun erzeugen Sie das Gitter, das danach als Verlaufsmaske dienen
wird. Wählen Sie dazu das Gitter-Werkzeug ⊞ (U) aus, und klicken Sie dort in die Außenkontur, wo Falten oder Schattierungen
entstehen sollen. Sie sehen an dem kleinen Plus am Mauszeiger,
wann das Werkzeug eine neue Gitterlinie erzeugen kann.

Abbildung 5.66 ▶
Wenn Ihre Werkzeugspitze so
aussieht (kleine Abbildung),
erzeugt sie eine neue Gitterlinie.

4 Verläufe waagerecht erstellen

Färben Sie am besten den ganzen Vorhang rot, indem Sie ihn mit
dem Auswahl-Werkzeug (V) aktivieren und auf Ihr GLOBALES
FARBFELD »Vorhang_normal« (bzw. auf Ihren zweithellsten Rot-
ton) klicken.

Nun wählen Sie mit dem Lasso-Werkzeug ⬮ (Q) die oberste
waagerechte Gitterlinie ❶ der Falte aus, indem Sie sie umfahren,
und klicken auf Ihr drittdunkelstes Rot. Danach verfahren Sie mit
der zweiten waagerechten Gitterlinie genauso und klicken auf Ihr
dunkelstes Rot. Die dritte Linie bekommt das hellste Rot, und die
vierte Linie behält das normale Rot. Nach gleichem Muster werden von Ihnen anschließend auch die waagerechten Gitterlinien
des mittleren Faltenwurfs eingefärbt.

◄◄ Abbildung 5.67
Hat der Vorhang eine Grundfarbe, können Sie das Ergebnis besser einschätzen.

◄ Abbildung 5.68
Sehr hilfreich ist es, erst mal nur die waagerechten Falten zu setzen.

5 Verläufe senkrecht erstellen

Aktivieren Sie jetzt Ihren ganzen Vorhang mit dem Auswahl-Werkzeug ([V]). Kopieren Sie ihn ([Strg]/[⌘]+[C]), und fügen Sie ihn davor ein ([Strg]/[⌘]+[F]). Er liegt jetzt deckungsgleich auf dem ersten Vorhang.

Mit dem Gitter-Werkzeug ([U]) und gehaltener [Alt]-Taste klicken Sie nun auf alle waagerechten Gitterlinien, um diese zu löschen. Ihre Werkzeugspitze zeigt diesmal ein »–« an. Sie behalten nur noch ein senkrechtes Gitter ohne Verläufe.

▲ Abbildung 5.69
Noch ist nichts von den waagerechten Falten zu sehen.

Wenn Sie mit dem Direktauswahl-Werkzeug ([A]) am oberen Vorhangrand jeden zweiten Ankerpunkt ausgewählt haben, klicken Sie in Ihr dunkelstes Vorhang-Rot.

Wählen Sie jetzt die anderen Ankerpunkte dazwischen aus, und setzen Sie die Deckkraft im Steuerung-Bedienfeld (ganz oben links) auf »0«. Der untere Vorhang scheint durch.

◄ Abbildung 5.70
Zur Verdeutlichung sind die Vorhänge in diesem Bild verschoben: Der untere scheint nun zwischen den senkrechten Falten durch. Transparente Gitterpunkte sind genial.

Die gleichen Schritte führen Sie am unteren Vorhangsaum durch. Dort nehmen Sie die jeweils anderen senkrechten Gitterlinien.

6 Dekoration und Rahmen

Zeichnen Sie z. B. mit dem Buntstift-Werkzeug (N) in die Wölbung und den Saum des Vorhangs noch eine Kontur, die Sie im Kontur-Bedienfeld stricheln ❷. Färben Sie sie dann gelb ein, und versehen sie mit einen Schatten (EFFEKT • STILISIERUNGSFILTER • SCHLAGSCHATTEN). Der Vorhang wirkt nun plastisch.

▲ **Abbildung 5.71**
Feintuning, wie hier bei der Kordel, machen die Musik.

Abbildung 5.72 ▶
Ein sehr kleiner Schatten ❸, runder Abschluss ❶ und eine gestrichelte Linie ❷

Setzen Sie schnell noch einen Verlauf in den grünen Rahmen – Sie müssen ihn zuerst wieder lösen, um ihn zu bearbeiten: OBJEKT • ALLE ENTSPERREN.

7 Vorhang spiegeln und links positionieren

Um auch die linke Bühnenseite mit einem Vorhang auszustaffieren, gehen Sie folgt vor: Ziehen Sie mit dem Auswahl-Werkzeug grob einen Rahmen um den Vorhang. Sie müssen nicht die gesamte Vorhangfläche einrahmen. Achten Sie nur darauf, nicht den Bühnenrand in Ihre Auswahl einzuschließen. Mit (Strg)+(C) kopieren Sie den Vorhang und fügen ihn mit (Strg)+(F) direkt vor dem Ersten wieder ein. Unter OBJEKT • TRANSFORMIEREN • SPIEGELN spiegeln Sie den kopierten Vorhang vertikal und bringen ihn links am Bühnenrand an.

8 Hintergrund

In der Werkzeugleiste finden Sie als vorletzten Button das kleine Symbol ▪ zu den Zeichenmodi. Wenn Sie es eine Sekunde lang gedrückt halten, können Sie zwischen NORMAL ZEICHNEN, DAHINTER ZEICHNEN und INNEN ZEICHNEN wählen.

Entscheiden Sie sich jetzt für Dᴀʜɪɴᴛᴇʀ ᴢᴇɪᴄʜɴᴇɴ, wählen Sie das Pinsel-Werkzeug ![] ([B]) in der Werkzeugleiste und einen Borstenpinsel über das Flyout-Menü des Pinsel-Bedienfelds: Pɪɴsᴇʟ-Bɪʙʟɪoᴛʜᴇᴋ öғғɴᴇɴ • Boʀsᴛᴇɴᴘɪɴsᴇʟ.

Stellen Sie sicher, dass nichts aktiv ist, wählen Sie eine Konturfarbe aus, und malen Sie wild drauflos, um einen schönen Hintergrund zu kreieren. Malen Sie aber nicht über den Bühnenrand hinaus. Nach dem Loslassen der Maustaste wird der Pinselstrich in den Hintergrund gelegt. Vergessen Sie aber nicht, hinterher wieder auf Noʀᴍᴀʟ ᴢᴇɪᴄʜɴᴇɴ zurückzustellen. Mehr zu Pinseln finden Sie in Kapitel 7, »Muster, Pinsel und Symbole«.

▲ **Abbildung 5.73**
Oben: Während des Zeichnens mit dem Pinsel und mit der Einstellung Dᴀʜɪɴᴛᴇʀ ᴢᴇɪᴄʜɴᴇɴ; unten: Nach dem Loslassen der Maus

◄ **Abbildung 5.74**
Der fertige Theatervorhang – herzlichen Glückwunsch

5.7 Angleichungen

Angleichungen sind eine »Verschmelzung« verschiedener Objekte mit all ihren Attributen, wie Form und Farbe. Das ist ja ganz nett, aber was hat das Ganze mit Verläufen zu tun?

Illustrator kennt (leider) nicht so viele verschiedene Arten von Verläufen – so auch nicht den, der sich an der Objektform orientiert. Also müssen Sie etwas tricksen, um solche Verläufe wie in Abbildung 5.75 zu kreieren.

Das Prinzip der Angleichung

Sie aktivieren zwei Objekte, gehen zu Oʙᴊᴇᴋᴛ • Aɴɢʟᴇɪᴄʜᴇɴ • Eʀsᴛᴇʟʟᴇɴ und erhalten ohne weiteres Nachfragen von Illustrator eine Angleichung.

▲ **Abbildung 5.75**
Verläufe »um die Ecke«, wie beim Kabel, funktionieren sehr gut mit Angleichungen.

Abbildung 5.76 ►
Mit der Angleichen-Funktion
werden Objekte miteinander
verrechnet – sowohl ihre Formen als auch die Farben.

Hatten Ihre Objekte aber sowohl eine Flächenfarbe als auch eine
Konturfarbe – womöglich Schwarz –, sehen Sie nach der Angleichung vielleicht nur noch die Konturfarbe. Es ist also wichtig,
diese bei beiden Objekten zuvor auf OHNE zu stellen.

Angleichung als Verlauf

Um die Anzahl der Stufen zu verändern, haben Sie diesmal kein
Bedienfeld zur Verfügung. Sie müssen zu OBJEKT • ANGLEICHEN •
ANGLEICHUNG-OPTIONEN gehen. Hier wählen Sie aus dem Pulldown-Menü ABSTAND die Option FESTGELEGTE STUFEN und können nun endlich die Anzahl der Stufen bestimmen.

Abbildung 5.77 ►
In den ANGLEICHUNG-
OPTIONEN legen Sie fest, ob
die Zwischenschritte sichtbar
sind oder »verschwimmen«.

Erhöhen Sie nämlich die Anzahl auf über eine Handvoll, sehen Sie,
dass die Stufen immer feiner werden, bis sie einen Verlauf ergeben. Und das machen Sie sich für Verläufe zunutze, die sich an der
Form orientieren.

Abbildung 5.78 ►
Ab einer genügend großen
Anzahl an Angleichungsstufen
ergeben die Farben einen
Verlauf.

Es gibt keine Formel, die Sie anwenden können, um die Anzahl der Stufen zu berechnen, die einen sauberen Verlauf ergeben – denn zehn Stufen auf einem Millimeter sind sehr fein, auf einem Zentimeter aber deutlich sichtbar. Wenn Sie bei ABSTAND aus der Pulldown-Liste den Eintrag FARBE GLÄTTEN wählen, errechnet Illustrator die erforderliche Anzahl an Stufen für Sie.

Das Angleichen-Werkzeug

Mit einem Doppelklick in das Angleichen-Werkzeug ([W]) gelangen Sie schneller in die ANGLEICHUNG-OPTIONEN. Doch das Angleichen-Werkzeug hat noch andere Funktionen. Mit ihm können Sie selbst bestimmen, von welchem Punkt zu welchem eine Angleichung errechnet wird. Wenn Sie dazu mit ihm auf einen Ankerpunkt des einen Objekts und als Nächstes auf einen Ankerpunkt des zweiten Objekts klicken, wird eine Angleichung errechnet.

▲ **Abbildung 5.79**
Manuell festgelegte Angleichungspunkte laden zum Spielen und Gestalten ein.

◄ **Abbildung 5.80**
Bestimmen Sie die beiden Angleichungspunkte, muss Illustrator bei allen anderen Punkten nachziehen.

Eine fertige Angleichung ist ein Gebilde aus den Angleichungsobjekten und den Zwischenstufen. Beides ist miteinander zur Angleichungsgruppe gruppiert.

Angleichung als Verlauf nach innen

Erzeugen Sie ein einfaches Objekt, und erstellen Sie ein Duplikat, indem Sie es bei gehaltener [Alt]-Taste skalieren. Das kleinere der beiden Objekte muss aber oben liegen. Gleichen Sie die Objekte aneinander an, erhalten Sie einen Verlauf nach innen.

Wie in Abbildung 5.81 zu sehen ist, lässt sich durch das Skalieren aber nicht jedes Objekt so verkleinern, dass die Konturen

▲ **Abbildung 5.81**
Ein Duplikat erzeugen: links per Skalieren; rechts per PFAD VERSCHIEBEN

parallel liegen. Deshalb gibt es OBJEKT • PFAD • PFAD VERSCHIE-
BEN. Wenn Sie hier unter VERSATZ einen negativen Wert eingeben,
verkleinern Sie das Objekt, und umgekehrt vergrößern Sie es bei
einem positiven Wert.

Abbildung 5.82 ▶
Negative Werte erzeugen ein
verkleinertes Duplikat.

Leider hat der Spaß aber auch schnell ein Ende, wenn die Formen, die nach innen angeglichen werden sollen, zu unterschiedlich sind. Manchmal können Sie noch manipulieren, denn mit dem
Direktauswahl-Werkzeug (A) ist es Ihnen möglich, das erste (das
unterste) und das letzte Objekt auszuwählen. Dann können Sie
auch einzelne Ankerpunkte anfassen und verschieben; oft reicht
es auch, nur die Griffe zu verändern. Manchmal müssen Sie nur
einen weiteren Ankerpunkt mit dem Zeichenstift-Werkzeug (P)
in den Pfad setzen.

▲ **Abbildung 5.83**
Die scheinbar einfachen Formen sind zu unterschiedlich
für das Angleichen (unten).

▲ **Abbildung 5.84**
Die Sattelform ist zu kompliziert, um sie 1 zu 1 anzugleichen (von links). Es
muss eine eigene Form her: hier Schwarz zu Weiß. Doch auch hier müssen
Sie noch mit dem Direktauswahl-Werkzeug ein paar Änderungen vornehmen, um zu einem guten Ergebnis zu kommen (rechts).

5.8   Interaktive Farbe: Bildmaterial neu färben

Illustrator hat mit den Möglichkeiten der interaktiven Farbe mächtige Werkzeuge geliefert, um intuitiv mit den Farben Ihrer Illustrationen zu »spielen« oder sie gezielt einzusetzen.

◀ **Abbildung 5.85**
Schnelle individuelle Farbveränderungen, neue Harmonien und mehr

Diese Werkzeuge sind hilfreich, wenn Sie von einer Illustration zum Beispiel mehrere Farbvarianten benötigen. Oder dann, wenn die Illustration zwar gelungen ist, die Farben aber an ein anderes Projekt angepasst werden müssen. Oder wenn die Objektfarben miteinander harmonisiert werden sollen.

Lassen Sie sich von den kommenden Abschnitten inspirieren, und probieren Sie einfach selbst vieles aus. Sie werden dabei auf ganz neue Gedanken und Konzepte kommen.

Umfärben in Illustrator

Das Umfärben kennt man ja eher aus Photoshop, wo aus einem blauen T-Shirt ein orangefarbenes gemacht wird. Auch in Illustrator können Sie ganze Illustrationen umfärben.

Sie haben bereits gesehen, dass Sie durch globale Farben und das Ändern eines (globalen) Farbfeldes alle Objekte dieser Farbe mit ändern können. Das kommt einem Umfärben schon recht nahe.

Jetzt soll es aber noch interaktiver werden, indem Sie nicht eine einzelne Farbe ändern, sondern alle Farben einer Illustration gleichzeitig. Wählen Sie zunächst eine Illustration oder eine Gruppe von

▲ **Abbildung 5.86**
Über die Anwendungsleiste am schnellsten zu erreichen:
Bildmaterial neu färben

Objekten aus. Nun klicken Sie in der Anwendungsleiste auf Bildmaterial neu färben und gelangen zum gleichnamigen Menü.
Hier gehen Sie erst einmal auf den Reiter Zuweisen ❸.

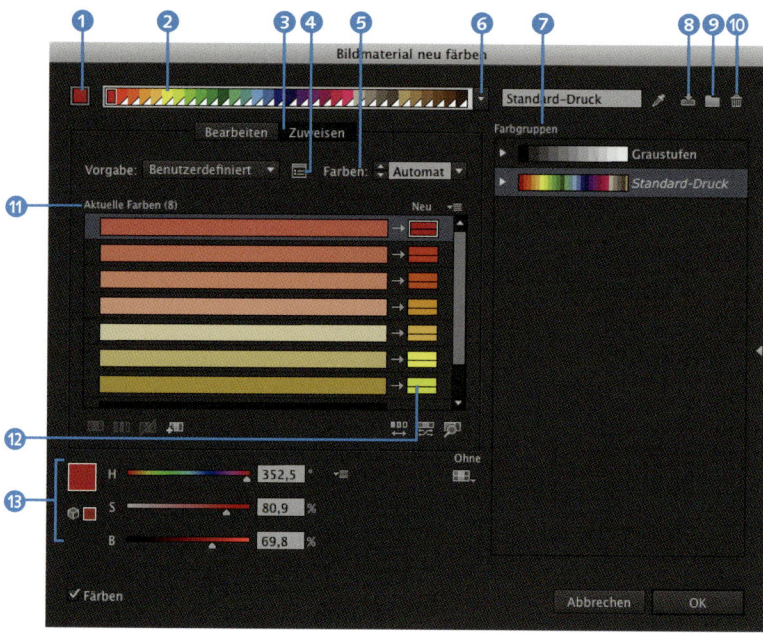

▲ **Abbildung 5.87**
Bildmaterial neu färben ist eigentlich keine Einsteigertechnik mehr,
weil sich mit jedem Button wieder andere Menüs mit weiteren Reglern,
Pulldown-Menüs und Eingabefeldern öffnen.

▲ **Abbildung 5.88**
Harmonien gibt es viele zum
Ausprobieren ❻.

Basisfarbe ❶ ist eine Farbe aus Aktive Farben ❷, also eine
aus Ihrer Illustration. Klicken Sie in eine andere, wird diese zum
»Drehpunkt« Ihrer Umfärbung. Wählen Sie hier Harmonieregeln
aus ❻, nach denen Ihre Illustration umgefärbt werden soll.

Farbgruppen ❼ zeigt im Farbfelder-Bedienfeld zu Gruppen sortierte Farbfelder. Sie können aber auch aus dem Umfärben entstandene Farben zu Farbgruppen speichern lassen: Neue
Farbgruppe ❾. Die Farben, die aus Ihren Einstellungen hier entstanden sind, werden als eigene Gruppe in den Farbfeldern gespeichert. Anders reagiert der Button Änderung an Farbgruppe
speichern ❽: Er ändert alle betroffenen Farbfelder im Farbfelder-
Bedienfeld, anstatt neue Farbfelder anzulegen. Mit dem Papier-

korb-Symbol ⑩ löschen Sie von hier aus eine Farbgruppe aus dem Farbfelder-Bedienfeld.

◄ **Abbildung 5.89**
Die FARBGRUPPEN in den Farbfeldern (Ordnersymbol) sind der Schlüssel zu vielen INTERAKTIV MALEN-Funktionen.

Die Spalte AKTUELLE FARBEN ⑪ listet die Farben der aktivierten Illustration auf. Hier können Sie sie einzeln mit einem Doppelklick in den rechten Button bearbeiten ⑫ oder unten mit den Farbreglern ⑬ verstellen. So ist es Ihnen möglich, auch in umfangreichen Illustrationen nur ganz bestimmte Farben herauszufiltern und zu verändern. Unter FARBEN ⑤ können Sie schnell aus einer mehrfarbigen Illustration eine monochrome erzeugen (also eine einfarbige mit Abstufungen).

Wählen Sie FARBREDUKTIONSOPTIONEN ④. Sie kommen dadurch zum gleichnamigen Dialog. Hier können Sie eine FÄRBUNGSMETHODE ⑯ und die Anzahl der Farben ⑭ auswählen, mit denen gefärbt wird, oder Sie reduzieren die neuen Farben auf bestehende Farbbibliotheken ⑮.

◄ **Abbildung 5.90**
Die FARBREDUKTIONSOPTIONEN

Manuelle Farbverschiebungen

Wenn Sie im Menü BILDMATERIAL NEU FÄRBEN auf den Reiter BEARBEITEN ① (Abbildung 5.91) wechseln, ändert sich der linke Fensterteil.

Abbildung 5.91 ▶
Das meiste ist identisch mit dem Bereich ZUWEISEN. Der Farbkreis ist aber sehr intuitiv. Lassen Sie den Haken bei FÄRBEN stehen, um live mitzuverfolgen, wie das Ergebnis aussieht.

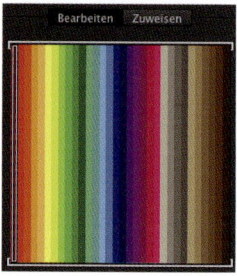

▲ **Abbildung 5.92**
Alternativ können Sie sich auch ein segmentiertes Farbrad oder die Farbkontrollstreifen anzeigen lassen.

Sie bekommen das FARBRAD angezeigt und können es optional auf das SEGMENTIERTE FARBRAD oder den FARBKONTROLLSTREIFEN UMSTELLEN ❹. Hier lässt sich nun wirklich alles intuitiv einstellen.

Das Ziel ist hier wieder, Ihre aktive Illustration als Ganzes umzufärben. Ist das Ketten-Symbol ❼ dabei geschlossen, bleiben die Farbharmonien VERKNÜPFT. Wenn Sie an irgendeiner Farbe anfassen und sie an irgendeine beliebige Stelle drehen, bleibt also das *Verhältnis* der Farben zueinander bestehen, aber eben mit anderen Farben! Jeder Kreis in den Farbrädern entspricht dabei einer Farbe Ihrer Illustration. Der größte Kreis ❷ symbolisiert hier die Basisfarbe.

Mit geöffneter Kette können Sie einzelne Farben auf dem Farbrad verschieben, also eine einzelne Farbe Ihrer Illustration umfärben; die restlichen Farben bleiben so, wie sie sind. Sättigung und Helligkeit ❸ der Farben sind ebenfalls zu verstellen.

Mit den Werkzeugen unter ❻ können Sie im Farbrad eine FARBE ENTFERNEN und eine FARBE HINZUFÜGEN. Wählen Sie dafür einen der beiden Buttons (+ oder –) aus, und klicken Sie im Farbrad auf eine der aktiven Farben (in den Kreisen), um sie zu löschen, oder in die Farbfläche, um jene Farbe der Illustration hinzuzufügen.

Sie kommen auch direkt von einer Farbfeldgruppe, wenn Sie sie im Farbfelder-Bedienfeld ausgewählt haben, zu den interaktiven Einstellungen des Dialogs Bildmaterial neu färben. Wenn Sie nur die Farben einer Farbgruppe modifizieren möchten, haben Sie kein Objekt dabei aktiviert und verändern die Farben der ausgewählten Farbgruppe. Haben Sie ein Objekt aktiviert *und* wählen Sie eine Farbgruppe aus, wird das Objekt gleich in die Farben der Farbgruppe umgerechnet, wenn Sie per Klick auf den Button Farbgruppe bearbeiten den Dialog Bildmaterial neu färben öffnen.

▲ **Abbildung 5.93**
Bei geschlossener Kette ❼ drehen Sie direkt an den Farben und ziehen hier vom roten Spektrum zum grünen.

▲ **Abbildung 5.94**
Wenn Sie eine Farbgruppe im Farbfelder-Bedienfeld aktivieren, kommen Sie auch von hier direkt zu Bildmaterial neu färben.

Schritt für Schritt
Eine Blüte umfärben

1 Datei öffnen
Die Blüte ist schon vorbereitet, damit Sie sich ganz auf die Farbe konzentrieren können.

hibiskus.ai

◄ **Abbildung 5.95**
Ihr Original-Hibiskus

2 Blume duplizieren

Duplizieren Sie die Blume mehrfach, indem Sie sie mit dem Aus-wahl-Werkzeug und gedrückter ⌄Alt⌄-Taste nach rechts ziehen. (Lassen Sie erst die Maus und dann die Taste los.)

Abbildung 5.96 ▼
Erstellen Sie ein paar Blumen.

3 Bildmaterial neu färben

Wenn Sie eine Blüte ausgewählt haben, brauchen Sie nur im Steu-erung-Bedienfeld auf BILDMATERIAL NEU FÄRBEN zu klicken.

Hier stellen Sie erst mal sicher, dass Sie sich im Bereich ZUWEISEN ❶ befinden, und durch einen Klick auf ❸ sorgen Sie dafür, dass die Farben der Blüte der Ausgangspunkt der Einstellungen sind.

Abbildung 5.97 ▶
Auswählen einer Farbharmo-nie-Regel ❷ in BILDMATERIAL NEU FÄRBEN

Wählen Sie nun aus den vielen FARBHARMONIEN ❷ eine beliebige aus, um die erste Umfärbung vorzunehmen.

4 Neue Farben sichern

Sie können einen Namen für Ihre Umfärbung vergeben **❹**. Dieser Name wird dann auch für eine neue FARBGRUPPE **❻** verwendet, die Sie sich per Klick auf **❺** aus der Harmonie erstellen lassen können.

◀ **Abbildung 5.98**
Speichern Sie sich am besten immer die neu kreierten Farben als Farbgruppe in die Farbfelder ab.

5 Farben manuell ändern

Wechseln Sie zunächst in den Bereich BEARBEITEN **❼**, und öffnen Sie das Kettensymbol **❿** mit einem Klick.

Nun können Sie jede Farbe einzeln an ihrem Kreis **❽** anfassen und an eine andere Position, also auch an eine andere Farbe, drehen. Ich empfehle Ihnen, anschließend immer mit den Reglern **❾** die Werte zu begradigen. Auch die neue Umfärbung speichern Sie bitte als neue Farbgruppe.

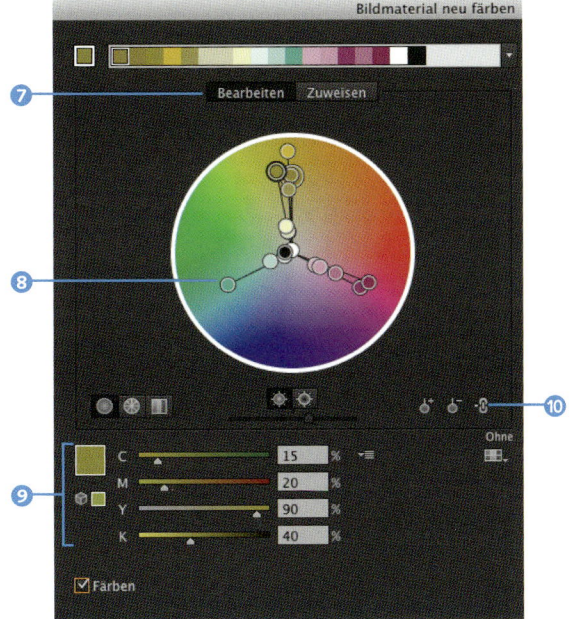

◀ **Abbildung 5.99**
Gerade Werte, individuelle Farben

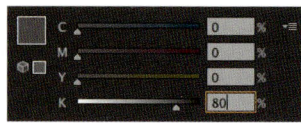

▲ Abbildung 5.100
Der untere Kanal »K« steht im
CMYK-Modus für das Schwarz

6 Umfärben einer bestehenden Farbgruppe

Wechseln Sie wieder auf ZUWEISEN, und klicken Sie einfach auf die bestehende Farbgruppe GRAUSTUFEN ❶. Da die Graustufen aber zu dicht beieinanderliegen, um sie gut unterscheiden zu können, klicken Sie die einzelnen Farben ❷ an und erhöhen den Kontrast im Schwarz-Regler ❸.

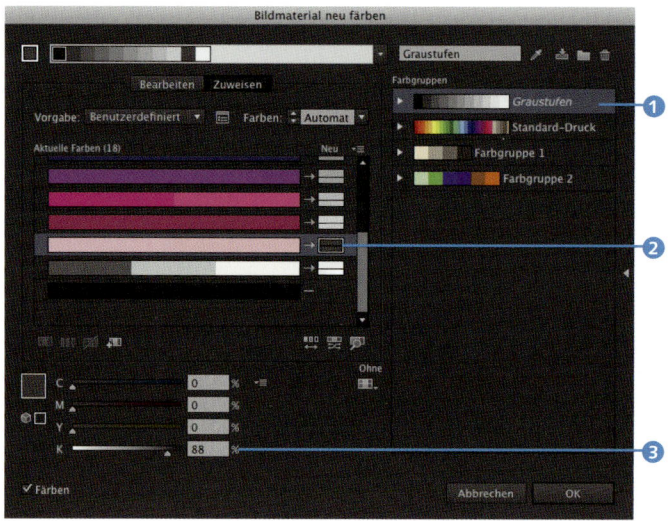

Abbildung 5.101 ▶
Auswahl einer bestehenden
Farbgruppe und einzelner
Farben aus dem Bild

Sie können auch auf die jeweilige Farbe ❷ doppelklicken und damit den FARBWÄHLER aufrufen (siehe Abbildung 5.102). Im Farbwähler klicken Sie auf eine beliebige Farbe im Farbfeld ❹. Mit dem Farbregler ❺ verschieben Sie das Farbspektrum. Die neue Farbe ❻ wird Ihnen anzeigt. Auf diese Weise ist es Ihnen möglich, einer einzelnen Graustufe eine Farbe zu zuweisen.

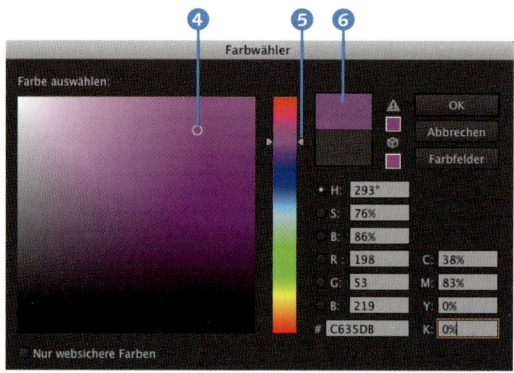

Abbildung 5.102 ▶
Auch per Mausklick im
Farbwähler können Sie
Farben auswählen.

7 Gruppenfarben ändern oder nicht?

Wenn Sie eine bestehende Gruppe ändern und dann das BILD-
MATERIAL NEU FÄRBEN-Fenster mit OK bestätigen, werden Sie
gefragt, ob Sie die Farbgruppe speichern möchten. Das würde
aber bedeuten, dass Sie nicht nur das Objekt, sondern auch die
ganze Farbgruppe »überschreiben« würden. Im Zweifelsfall sagen
Sie lieber NEIN, denn die Farben haben Sie ja am Objekt.

▲ Abbildung 5.103
Bestätigen Sie diesen Dialog
mit JA, werden nicht nur die
Farben Ihrer Illustration, sondern auch die Farben im Farbfelder-Bedienfeld geändert.

◄ Abbildung 5.104
Ihre Hibiskusvarianten haben
Sie im Handumdrehen durch
BILDMATERIAL NEU FÄRBEN
erzeugt.

5.9 Tastaturkürzel

Auch in diesem Kapitel können Sie sich das Arbeiten erleichtern,
indem Sie die schnellen Tastaturkürzel anwenden. Natürlich gibt
es immer viel mehr Kürzel, als in der Tabelle aufgeführt sind, aber
das sind die wichtigsten.

◄ Tabelle 5.1
Die wichtigsten Tastenkom-
binationen, die in diesem
Kapitel vorkommen

Zweck	PC	Mac
Gitter-Werkzeug	U	U
Lasso-Werkzeug	Q	Q
Verlaufwerkzeug	G	G
Angleichen-Werkzeug	W	W
Angleichung erstellen	Strg + Alt + B	⌘ + Alt + B
Flächen- oder Kontur-farbe auswählen	X	X
Flächen- und Kontur-farbe tauschen	⇧ + X	⇧ + X
Weiße Fläche, schwarze 1-pt-Kontur	D	D

Tabelle 5.1 ▶

Die wichtigsten Tastenkom-
binationen, die in diesem
Kapitel vorkommen
(Forts.)

Zweck	PC	Mac
Farbeinstellungen des Programms	Strg + ⇧ + K	⌘ + ⇧ + K
Gruppieren	Strg + G	⌘ + G
Objekt schrittweise nach hinten stellen	Strg + ⇧ + Alt + R	⌘ + ⇧ + Alt + R
Objekt schrittweise nach vorne stellen	Strg + ⇧ + Alt + V	⌘ + ⇧ + Alt + V
Aktives Objekt ausblenden	Strg + 3	⌘ + 3
Alle Objekte wieder einblenden	Strg + Alt + 3	⌘ + Alt + 3

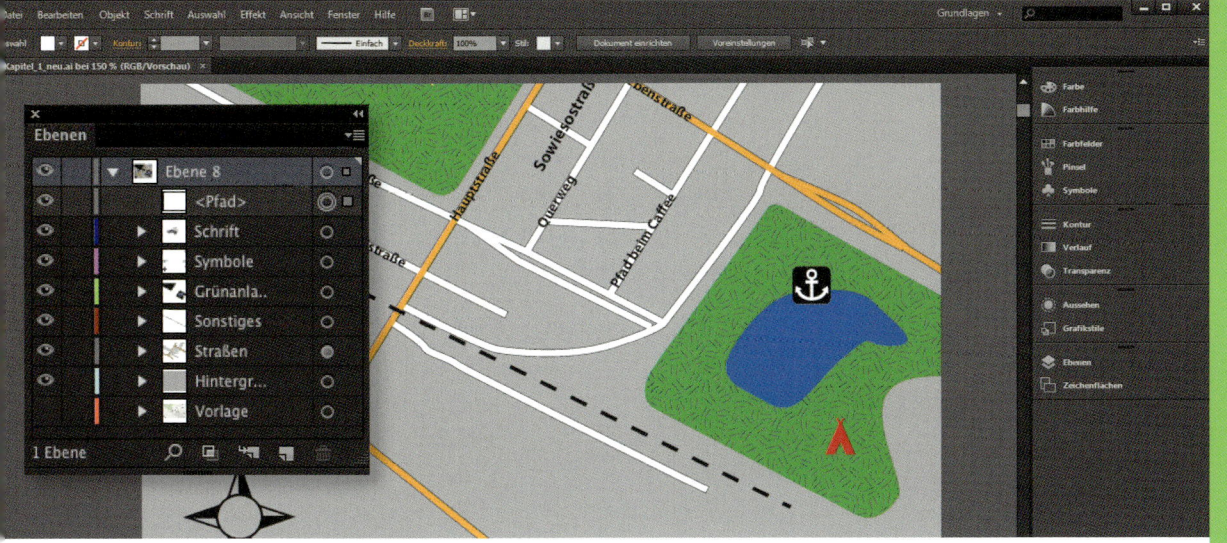

Ebenen

Schicht um Schicht zur Illustration

- ▸ Was sind Ebenen?
- ▸ Wie lassen sich Ebenen sinnvoll anlegen?
- ▸ Wie wird die Ebenen-Verschachtelung genutzt?
- ▸ Wie werden bestimmte Objekte über die Ebenen ausgewählt?
- ▸ Wie werden Aussehen-Effekte auf eine ganze Ebene angewendet?

6 Ebenen

▲ **Abbildung 6.1**
Möchten Sie in komplizierteren Dateien (wie hier bei einer Fahrradnabe) den Überblick behalten, werden Sie froh sein, mit Ebenen gearbeitet zu haben.

Wenn Sie sich schon mit Ebenen in Photoshop beschäftigt haben, werden Sie es hier nicht schwer haben, weil Sie dann das Prinzip von Ebenen bereits kennen. Dennoch funktionieren die Ebenen in Illustrator etwas anders. Kennen Sie sie von InDesign seit der Version CS5, dann werden Sie noch weniger Probleme haben, denn InDesign hat sich in der letzten Version die Struktur der Ebenen von Illustrator abgeschaut.

6.1 Was sind Ebenen?

Beim Arbeiten mit Ebenen geht darum, durch Übereinanderlegen von Objekten oder Objektgruppen Struktur und Übersicht in Ihre Illustrationen zu bekommen. Eine Illustration kann aus Hunderten von Pfaden und Objekten bestehen. Da will das Richtige ausgewählt sein und bearbeitet werden. So können Sie Objekte einer Kategorie auf eine Ebene legen und diese gegen versehentliches Verschieben sperren, um Objekte einer anderen Kategorie auszuwählen und zu bearbeiten. Es geht also um Strukturierung und Übersichtlichkeit beim Arbeiten mit aufwendigeren Illustrationen und Grafiken.

Ebenen sind wie aufeinandergestapelte Glasscheiben, auf die Sie Ihre Objekte legen. Objekte einer Kategorie, wie der Rahmen des Fahrrads aus Abbildung 6.2 zum Beispiel, liegen auf einer »Glasscheibe«, während die Reifen auf einer anderen »Glasscheibe« darunter liegen und so weiter.

Nun können Sie aber auch mehrere Objekte auf eine dieser Ebenen legen, denn der Rahmen des Fahrrads besteht ja immerhin aus rund zehn Einzelobjekten und ein Rad mit all seinen Speichen, der Nabe, Profilnoppen und Ventil schon aus circa 100.

Ebenen – Photoshop vs. Illustrator

Anders als in Photoshop werden in Illustrator einzelne Objekte, die auf derselben Ebene liegen, nicht zusammengerechnet. Jedes einzelne Objekt lässt sich nach wie vor anfassen, verschieben und für sich bearbeiten.

▲ **Abbildung 6.2**
Eine aufwendige Illustration mit 8 Ebenen

Auch diese Objekte überlagern sich gegenseitig und verdecken sich partiell. Dieses Aufeinanderliegen nenne ich mal »Stapeln«, um es von den eigentlichen Ebenen zu unterscheiden. Diese müssen Sie auch speziell anlegen, aber dazu kommen wir später.

In Illustrator gibt es zwei Arten von Ebenen: die (Haupt-)Ebenen, mit denen Sie ganze Objektkategorien wie den erwähnten Fahrradrahmen übereinanderlegen, und die Unterebenen. Bei diesen kann es sich um weiter untergeordnete Ebenen handeln oder um eine Auflistung aller einzelnen Objekte, die sich auf einer Ebene befinden.

Ein Objekt besteht immer aus mindestens einem Pfad (siehe Kapitel 2, »Pfade«). Dieser kann eine Kontur haben, eine Fläche oder Effekte. Sind die Flächen und Konturen deckend, können Sie nicht hindurchsehen. Sind sie transparent, scheint oder wirkt alles, was unter ihnen liegt, entsprechend dem Grad und der Art der Transparenz mehr oder weniger durch. Haben Ihre Objekte Löcher, wie das »O« in einer Schrift zum Beispiel, können Sie durch diese Löcher alles sehen, was darunterliegt – bis zur nächsten voll deckenden Fläche. Überall dort, wo kein Objekt die Sicht versperrt, sehen Sie bis zur Zeichenfläche.

▲ **Abbildung 6.3**
Die Pfadansicht verrät die Menge der Einzelobjekte am besten.

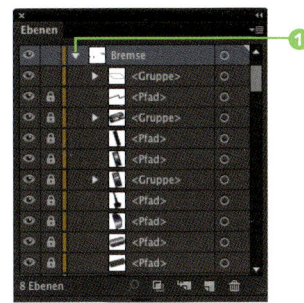

▲ **Abbildung 6.4**
Auf der Ebene »Bremse« liegen zig Einzelobjekte und Objektgruppen. Sie sind zu sehen, wenn man die Ebene aufklappt ❶.

◄ **Abbildung 6.5**
Überschneiden sich die Objekte nicht, sieht man auch nicht, dass sie eigentlich übereinanderliegen, also gestapelt sind.

6.2 Das Ebenen-Bedienfeld

Der Dreh- und Angelpunkt des Arbeitens mit Ebenen ist das Ebenen-Bedienfeld. Es wirkt zunächst unscheinbar, hat es aber in sich!

Mit einem Doppelklick auf den Ebenennamen ❹ können Sie
eine Ebene umbenennen. Wenn Sie rechts neben den Namen in
das leere Feld ❺ klicken, gelangen Sie zu den Ebenenoptionen,
wo Sie ebenfalls die Möglichkeit haben, die Ebene zu benennen
(siehe Abbildung 6.12). Dort können Sie Ihren Ebenen Farbetiketten geben, um auch farblich Struktur in Ihre Datei zu bringen. Die
Hervorhebung der Pfade wird dann ebenfalls in den Farben Ihres
Ebenenetiketts angezeigt.

Abbildung 6.6 ▶
Geben Sie Ihren Ebenen sinnvolle Namen – in der Ebene
selbst oder den Ebenenoptionen.

▲ **Abbildung 6.7**
Sie versuchen, auf einer
gesperrten Ebene zu zeichnen.

▲ **Abbildung 6.8**
Auch Einzelobjekte können
in den Ebenen mit einem
Doppelklick auf den Namen
benannt werden, um sie später leichter wiederzufinden.

Wenn Sie nur an einer Kategorie von Objekten arbeiten, also auf
einer bestimmten Ebene, können Sie die anderen Ebenen sperren
❷. Die Objekte auf den gesperrten Ebenen sind nicht mehr zu
aktivieren und anzufassen. Damit verhindern Sie, dass Sie sie aus
Versehen verschieben. Ein Klick in das Augen-Symbol ❶ blendet
die Ebene und ihre Objekte sogar ganz aus. Das Dreieck ❸ vor
dem Ebenen-Icon öffnet die Sicht auf die Unterebenen, d.h. die
Auflistung der Objekte auf dieser Ebene.

Haben Sie ein Objekt markiert, wollen Sie es vielleicht in Ihrer
Ebenenstruktur finden, um es eventuell auszublenden, zu sperren
oder an eine andere Position zu schieben. Das Lupensymbol ❾
zeigt das Objekt in den Ebenen für Sie an.

Sie können ausgewählte Objekte zu einer **Schnittmaske** ❿
machen. Das oberste Objekt dieser Ebene dient dann als die

Schnittmaske, und alle darunterliegenden Objekte (dieser Ebene) werden in das obere eingesetzt und sind außerhalb dieses Objekts nicht mehr sichtbar (Abbildung 6.9).

Mit dem Symbol ⑪ erzeugen Sie in einer (Haupt-)Ebene eine neue Unterebene und hiermit ⑫ eine neue Ebene. Mit dem Papierkorb ⑬ können Sie im Ebenen-Bedienfeld ausgewählte Objekte oder ganze Ebenen löschen. Ein Klick auf das Quadrat ⑦ wählt alle Objekte dieser Ebene aus. Achtung: Die Zielauswahl selbst ⑥ aktiviert zwar auch die auf dieser Ebene befindlichen Objekte, ist aber dafür bestimmt, das Aussehen dieser Ebene (bzw. seiner Objekte) grundsätzlich zu bestimmen. Und die Hervorhebung mit der weißen Ecke ⑧ zeigt Ihnen, auf welcher Ebene Sie gerade arbeiten.

6.3 Mit Ebenen arbeiten

Das Arbeiten mit Ebenen soll Ihnen helfen, Ihre Illustrationen zu sortieren, zu strukturieren und den Überblick zu behalten. Dafür aber müssen Sie sie auch sinnvoll anwenden. Einige Anwender meinen es zu gut, legen für fast jedes Objekt eine eigene Ebene an und finden sich am Ende nicht mehr in ihrem Dokument zurecht. Auch hier kommt es auf das richtige Maß an.

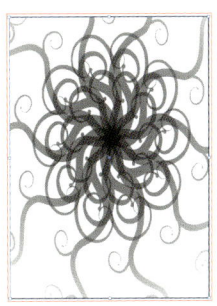

▲ **Abbildung 6.9**
Oben: Die Objekte ragen über den oben liegenden Rahmen hinaus. Eine Schnittmaske fügt sie in diesen Rahmen ein (unten).

◄ **Abbildung 6.10**
Eine Datei sollte ausreichend viele Ebenen haben. Wie viele, hängt vom Thema und von Ihrer Arbeitsweise ab. Oben sehen Sie die Struktur der Lautsprecherbox, unten die des Fahrrads.

▲ **Abbildung 6.11**
Wollen Sie nur an dem Rahmen arbeiten, stören all die anderen Objekte wie die Kette, Felgen und Speichen. Blenden Sie einfach alles andere aus.

Ebenen ausblenden

Sie können Ebenen, an denen Sie nicht arbeiten, einfach ausblenden. Sie sind dann nicht mehr zu sehen und versperren Ihnen nicht die Sicht auf die Objekte der Ebene, an denen Sie gerade arbeiten wollen. Logisch, dass sie dann ebenfalls nicht mehr zu aktivieren sind. Ein Klick in das Augen-Symbol blendet sie aus.

Ebenen erstellen und einrichten

Sie möchten mehr als nur eine Ebene haben? Klicken Sie entweder auf das Symbol für das Erstellen einer neuen Ebene am unteren Bedienfeldrand (NEUE EBENE ERSTELLEN), oder wählen Sie im Flyout-Menü NEUE EBENE… aus.

Die Ebenenoptionen

Mit einem Doppelklick neben den Namen der Ebene öffnen Sie die Ebenenoptionen. Diese bekommen Sie übrigens unmittelbar beim Anlegen einer Ebene, wenn Sie mit der ⌑Alt⌑-Taste auf das Symbol für eine neue Ebene klicken.

Abbildung 6.12 ▶
Die Ebenenoptionen steuern so wichtige Dinge wie Sichtbarkeit und Druckbarkeit.

In den Ebenenoptionen haben Sie Einstellmöglichkeiten, die das Aussehen oder Verhalten Ihrer Ebene steuern. Zunächst können Sie natürlich den NAMEN festlegen. Das ist sinnvoll, um schnell die richtige Ebene zu finden. Dazu sollte er aber auch aussagekräftig sein.

Als Zweites die FARBE: Sie können sie ganz nach Ihrem Geschmack festlegen, oder Sie nutzen die Ebenenfarben für die Übersicht, indem Sie zum Beispiel von unten nach oben hellere bis dunklere Farben wählen. Oder die Farben entsprechen dem Thema: Himmelebene = Blau, Textebene = Schwarz etc.

Wenn Sie bei Vorlage einen Haken setzen, sind die Objekte nicht druckbar, gesperrt, und die Pixelobjekte dieser Ebene werden aufgehellt dargestellt. In Abschnitt 4.2, »Interaktiv nachzeichnen und interaktiv malen«, erklärte ich den Sinn, wenn Sie z. B. Logos oder Skizzen nachzeichnen wollen.

Einblenden meint die Sichtbarkeit, ebenso wie das Augen-Symbol des Bedienfeldes. Vorschau dagegen stellt die Objekte dieser Ebene, wenn Sie den Haken wegnehmen, als Pfadansicht dar. Fixieren ist das Gleiche wie das Schloss-Symbol: Es sperrt die Ebene, sodass die Objekte auf ihr nicht mehr aktivierbar sind.

Drucken erlaubt das Drucken der Objekte oder verhindert es. Die Fotovorlage zum Beispiel, die Sie nur haben, um sich beim Zeichnen daran zu orientieren, wollen Sie ja gar nicht mitdrucken. Und dafür sorgen Sie hier.

Bilder abblenden auf: Sie bekommen die Möglichkeit, selbst zu steuern, wie stark Ihre Vorlage aufgehellt wird. Ist Ihre Vorlage sowieso schon recht schwach, gehen Sie weiter Richtung in 100 %. Ist Ihre Vorlage sehr dunkel und unruhig, sodass Sie Ihre eigene Zeichnung davor kaum erkennen können, geben Sie einen kleineren %-Wert ein; das Bild wird heller.

Objekte den Ebenen zuweisen

Wenn Sie ein Objekt auswählen, erkennen Sie, dass es aktiv ist, weil sein Begrenzungsrahmen oder seine Ankerpunkte angezeigt werden. Beides wird Ihnen in der jeweiligen Ebenenfarbe angezeigt. Außerdem erhält die Ebene, auf der sich das aktive Objekt befindet, noch das kleine Quadrat **1** in der sogenannten Auswahlspalte. Es steht stellvertretend für das bzw. für alle gerade ausgewählten Objekte.

◄ **Abbildung 6.13**
Jedes Quadrat in der rechten Spalte steht für ein oder mehrere aktive Objekte der entsprechenden Ebene.

Stimmt die Reihenfolge der Ebenen nicht, fassen Sie die Ebene mit der Maus an und ziehen sie an die richtige Position. Die Objekte auf den Ebenen stehen dann entsprechend richtig untereinander.

▲ **Abbildung 6.14**
Noch liegen die Zeiger der Uhr unter den Zahlen. Die Ebene »Zahlen« wird nun aber unter die »Zeiger« verschoben.

▲ **Abbildung 6.15**
Die Zeiger liegen jetzt in der Illustration und in den Ebenen über den Zahlen.

▲ **Abbildung 6.16**
Sie verschieben Objekte auf eine andere Ebene, indem Sie das Auswahl-Quadrat im Ebenen-Bedienfeld verschieben.

Haben Sie mehrere Objekte ausgewählt, die sich auf unterschiedlichen Ebenen befinden, bekommt jede Ebene, auf der sich ein ausgewähltes Objekt befindet, auch das kleine Quadrat in der Auswahlspalte. Möchten Sie, dass ein Objekt nun von einer Ebene zu einer anderen verschoben wird – es muss aktiviert sein –, schieben Sie das kleine Quadrat im Ebenen-Bedienfeld einfach mit der Maus zu der Ebene, auf der das Objekt liegen soll. Sie sehen nach dem Loslassen der Maus, dass auch der Begrenzungsrahmen und die Ankerpunkte ihre Farbe geändert haben – in die der neuen Ebene.

Objekte über die Ebenen auswählen

Bisher haben Sie, um ein Objekt auszuwählen, mit der Maus und einem der Auswahl-Werkzeuge darauf geklickt: auf seine Fläche, wenn es eine Flächenfarbe hat, ansonsten auf seinen Pfad. Doch auch das Ebenen-Bedienfeld gibt hierzu die Möglichkeit. Und das ist bei komplizierten Illustrationen ausgesprochen hilfreich.

Wenn Sie beim gewünschten Objekt in die Auswahlspalte ❶ klicken, **aktivieren** Sie es.

Mehrere Objekte können Sie auswählen, wenn Sie beim Klicken in die Auswahlspalte die ⇧-Taste halten. Möchten Sie das Objekt oder eine Gruppe im Ebenen-Bedienfeld auswählen, nicht aber das Objekt auf der Zeichenfläche aktivieren, klicken Sie nicht in die Auswahlspalte, sondern auf den Namen.

Liegen zwei Objekte direkt übereinander, können Sie natürlich auch auf der Zeichenfläche bei gedrückter Strg/⌘-Taste zweimal draufklicken und damit zum nächsten darunterliegenden Objekt »durchgreifen«; doch oft werden Sie über das Ebenen-Bedienfeld schneller zum Objekt kommen, wenn Sie es wie oben beschrieben in der Ebenenstruktur aktivieren.

Klappen Sie die Liste der Ebene auf, sehen Sie alle Objekte dieser Ebene. Sie können nun die **Reihenfolge** der Objekte ändern, indem Sie eines anfassen und über (oder unter) ein anderes schieben; oder Sie aktivieren eines, um es zu bearbeiten.

Manchmal gibt es auch **Objektgruppen** (wie in Abbildung 6.17 die gruppierten Digitalziffern), die noch einmal zusammengefasst sind. Jede Gruppe hat wieder ein Aufklappdreieck, um ihre Gruppenmitglieder preiszugeben, die dann wiederum auf gleiche Weise auswählbar sind.

Wenn Sie öfter auf ein bestimmtes Objekt zugreifen müssen, können Sie ihm auch einen Namen geben, um es schneller zu finden. Ein Doppelklick in seine Bezeichnung (z. B. »Pfad«) aktiviert den Namen. Sie können jetzt einen eigenen Namen eintippen.

▲ **Abbildung 6.17**
In der Ebenenstruktur können Sie die Ziffer »1« mit einen Klick auf die Auswahlspalte ❶ direkt auswählen.

▲ **Abbildung 6.18**
Geben Sie per Doppelklick im Ebenen-Bedienfeld Ihren Objekten oder Objektgruppen eigene Namen.

6.4 Schnittmasken über das Ebenen-Bedienfeld erstellen

Eine Schnittmaske bedeutet in Illustrator, dass ein Objekt in ein anderes eingefügt ist, sodass es nur innerhalb dieses Objektes zu sehen ist. Das Objekt, in das ein anderes eingefügt wird, verliert dabei all seine Farben und Konturen und dient somit nur noch als eine (Schnitt-)Maske.

Recht einfach erzeugen Sie so eine Schnittmaske über das Ebenen-Bedienfeld. Haben Sie eine Ebene oder Unterebene ausgewählt, ist das Bedienfeld-Symbol SCHNITTMASKE ERSTELLEN/ZURÜCKWANDELN ❶ auswählbar. Wenn Sie diesen Button anklicken, wird das oberste Objekt dieser Ebene zu einer Schnittmaske gemacht, und alle anderen Objekte derselben Ebene werden in das Maskenobjekt eingefügt und sind außerhalb dieses (obersten) Objekts nicht mehr sichtbar. Derselbe Button macht es übrigens auch wieder rückgängig.

Daher ist es sinnvoll, auf der entsprechenden Ebene dasjenige Objekt als letztes anzulegen (bzw. es ganz oben anzuordnen), in das alle untergeordneten Objekte hinein sollen. Über OBJEKT • ANORDNEN • IN DEN VORDERGRUND stellen Sie Objekte innerhalb einer Ebene ganz nach oben.

Schnittmaske ebenenunabhängig

Aktivieren Sie das Schnittmaskenobjekt und alle Objekte, die dort hinein sollen, und gehen Sie zu OBJEKT • SCHNITTMASKE • ERSTELLEN. An gleicher Stelle können Sie sie auch zurückwandeln.

Abbildung 6.19 ▶
Wenn Sie einen Rahmen in Größe der Zeichenfläche mit Beschnitt aufziehen (rechts oben) und in SCHNITTMASKE ERSTELLEN im Ebenen-Bedienfeld klicken, wird alles, was herausragt, ausgeblendet (rechts unten).

In der Pfadansicht sind die Pfade aller Objekte und auch die der Maske sichtbar und können mit dem Direktauswahl-Werkzeug (Ⓐ) ausgewählt werden.

Über das Ebenen-Bedienfeld ist es einfach, einzelne Objekte auszuwählen, denn auch die Objekte einer Schnittmaske werden aufgelistet. Das oberste der Objekte ist dann der »Zuschneidungspfad«, und alle nachfolgenden sind sein Inhalt.

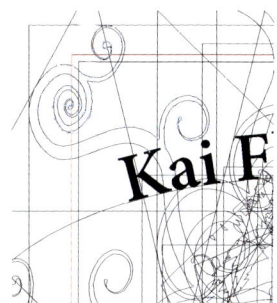

▲ **Abbildung 6.20**
In der Pfadansicht sehen Sie auch die Pfade außerhalb der Schnittmaske.

6.5 Ebenen und das Aussehen von Elementen

Wenn alle Objekte einer Ebene das gleiche Aussehen haben sollen, müssen Sie nicht allen diesen Objekten einzeln ein Aussehen zuweisen. Sie können es über das Zielsymbol (den kleinen Kreis) der Ebene tun. Ist die Zielspalte der Ebene aktiviert, sind auch alle Objekte dieser Ebene aktiv. Ändern Sie jetzt die Flächenfarbe, gilt das für alle Objekte – auch für die, die Sie später dieser Ebene hinzufügen.

Richtig gut ist diese Funktion aber erst im Zusammenhang mit Effekten. Denn wenn Sie der Ebene so einen Effekt zuweisen (zum Beispiel einen Schatten: EFFEKT • STILISIERUNGSFILTER • SCHLAGSCHATTEN), erhalten alle Objekte dieser Ebene diesen Schatten. Verschieben Sie später aber einzelne Elemente auf eine andere Ebene, verlieren diese auch den Schatten, denn dieser ist nur der Ebene zugeordnet, nicht dem Einzelelement. In der folgenden Schritt-für-Schritt-Anleitung wird dies deutlich.

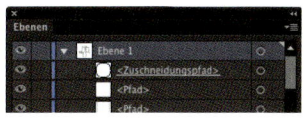

▲ **Abbildung 6.21**
Die Schnittmaske nennt sich in der Ebenenstruktur »Zuschneidungspfad«.

Umgebungsplan.ai

Schritt für Schritt
Ein Umgebungsplan mit Ebenen

1 Datei öffnen und Ebenen anlegen
Öffnen Sie die Datei »Umgebungsplan.ai«, und rufen Sie das Ebenen-Bedienfeld auf. Sie finden eine abgeschlossene Ebene vor. Auf dieser befindet sich Ihre Vorlage, nach der Sie nun den Umgebungsplan anlegen können. Legen Sie nun zunächst 6 Ebenen mit folgender Bezeichnung und Reihenfolge an: Hintergrund, Straßen, Sonstiges, Grünanlagen, Symbole und Schrift.

▲ **Abbildung 6.22**
Der fertige Umgebungsplan

▲ **Abbildung 6.23**
Die Ebenen des Umgebungs-
plans

Doch Sie brauchen noch verschiedene Ebenen für die unterschiedlichen Objektkategorien: Hintergrund, Straßen, Sonstiges,
Grünanlagen, Symbole und Schrift.

2   Straßen zeichnen

Um jetzt auf der richtigen Ebene zu arbeiten, klicken Sie einmal mit
der Maus auf die Ebene »Straßen«. Wählen Sie das Zeichenstift-
Werkzeug ([P]) ✐, schalten Sie die Flächenfarbe in der Werkzeugleiste auf OHNE, und geben Sie im Steuerung-Bedienfeld eine
schwarze Kontur von etwa 1 pt ein.

Nun zeichnen Sie alle Straßen (auch die Hauptstraßen) nach.
Bleiben Sie dabei immer in der Mitte der Straßen. Nachdem Sie
eine Straße nachgezeichnet haben, drücken Sie [↵], um für die
nächste Straße einen neuen Pfad zu beginnen. Zeichnen Sie so
jede Straße für sich mit allen Ecken und Kurven. Die Straßen werden sich überschneiden; das ist okay so.

Abbildung 6.24 ▶
Zeichnen Sie die Straßen ruhig
durch, sodass sie sich kreuzen.

▲ **Abbildung 6.25**
Das Aussehen der einzelnen
Straßen

▲ **Abbildung 6.26**
Aktivieren des Zielbuttons der
Straßenebene im Ebenen-
Bedienfeld

3   Aussehen der Stadtstraßenebene

Auf der Straßenebene haben Sie nicht viel mehr als Pfade. Das
soll sich ändern, indem Sie der Ebene ein spezifisches Aussehen
geben. Doch zuvor aktivieren Sie alle Straßen, indem Sie in den
Auswahlbutton der Straßenebene ganz rechts klicken, und geben
ihnen eine weiße Konturfarbe und eine Konturstärke von 3 pt ❶.

Im Aussehen-Bedienfeld wählen Sie im Flyout-Menü ❷ NEUE
KONTUR HINZUFÜGEN aus. Dies erzeugt eine zweite Kontur über
der ersten (nicht zu verwechseln mit dem Pfad; dieser bleibt,
wie er ist). Dies gilt nun für alles, was auf dieser Ebene zu liegen
kommt.

Im Symbol für die Konturfarbe ❸ wählen Sie Schwarz, und im Eingabefeld für die Konturstärke geben Sie »4 pt« ein. Wird Ihnen die Konturstärke voreinstellungsbedingt in Millimeter (mm) angezeigt, überschreiben Sie sie einfach mit »pt«. Der Wert wird für Sie umgerechnet. Nun müssen Sie nur noch KONTUR mit gedrückter Maustaste unter INHALT ziehen.

Ihre Straßen sind nun genial miteinander verbunden: Kreuzungen überschneiden sich, doch die schwarzen Outlines laufen außen herum!

▲ **Abbildung 6.27**
Das Aussehen der Ebene mit einer zusätzlichen schwarzen Kontur – unter dem »Inhalt«, also den einzelnen Straßen

◄ **Abbildung 6.28**
Um die Straßen herumlaufende (extra) Konturen

4 Aussehen der Hauptstraßen

Aktivieren Sie mit dem Direktauswahl-Werkzeug (A) ▶ die Hauptstraßen, und geben Sie den Konturen ein ansprechendes Orange.

Sollten die weißen Nebenstraßen in die orangefarbenen Hauptstraßen hineinlaufen, ordnen Sie die Hauptstraßen ganz im Vordergrund an (OBJEKT • ANORDNEN • IN DEN VORDERGRUND).

▲ **Abbildung 6.29**
Die Hauptstraßen verbinden sich mit den Nebenstraßen.

5 Bahnlinie erstellen

Auf der Ebene »Sonstiges« (aktivieren Sie sie mit einem Klick im Ebenen-Bedienfeld) zeichnen Sie jetzt mit dem Zeichenstift-Werkzeug (P) ✎ in Schwarz die Bahnlinie ein und setzen diese im Kontur-Bedienfeld auf GESTRICHELTE LINIE, indem Sie dort Werte für den Strich und seine Lücke eingeben ❹.

6 Symbole ergänzen

Als nächstes aktivieren Sie die Ebene »Symbole«. Am unteren Rand des Symbole-Bedienfelds gelangen Sie zu den SYMBOL-BIBLIOTHEKEN. Dort finden Sie auch die Bibliothek KARTEN, in der

▲ **Abbildung 6.30**
Die gestrichelte Linie für die Bahn

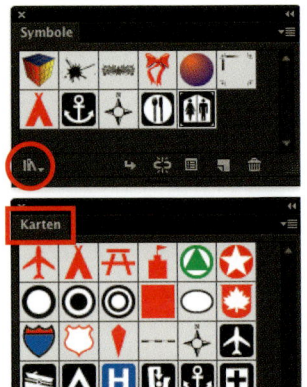

▲ **Abbildung 6.31**
Illustrator bietet Ihnen Symbole, die zum Umgebungsplan passen.

passende Symbole für Ihre Karte zu finden sind. Ziehen Sie die Symbole auf Ihre Zeichenfläche und passen Sie sie in der Größe an.

7 Grünflächen

Nun aktivieren Sie die Ebene »Grünanlagen« und zeichnen Rasen, Parkanlagen oder Seen mit dem Zeichenstift-Werkzeug ((P)) ✍ ein.

Mit dem Auswahl-Werkzeug ((V)) ▣ aktivieren Sie eine Grünfläche. Am unteren Rand des Farbfelder-Bedienfelds gelangen Sie zu den Farbbibliotheken. Wählen Sie hier MUSTER • EINFACHE GRAFIKEN • EINFACHE GRAFIKEN _ STRUKTUREN. Suchen Sie sich eine Struktur aus und klicken Sie doppelt auf sie. Das ausgesuchte Muster finden Sie jetzt auch im Farbfelder-Bedienfeld.

Abbildung 6.32 ▶
Strukturen als Farbfelder

Rufen Sie nun das Aussehen-Bedienfeld auf und fügen Sie dort über das Flyout-Menü eine neue Fläche hinzu. Wenn Sie hier der unteren Fläche des Rasens Grün zuweisen und der neu angelegten, oberen die eben ausgewählte Struktur, erhalten Sie einen strukturierten Rasen. Passen Sie zuletzt noch die Konturenfarbe der Grünfläche an.

Abbildung 6.33 ▶
Obere Fläche mit Struktur ❶, untere mit grüner Farbe ❷

8 Straßennamen anlegen

Auf Ihrer Ebene für die Straßennamen (Ebene »Schrift«) klicken
Sie mit dem Text-Werkzeug (T) T einmal auf die Zeichenfläche.
Der Textcursor fängt an zu blinken, und Sie können einen Stra-
ßennamen eintippen. Markieren Sie den eingegebenen Namen
und formatieren Sie die Schrift. Dazu wählen Sie im Steuerung-
Bedienfeld eine Schriftart und eine Schriftgröße aus.

◀ **Abbildung 6.34**
Schriftart, -schnitt und -größe
auswählen

Wählen Sie nun das Auswahl-Werkzeug ▶ (V) aus. Wenn Sie
mit dem Cursor einer Ecke des Begrenzungsrahmens der Schrift
nahekommen, erscheint ein kleiner Doppelpfeil, mit welchem Sie
den Text in die Richtung drehen können, in die Ihre Straße läuft.
So gehen Sie bei jeder Straße vor, die Sie benennen wollen.

▲ **Abbildung 6.35**
Drehen Sie Ihre Beschriftung
in Richtung der Straße, zu der
sie gehört.

9 Hintergrund und Schnittmaske

Auf der Ebene »Hintergrund« ziehen Sie nun mit dem Rechteck-
Werkzeug (M) ▦. ein großes Rechteck in Größe Ihrer Zeichenfläche auf und weisen ihm die Flächenfarbe Grau zu.

Da einige Elemente über den Rand der Karte hinausragen,
legen Sie nun zum Schluss noch eine weitere Ebene ganz oben an.
In diese Ebene ziehen Sie alle anderen Ebenen gemeinsam hinein.
Aktivieren Sie die einzelnen Ebenen dazu im Ebenen-Bedienfeld
mit der ⇧-Taste.

◀ **Abbildung 6.36**
In die neue Ebene (»Ebene 8«)
verschobene Ebenen und der
Rahmen (»Pfad«) für die
Schnittmaske als oberstes
Element

Und wieder ziehen Sie über alles ein großes Rechteck in der Größe
der Zeichenfläche auf, in welchem die Karte noch sichtbar sein
soll. Achten Sie darauf, dass wirklich die oberste Ebene aktiv ist!

Nun brauchen Sie nur noch auf das Schnittmaskensymbol im Ebenen-Bedienfeld klicken und alles Überstehende ist ausgeblendet. Das Ergebnis unserer Arbeit kann sich wirklich sehen lassen.

Abbildung 6.37 ▶
Überstehende Elemente auf
der Karte

▲ **Abbildung 6.38**
Schnittmasken-Symbol im
Ebenen-Bedienfeld

Das Ergebnis unserer Arbeit kann sich wirklich sehen lassen.

Abbildung 6.39 ▶
Der fertige Umgebungsplan

Muster, Pinsel und Symbole

Von der Zeichnung zu den Bildern

- ▸ Was sind Muster, und wo sind sie zu finden?
- ▸ Wie lassen sich Muster generieren und anwenden?
- ▸ Wie werden Muster transformiert?
- ▸ Wie arbeitet man effektiv mit Pinseln?
- ▸ Was verbirgt sich hinter dem unscheinbaren Breitenwerkzeug?
- ▸ Was macht man mit dem Tropfenpinselwerkzeug?
- ▸ Wie werden Symbole in Illustrator angewendet?
- ▸ Wie erzeugt man selbst spannende Symbole?

7 Muster, Pinsel und Symbole

In diesem Kapitel möchte ich Sie in die Welt der Muster, Symbole und Pinsel von Adobe Illustrator einführen. Ich zeige Ihnen auch, dass Sie mit dem Programm nicht nur schnöde Linien oder Konturen zeichnen können, sondern vielfältige Pinsel zur Verfügung haben.

Abbildung 7.1 ▼
Die vielen Musterbibliotheken Illustrators, jeweils als Beispiel auf T-Shirts angewandt

Bei allen drei Gestaltungsmitteln/Werkzeugen können Sie entweder auf die sehr umfangreichen Bibliotheken zugreifen, die Ihnen sehr viele Symbole, Muster und Pinsel anbieten, oder Sie erzeugen sich ganz eigene.

7.1 Muster

Was sind Muster überhaupt? Ein Muster ist eine Gruppe von Elementen, die auf ein Objekt angewandt wird, wobei die Elemente nicht jedes Mal neu und einzeln gezeichnet werden müssen. Stellen Sie sich vor, Sie müssten ein gepunktetes Objekt erzeugen und jeden Punkt einzeln zeichnen. Eine riesige Menge von Einzelobjekten käme da zusammen. Wenn Sie diese auch noch verändern müssten, hätten Sie anschließend keine Lust mehr, weiterzuarbeiten.

Deshalb gibt es Muster als Funktion. Ist das Muster erst einmal kreiert und als solches definiert, können Sie es auf beliebige Objekte anwenden. Aber es besteht nur ein einziges Muster im Hintergrund. Illustrator erzeugt nur weitere Instanzen davon, und die Datenmenge bleibt klein. Verändern müssen Sie bei Bedarf nur das Muster, nicht Hunderte von einzelnen Elementen.

▲ **Abbildung 7.2**
Nicht jeder Punkt hier ist ein einzelnes Objekt; es ist als Ganzes *ein* Muster.

Wo gibt es Muster?

Muster sind eine Form der Farbfelder. Öffnen Sie also das Farbfelder-Bedienfeld, und scrollen Sie in Ihrer Liste ganz nach unten. Dort finden Sie Farbfelder, die Muster enthalten. Wenn Sie das Bedienfeld-Symbol Farbfeldarten einblenden 🔳 ② auswählen, können Sie die Anzeige der Farbfelder auf Muster beschränken, um diese besser auffinden zu können.

◄ **Abbildung 7.3**
Die Muster in den Farbfeldern in der Ansicht »Große Miniaturen«

Im Farbe-Bedienfeld sehen Sie nur dann ein Muster, wenn es in den Farbfeldern ausgewählt ist oder wenn ein Objekt mit Musterfüllung aktiv ist. Hier können Sie keine Muster auswählen.

Das Farbfeldbibliotheken-Symbol 🔳 ① des Farbfelder-Bedienfelds ist der Button Ihrer Wahl, denn Illustrator speist Sie nicht mit den paar Mustern ab, die schon in den Farbfeldern liegen. Navigieren Sie dort zu Muster • Dekorativ/Einfache Grafiken/

Natur. Hinter jeder dieser drei Auswahlen liegen wieder mehrere Musterbibliotheken.

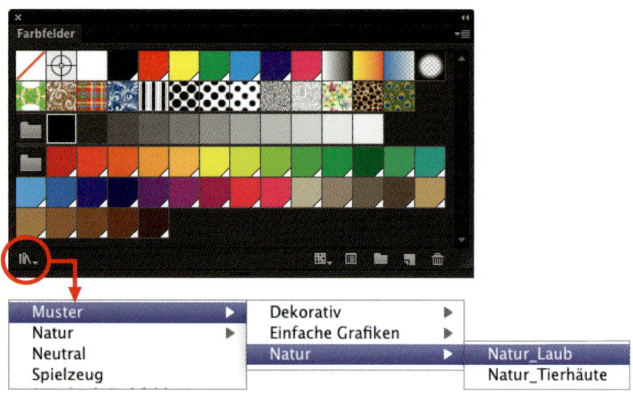

Abbildung 7.4 ▶
Rufen Sie eine Muster-Biblio-thek auf. Sie wird in einem eigenen Bedienfeld angezeigt.

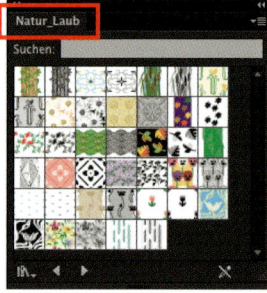

Wenn Sie eine Musterbibliothek auswählen, erhalten Sie ein wei-teres Bedienfeld, das die Muster-Farbfelder als Liste oder Miniatur anzeigt, je nachdem, was Sie im Flyout-Menü auswählen. Sieben Bibliotheken gibt es für Sie schon – von Strukturen über dekora-tive Muster bis hin zu Naturformen.

Muster zuweisen

Das Zuweisen eines Musters zu einem Objekt ist ganz einfach. Es funktioniert genauso, wie Sie eine »normale« Farbe aus den Farbfeldern zuweisen: Ist ein Objekt aktiv, reicht ein Klick in ein Muster-Farbfeld. Ist es nicht aktiv, ziehen Sie ein Muster einfach auf seine Fläche. Seien Sie hierbei vorsichtig: Treffen Sie aus Verse-hen die Kontur, erhält diese das Muster. Korrigieren Sie es, indem Sie Konturfarbe und Flächenfarbe tauschen: Drücken Sie bei akti-vem Objekt ⇧+X.

▲ **Abbildung 7.5**
Sie können ein Muster einfach in die Fläche des Objekts ziehen oder auf das Musterfeld klicken, wenn das Objekt aktiv ist.

▲ **Abbildung 7.6**
Vorsicht: Es können auch Konturen mit einem Muster versehen werden.

Muster transformieren

Nun entspricht die Größe einer Musterung vielleicht nicht immer dem Objekt, dem das Muster zugewiesen wurde. Sie müssen sowohl die Größe als auch die Ausrichtung des Musters ändern, womit wir wieder beim Transformieren-Bedienfeld sind (siehe auch Abschnitt 3.3, »Objekte transformieren«).

Entscheidend ist, was Sie im Flyout-Menü eingestellt haben. Soll das ganze Objekt inklusive seines Musters transformiert werden, nur das Muster oder nur das Objekt ohne Muster?

Fast genauso wichtig ist, ob Sie die Kette geschlossen haben ❹. Wenn ja, verzerrt sich das Muster nicht; sein Breiten- und Höhenverhältnis bleibt erhalten.

▲ **Abbildung 7.7**
Mustergrößen können dem Objekt angepasst werden.

▲ **Abbildung 7.9**
Flyout-Menü des Transformieren-Bedienfeldes: Hier bestimmen Sie, was transformiert werden soll.

◄ **Abbildung 7.8**
Ungleichmäßige Transformation mit gebrochener Kette ❹. Die Kreise des Stiftes würden zu Ellipsen.

Wenn Sie im Flyout-Menü aber NUR MUSTER TRANSFORMIEREN angehakt haben, wird Ihnen das Warndreieck ❺ angezeigt. (Ein

▲ **Abbildung 7.10**
Gleichmäßige Größenskalie-
rung mit geschlossener Kette
(Mitte) und mit Skalierung
nur in der Höhe (unten).

Klick auf auf dieses Dreieck ändert die Einstellung wieder in BEI-
DES TRANSFORMIEREN).

Haben Sie sich für NUR MUSTER TRANSFORMIEREN entschieden,
legen Sie die x-y-Position des Musters fest ❷ (Abbildung 7.8), verschieben es also innerhalb seines Objekts. Welcher Bezugspunkt
dafür zurate gezogen wird, entscheiden Sie auch noch ❶. Meist
ändern Sie in erster Linie die Größe des Musters ❸ mit Breite und
Höhe.

Möchten Sie ein Muster DREHEN ❻ oder VERBIEGEN ❾? Geben
Sie numerisch den Winkel ein. Oder soll es, weil Sie fürs Web
zeichnen, am Pixelraster ausgerichtet sein? Setzen Sie einen Haken
bei ❽. Ob Konturen und Effekte mittransformiert werden ❼, ist
für die Mustertransformation nicht wichtig.

Muster selbst erstellen

Es ist zwar sehr praktisch, auf eines der zahlreichen Muster von
Illustrator zuzugreifen, aber Sie können auch mühelos selbst welche erstellen. Nehmen Sie dazu ein Objekt oder eine Objektgruppe, und ziehen Sie das jeweilige Element einfach in Ihr Farbfelder-Bedienfeld. Das zumindest ist die einfachste Art. Und nun
können Sie es auf jedes beliebige Objekt anwenden.

Abbildung 7.11 ▶
Ein Objekt, das Sie in die
Farbfelder ziehen, ergibt ein
Musterfarbfeld, das wiederum
auf andere Objekte angewen-
det werden kann.

Sie sehen, dass Ihr Muster, wenn es auf so einfache Weise erzeugt
wird, die einzelnen Musterelemente direkt neben- und über-

einander anordnet. Das ist nicht immer schlecht oder langweilig, doch erzeugen Sie so sehr schnell »Kachelungen«.

Wie aber kriegen Sie es hin, dass sich keine Kacheln bilden? Was müssen Sie tun Sie, damit die Einzelobjekte einen Abstand zueinander haben?

Aktivieren Sie das Objekt, aus dem Sie ein Muster kreieren möchten, und rufen Sie unter FENSTER • MUSTEROPTIONEN auf, oder doppelklicken Sie, wenn es bereits als Muster vorhanden ist, auf das Musterfarbfeld.

▲ **Abbildung 7.12**
Das Prinzip dieser einfachen Musterbildung

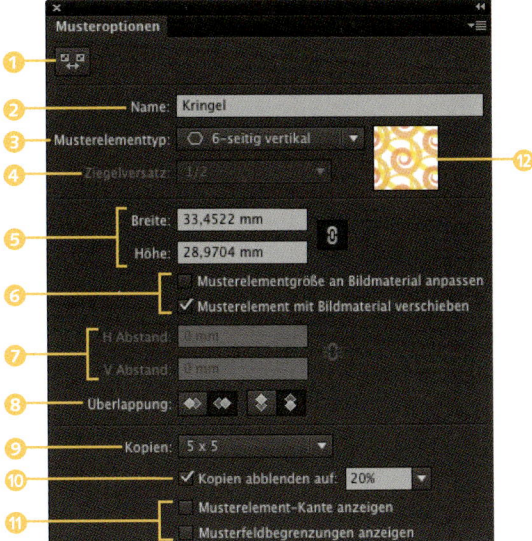

◀ **Abbildung 7.13**
Sie können die MUSTEROPTIO-NEN auch durch Doppelklick auf das Musterfarbfeld aufrufen.

Geben Sie Ihrem Muster einen Namen ②, und wählen Sie einen MUSTERELEMENTTYP ③. Dieser legt fest, wie die Einzelelemente zueinander angeordnet werden sollen. Haben Sie beim Typ HORIZ. VERSATZ oder VERT. VERSATZ ausgewählt, können Sie unter ZIEGELVERSATZ bestimmen, wie sehr die einzelnen Reihen zueinander versetzt werden sollen ④. Die Farbfeld-Vorschau ⑫ zeigt Ihnen in klein an, wie das Muster später aussehen wird, doch sehen Sie es besser auf Ihrer Zeichenfläche.

▲ **Abbildung 7.14**
Musterelementtypen

Mit der Breite und Höhe ⑤ steuern Sie, ob sich die Elemente überschneiden (kleinerer Wert) oder »gekachelt« nebeneinander liegen (größerer Wert) (siehe Abbildung 7.15). Auch hier finden Sie wieder das Kettensymbol, um Breite und Höhe im proportionalen Verhältnis skalieren zu können.

▲ **Abbildung 7.16**
Wer überschneidet wen? Das regeln Sie mit der ÜBER-LAPPUNG.

Die nächsten beiden Checkboxen ❻ (Abbildung 7.13) bringen die Musterkreation in Abhängigkeit zum Ausgangsobjekt (Bildmaterial). Entsprechend können Sie dann auch den horizontalen und vertikalen Abstand ❼ der Elemente zueinander numerisch bestimmen.

Welche Reihe der Elemente welche überscheidet, bestimmen Sie mit den Buttons ÜBERLAPPUNG ❽.

Die Menge der KOPIEN ❾ spricht für sich. Missverständlich ist aber das Abblenden ❿, weil dies nur zur Ansicht beim Kreieren der Muster dient, so wie auch das Anzeigen der Musterelement-Kante und der Musterbegrenzungen ⓫ nur beim Gestalten helfen soll. Jedoch können Sie mit dem Musterelement-Werkzeug ❶ auch an Ihrem Element arbeiten und so zu interessanten Ergebnissen kommen (Abbildung 7.18). Überhaupt ist hierbei Ihr Spieltrieb gefragt, weil vieles mehr durch Ausprobieren entstehen wird als durch meine Erklärungen.

Verlassen Sie die Musteroptionen wieder, indem Sie auf den Pfeil links oben an Ihrer Zeichenfläche klicken.

▲ **Abbildung 7.17**
Verlassen oder Abbrechen der Musteroptionen

▲ **Abbildung 7.18**
Wenn Sie mit dem Musterelement-Werkzeug ❶ (Abbildung 7.13) die Grundform des Typs verändern, ändert sich auch die Musteranordnung.

Möchten Sie übrigens, dass die sich überschneidenden Musterelemente **transparent** sind, aktivieren Sie mit dem Auswahl-Werkzeug das Ausgangsobjekt und verringern im Transparenz-Bedienfeld die Deckkraft.

▲ **Abbildung 7.19**
Links: Augewähltes Ausgangsobjekt. Mitte: Verringern der Deckkraft.
Rechts: Muster mit Transparenzen.

Möchten Sie aber ein ganz eigenes **unregelmäßigeres Muster** kreieren, das trotzdem nicht so gekachelt aussieht, ziehen Sie einen quadratischen Rahmen auf, der weder Kontur- noch Flächenfarbe hat und legen über (!) diesen Rahmen die Elemente, die zum Muster werden sollen. Wenn Sie nun die Elemente und den Rahmen in die Farbfelder ziehen, entsteht ein Muster, das sehr individuell sein kann.

Unsichtbares Rechteck

Wenn Ihr Rechteck weder eine Flächennoch eine Konturfarbe hat, ist es auch nicht sichtbar. In der Pfadansicht jedoch zeigt es seinen Pfad (und natürlich wenn es aktiviert ist).

▲ **Abbildung 7.20**
Wichtig: Der unten liegende Rahmen darf weder Flächennoch Konturfarbe haben.

◄ **Abbildung 7.21**
Ihre unregelmäßige Musterkreation mit farblosem Rahmen unter (!) den Elementen erzeugt ein spannendes Muster.

T-Shirt.ai

Schritt für Schritt
Ein Modeentwurf per Muster

1 Datei öffnen

Ich habe für Sie eine Datei vorbereitet (»T-Shirt.ai« auf der Buch-DVD). Sie finden dort ein T-Shirt auf zwei Ebenen verteilt: Eine Ebene ist für die Schattierungen bestimmt und eine für die Muster selbst, die nun kreiert werden sollen, denn weiße T-Shirts sind recht langweilig.

▲ **Abbildung 7.22**
Ein weißes T-Shirt, noch ganz »blanco«

2 Muster anwenden

Im Farbfelder-Bedienfeld klicken Sie auf MUSTERFELDER EINBLENDEN ❶. Die Liste der Felder ist sehr überschaubar. Also nehmen Sie erst mal eines der zwei Felder und weisen es dem T-Shirt per Drag & Drop zu.

Abbildung 7.23 ▶
Ziehen Sie ein Muster mit der Maus in das T-Shirt.

▲ Abbildung 7.24
Im Steuerung-Bedienfeld werden immer *alle* Farbfelder angezeigt.

Wollen Sie dem Kragen zum Beispiel eine Farbe und kein Muster zuweisen, obwohl im Farbfelder-Bedienfeld ja nur Muster zu sehen sind, erledigen Sie dies im Steuerung-Bedienfeld; dort sind immer alle Farbfelder zu sehen.

3 Muster transformieren

Wählen Sie mit dem Direktauswahl-Werkzeug (A) das T-Shirt aus oder mit der ⬦-Taste auch den Kragen dazu.

Öffnen Sie das Transformieren-Bedienfeld, und setzen Sie im Flyout-Menü den Haken bei NUR MUSTER TRANSFORMIEREN. Jetzt können Sie bei Breite oder Höhe andere Werte eingeben, oder – besser noch – Sie markieren den derzeitigen Wert und drücken nur die ↑- bzw. ↓-Taste. Sie können die Änderungen so live mitverfolgen. Drehen oder verbiegen Sie das Muster auch einmal. Leider wird nach DREHEN und VERBIEGEN immer wieder die »0« angezeigt.

▲ Abbildung 7.25
Transformieren des Musters

4 Eigenes Muster kreieren

Nichts gegen das Pyjama-Muster, aber irgendwie wäre ein anderes Muster vielleicht cooler. Zeichnen Sie etwas, das Ihnen gefällt, und greifen Sie dabei ruhig auf die Symbole (FENSTER • SYMBOLE und SYMBOL-BIBLIOTHEK ÖFFNEN im Flyout-Menü) zurück.

Wie wär's mit einer Kreation aus Flecken (aus den Standard-Symbolen von Illustrator)? Ziehen Sie sie einfach auf die Zeichenfläche und von da in das Farbfelder-Bedienfeld und von dort wieder aufs T-Shirt. Das übriggebliebene Muster-Symbol auf der Zeichenfläche können Sie jetzt getrost löschen.

▼ **Abbildung 7.26**
Von den Symbolen auf die Zeichenfläche und in die Farbfelder

Mit einem Doppelklick auf das neue Musterfeld gelangen Sie zu den Musteroptionen. Dort können Sie ein bisschen herumspielen, bis es passt.

◄ **Abbildung 7.27**
Musteroptionen für das neue Flecken-Muster

▲ **Abbildung 7.28**
Deckkraftreduktion

Jetzt reduzieren Sie noch im Transparenz-Bedienfeld die Deckkraft und wählen im Farbfelder-Bedienfeld (oder über das Steuerung-Bedienfeld) eine schmucke Farbe …

… und fertig ist Ihre Kreation!

Abbildung 7.29 ▶
Nicht gerade punkig, aber eigen und schnell gemacht.

5 Variationen anlegen

Gehen Sie im Flyout-Menü des Zeichenflächen-Bedienfelds auf ZEICHENFLÄCHEN DUPLIZIEREN, und kreieren Sie weitere T-Shirt-Variationen für Ihre Kollektion.

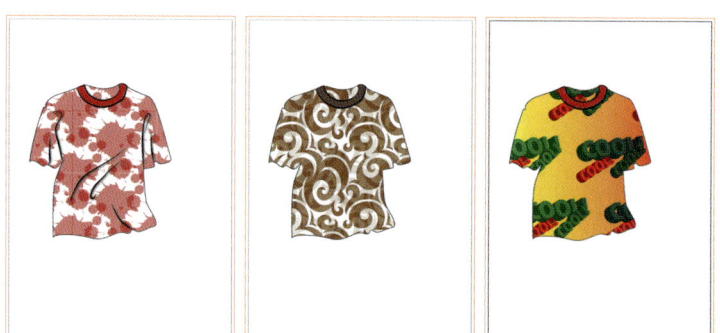

Abbildung 7.30 ▶
Eine Kollektion ist im Handumdrehen zusammengestellt.

7.2 Pinsel

Um mit Pinseln gut arbeiten zu können, müssen Sie zunächst verstehen, was bei den Pinselfunktionen im Hintergrund passiert. Denn Pinsel in Illustrator als einem Vektorprogramm machen etwas anderes als der Pinsel im Tuschkasten.

Mit dem Pinsel-Werkzeug (B) zeichnen Sie zunächst einmal Pfade, wie Sie es auch mit anderen Werkzeugen in Kapitel 2,
»Pfade«, getan haben. Die Kontur des Pinselstrichs hingegen
bekommt ein Aussehen. Jenes Aussehen simuliert dann zum Beispiel einen klassischen Pinselstrich. Der Pfad bleibt dabei unangetastet, egal wie der Pinselstrich aussieht.

▲ **Abbildung 7.31**
Ein Pinselstrich ist auch nur
ein Pfad (oben), der ein Aussehen bekommen hat.

▲ **Abbildung 7.32**
Der Borstenpinsel besteht letzt-
lich aus verschiedenen transparenten Flächen, die sein Aussehen
simulieren. Oben: Pfad; Mitte:
Pinselstrich; unten: Aussehen
umgewandelt.

▲ **Abbildung 7.33**
Unterschiedlichste Designs sind für
einen Pinselstrich vorstellbar. Er bleibt
trotzdem immer nur ein Pfad.

Wenn die Kontur aber nur ein Aussehen darstellt, kann ein Pinselstrich alles Mögliche sein: ein Ornament, ein Pfeil etc.

Pinsel auswählen

Meistens werden Sie sich bei den Pinseln wohl auch für das Pinsel-
Werkzeug (B) entscheiden, wobei ein Pinselaussehen auch
auf Pfade angewendet werden kann, die mit anderen Werkzeugen
erzeugt wurden! Das Pinsel-Werkzeug verhält sich beim Arbeiten
aber am ähnlichsten zu dem normalen Pinsel aus Holz und Haar.
Wenn Sie dann noch über ein Grafiktablett verfügen, fühlt es sich
auch fast so an. Mehr noch: Illustrator erkennt bei guten Tabletts beim Pinsel die Neigung, den Druck und bei neueren Tabletts
auch die Drehung des Stiftes.

Öffnen Sie das Pinsel-Bedienfeld, und wählen Sie dort eine Pinselspitze ❶ aus (Abbildung 7.34).

Wenn Sie nun mit dem Pinsel-Werkzeug eine Linie zeichnen,
erhält diese das Aussehen des Pinsels. Zeichnen Sie mit anderen

Pfadwerkzeugen, müssen Sie nachträglich (bei aktivem Pfad) auf eine der Pinselspitzen im Bedienfeld klicken, um deren Aussehen zuzuweisen.

Abbildung 7.34 ▶
Die Standardpinsel des Pinsel-Bedienfelds

▲ **Abbildung 7.35**
Hinter jeder der Pinsel-Bibliotheken verbirgt sich eine kleine Welt, die Ihnen das Leben leichter machen möchte.

▲ **Abbildung 7.36**
Pinsel können ein sehr unterschiedliches Aussehen haben, je nach Ziel und Stil.

Ihnen reicht die Auswahl der Pinselspitzen nicht? Gut, am unteren Bedienfeldrand finden Sie wie immer Symbole, die Sie schnell zu den gewünschten Funktionen bringen, ohne dass Sie über das Flyout-Menü gehen müssen. Als Erstes finden Sie die Pinsel-Bibliotheken ❸. Navigieren Sie hier im Dropdown-Menü zu einer der vielen Bibliotheken.

Mit dem Button Pinselkontur entfernen ❹ löschen Sie nicht den Pfad, sondern nur sein Pinselaussehen, während Sie mit dem Button Optionen für ausgewähltes Objekt ❺ das Aussehen und Verhalten eines Pinselstriches nachträglich ändern.

Dass Sie mit Neuer Pinsel ❻ selbst einen Pinsel kreieren, ist klar. Meist nehen Sie dafür ein aktives Objekt oder eine Objektgruppe, die zum Pinsel werden soll. Doch auch das obligatorische Papierkorb-Symbol ❼ ist wichtig, denn Sie werden bestimmt immer wieder verschiedene Pinsel ausprobieren, die dann alle, auch ungenutzt, im Bedienfeld herumliegen. Die, die Sie aber nutzen, können Sie hier schnell auswählen – mit einem einfachen Klick in eine der Pinselvorschauen ❷.

Pinsel modifizieren

Sie können die Pinsel so benutzen, wie sie aus dem Bedienfeld kommen, oder Sie basteln sie sich noch so zurecht, wie es der Arbeit, die Sie verrichten, angemessen erscheint.

Es gibt drei Einstellmöglichkeiten zum Modifizieren des Pinsels:

▶ Nur die Pinsel-Optionen für ein aktiviertes Objekt ändern

▶ Pinsel grundsätzlich verändern

▶ Verhalten des Pinsel-Werkzeugs verändern

Sie haben schon einen Pinselstrich ausgewählt und klicken im Pinsel-Bedienfeld auf Optionen für ausgewähltes Objekt ⑤ und verändern so lediglich **das aktivierte Objekt**. Es erscheint das Menü Kontur-Optionen (Bildpinsel) Sie können hier mit den beiden Reglern die kleinste und die größte Größe des Pinselstrichs angeben ⑩, wenn sie variieren soll ⑧. An dieser Stelle legen Sie auch fest, ob die Startseite ⑨ des Strichs links oder rechts liegt und was an den Stellen geschieht, an denen er eine Schlaufe macht und sich selbst überschneidet ⑪ (Überlappung).

◀ **Abbildung 7.37**
Optionen für einen ausgewählten Pinselstrich

Wenn Sie einen Pinsel des Pinsel-Bedienfelds **grundsätzlich verändern** möchten, doppelklicken Sie auf eben diesen Pinsel, um zu seinen pinselspezifischen Einstellungen zu gelangen. Je nachdem, auf was für einen Pinsel Sie im Bedienfeld doppelklicken, werden Ihnen auch die unterschiedlichen Pinseloptionen angeboten: Bildpinsel-Optionen, Borstenpinseloptionen u. a. Die Einstellmöglichkeiten sind ähnlich. Ich zeige sie hier am Beispiel der Bildpinsel-Optionen (Abbildung 7.38).

Benennen Sie den Pinsel als Erstes um ⑫ (Abbildung 7.38). Auch hier stellen Sie wieder ein, ob sein Aussehen variieren ⑭ soll. Jedoch sind die Optionen, die sich hier verbergen, nur relevant, wenn Sie mit einem Grafiktablett arbeiten, da Sie hier mit dem Druck auf das Tablett oder der Neigung des Stiftes das Aussehen des Pinselstrichs beeinflussen. Das proportionale Skalieren ⑬ vergrößert den Strich, wenn er länger gezeichnet wird. Das Einpassen zwischen Hilfslinien erkläre ich weiter unten. Mehr zu den Einstellungen in den Pinsel-Optionen finden Sie im nächsten Abschnitt »Neuer Pinsel«.

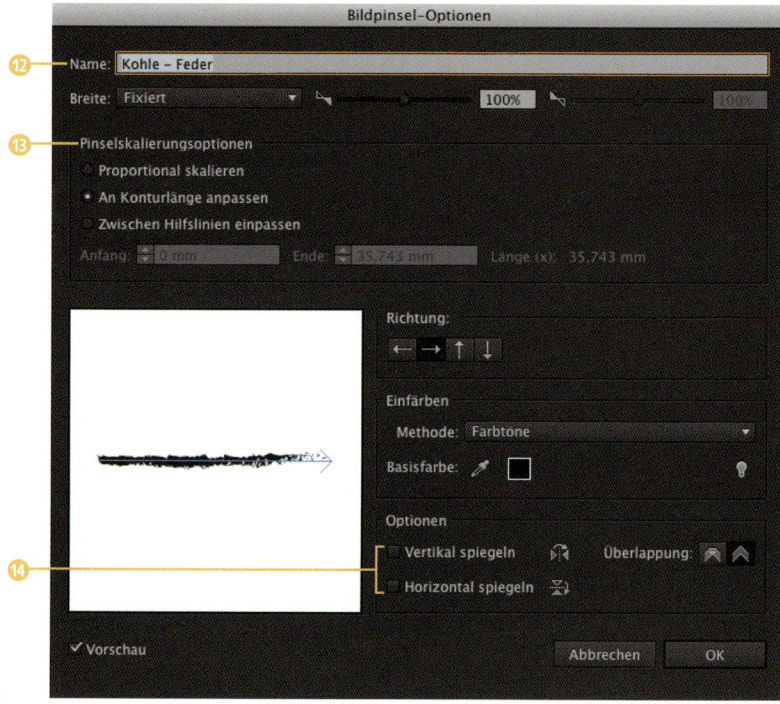

Abbildung 7.38 ▶
Sie können Pinseloptionen durch Doppelklick auf den Pinsel im Bedienfeld aufrufen.

Sie möchten zwar den Pinsel an sich nicht verändern, wohl aber das **Verhalten des Pinsel-Werkzeugs**. Wenn Sie auf das Pinsel-Werkzeug in der Werkzeugleiste doppelklicken, erhalten Sie die Möglichkeit, das Verhalten des Werkzeugs zu ändern, was oft ebenso entscheidend ist wie die Auswahl des richtigen Pinsels selbst. Es öffnen sich die OPTIONEN FÜR PINSEL-WERKZEUG.

Abbildung 7.39 ▶
Das Verhalten des Pinsel-Werkzeugs durch Doppelklick auf das Pinsel-Werkzeug einrichten

Wie genau liegt der Strich an Ihrer Mausbewegung ❶, und wie »krakelig« oder glatt ist er ❷? Behalten Sie die Auswahl bei ❸, können Sie ihn gleich mit dem Direktauswahl-Werkzeug bearbeiten. Ausgewählte Pfade bearbeiten ❹ erlaubt es Ihnen sogar den Strich durch das Ziehen eines neuen zu korrigieren, wenn Sie dem ersten Strich nahe genug kommen.

Ändern Sie Pinseloptionen von Objekten, die mit diesem Pinsel bereits erstellt wurden, werden Sie oft gefragt, ob Sie die Änderungen auf die Konturen (also die schon gezeichneten Pinselstriche) anwenden möchten. Wenn Sie Konturen beibehalten wählen, ändert sich Ihre Zeichnung nicht, sondern nur die Pinselspitze, die Sie dann im Folgenden zuweisen können. Wenden Sie diese Einstellung auf Konturen an, verändert sich entsprechend der Änderung des Pinsels alles, was Sie damit bereits gezeichnet haben.

▲ **Abbildung 7.40**
Diese Nachfrage erscheint, wenn Sie Pinseloptionen von bereits benutzten Pinseln verändern.

▲ **Abbildung 7.41**
Das Arbeiten an einer auch einfachen Illustration erfordert das stetige Anpassen des Pinsels. In der Illustration mit der Katze wurden die Strichstärke über das Steuerung-Bedienfeld und das Pinselverhalten durch Doppelklick auf den Pinsel und auf das Pinsel-Werkzeug angepasst.

Der **Borstenpinsel** hat zum Beispiel unglaublich viel Ähnlichkeit mit einem normalen Pinsel. Sie können fast genauso damit arbeiten; er bleibt ein Vektorobjekt, und jeder Strich ist editierbar. Jedoch entstehen viele Transparenzobjekte, um die Pinselanmutung zu simulieren, und dadurch mitunter sehr große Dateien. Daher lohnt es sich, nach getaner Arbeit die Illustration eventuell umzuwandeln: Objekt • In Pixelbild umwandeln. Dann lässt sich aber nichts mehr editieren; seien Sie also bei dieser Entscheidung vorsichtig. Da Sie bei jedem Speichern erneut gefragt werden, können Sie die Frage für dieses Dokument unterdrücken.

▲ **Abbildung 7.42**
Viele Borstenpinsel erzeugen große Dateien.

Neuer Pinsel

▲ **Abbildung 7.43**
Die fünf verschiedenen Pinselarten von Illustrator

Mit dem Button Neuer Pinsel des Pinsel-Bedienfelds gelangen Sie erst einmal zu dem Dialog, in dem Sie sich für eine Pinselart entscheiden müssen. Nur wenn ein Objekt auf Ihrer Zeichenfläche aktiv ist, stehen Ihnen alle fünf Pinseltypen zur Verfügung, weil der Spezialpinsel und der Bildpinsel aus eigenen Objekten Pinsel kreieren.

▲ **Abbildung 7.44**
Oben fixiert, unten mit Variation durch Druck des Stiftes

▲ **Abbildung 7.45**
Spezialpinsel

▲ **Abbildung 7.46**
Der Stern als Bildpinsel passt sich dem Pfad an.

▲ **Abbildung 7.47**
Ein klassischer Borstenpinselstrich

▲ **Abbildung 7.48**
Musterpinsel

▶ Der **Kalligrafiepinsel** ist rund oder oval, sodass er je nach Strichrichtung schmaler oder breiter wird. In den folgenden Optionen stellen Sie die Rundheit, Größe und Neigung der Pinselspitze ein. Wenn Sie die RUNDHEIT unter 100 % legen (also weniger als kreisrund), können Sie auch den WINKEL der Ellipse verändern.

◄ **Abbildung 7.49**
In den KALLIGRAFIEPINSEL-OPTIONEN bestimmen Sie das Aussehen des Kalligrafie-Strichs.

Die GRÖSSE bestimmen Sie hier; sie hängt aber auch von der Strichstärke ab, die Sie z. B. im Steuerung-Bedienfeld angeben. Arbeiten Sie mit einem Grafiktablett, stehen Ihnen weitere Varianten außer FIXIERT zur Verfügung, sodass Sie auch noch Variationen angeben können, um z. B. mit dem Druck Ihres Stiftes die Größe des Strichs zu bestimmen.

▶ Mit dem **Spezialpinsel** nehmen Sie aktivierte Objekte als Pinselaussehen hinzu. In den Optionen ❶ bestimmen Sie, wie dicht sich diese Objekte wiederholen sollen und in welche Richtung sie zeigen: Wählen Sie DREHUNG RELATIV ZU • PFAD ❹, läuft Ihr Muster immer in Richtung Ihres Pfades.

▲ **Abbildung 7.50**
Mit ABSTAND ❸ und GRÖSSE ❷ bestimmen Sie, wie eng Ihr Objekt sich wiederholt oder gar überschneidet.

◄ **Abbildung 7.51**
Die SPEZIALPINSEL-OPTIONEN; hier mit einem Pfeil als Pinselaussehen

▲ **Abbildung 7.52**
Stern und Straßenschild als
Bildpinsel im Pinsel-Bedien-
feld

▶ Der **Bildpinsel** hat mit Fotos nichts zu tun; er nimmt ebenfalls ein auf der Zeichenfläche aktiviertes Objekt als Pinselaussehen. Doch anders als der Spezialpinsel erzeugt er keine
Vervielfältigungen auf dem Pfad. Stattdessen nimmt das eine
Objekt und passt es dem Pfad an.

Sehr genial seit CS5 ist das ZWISCHEN HILFSLINIEN EINPASSEN
❷. Wenn Sie diese Checkbox aktivieren und im Vorschaufenster ❸ die Hilfslinien verschieben, wird nur verzerrt, was sich
zwischen ihnen befindet. So wird in Abbildung 7.54 rechts
nur der Stiel kürzer, weil nur er zwischen den Hilfslinien liegt.
Die Rosette oder der Fuß werden nicht verzerrt. Das einzelne
Windrad ist ja nur ein einfacher Strich (links in Abbildung
7.54), dem der Bildpinsel zugewiesen wurde.

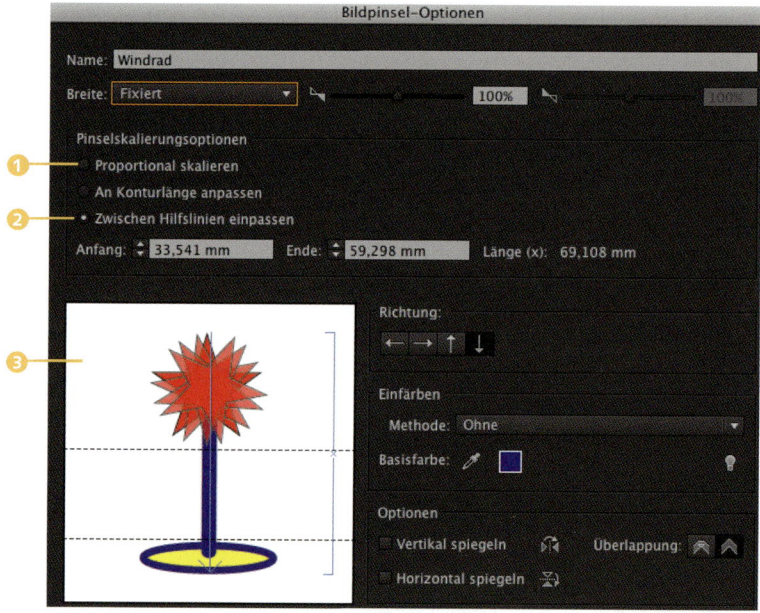

▲ **Abbildung 7.53**
Die BILDPINSEL-OPTIONEN

Auch hier gilt wieder: Bei PROPORTIONAL SKALIEREN ❶ wird das
Objekt entsprechend der Strichlänge größer.

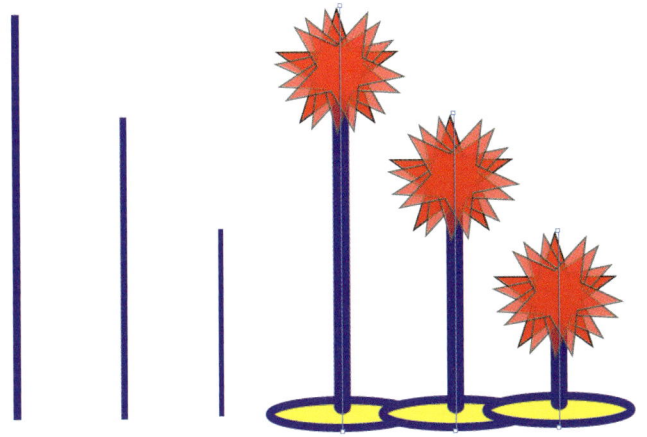

◄ **Abbildung 7.54**
Links sehen Sie einfache
Pfade, die rechts den Bildpinsel zugewiesen bekommen
haben.

▶ Der **Borstenpinsel** kommt einem traditionellen Pinsel am
nächsten. Erst müssen Sie sich für eine FORM entscheiden,
dann stellen Sie die PINSELOPTIONEN und seinen NAMEN ein.
So legen Sie z. B. die BORSTENLÄNGE und STEIFIGKEIT fest, aber
auch die Menge und Dicke der Borsten. Ebenso wählen Sie
unter FARBDECKKRAFT die Transparenz, also wie »wässrig« der
einzelne Strich wird. Hier dürfen Sie nach Lust und Laune
experimentieren.

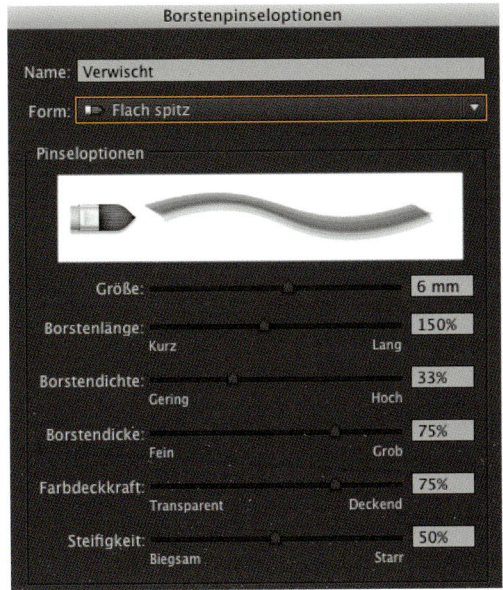

◄ **Abbildung 7.55**
Die umfangreichen BORSTEN-
PINSELOPTIONEN

▶ Die **Musterpinsel-Optionen** sind noch umfangreicher.

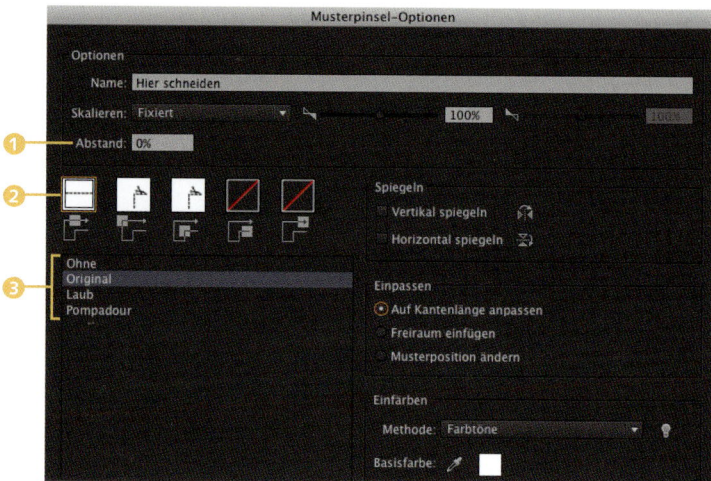

Abbildung 7.56 ▶
Die Musterpinsel-Optionen

▲ **Abbildung 7.57**
Nicht jede Art von Muster ist »pinseltauglich«.

Sie müssen ein Muster ❸ für gerade Pfade auswählen, eventuell eines für Eckpunkte und eines für Start- und Endpunkte. Klicken Sie jeweils in die entsprechenden Icons ❷ für die Pfadart und dann auf eines der unten aufgelisteten Muster, um zu bestimmen, welches Muster an diese Stelle kommen soll. (Sie dürfen aber keine Muster auswählen, die aus Objekten gemacht wurden, die selber Muster oder Verläufe enthalten.) Voraussetzung ist, dass Sie in den Farbfeldern die Muster bereithalten, die Sie gerne verwenden möchten, weil Sie sie von den Musterpinsel-Optionen aus nicht laden können!

Mit dem Abstand ❶ bestimmen Sie dann, wie dicht das Muster gesetzt wird.

Abbildung 7.58 ▶
Von links: drei Muster für die Pfadarten Gerade, Ecke, Start-/Endpunkt; ein Musterpinselstrich

7.3 Das Breitenwerkzeug

Wie auch bei den Pinselwerkzeugen verändert das Breitenwerkzeug (⌂ + W) nicht den eigentlichen Pfad, sondern nur sein Aussehen – genauer gesagt das Aussehen seiner Kontur. Die Kontur bleibt dabei immer editierbar. Sie können mit diesem Werkzeug nichts anderes machen, als die Stärke einer Kontur zu verändern. Aber das werden Sie nicht mehr missen wollen.

▲ **Abbildung 7.59**
Ob gerade oder gebogen oder gar ein Pinselstrich – alle können sie in der Breite verändert werden.

Die Konturstärke ändern

Eine Kontur muss nicht einmal aktiv sein. Es reicht, mit dem Breitenwerkzeug an irgendeine Stelle der Kontur zu ziehen. In der Mitte der Kontur wird der Breitenpunkt ❹ mit seinen beiden Griffen ❺ sichtbar. Nun können Sie die Kontur an den Griffen weiter auseinanderziehen oder auch wieder zusammenschieben – es ist auch möglich, sie schmaler zu machen, als sie vorher war. Wenn Sie die Alt -Taste beim Ziehen halten, können Sie auch nur eine Seite der Kontur verändern.

Fassen Sie den Breitenpunkt an, können Sie ihn auf dem Pfad verschieben – und mit ihm die Breiten der Kontur.

Mit ⌂ wählen Sie mehrere Breitenpunkte aus, die Sie vielleicht gesetzt haben. Diese lassen sich dann gemeinsam verschieben und alle ausgewählten Breitenpunkte verändern gemeinsam ihre Stärke. Die übrigen Breitenpunkte bleiben an ihrer Position und behalten auch ihre Breite bei.

▲ **Abbildung 7.60**
Oben die »normale« Kontur; unten mit dem Breitenwerkzeug verändert

▲ **Abbildung 7.61**
Oben eine zu beiden Seiten verbreiterte Kontur; unten eine mit der Alt -Taste nur nach oben verbreiterte Kontur

▲ **Abbildung 7.62**
Sie können so viele Breitenpunkte setzen, wie Sie wollen: hier an einer Kontur mit abgerundetem Abschluss.

Wenn Sie nur einen Breitenpunkt auswählen und beim Ziehen ⌂ halten, bewegen sich alle anderen Punkte mit – in Position und Breite. Halten Sie beim Ziehen eines Breitenpunktes auf dem Pfad Alt , duplizieren Sie einen Punkt.

▲ Abbildung 7.63
Numerische Veränderungen
der Breiten

Mit einem Doppelklick auf einen Breitenpunkt bekommen Sie ein numerisches Dialogfeld, BREITENPUNKT BEARBEITEN. Das macht aber längst nicht so einen Spaß, wie am Pfad herumzuziehen.

Anwendungsbeispiele des Breitenwerkzeugs

Das Werkzeug wirkt vielleicht unscheinbar, doch ich möchte es auf keinen Fall mehr missen. Während Sie bei der linken Elbe in Abbildung 7.64 je Ufer 27 Ankerpunkte bearbeiten müssen, brauchen Sie mit dem Breitenwerkzeug zusammen nur 14 Ankerpunkte zu koordinieren und erzielen ein viel besseres Ergebnis.

Abbildung 7.64 ▶
Das Breitenwerkzeug erleichtert nicht nur das Arbeiten, es erzeugt auch viel ansprechendere Konturen.

Doch weil es bei aufwendigeren Illustrationen immer noch anstrengend wäre, zwanzig Pfade einzeln dynamischer zu gestalten, können Sie eine einmal erstellte Kontur speichern, und zwar als VARIABLES BREITENPROFIL im Steuerung-Bedienfeld. Rufen Sie dort die Profile auf ➏, und speichern Sie Ihr selbst erzeugtes Profil hier ➐, um es fortan immer auf eine Kontur anwenden zu können.

Bei Illustrationen wie dem picassoesken Porträt aktivieren Sie alle Pfade und weisen ihnen im Steuerung- oder Kontur-Bedienfeld ein Profil zu.

▲ Abbildung 7.65
Das variable Breitenprofil im
Steuerung-Bedienfeld

Abbildung 7.66 ▶
Dynamischere Konturen
durch das Breitenprofil

7.4 Das Tropfenpinselwerkzeug

Auch das Tropfenpinselwerkzeug 🖌 (⟨⇧⟩+⟨B⟩) kann nachträglich ein Objekt verändern. In diesem Fall wird nicht die Kontur variiert, sondern die Fläche. Denn Objekte, die mit dem Tropfenpinselwerkzeug gemalt wurden oder verändert werden sollen, dürfen keine Konturen besitzen.

Objekte neu malen

Wenn Sie mit dem Tropfenpinsel malen, werden Flächen erzeugt, die keine Konturen haben. Überschneiden sich Flächen beim Malen, werden diese zu einer Form zusammengefügt.

Wechseln Sie aber die Flächenfarbe des Werkzeugs und malen dann über eine schon bestehende Fläche, wird ein neues Objekt gemalt, und das darunterliegende bleibt unberührt. Es entsteht dann keine Verbindung zu einer Form.

▲ **Abbildung 7.67**
Sie malen mit dem Tropfenpinselwerkzeug Flächen ohne Kontur.

◄ **Abbildung 7.68**
Haben die Flächen unterschiedliche Farben, werden sie nicht miteinander verbunden.

Tropfenpinsel-Optionen

Auch dieses Werkzeug zeigt Ihnen seine Optionen, wenn Sie darauf doppelklicken (Abbildung 7.69).

1. AUSWAHL BEIBEHALTEN macht Sinn mit der Option darunter, weil Sie so gleich mit den nächsten Strich, den Sie zeichnen, die Form erweitern können.

2. NUR MIT AUSWAHL ZUSAMMENFÜGEN fügt dann die Flächen zusammen, wenn ein Objekt ausgewählt ist, wurde oder bleibt, wie unter ❶. Sie malen dann auch nach dem Absetzen der Maus am gleichen Objekt weiter.

3. Den TOLERANZBEREICH kennen Sie ja schon aus anderen Kapiteln. Je kleiner der Genauigkeitswert ist, desto feinere Mausbewegungen werden registriert. Je höher die GLÄTTUNG ist, umso glatter werden »Wackler« gezogen.

④ In den Pinseloptionen sehen Sie eine Vorschau der Einstellungen darunter ⑤.

⑤ Was GRÖSSE macht, ist klar. Wenn die RUNDHEIT nicht 100% ist, können Sie die Neigung der Ellipse bei WINKEL einstellen. Arbeiten Sie dann noch mit einem Grafiktablett, stehen wieder Optionen für den Druck oder die Neigung des Stiftes bereit. Sie können dann zum Beispiel die Strichstärke um einen Wert variieren lassen ⑥.

Abbildung 7.69 ▶
Die Optionen für das Verhalten des Tropfenpinselwerkzeugs

Formen korrigieren mit dem Tropfenpinsel

Das Tropfenpinselwerkzeug können Sie auch zum Korrigieren von Formen nutzen. Jedoch dürfen diese wie gesagt keine Konturen haben. Es lohnt sich aber häufig, die Konturen zu löschen und nach der Tropfen-Korrektur neu hinzuzunehmen. Die Objekte dürfen zwar Muster als Flächenfarbe haben, aber keine Transparenzen.

Um sicherzugehen, dass Sie die gleiche Flächenfarbe bzw. das gleiche Muster ausgewählt haben, nehmen Sie das Pipette-Werkzeug (⌶) 🖌 und klicken damit einmal auf das zu korrigierende Objekt, um dessen Flächenfarbe in die Werkzeugauswahl zu nehmen.

◀ **Abbildung 7.70**
Die Zahnwurzel soll korrigiert werden. Mit dem Tropfenpinsel ist das kein Problem.

7.5 Symbole

Ein Symbol ist ein beliebiges Objekt, das Sie immer wieder in Ihre Grafik einfügen möchten, ohne es jeweils neu zeichnen oder kopieren zu müssen. Illustrator greift bei einer Vervielfältigung eines Symbols auf nur eine Instanz zurück, sodass die Dateigröße klein bleibt.

▲ **Abbildung 7.71**
Symbole lassen sich schnell vervielfältigen. Hier wurde nur ein Quadrat als Symbol angelegt.

Wie bei den Pinseln auch, greift Illustrator auf ein bestimmtes Aussehen zurück. Nur wird dieses nicht auch auf andere Objekte (wie beim Pinsel auf eine Kontur) angewendet, sondern das Symbol wird selbst auf die Zeichenfläche aufgetragen.

Ein gutes Argument für den Einsatz von Symbolen bei wiederkehrenden Elementen ist, dass es einfacher ist, ein Blatt zu ändern (das Symbol), als 100 einzelne Blätter des Baumes, den Sie damit gezeichnet haben, einzeln zu korrigieren.

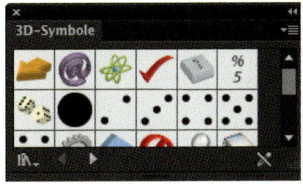

Symbole anwenden

Der einfachste Weg, ein Symbol zu nutzen, besteht darin, sein Icon aus dem Symbole-Bedienfeld FENSTER • SYMBOLE mit der Maus auf die Zeichenfläche zu ziehen. Im Flyout-Menü stellen Sie wieder ein, ob Sie die Symbole lieber als Miniaturen oder als Liste (inklusive Namen) sehen möchten. Sie können so viele Symbole auf Ihre Zeichenfläche ziehen, wie Sie wollen.

▲ **Abbildung 7.72**
Eine kleine Auswahl von Illustrator-Symbolen

Abbildung 7.73 ▶
Das Symbole-Bedienfeld

Begrenzungsrahmen

Sollte der Begrenzungs-
rahmen einmal nicht zu
sehen sein, aktivieren Sie
ihn über ANSICHT •
BEGRENZUNGSRAHMEN
EINBLENDEN.

Sie können auch ohne Drag & Drop ein Symbol auf Ihrer Zeichenfläche platzieren ❷. Gerade dann, wenn es viele sein sollen, ist
das hilfreich. Für die Bequemen unter uns sind die vordefinierten
Bibliotheken ❶ obligatorisch.

Symbole modifizieren

Ist ein Symbol auf Ihrer Zeichenfläche, verhält es sich wie ein einzelnes Objekt. Aktivieren Sie es, bekommt es seinen Begrenzungsrahmen mit den neun Positionierungspunkten, an denen Sie es
vergrößern bzw. verkleinern können (proportional mit gedrückter
⌷-Taste).

Jedes Symbol zeigt einen sogenannten Registrierungspunkt: ein
kleines »+«. Skalieren Sie das Symbol über das Transformieren-
Bedienfeld, ist dies der Punkt, um den transformiert wird (Abbildung 7.75). Soll der Punkt stattdessen einer der neun Anfasser
des Begrenzungsrahmens sein, entfernen Sie im Flyout-Menü des
Transformieren-Bedienfelds das Häkchen bei REGISTRIERUNGS-
PUNKT FÜR SYMBOL VERWENDEN.

Sie können diesen Registrierungspunkt verschieben. Aber Achtung, diese Aktion wirkt sich auf alle schon platzierten Symbole
aus, die entsprechend verschoben würden. Sie wollen es trotzdem tun? Doppelklicken Sie auf eine beliebige Instanz des Symbols auf Ihrer Zeichenfläche oder auf das Symbol im Bedienfeld.
Dann startet der Isolationsmodus, in dem Sie das Objekt modifizieren können. Sie können es zum Registrierungspunkt verschieben, umfärben oder verbiegen. Alle Instanzen verändern sich mit,
wenn Sie den Isolationsmodus verlassen. Doppelklicken Sie dazu
auf die Zeichenfläche, oder klicken Sie in den Isolationsmodus-
Pfeil oben links am Dokumentenfenster ❼.

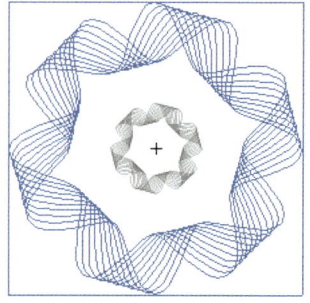

▲ **Abbildung 7.74**
Ein Symbol skalieren – von
der Mitte her

▲ **Abbildung 7.75**
Der Registrierungspunkt, um
den skaliert wird

Wenn Sie nur ein einzelnes Symbol verändern wollen, nicht aber die, die Sie schon auf Ihrer Zeichenfläche platziert haben, klicken Sie zuvor in VERKNÜPFUNG MIT SYMBOL AUFHEBEN ❸.

Wenn Sie ein Symbol löschen ❻, werden Sie zunächst gefragt, ob die Symbole, die Sie schon platziert haben, umgewandelt werden sollen (sie sehen dann so aus wie zuvor, sind aber keine Symbolinstanz mehr) oder ob alle Instanzen in Ihrer Datei mit gelöscht werden sollen (Abbildung 7.78 und 7.79).

Ein Symbol erstellen

Schön ist, dass Sie ein ausgewähltes Objekt oder eine Gruppe, wenn sie ausgewählt ist, zu einem Symbol machen können ❺.

Über den Button ❹ im Symbole-Bedienfeld gelangen Sie zu den SYMBOLOPTIONEN und können zunächst einen Namen für das ausgewählte Symbol vergeben. Außerdem können Sie anhaken, dass das Symbol am Pixelraster ausgerichtet wird. Wenn Sie einen Haken bei HILFSLINIEN FÜR DIE 9-SLICE-SKALIERUNG AKTIVIEREN setzen, können Sie Bereiche des Symbols in Fireworks oder Flash gegen das Skalieren schützen. Die Optionen unter ART (FILMCLIP oder GRAFIK) haben für Illustrator selbst ebenfalls keine Relevanz.

◀ **Abbildung 7.80**
Optionen für ein neues Symbol

Im Flyout-Menü ist noch der letzte Punkt bemerkenswert (SYMBOL-BIBLIOTHEK SPEICHERN), denn Sie können eine Symbol-Bibliothek an einem beliebigen Ort auf Ihrer Festplatte speichern. Verschicken Sie diese AI-Datei an Kollegen, die mit Ihnen am gleichen Projekt arbeiten, oder öffnen Sie sie für sich selbst, weil in einer neuen Illustrator-Datei immer nur die Standardsymbole angezeigt wer-

▲ **Abbildung 7.76**
Verlassen Sie den Isolationsmodus, wenn Sie die Bearbeitung des Symbols abgeschlossen haben.

▲ **Abbildung 7.77**
Im Isolationsmodus werden alle anderen Objekte abgeschwächt dargestellt.

▲ **Abbildung 7.78**
Dialog beim Symbol löschen

▲ **Abbildung 7.79**
Umgewandelte Symbole haben kein kleines »+« mehr in der Mitte.

den. Wählen Sie aus dem Flyout-Menü des Bedienfeldes Symbol-Bibliotheken öffnen • Andere Bibliothek…, und navigieren Sie zu der gesuchten Symbol-Bibliothek.

Symbole aufsprühen

Eine geniale Erfindung, wenn's mal bunt werden soll und Sie viele Symbolinstanzen schnell auf die Zeichenfläche bringen müssen, ist das Symbol-aufsprühen-Werkzeug 🔳 (⇧+S). Sein Symbol, die Sprühdose, ist Programm, denn mit ihr können Sie ein ausgewähltes Symbol wild auf die Zeichenfläche sprühen.

Wählen Sie das Werkzeug aus und auch ein Symbol. Dann sprühen Sie mit gedrückter Maustaste das Symbol auf die Zeichenfläche. Wenn Sie die Maus loslassen, bleibt die Gruppe von Symbolen aktiv, und Sie können erneut hineinsprühen. Wollen Sie später Symbole mit dazunehmen, aktivieren Sie den Symbolsatz mit dem Auswahl-Werkzeug und sprühen dann hinein.

▲ **Abbildung 7.81**
Ein zum Symbol gemachter Hai wird auf die Zeichenfläche aufgesprüht und modifiziert.

▲ **Abbildung 7.82**
Mit einem Grafiktablett kann auch der Druck des Stiftes das Verhalten steuern (in der Mitte wurde stärker aufgedrückt).

▲ **Abbildung 7.83**
Eine höhere Dichte sprüht die Symbole enger aufeinander.

Wie eng die Symbole zueinander stehen ❸ und wie schnell sie aus der Sprühdose kommen ❷, steuern Sie mit den Werten in den Symbol-Werkzeug-Optionen, zu denen Sie mit einem Doppelklick auf das Werkzeug kommen.

Bei der Intensität ❷ gibt es noch eine Dropdown-Liste mit Einstellungen für Grafiktabletts. Auch die Größe Ihrer Werkzeugspitze ❶ steuern Sie mit einem numerischen Wert.

◄ **Abbildung 7.84**
Symbol-Werkzeug-Optionen

Sie können auch das Verhalten des Symbol-aufsprühen-Werkzeugs ④ steuern. Stellen Sie zum Beispiel bei DREHEN ⑤ auf BENUTZERDEFINIERT, dreht sich das Symbol zu Ihrer Mausbewegung. Stellen Sie bei FÄRBEN ⑥ auf eine andere Farbe um, wird Ihr Symbol sogar schon beim Aufsprühen mit der ausgewählten Flächenfarbe eingefärbt.

◄ **Abbildung 7.85**
Benutzerdefiniert beim Drehen: Die Rose dreht sich mit dem Pfad mit.

Aufgesprühte Symbole nachträglich steuern

Doch nicht nur die Steuerung schon beim Aufsprühen ist sehr leistungsstark. Da das Werkzeug ja recht intuitiv arbeitet, ist eine Nachbesserung der aufgesprühten Symbole leicht. Dafür gibt es dann sieben weitere Werkzeuge. Wichtig zu wissen: Der Symbolsatz, also die aufgesprühte Gruppe von Symbolen, muss ausgewählt sein.

▲ **Abbildung 7.86**
Acht Möglichkeiten, im
Symbolsatz zu gestalten

▲ **Abbildung 7.87**
Die getroffenen Symbole
werden hervorgehoben.

Die Namen der Werkzeuge von links:

➊ **Symbol-aufsprühen-Werkzeug**: Dieses wurde schon im letzten Abschnitt beschrieben.

➋ **Symbol-verschieben-Werkzeug**: Mit diesem Werkzeug verschieben Sie alle Symbole, die Sie mit der Werkzeugspitze treffen. Diese vergrößern Sie in den Werkzeugoptionen. Mit Alt + ⬆ stellen Sie das getroffene Symbol hinter die anderen, mit ⬆ vor die anderen Symbole.

➌ **Symbol-stauchen-Werkzeug**: Wenn Sie die Maustaste drücken und mit der Werkzeugspitze mehrere Symbole treffen, werden diese zusammengeschoben.

➍ **Symbol-skalieren-Werkzeug**: Die Symbole, die Sie mit der Werkzeugspitze treffen, werden vergrößert, und mit Alt verkleinern sie sich.

➎ **Symbol-drehen-Werkzeug**: Mit diesem Werkzeug drehen Sie die Symbole durch Ziehen mit der Maus. Treffen Sie eines voll, dreht es sich schneller als eines, das Sie nur tangieren.

➏ **Symbol-färben-Werkzeug**: Wählen Sie als Erstes eine Grundfarbe über Ihre Farbfelder aus. Dann klicken Sie kurz oder lang auf die Symbole, die entsprechend gefärbt werden sollen.

➐ **Symbol-transparent-gestalten-Werkzeug**: Die Transparenz der Symbole können Sie mit diesem Werkzeug gut steuern. Beginnen Sie mit einer geringen Intensität in den Werkzeugoptionen, oder klicken Sie erst einmal nur kurz auf die Symbole.

▲ **Abbildung 7.88**
Umgefärbte Symbole in einem
Symbolsatz

▲ **Abbildung 7.89**
Transparente Symbole

▲ **Abbildung 7.90**
Symbole, die Grafikstile zugewiesen bekommen haben

➑ **Symbol-gestalten-Werkzeug**: Um dieses Werkzeug anwenden zu können, müssen Sie das Bedienfeld Grafikstile auswählen (unter Fenster). Aktivieren Sie einen Stil, können Sie ihn auf die Symbole treffen, die Sie anklicken. Über das Grafikstile-Bedienfeld gelangen Sie zu weiteren Grafikstil-Bibliotheken (Flyout-Menü: Grafikstil-Bibliothek öffnen…). Jedoch müssen Sie einen Grafikstil aus einer anderen Bibliothek erst per

Drag & Drop in das Grafikstile-Bedienfeld ziehen, um es auf die Symbole anwenden zu können. Die Effekte können fantastisch sein, aber auch viel Rechenzeit benötigen! Gehen Sie also sparsam mit den Stilen um.

Schritt für Schritt
Eine Anzeige mit fertigen und eigenen Symbolen gestalten

1 Datei öffnen

Öffnen Sie die Datei »Seafoodcompany.ai« auf der DVD. Sie werden eine Zeichenfläche mit zwei großen übereinanderliegenden Rahmen vorfinden. Der untere hat einen Blau-Verlauf, der obere ein Muster.

Seafoodcompany.ai

◄ **Abbildung 7.91**
So sieht Ihre Anzeige in acht Minuten aus.

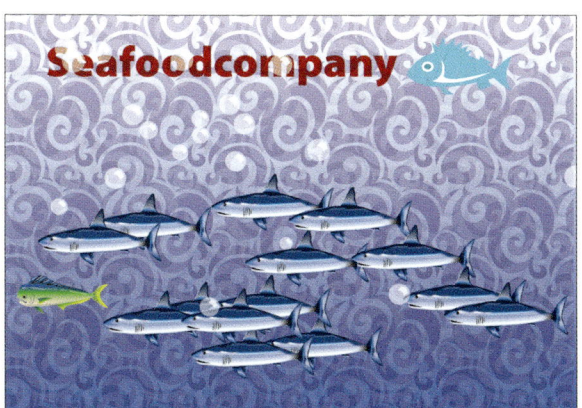

2 Muster transparent erscheinen lassen

Aktivieren Sie den oberen Rahmen mit dem Auswahl-Werkzeug ([V]) , und öffnen Sie das Transparenz-Bedienfeld. Dort stellen Sie DECKKRAFT auf nur 30%, sodass der Verlauf gut hindurchscheint.

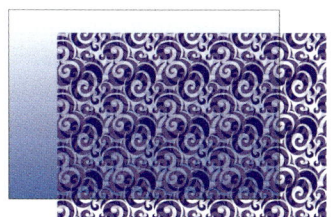

◄ **Abbildung 7.92**
Zwei Rahmen übereinander – mit Verlauf und mit Muster

Abbildung 7.93 ▶
Deckkraft des Musters herabsetzen

3 Symbole einbringen

Im Symbole-Bedienfeld finden Sie die Fische von Illustrator. Ziehen Sie den grünen Fisch auf Ihre Zeichenfläche.

Nachdem Sie den grünen Fisch deaktiviert haben (Strg/ ⌘ + ⇧ + A), klicken Sie einmal auf den Hai und wählen dann das Symbol-aufsprühen-Werkzeug (⇧ + S) 📷 aus. Sprühen Sie nun rund um den grünen Fisch die Haie auf die Zeichenfläche.

▲ **Abbildung 7.94**
Die Fisch-Symbole liegen schon bereit.

▲ **Abbildung 7.95**
Sprühen Sie die Haie auf die Zeichenfläche.

4 Die Headline setzen

Schreiben Sie mit dem Text-Werkzeug (T) 📝 die Headline »Seafoodcompany« auf die Zeichenfläche und platzieren Sie sie mit dem Auswahl-Werkzeug (V) ▶ an die richtige Stelle. Anschließend formatieren Sie die Schriftgröße über das Steuerung-Bedienfeld.

Dann setzen Sie den süßen, blauen Fisch zum Namen – aus dem Symbol-Bedienfeld.

▲ **Abbildung 7.96**
Schriftformatierung im Steuerung-Bedienfeld

▲ **Abbildung 7.97**
Die Headline mit Fisch-Logo

5 Ein Symbol selbst kreieren: die Luftblase

Wir wollen dem Fisch noch einige Luftblasen mitgeben. Zeichnen Sie mit dem Ellipsen-Werkzeug (⌊L⌋) ⬭ einen Kreis mit weißer Flächenfarbe, und setzen Sie die Deckkraft auf nur 30 %. Darüber zeichnen Sie den Glanzfleck mit dem Zeichenstift-Werkzeug (⌊P⌋) 🖊 mit einer Deckkraft von vielleicht 70 %. Aktivieren Sie beides, und gruppieren Sie es mit ⌊Strg⌋/⌊⌘⌋+⌊G⌋.

Nun ziehen Sie den Kreis mit Glanzfleck einfach in das Symbole-Bedienfeld und bestätigen den Dialog – fertig ist Ihr Blasen-Symbol. Die übriggebliebene Blase auf der Zeichenfläche können Sie entfernen.

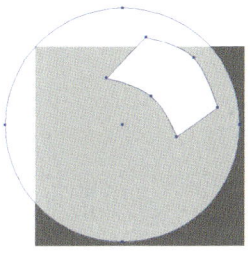

▲ **Abbildung 7.98**
Die einzelne Blase

◄ **Abbildung 7.99**
Dialog zum Bestätigen des Symbols

6 Blasen aufsprühen

Wählen Sie Ihre Blase als Symbol aus, und sprühen Sie dieses nun üppig mit dem Symbol-aufsprühen-Werkzeug (⌊⇧⌋+⌊S⌋) 📷 über Ihre Illustration. Mit den anderen Werkzeugen, wie dem Symbol-skalieren- 📷 oder dem Symbol-transparent-gestalten-Werkzeug 📷 , modifizieren Sie noch die einzelnen Blasen, damit das Bild spannend aussieht. Fertig!

▲ **Abbildung 7.100**
Die anderen Symbol-Werkzeuge

7.6 Tastaturkürzel

In diesem Kapitel tauchten wieder ein paar Tastaturbefehle auf, die die Arbeit mit Mustern und Symbolen ökonomischer gestalten. Die wichtigsten sind in der Tabelle für Sie aufgelistet.

Zweck	PC	Mac
Pinsel-Werkzeug	`B`	`B`
Symbol-aufsprühen-Werkzeug	`⇧`+`S`	`⇧`+`S`
Breitenwerkzeug	`⇧`+`W`	`⇧`+`W`
Tropfenpinsel-werkzeug	`⇧`+`B`	`⇧`+`B`
Pfadansicht	`Strg`+`Y`	`⌘`+`Y`
Begrenzungsrahmen aus-/einschalten	`Strg`+`⇧`+`B`	`⌘`+`⇧`+`B`
Auswahl aufheben	`Strg`+`⇧`+`A`	`⌘`+`⇧`+`A`
Intelligente Hilfslinien ein-/ausschalten	`Strg`+`U`	`⌘`+`U`
Wechsel zwischen Zeichenmodus: Normal, Dahinter, Innen	`Strg`+`⇧`+`D`	`⌘`+`⇧`+`D`

▲ **Tabelle 7.1**
Tastaturbefehle für schnelles Arbeiten

Transparenzen und Effekte

Anscheinend durchscheinend

- ▶ Was sind Transparenzen?
- ▶ Was ist im Druck zu beachten?
- ▶ Wie werden Transparenzen angewendet?
- ▶ Was gibt es für Effekte?
- ▶ Wie editiert man Effekte?
- ▶ Wofür wendet man Effekte an?

8 Transparenzen und Effekte

▲ **Abbildung 8.1**
Eine Seifenblase mit Effekten
und Transparenzen

Ecken abrunden...
Schein nach außen...
Schein nach innen...
Schlagschatten...
Scribble...
Weiche Kante...

▲ **Abbildung 8.2**
Die klassischen Effekte Schatten, runde Ecken und weiche
Kanten – doch Illustrator hat
noch mehr drauf.

Abbildung 8.3 ▶
Von links: Deckkraftreduzierung, Schatten oder die weiche Kante sind alles Spiel-
arten der Transparenz.

In Illustrationen und Grafiken aus Adobe Illustrator versuchen wir oft, eine grafische Anmutung der Realität wiederzugeben. Den Fotorealismus überlassen wir dabei Adobe Photoshop. Betrachten wir Objekte genauer, stellen wir fest, dass sie oft nur durch ihre Plastizität glaubhaft erscheinen – hervorgerufen durch Glanzlichter, Schatten und Transparenzen. Wir müssen in Illustrator immer wieder Objekte durch andere durchscheinen lassen, damit dieser Eindruck erweckt wird; Spiegelungen oder Schatten einbauen, um glaubwürdig zu sein.

Ein eigenes Bedienfeld ist für die »Transparenz« zuständig: das Transparenz-Bedienfeld. Und Illustrator hat sogar ein ganzes Hauptmenü namens EFFEKT. Die Effekte können Sie auf Ihre Vektorobjekte anwenden, ohne sie zu zerstören. Die Effekte und die Objekte bleiben also weiterhin editierbar, d. h. veränderbar. Hier geht es oft um Schatten, weiche Kanten und Glanz.

Doch wenn Sie Transparenzen für Druckerzeugnisse anwenden, müssen Sie sich auch mit der Produktion beschäftigen. Lesen Sie dazu bitte Kapitel 14, »Ausgabe«, in dem es auch speziell um die Ausgabe von Dokumenten mit Transparenzen geht.

8.1 Transparenz

Mit Transparenz meint man, dass ein Objekt mehr oder weniger durchsichtig ist. Doch es gibt noch andere Arten von Transparenz, sodass Illustrator die »Durchsichtigkeit« mit **Deckkraft** bezeichnet. In Prozent ausgedrückt, bedeutet eine 100%ige Deckkraft, dass das Objekt vollkommen deckend ist und Sie kein unter ihm liegendes Objekt sehen können. 50%ige Deckkraft heißt demnach, dass das Objekt zur Hälfte Durchblick auf unter ihm liegende Objekte gewährt. Dass auch bei 100% Deckkraft Objekte von unten erscheinen, kann durch andere Arten von Transparenz entstehen. Dazu folgt gleich mehr.

Transparenz durch Deckkraft

Beginnen wir aber mit der eigentlichen Durchsichtigkeit. Im Steuerung-Bedienfeld gibt es den Eintrag DECKKRAFT mit einem Prozentwert. Mit diesem Dropdown-Menü verändern Sie ganz einfach die Deckkraft eines Objekts von 0 bis 100% in vorgegebenen 10er-Schritten oder numerisch mit eigenen Werten. Alles unter ihm Liegende scheint durch, sodass sich die Farben mischen.

Das geht natürlich auch mit mehreren Transparenz-Objekten übereinander. Sehr deutlich sieht man es bei dem Kristall aus Abbildung 8.6. Diese Zeichnung besteht aus vielen gefächerten Dreiecke übereinander, mit jeweils einem Hellblau/Dunkelblau-Verlauf und unterschiedlichen Deckkraft-Prozenten.

Im Transparenz-Bedienfeld sehen Sie natürlich auch noch einmal die Deckkraft. Versteckter ist sie im Verlauf-Bedienfeld, wo Sie eine ausgewählte Farbe in ihrer Deckkraft verändern können. Und natürlich gibt es auch den Link zur Deckkraft im Aussehen-Bedienfeld.

▲ **Abbildung 8.4**
Der schnellste Weg zur Deckkraft ist das Steuerung-Bedienfeld.

▲ **Abbildung 8.5**
Deckkraft, auf einen Gitterpunkt eines Verlaufsgitters angewandt

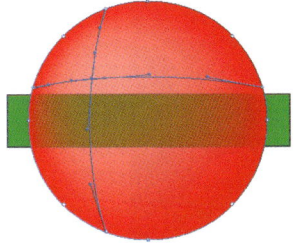

▲ **Abbildung 8.6**
Ausschließlich durch Deckkraftreduzierung erzeugte Transparenzanmutung

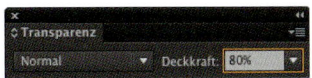

▲ **Abbildung 8.7**
Sie können die Deckkraft an verschiedenen Orten einstellen.

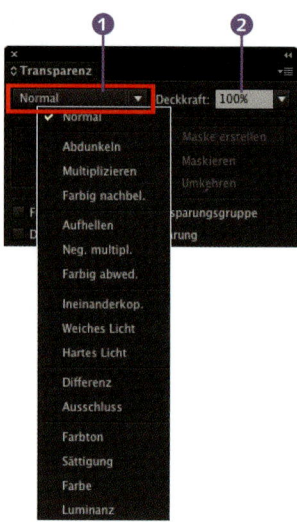

▲ **Abbildung 8.8**
Die Füllmethoden: eine Fundgrube für Spielkinder und Profis gleichermaßen

Transparenz als Füllmethode

Wenn Sie mehrere übereinanderliegende Objekte durchscheinend gestalten wollen und deren Deckkraft abschwächen, wird auch die Grundfarbe schwächer, was vielleicht nicht so sein soll. Öffnen Sie in solchen Fällen das Transparenz-Bedienfeld. Neben der DECKKRAFT ❷, die es ja auch in der Steuerung gibt, finden Sie die FÜLLMETHODEN ❶, die den Photoshoppern unter Ihnen bereits bekannt sind.

Was bedeutet das nun? Füllmethoden verrechnen ein Objekt nach verschiedenen Methoden mit den unter (!) ihm liegenden Objekten. Ihr Spieltrieb ist an dieser Stelle wieder einmal gefordert. Doch zur Orientierung kann man vereinfacht sagen, dass die ersten drei (ABDUNKELN, MULTIPLIZIEREN, FARBIG NACHBELICHTEN) dunklere Mischungen erzeugen und die zweiten drei (AUFHELLEN, NEGATIV MULTIPLIZIEREN, FARBIG ABWEDELN) hellere. Die Ergebnisse der dritten Dreiergruppe (INEINANDERKOPIEREN, WEICHES LICHT, HARTES LICHT) sind sehr von den Farbtönen abhängig, während die nächsten beiden (DIFFERENZ, AUSSCHLUSS) meistens dunklere Farben erzeugen. FARBTON und FARBE entsprechen oft einem Einfärben, SÄTTIGUNG analysiert die Leuchtkraft/Reinheit einer Farbe und LUMINANZ lediglich die Helligkeit.

Abbildung 8.9 ▶
Damit sich das schwarz-weiße Verlaufsgitter mit dem Rot des Flacons verbindet, steht es auf MULTIPLIZIEREN.

Abbildung 8.10 ▶
Links: ohne Transparenz; Mitte: Deckkraft auf 25%; rechts: Füllmethode MULTIPLIZIEREN

Auch die Füllmethoden wirken sich immer nur auf das Aussehen der Objekte unterhalb aus. Doch ob Deckkraft oder Füllmethode, vieles hängt natürlich von den Farbkombinationen ab, weshalb Sie einerseits tatsächlich ausprobieren müssen und andererseits mit einem kalibrierten Monitor auf der etwas sichereren Seite wären.

Transparenz in Gruppen

Eine besondere Sache sind Transparenzen in Objektgruppen. Sie bestimmen das Verhalten der Gruppenmitglieder untereinander und als Gruppe zu Nicht-Gruppenmitgliedern. Diese Gruppendynamik kommt vielleicht selten zum Tragen, kann dann aber sehr nützlich sein.

Es ist wichtig zu wissen, dass diese Optionen eine Spielart der Füllmethode sind, nicht eine der Deckkraft. Haben Sie also mehreren Objekten jeweils (!) eine Füllmethode zugewiesen und sie dann (!) gruppiert (OBJEKT • GRUPPIEREN), entscheiden Sie, was miteinander reagiert. In Abbildung 8.12 haben alle Einzelelemente die Füllmethode NEGATIV MULTIPLIZIEREN.

Im Transparenz-Bedienfeld finden Sie zwei Checkboxen, die das Transparenzverhalten von Gruppen bestimmen: FÜLLMETHODE ISOLIEREN und AUSSPARUNGSGRUPPE.

❸ Ist keine Checkbox aktiviert, reagieren die Elemente alle zueinander *und* zum Untergrund (das ist hier der braune Balken).

❹ Die Objekte sollen sich untereinander mischen, während sie den Untergrund ignorieren. Wählen Sie dafür FÜLLMETHODE ISOLIEREN.

❺ Die Objekte verrechnen sich mit dem Untergrund, aber nicht zueinander, wenn AUSSPARUNGSGRUPPE aktiviert ist.

▲ **Abbildung 8.11**
Checkboxen für das Transparenzverhalten von Gruppen

▼ **Abbildung 8.12**
Steuern Sie im Transparenz-Bedienfeld, wer sich mit wem verrechnet.

Transparenz als Deckkraftmaske

Immer wieder kommt es vor, dass sich verschlungene Objekte an mehreren Stellen überschneiden. An manchen Stellen muss dann das vordere Objekt durchsichtig sein, um so zu tun, als wäre es *hinter* dem anderen, statt davor. Um das zu realisieren, brauchen Sie sogenannte Deckkraftmasken.

Zum Erstellen einer Deckkraftmaske benötigen Sie also einerseits Ihr Objekt, das partiell durchsichtig sein soll, und andererseits ein Objekt, das bestimmt, an *welcher* Stelle Ihr Objekt nun durchsichtig sein soll. Zweiteres ist die Deckkraftmaske.

Eine Deckkraftmaske deckt Objekte ganz oder teilweise ab. Die Maske ist dabei selbst nicht zu sehen. Ihre Aufgabe ist es lediglich, zu bestimmen, an welcher Stelle ein Objekt durchscheinend ist und an welcher nicht. Ich möchte dies am Beispiel der goldenen Ringe erläutern.

▲ **Abbildung 8.13**
Die Ringe liegen übereinander, sollen aber ineinander verschlungen sein.

▲ **Abbildung 8.14**
Scheinbar ineinander verschlungene Objekte müssen teilweise an den Überschneidungen durchsichtig sein, um diesen Effekt zu bewirken.

▲ **Abbildung 8.15**
Die Maskenobjekte ❶ in Schwarz über dem obersten Ring

Der obere Ring muss an drei Stellen durchsichtig sein, um dort, aber auch nur dort, scheinbar hinter den anderen Ringen zu liegen. Ich zeichne an diesen Stellen einfache Formen, die mit Schwarz gefüllt sind und über (!) dem Ring liegen.

Wenn Sie beides aktiviert haben – die drei Maskenobjekte und den Ring –, öffnen Sie das Transparenz-Bedienfeld und klicken einmal auf MASKE ERSTELLEN. Achten Sie darauf, dass im linken Icon der Ring zu sehen ist und im rechten die Maskenobjekte und dass nichts weiter angehakt ist.

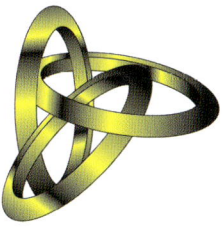

▲ **Abbildung 8.16**
Links: die Deckkraftmaske; rechts: das Ergebnis

Das gleiche Prinzip wende ich dann auch noch auf den mittleren Ring an, sodass auch dieser sich mit den anderen verschlingt.

Wenn eine schwarze Maske das abzudeckende Objekt durchsichtig macht, kann man folgern, dass eine graue Maske das Objekt halb durchsichtig macht. Und ja, genau so ist es (siehe Abbildung 8.18).

Und wenn dem so ist, dann müsste eine von Weiß zu Schwarz verlaufende Maske auch einen Übergang von sichtbar zu unsichtbar zaubern. Und ja, auch das ist so (siehe Abbildung 8.19)!

Achten Sie aber darauf, dass, wenn Sie weiterarbeiten, das linke Icon im Transparenz-Bedienfeld (also das Objekt an sich) ausgewählt ist, weil Sie sonst außer der Maske nichts aktivieren können. Wollen Sie jedoch die Maske modifizieren, aktivieren Sie das rechte Icon und bearbeiten die Maske, verändern also den Verlauf oder ihre Form.

▲ **Abbildung 8.17**
Die fertigen Ringe, die in »Wahrheit« übereinander liegen

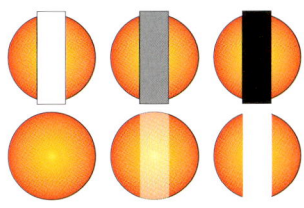

▲ **Abbildung 8.18**
Je nachdem, wie dunkel die Maske ist (oben), lässt sie das Objekt mehr oder weniger durchscheinen.

▲ **Abbildung 8.19**
Oben der Schwarz-Weiß-Verlauf, unten zur Maske gemacht

◀ **Abbildung 8.20**
Die normale Zeichenebene ist aktiviert ➋. Das Masken-Icon ➌ zeigt die halbtransparente Pfütze. Und die Checkbox MASKIEREN ➍ blendet alles andere als die Pfütze aus. So entsteht eine schöne Spiegelung des Flakons.

273

8.2 Transparenzreduzierung

▲ **Abbildung 8.21**
Das durch Transparenz entstandene violette Quadrat
(oben) wird zu einem eigenen
Vektorobjekt (unten), der
Schatten aber muss in Pixel
gerastert werden.

▲ **Abbildung 8.22**
Die Einstellungen zum Doku-
ment-Rastereffekt sollten auf
HOCH stehen.

Transparenzreduzierung hört sich kompliziert an, und einfach
ist das Thema auch wirklich nicht. Es betrifft aber vor allem die
Druckproduktion, denn lange war es schwierig, Transparenzen
sicher und fehlerfrei zu drucken. Die Programme benutzten immer
häufiger Transparenzen für die Gestaltung, aber die Maschinen
konnten sie so, wie sie von den Programmen geliefert wurden,
nicht ausgeben. Die Transparenzen mussten umgerechnet (geflat-
tet) werden.

Dazu wird dort, wo Objekte transparent zueinander sind, ein
drittes Objekt generiert, das dann den Anschein einer Transparenz erzeugt. In Abbildung 8.21 ersetzt ein violettes Quadrat die
Mischung der Farben. Der Schatten aber kann nicht als Vektorobjekt dargestellt werden; er besteht aus vielen kleinen, dichter
werdenden Punkten. An dieser Stelle muss die Illustrator-Datei in
Pixel umgewandelt werden, damit die PostScript-basierten Geräte
sie ausgeben können.

Erst in jüngerer Zeit wurden Ausgabegeräte entwickelt, die mit
offenen Transparenzen so umgehen, dass die Transparenzen dafür
nicht »flachgerechnet« werden müssen. Aber noch lange nicht
jede Druckerei oder Litho-Abteilung hat schon diese sogenannten
RIPs, die offene Transparenzen verarbeiten können.

Deshalb ist es so wichtig, dass Sie schon beim Anlegen einer
neuen Datei darauf achten, die richtige Rastereffekt-Einstellung
zu nehmen – eine, die hoch genug ist, um entsprechend gedruckt
werden zu können (siehe Abschnitt 1.2, »Ein neues Dokument
anlegen«).

Wollen Sie die Einstellung ändern, gehen Sie zu EFFEKT • DOKU-
MENT-RASTEREFFEKT-EINSTELLUNGEN... Hier sollten Sie folgende
drei Checkboxen standardmäßig ausgewählt haben: Die Auflösung für Effekte stellen Sie auf HOCH (300 PPI) ❶ und den Hintergrund auf TRANSPARENT ❷. Sorgen Sie auch dafür, dass VOLLTON-
FARBEN BEIBEHALTEN ❸ werden und nicht in CMYK umgewandelt
werden, da es sonst bei den Transparenzeffekten zu Farbverschiebungen kommen kann.

Transparenzreduzierungsvorgaben

Es gibt noch einen weiteren Ort, der den Umgang mit Transparenz regelt: Bearbeiten • Transparenzreduzierungsvorgaben. Hier geht es nicht nur um die Effekte, sondern um einen generellen Umgang mit Transparenzen. Denn wenn Sie eine Illustration, die Transparenzen enthält, auf Ihrem Tintenstrahldrucker drucken, benötigen Sie weniger hohe Vorgaben, als wenn im Offsetdruck gedruckt wird.

▲ **Abbildung 8.23**
Einstellungen zur Auswahl von Transparenzreduzierungen

Es reicht normalerweise [Hohe Auflösung] ❹, es sei denn, Ihr Druckdienstleister benötigt etwas anderes. Dann können Sie bei Neu… ❺ andere Einstellungen vornehmen. Fragen Sie Ihre Druckerei, was sie haben möchte, und geben Sie dies bei den Optionen zum Reduzieren von Transparenzen ein. Soll möglichst früh eine Transparenz in Pixel aufgelöst werden, steht der Schieberegler für den Pixelbild-Vektor-Abgleich ❻ ganz links. Steht er ganz rechts, versucht Illustrator, wenn es irgendwie geht, Vektoren zu erhalten, was zum Beispiel die Kanten der Grafiken sauberer macht.

Später beim Speichern Ihrer Datei in ein PDF-Dokument werden Sie eine dieser Vorgaben (so auch Ihre selbst angelegte) auswählen müssen, wenn Transparenzen reduziert werden müssen, wie bei einem PDF-X-Dokument. Auch beim Speichern von EPS-

Dateien werden Sie eine Transparenzreduzierung auswählen müssen. Doch schon an dieser Stelle sei gesagt: Verzichten Sie, wenn es nicht ausdrücklich von Ihrem Dienstleister gefordert wird, auf das veraltete und den heutigen Bedingungen nicht mehr gerecht werdende EPS-Format. Lesen Sie bitte zu dieser ganzen Thematik unbedingt auch Kapitel 14, »Ausgabe«.

8.3 Effekte

▲ **Abbildung 8.24**
Illustrator-Effekte

▲ **Abbildung 8.25**
Photoshop-Effekte in Illustrator

Die Effekte von Illustrator finden Sie in einem eigenen Menü EFFEKTE. Sie teilen sich in zwei Kategorien auf: Im oberen Teil stehen die Illustrator-Effekte und unten die Photoshop-Effekte. Auf die 3D-Effekte gehe ich in Kapitel 12, »3D«, gesondert ein; sie werden hier nicht weiter erwähnt.

Effekte sind editierbar. Mit anderen Worten: Sie können zum Beispiel einen Kreis, den Sie per Effekt zu einem Quadrat gemacht haben, jederzeit korrigieren, den Effekt verändern oder rückgängig machen. In der Objektaktivierung in Abbildung 8.26 sehen Sie gut, dass das »Y« zu jeder Zeit ein »Y« geblieben ist. Lediglich sein Aussehen wurde verändert.

▲ **Abbildung 8.26**
Machen Sie ein »Y« zu einem »I« und wieder zum »Y« über den Effekt IN FORM UMWANDELN.

Effekte anwenden

Einen Effekt anzuwenden, ist leicht. Aktivieren Sie ein Objekt, und gehen Sie in das Hauptmenü EFFEKT. Wenn Sie irgendeinen dieser Effekte auswählen, bekommen Sie in den meisten Fällen ein Popup-Menü, in dem Sie noch verschiedene Einstellungen vornehmen können: welchen Radius z. B. die abgerundeten Ecken bekommen sollen, wie viel Millimeter der Kante eines Objekts weichgezeichnet werden sollen, um wie viel Grad sich die Verwirbelung drehen soll etc.

Schlagschatten als editierbarer Effekt: EFFEKT • (unter ILLUSTRATOR-EFFEKTE) STILISIERUNGSFILTER • SCHLAGSCHATTEN…

Bei den Photoshop-Effekten öffnet sich ein Fenster mit einer extragroßen Vorschau. Lassen Sie sich nicht verwirren: In dieser Vorschau heißen die Effekte (wie bei Photoshop) »Filter«. Es sind hier aber Effekte, die also editierbar bleiben. Wenn Sie auf einen beliebigen anderen Effekt (Filter) klicken, sehen Sie im Vorschaufenster das Ergebnis.

▲ **Abbildung 8.28**
Vorher-nachher: Basrelief-Effekt

▲ **Abbildung 8.29**
Die Eingabemaske für einen Photoshop-Effekt

Effekte auf Gruppen anwenden

Weisen Sie mehreren Objekten, die Sie gruppiert haben, einen Effekt zu, gilt dieser für die Gruppe als Ganzes, wird aber jedem einzelnen Mitglied zugewiesen. Wenn Sie ein Gruppenmitglied ausschneiden (aktivieren Sie es mit dem Direktauswahl-Werkzeug A über seine Fläche, und drücken Sie Strg/⌘+X) und es irgendwo anders wieder einfügen, ist auch der Effekt für dieses Objekt verloren. Wenn Sie andersherum irgendein Objekt einer Gruppe mit einem Effekt hinzufügen (Gruppenmitglied mit A (!) aktivieren und mit Strg/⌘+F oder B davor oder dahinter einfügen), dann bekommt auch das neue Objekt den Effekt zugewiesen.

▲ **Abbildung 8.30**
Sind mehrere Objekte ausgewählt, bekommen auch alle den Effekt. Hier ist es der Effekt »Scribble«.

▲ **Abbildung 8.31**
Ohne seine Gruppe (links) geht auch der Effekt verloren; kommt ein Objekt zu einer Gruppe hinzu, wird auch der Effekt hinzugenommen (rechts).

Effekt editieren

Wieder sind Sie bei der heimlichen Schaltzentrale von Illustrator angekommen: dem Aussehen-Bedienfeld. Sein Name passt hier sehr gut, weil es sich bei den Effekten ja tatsächlich »nur« um das Aussehen der Objekte handelt, denn ihre wirkliche Form – die in der Pfadansicht sichtbar ist – wird nicht verändert.

Abbildung 8.32 ▶
Links: mit Scribble-Effekt;
Mitte: die Pfadansicht; rechts:
das Aussehen-Bedienfeld

Im Aussehen-Bedienfeld sehen Sie an dem mit »fx« gekennzeichneten Effekt ❷, ob der Effekt einer Gruppe zugewiesen wurde ❶. Mit INHALT sind die Einzelobjekte einer Gruppe gemeint.

Um einen Effekt zu verändern, klicken Sie einfach auf den unterstrichenen Namen des Effekts oder doppelt auf das fx-Zeichen dahinter. Erneut öffnet sich die zugehörige Effekte-Option, und Sie können den Effekt ändern.

Wie Sie einen Effekt löschen, ist klar: über den Papierkorb-Button ❹ am unteren Bedienfeldrand. Oder Sie fügen einen weiteren Effekt hinzu: Klicken Sie auf den fx-Button ❸ ebenfalls am unteren Bedienfeldrand.

Die gebräuchlichsten Effekte wie SCHLAGSCHATTEN, ECKEN ABRUNDEN, WEICHE KANTE oder SCHEIN NACH INNEN finden Sie in den Illustrator-Effekten STILISIERUNGSFILTER. Diese XML-basierten SVG-Effekte müssen Sie, wenn Sie auch noch andere Effekte anwenden, im Aussehen-Bedienfeld an die unterste Stelle schieben.

Effekte auf Konturen oder Flächen anwenden

Eine Besonderheit der Effekte ist, dass Sie einen Effekt nicht nur auf ein ganzes Objekt legen können, sondern auch nur auf seine Kontur oder Fläche.

Hierfür benötigen Sie, wie so oft, das Aussehen-Bedienfeld. Aktivieren Sie mit einem Klick neben die Kontur oder Fläche eines von beiden, wird der Eintrag blau hervorgehoben. Wenn Sie nun wie gehabt einen Effekt anwenden, wird auch nur die Kontur oder nur die Fläche verändert.

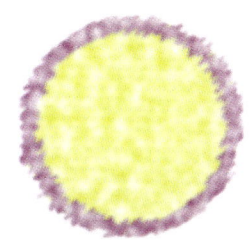

▲ **Abbildung 8.33**
Ziehen Sie SVG-Filter im Aussehen-Bedienfeld nach unten.

Effekt für Gruppen

Haben Sie eine Gruppe ausgewählt und wollen Sie einen Effekt nur auf die Konturen anwenden, dann müssen die Konturen ein identisches Aussehen haben.

◄ **Abbildung 8.34**
Nur auf die Kontur (links), auf die Fläche (Mitte) oder auf beides (rechts) angewandter Wirbel-Effekt

Gemein ist allerdings, dass der Effekt nach dem Anwenden scheinbar nicht mehr im Aussehen-Bedienfeld auftaucht, um ihn zu editieren. Vor dem Namen (Kontur oder Fläche) ist ein kleines

Dreieck, hinter dem sich ein Aufklappmenü verbirgt. Hier sind auch die zugehörigen Effekte aufgelistet.

Wenn Sie mit einem gruppierten Objekt arbeiten, zeigt das Aussehen-Bedienfeld nur »Inhalt«. Mit einem Doppelklick teilt sich auch die Gruppe in Kontur und Fläche auf.

▲ **Abbildung 8.35**
Versteckte Effekte im Aussehen-Bedienfeld

Ich möchte mit Ihnen nun eine Schritt-für-Schritt-Übung machen, in der es um viel mehr als allein um Transparenz geht. Nehmen Sie sich etwas Zeit dafür, denn sie ist etwas ausführlicher.

Schritt für Schritt
Ein Weinglas mit Transparenzen

»Weinglas.psd«

1 Vorlage platzieren
Platzieren Sie mittig in einer neu angelegten DIN-A4-Datei als VORLAGE das Bild »Weinglas.psd«. Öffnen Sie einmal das Schloss-Symbol der Vorlagenebene und schieben das Weinglas mit dem Auswahl-Werkzeug ⬚ (V) an die obere Zeichenflächenkante. Danach schließen Sie das Schloss wieder und klicken einmal auf die Ebene 1. Legen Sie auch gleich ein Koordinatenkreuz aus Hilfslinien als Spiegelachse an.

Unter ANSICHT • HILFSLINIEN sperren Sie sie gegen versehentliches Verschieben. Bei eingeschalteten intelligenten Hilfslinien ziehen Sie auch den Nullpunkt aus den Linealen auf das Koordinatenkreuz.

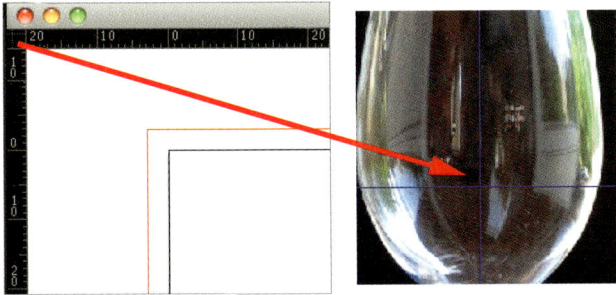

◄ **Abbildung 8.36**
Ein Koordinatenkreuz aus
Hilfslinien. Ziehen Sie den
Nullpunkt auf den Schnitt-
punkt.

2 Kelch-Grundform zeichnen

Bevor es nun mit dem Zeichnen los geht, benennen Sie die »Ebene
1« in »Kelch« um. Mit dem Zeichenstift-Werkzeug (P) ✏ zeichnen Sie nur die rechte Seite des Kelches – von Hilfslinie zu Hilfslinie. Wenn Sie die Flächenfarbe löschen, können Sie die Vorlage
besser sehen.

Wählen Sie den halben Kelch mit dem Auswahl-Werkzeug (V)
▶ aus, wechseln Sie zum Spiegeln-Werkzeug (O) ◣, klicken
Sie einmal auf die senkrechte Hilfslinie (irgendwo), und duplizieren Sie mit Alt und ⇧ die Kelchhälfte auf die linke Seite.

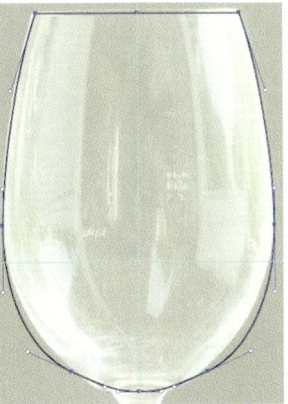

◄ **Abbildung 8.37**
Spiegeln der Kelchhälfte auf
die linke Seite – als Duplikat
mit der gedrückten Alt +
⇧ -Taste

Verbinden Sie beide Seiten miteinander, indem Sie sie gemeinsam
aktivieren und OBJEKT • PFAD • ZUSAMMENFÜGEN (Strg/⌘ + J)
wählen.

3 Materialstärke

Aktivieren Sie nun den ganzen Kelch, und wählen Sie OBJEKT •
PFAD • PFAD VERSCHIEBEN… In die Eingabemaske geben Sie einen

negativen Wert von z. B. −1,5 mm ein. Der Kelch bekommt ein etwas kleineres Duplikat nach innen.

Die oberen Ankerpunkte der beiden Pfade ziehen Sie mit dem Direktauswahl-Werkzeug ![] ([A]) aufeinander ❶, die unteren etwas voneinander weg ❷. So bekommt Ihr Glas eine glaubwürdigere Stärke.

Abbildung 8.38 ▶
Mit negativem Wert verschieben Sie den Pfad, dupliziert nach innen (links). Eine ungleichmäßige Materialstärke (rechts) wirkt realistischer.

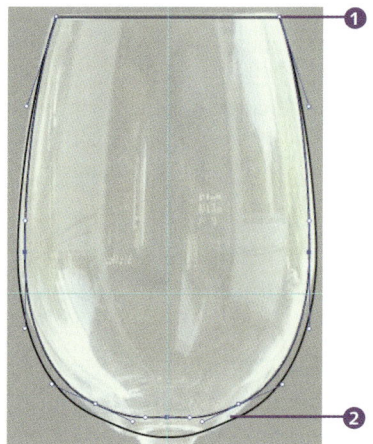

4 Farbe und Transparenz

Geben Sie dem äußeren Kelch einen Blau-Verlauf, der nach oben hin heller wird. Dem oberen Kelch geben Sie einen waagerechten Verlauf mit 2 x Blau und 2 x Weiß. Diesen stellen Sie im Transparenz-Bedienfeld auf die Füllmethode NEG. MULTIPL. und reduzieren die Deckkraft auf ca. 80 %.

Abbildung 8.39 ▶
Sie können Füllmethoden und Deckkraft auch mischen, wenn die Effekte ansonsten zu stark ausfallen.

5 Glas-Inhalt

Wählen Sie mit ⌃Strg⌄+⌃A⌄ alles aus und setzen Sie die Kontur auf OHNE. Aktivieren Sie nun mit dem Auswahl-Werkzeug (⌃V⌄) 👆 den inneren Kelch, und duplizieren Sie ihn direkt davor (drücken Sie erst ⌃Strg⌄/⌃⌘⌄+⌃C⌄, dann ⌃Strg⌄/⌃⌘⌄+⌃F⌄). Dann schneiden Sie ihn auf halber Höhe mit dem Schere-Werkzeug (⌃C⌄) ✂ (links und rechts) auf. Die obere Kelchhälfte können Sie nun löschen.

Stellen Sie im Transparenz-Bedienfeld eine Deckkraft von 100 % und als Füllmethode ABDUNKELN ein. Legen Sie nun mit dem Verlaufswerkzeug ■ (⌃G⌄) einen schönen bordeauxroten, kreisförmigen Verlauf zu Weiß in die untere Fläche. Der Kelch ist fertig.

◄ **Abbildung 8.40**
Durch das Abdunkeln scheint im weißen Teil des Verlaufs mehr Glas hindurch.

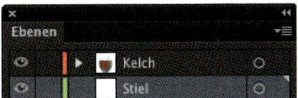

▲ **Abbildung 8.41**
Die Stiel-Ebene sollte unter der Kelch-Ebene stehen.

6 Weinglas-Stiel zeichnen

Am besten legen Sie sich jetzt eine neue Ebene »Stiel« an. Zeichnen Sie den Weinglas-Stiel mit dem Zeichenstift-Werkzeug (⌃P⌄) 🖊. Sie können hier Freihand arbeiten (klicken Sie auf das Rechteck links neben VORLAGE WEINGLAS BILD im Ebenen-Bedienfeld) oder das Weinglas-Foto eingeblendet lassen. Ein kreisförmiger Verlauf (Blau und Weiß im Wechsel, wie in Abbildung 8.42 bietet sich an. Wenn Sie die Deckkraft etwas zurücknehmen, wird später der Fuß etwas durchscheinen.

7 Weinglas-Fuß zeichnen

Der Fuß besteht eigentlich aus zwei Ellipsen ❸ (Abbildung 8.43). Ich empfehle auch hier wieder, eine neue Ebene (»Fuß«) darunter

▲ **Abbildung 8.42**
Der Kreis-Verlauf wird im Stiel zu Streifen und im Fuß zu einem Lichtfleck.

anzulegen. Ziehen Sie mit dem Ellipse-Werkzeug (⌞L⌟) 🔵 eine blau gefärbte Ellipse auf. Schieben Sie sie mit dem Auswahl-Werkzeug (⌞V⌟) 🔺 zum Duplizieren mit ⌞Alt⌟ hoch.

Doch auch hier brauchen Sie die Materialstärke. Kopieren Sie zuvor eine Ellipse in die Zwischenablage (⌞Strg⌟/⌞⌘⌟+⌞C⌟). Ziehen Sie ein schmales, waagerechtes Rechteck auf ❹, das die beiden Ellipsen miteinander verbindet, und aktivieren Sie alle drei Elemente: beide Ellipsen und das Rechteck.

Mit dem Formerstellungswerkzeug (⌞⇧⌟+⌞M⌟) 🔧 und gehaltener ⌞⇧⌟-Taste ziehen Sie über alles hinweg: Sie erhalten eine geschlossene Form ❺. Während die neue Form noch aktiv ist, setzen Sie die Ellipse aus der Zwischenablage davor ein (⌞Strg⌟/⌞⌘⌟+⌞F⌟) ❻. Gruppieren Sie nun die Elemente des Fußes und stellen Sie ihn mittig zum Stiel. Der Fuß ist fertig.

Abbildung 8.43 ▶
In wenigen Schritten zum Fuß des Weinglases

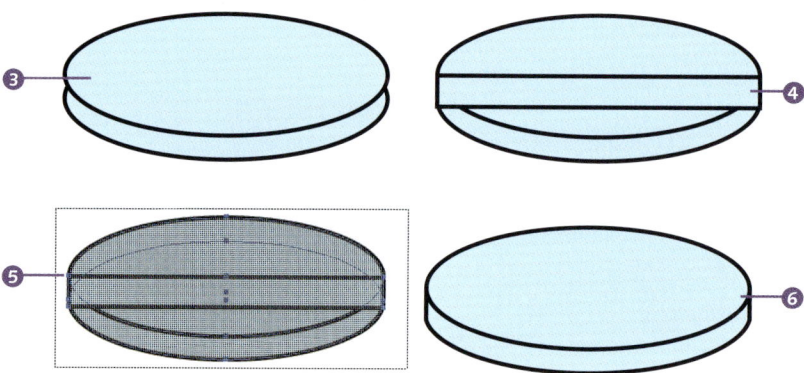

8 Spiegel-Duplikat

Legen Sie noch eine Ebene »Spiegelung« unter allen anderen an, und wählen Sie mit ⌞Strg⌟/⌞⌘⌟+⌞A⌟ alles aus, was Sie haben.

Kopieren Sie alles (⌞Strg⌟/⌞⌘⌟+⌞C⌟), fügen Sie alles auf der Ebene »Spiegelung« mit (⌞Strg⌟/⌞⌘⌟+⌞F⌟), und gruppieren Sie das davor Eingefügte (⌞Strg⌟/⌞⌘⌟+⌞G⌟). Durch das Gruppieren werden alle aktiven Objekte leider auf eine Ebene gebracht, was in diesem Fall aber durchaus gewünscht ist.

Ziehen Sie nun die Gruppe bzw. deren Auswahl-Symbol im Ebenen-Bedienfeld (kleines Quadrat) auf die neue, unterste Ebene. Nun haben Sie ein Duplikat des gesamten Weinglases auf der untersten Ebene.

▲ **Abbildung 8.44**
Verschieben der Gruppe von der Kelch-Ebene zur Spiegelung-Ebene

9 Spiegelung

Markieren Sie auf der Ebene »Spiegelung« mit `Strg`+`A` das gesamte Glas. Mit dem Spiegeln-Werkzeug (`O`) 🔀 und einem Klick in die Mitte des Fußes legen Sie den Spiegelpunkt fest. Nun ziehen Sie mit `⇧` nach unten, um eine Spiegelung nach unten zu bekommen. Damit es aber noch toller aussieht, ziehen Sie ein großes Rechteck über die gesamte Spiegelung und geben diesem einen senkrechten Verlauf von Schwarz zu Weiß. Doch ziehen Sie mit dem Verlaufwerkzeug nur bis zur Unterkante der Zeichenfläche.

▲ **Abbildung 8.45**
Deckkraftmaske zum Spiegeln des Weinglases

Als Letztes aktivieren Sie das gespiegelte Weinglas und das Rechteck mit dem Verlauf (am leichtesten bei gesperrten anderen Ebenen) und wählen im Flyout-Menü des Transparenz-Bedienfelds den Punkt DECKKRAFTMASKE ERSTELLEN aus. Eventuell müssen Sie noch Häkchen bei MASKIEREN und UMKEHREN ❼ setzen. Mit `Strg`+`A` markieren Sie nun das Glas und seine Spiegelung und schieben es mit dem Auswahl-Werkzeug (`V`) ⬆ etwas höher. Passen Sie zudem, während Sie `⇧` gedrückt halten, die Größe an.

◄ **Abbildung 8.46**
Spiegeln (links), Maske (Mitte), spiegelndes Glas (rechts)

Text

Zeichen, Zahlen und Glyphen

▶ Welche typografischen Grundbegriffe sollten Ihnen bekannt sein?

▶ Welche Arten von Text können Sie anwenden?

▶ Wie gestaltet man mit Flächentext?

▶ Wie wird ein Kreissatz für ein Etikett gesetzt?

▶ Wie lässt sich Text fürs Feintuning editieren?

▶ Wie arbeitet man mit Absatz- und Zeichenformaten?

▶ Wie lässt man Text um Objekte laufen?

▶ Wie werden Texteffekte und Bilder in Texten erzeugt?

9 Text

Diesem Kapitel möchte ich voranstellen, dass Adobe Illustrator kein Textprogramm ist und auch nicht für Layoutaufgaben entworfen wurde. Wenn Sie also eine ganze Broschüre, ein Booklet oder Ähnliches erstellen möchten, sollten Sie sich mit der jüngeren Schwester InDesign beschäftigen. Die Zusammenarbeit der Programme ist gut, und oftmals ist es einfacher und effektiver, eine Illustrator-Grafik in InDesign zu platzieren, um dort am Layout weiterzuarbeiten. Doch unterschätzen dürfen Sie die Textfunktionen von Illustrator auch wieder nicht.

9.1 Grundbegriffe der Typografie

Adobe Caslon Pro
Myriad Pro
Adobe Garamond Pro
Minion Pro
BickhamScriptPro
Arial Narrow

▲ **Abbildung 9.1**
Sechs verschiedene Schriften gleicher Größe

Das Thema Typografie füllt ganze Bücher, und ich werde es nur so weit anreißen, dass Sie die Begriffe des Programms verstehen und nachvollziehen können, worüber überhaupt gesprochen wird. In Abbildung 9.2 sehen Sie den Aufbau einer Schrift.

▲ **Abbildung 9.2**
Die wichtigsten Grundbegriffe zu einer Schrift

Myriad Pro – Light
Myriad Pro – Regular
Myriad Pro – Semibold
Myriad Pro – Bold
Myriad Pro – Black

▲ **Abbildung 9.3**
Verschiedene Schnitte einer Schrift

Sie können Ihre Schriften auf vielfältige Weise einstellen. Als Erstes entscheiden Sie natürlich über die **Schriftart**, also um welche Schrift es sich handelt. Ist es eine »Minion« oder eine »Garamond« oder etwa eine »Arial«?

Der **Schriftschnitt** besagt, ob die Schrift »normal« oder »kursiv« ist, ob sie vielleicht »light« ist oder ganz »fett« geschnitten ist.

Der **Schriftgrad** ist die Größe einer Schrift, die meistens in Punkt (pt) gemessen wird.

Adobe unterscheidet zwischen dem **Kerning** (dt. Unterschneidung) einer Schrift, das den Abstand einzelner Zeichen zueinander bezeichnet, und der **Laufweite**, womit der Abstand der Zeichen eines ganzen Wortes, Satzes oder Textes gemeint ist.

Der Begriff *Glyphe* wird für jedwede Art von Zeichen benutzt: Buchstaben, Zahlen, Abstände, Symbole und Sonderzeichen, eben für alles, was eine Schrift hergibt.

!	"	#	$	%	&	'	(	)	*	+
,	-	.	/	0	1	2	3	4	5	6	7
8	9	:	;	<	=	>	?	@	A	B	C
D	E	F	G	H	I	J	K	L	M	N	O
P	Q	R	S	T	U	V	W	X	Y	Z	[
\	]	^	_	'	a	b	c	d	e	f	g
h	i	j	k	l	m	n	o	p	q	r	s

▲ **Abbildung 9.4**
Das Kerning zwischen zwei Buchstaben

▲ **Abbildung 9.5**
Die Laufweite eines Wortes oder Textes

◄ **Abbildung 9.6**
Alle Zeichen einer Schrift nennt man Glyphen, auch die, die keine Buchstaben sind.

Es gibt auch eine Reihe unterschiedlicher Schrift-Typen. Von Adobe schon lange mitentwickelt und von seinen Programmen natürlich schon ebenso lange unterstützt sind die **OpenType-Schriften**. OpenType-Schriften können Tausende von Zeichen mit unterschiedlichsten Schnitten, Varianten und Sprachen enthalten. Illustrator hat dafür sogar ein eigenes Bedienfeld (Fenster • Schrift • OpenType), mit dem Sie auf die Funktionen dieser Schriften zugreifen können.

9.2 Text in Illustrator erstellen

Wenn Sie schon einmal mit Adobe InDesign gearbeitet haben, werden Sie sich bei der Texterstellung in Illustrator leicht tun. Vergegenwärtigen wir uns erst einmal, welche Möglichkeiten es gibt, Text in Illustrator einzugeben.

Textarten

Illustrator kennt drei Arten, Text zu setzen:

Ein Text läuft in einer Zeile weiter...

▲ **Abbildung 9.7**
Punkttext schreibt so lange in eine Zeile, bis Sie selbst einen Umbruch erzwingen.

▶ **Punkttext**: Wenn Sie das Text-Werkzeug **T** ([T]) wählen und irgendwo auf Ihre freie Zeichenfläche klicken, erscheint der Text-Cursor, und Sie können Text eintippen. Illustrator schreibt dabei so lange in eine Zeile, bis Sie selbst die Zeilenschaltung [↵] drücken. Selbst über die Zeichenfläche hinaus kennt der Punkttext kein Halten.

▶ **Flächentext**: Sie nehmen auch für diese Art von Text das Text-Werkzeug, wenn Sie den Text von einem Rahmen begrenzen lassen wollen. Doch statt nur in die Zeichenfläche zu klicken, ziehen Sie mit dem Werkzeug einen Rahmen auf, der später den Text enthalten soll. Wenn Sie nun Text eingeben, umbricht er automatisch am Rand des Rahmens. Wenn Sie den Rahmen mit Text füllen, wird er den Text zur Seite und nach unten begrenzen.

Abbildung 9.8 ▶
Ein mit dem Textwerkzeug aufgezogener Textrahmen für den Text

> Ein Text läuft in einem Rahmen, der ihn zu allen Seiten begrenzt und umbrechen lässt.

Möchten Sie Text in eine schon bestehende Vektorform schreiben, wählen Sie dafür das Flächentext-Werkzeug **T** und klicken auf den Pfad dieser Form. Der Text-Cursor blinkt jetzt innerhalb der Form, die den Text begrenzen wird. Ist die Form an einer Stelle geöffnet, denkt sich Illustrator eine Gerade zwischen den Endpunkten, an der er den Text begrenzt.

> Ein Text läuft innerhalb einer schon bestehenden Form und wird von dieser begrenzt.

▲ **Abbildung 9.9**
Auch schon fertige Objekte dienen Text als Rahmen.

▶ **Pfadtext**: Diese Art von Text braucht nicht nur ein eigenes Werkzeug, das Pfadtext-Werkzeug, sondern auch einen Pfad, an dem der Text entlanglaufen soll. Dieser Pfad muss noch nicht einmal ausgewählt sein: Klicken Sie einfach darauf, und schon blinkt der Text-Cursor am Pfad, sodass Sie nun Text eingeben können. Der Pfad selbst verliert dabei seine Attribute.

Abbildung 9.10 ▶
Text entlang eines Pfades

Die Textwerkzeuge

Für jede Art Text hat Illustrator ein Werkzeug. Das »normale« Text-Werkzeug ist dabei Ihr Arbeitswerkzeug, denn wenn Sie erst einmal einen Punkttext, Flächentext oder Pfadtext angelegt haben, können Sie ihn immer mit dem »normalen« Text-Werkzeug weiterbearbeiten.

Alle Werkzeuge gibt es zweimal: einmal in normaler, horizontaler Ausrichtung und einmal in vertikaler Ausrichtung. Der Text, den Sie damit schreiben, läuft dann beim Punkttext und beim Flächentext senkrecht. Beim Pfadtext liegen die Buchstaben auf dem Pfad, anstatt darauf zu stehen.

Mit welchem Textwerkzeug Sie einen bestehenden Text bearbeiten, ist völlig egal. Lediglich beim Erstellen müssen Sie sich für das entsprechende Werkzeug entscheiden.

Über die drei Textwerkzeuge hinaus brauchen Sie noch die Auswahlwerkzeuge, mit denen Sie aber nicht den Text, sondern nur die Textrahmen, Flächenformen oder Pfade bearbeiten. Wenn Sie mit dem Direktauswahl-Werkzeug (A) einen Ankerpunkt der Fläche verschieben oder wenn Sie gar mit dem Auswahl-Werkzeug (V) den ganzen Rahmen verzerren, wird der Text nicht mitverzerrt. Er verändert gegebenenfalls lediglich seine Position.

▲ **Abbildung 9.11**
Die Textwerkzeuge

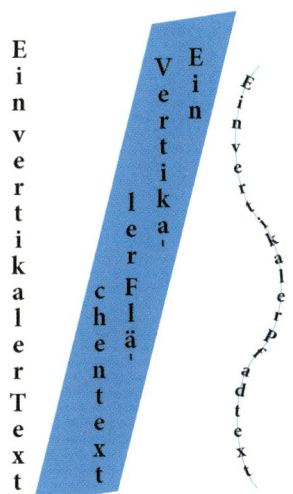

▲ **Abbildung 9.12**
Selten schön, aber möglich: vertikale Texte

◄ **Abbildung 9.13**
Der Text wird nicht mitverzerrt. Er ändert nur seine Position.

Textverkettungen

Wenn Sie einen Rahmen aufgezogen haben und ihn mit Text füllen, kann es sein, dass Sie mehr Text haben, als Platz im Rahmen ist. Dieses Mehr an Text nennt man Überhangtext oder Übersatz. Der Übersatz wird Ihnen an der unteren rechten Ecke mit einem kleinen Plus-Symbol ❸ angezeigt. Jeder Textrahmen hat nämlich einen Texteingang ❶ und einen Textausgang ❷. Diese Symbole sind zunächst leer und auch nur dann sichtbar, wenn Sie den Rahmen mit dem Auswahl-Werkzeug aktiviert haben.

Bei Übersatz ist das Symbol dafür auch dann sichtbar, wenn der Rahmen nicht aktiv ist. Mit dem Auswahl-Werkzeug (V) aktivieren Sie erst den Rahmen und klicken dann in das Übersatz-Symbol. Ihr Mauszeiger verwandelt sich daraufhin in dieses Symbol: ⌷. Der gesamte Übersatz befindet sich nun »in« Ihrer Maus. Ziehen Sie damit einen neuen Rahmen auf, fließt der Übersatz-Text des ersten Rahmens in den neuen Rahmen weiter. Die Rahmen sind deutlich sichtbar miteinander verkettet.

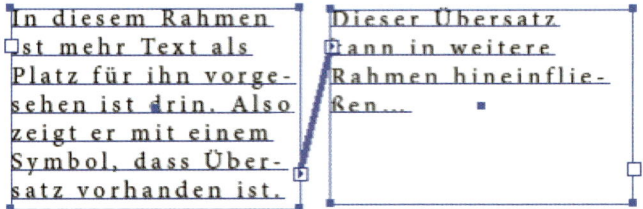

Die Verkettung und deren Dreiecke ▶ im Ein- bzw. Ausgangsquadrat sehen Sie nur, wenn die Textrahmen mit dem Auswahl-Werkzeug aktiviert sind.

Sie können auf die gleiche Weise auch Textrahmen miteinander verketten, *bevor* sie mit Text gefüllt sind. Geben Sie danach Text ein, fließt er automatisch im nächsten verketteten Rahmen weiter, wenn der Platz des ersten nicht mehr ausreichen sollte.

Alternativ dazu können Sie auch Textrahmen, die schon bestehen, miteinander verketten. Kommen Sie nämlich mit der Maus über einen Textrahmen, ändert sich der Mauszeiger mit dem Übersatz in ein Ketten-Symbol ⛓. Wenn Sie damit in den Rahmen klicken, werden diese beiden Textrahmen miteinander verkettet.

Was bei Flächentexten geht, finden Sie auch bei **Pfadtexten** wieder. Auch hier hat jeder Text einen mit kleinen Quadraten gekennzeichneten Textein- und -ausgang, wenn Sie ihn mit dem Auswahl-Werkzeug aktivieren.

▲ **Abbildung 9.17**
Ein- bzw. Ausgangssymbol am Pfadtext

Möchten Sie eine Textverkettung wieder lösen, aktivieren Sie den Textrahmen oder -pfad und klicken auf das Texteingangs-Symbol mit dem Dreieck. Steht Ihre Maus dann über dem Textrahmen, zeigt sie eine zerbrochene Kette ⛓. Wenn Sie damit in den Textrahmen klicken, lösen Sie die Verkettung, und der erste Rahmen zeigt wieder an, dass er Übersatz enthält.

Sie haben zwei verkettete Textrahmen und möchten nun aber doch noch einen dritten dazwischenstellen. Klicken Sie mit dem Auswahl-Werkzeug in das Texteingangssymbol des zweiten Textrahmens. Steht Ihre Maus nicht über dem Textrahmen, zeigt sie auch nicht die zerbrochene Kette an, sondern das Symbol für Übersatz. Sie können einen neuen Textrahmen aufziehen, der mit dem Übersatz ▦ gefüllt wird und am Ende die Verkettung zum letzten Rahmen beibehält.

▲ **Abbildung 9.18**
Verkettung von Pfad- zu Flächentext

◄ **Abbildung 9.19**
Sie können einen weiteren Textrahmen (nach einem Klick auf das Eingangssymbol) zwischen verketteten Textrahmen aufziehen.

Flächentextoptionen

Wenn Sie mit Flächentext arbeiten, stehen Ihnen noch mehr Optionen zur Verfügung. Sie können Ihren Textrahmen zum Beispiel in Spalten aufteilen.

Abbildung 9.20 ▶
Gestalten Sie Text mit
Spalten.

> Ohne Jesus aber hat keiner eine Chance bei Gott und so sprach er zu seinen Freunden: „Keine Panik! Wenn ihr Gott vertraut, könnt ihr auch mir vertrauen. Denn dort, wo mein Vater Zuhause ist, gibt es Platz für viele. Ich werde euch vorangehen und schon mal alles klar machen. Wenn ihr mir folgt, werdet auch ihr dort ankommen, sodass wir ewig
>
> zusammen sein werden. Nur müsst ihr den Weg schon hier beginnen, denn genau hier fängt er an". „Und was ist mit denen die später zu uns stoßen?", wollte einer wissen. „Mann, sei nicht neidisch, für jeden fängt der Weg genau dort an, wo er gerade steht. Für manche ist er also kürzer als für andere, doch für alle die ihn gehen, endet er beim Vater".

Diesmal gelangen Sie zu den Flächentextoptionen über das Schriftmenü (SCHRIFT • FLÄCHENTEXTOPTIONEN). Alternativ doppelklicken Sie in das Text-Werkzeug (T), wenn ein Flächentext ausgewählt ist.

Abbildung 9.21 ▶
Die Flächentextoptionen

Mit der BREITE und HÖHE ❶ stellen Sie die Gesamtbreite und -höhe des Textrahmens ein.

Sie können einen Textrahmen in waagerechte ZEILEN und senkrechte SPALTEN ❷ einteilen. Geben Sie hier die ANZAHL der Spalten und Zeilen ein. Die SPANNE meint die Höhe bzw. Breite der jeweiligen Zeilen und Spalten. Wenn Sie einen Haken bei FIXIERT setzen, bleibt die Spanne von Zeile bzw. Spalte beim Aufziehen des Textrahmens erhalten, sodass Spalten hinzugefügt oder weggenommen werden. Setzen Sie hier keinen Haken, verändert sich die Spaltenbreite mit der Textrahmengröße. Unter ABSTAND versteht man die Breite zwischen den Zeilen/Spalten.

Der VERSATZ ❸ gibt Ihnen gute Gestaltungsmöglichkeiten, weil Sie damit steuern können, dass der Text nicht am Rahmen »klebt«.

> Ein einziger Textrahmen mit einem Versatz zum Rahmen. Der Textrahmen hat seine eigene Kontur- und Flächenfarbe. Der Text ist ganz normal editierbar.

▲ **Abbildung 9.22**
Text, Rahmen und Fläche sind nur ein einziger Textrahmen, dem Kontur und Fläche zugewiesen wurden.

Besonders, wenn der Textrahmen selbst Kontur und Flächenfarbe hat, sieht es mit etwas Versatz besser aus.

Die erste Grundlinie ❹ bestimmt, auf welcher Höhe der Text beginnt, und zwar gemessen an der Grundlinie der ersten Textzeile. MIN: steuert den Abstand der ersten Grundlinie. Sie geben einen vertikalen Versatz an.

▶ OBERLÄNGE: Die Oberlänge der Schrift liegt an der Oberkante des Rahmens an.

▶ GROSSBUCHSTABENHÖHE: Die Höhe der Großbuchstaben (Versalien) liegt an der Oberkante des Rahmens an.

▶ ZEILENABSTAND: Die erste Grundlinie ist so weit vom oberen Rahmen entfernt wie der Zeilenabstand, den Sie im Absatz-Bedienfeld festgelegt haben.

▶ x-HÖHE: Die Oberkante eines »x« der jeweiligen Schrift liegt an der Rahmenoberkante an.

▶ GEVIERT-HÖHE: So breit wie der Schriftkegel hoch ist (Geviert), so groß ist der Abstand zwischen der Rahmenoberkante und der ersten Grundlinie.

▶ FIXIERT: Der Wert, den Sie bei MIN: eingeben, ist der Wert Ihrer Grundlinie, von der Rahmenoberkante aus gemessen. Bei »0« sind Rahmenkante und Grundlinie deckungsgleich.

▶ ALT: Stellt die Standardwerte alter Illustrator-Versionen bis zur Version 10 ein.

Der TEXTFLUSS ❺ bestimmt die Richtung, in der der Text bei mehreren Zeilen und Spalten weiterfließen soll. Der Text kann von links nach rechts und dann in der nächsten Zeile weiterfließen, oder er fließt erst von oben nach unten und dann in der nächsten Spalte weiter.

Pfadtext

Eine spannende Möglichkeit, Text zu setzen, besteht darin, ihn entlang von Pfaden laufen zu lassen. Zu den Textein- und -ausgangssymbolen aktiver Texte kommen beim Pfadtext noch jeweils eine Startlinie und eine Endlinie hinzu, von Adobe »Klammern« genannt. Die dritte Klammer ist genau in der Mitte der beiden ersten Klammern.

▲ **Abbildung 9.23**
Einstellungsmöglichkeiten für die Grundlinie

Ein Flächentext kann auch schon oben auf der Rahmenkante beginnen.

▲ **Abbildung 9.24**
Der Text kann auf der Rahmenoberkante beginnen (FIXIERT = 0 mm)

Feld 1	Feld 2	Feld 3
Feld 4	Feld 5	Feld 6
Feld 7	Feld 8	Feld 9

▲ **Abbildung 9.25**
Der Textfluss mit der Option REIHENWEISE VON LINKS NACH RECHTS

Abbildung 9.26 ▶
Textklammern am Eingang, am Ausgang und in der Mitte des Pfadtextes

▲ **Abbildung 9.27**
So werden die Start-, Mittel- und Endklammern an der Maus angezeigt.

Text wieder aufnehmen

Möchten Sie an einen bestehenden Text anknüpfen, müssen Sie mit der Maus sehr nah an das letzte Zeichen klicken, weil Illustrator sonst stattdessen einen neuen Text beginnt.

▲ **Abbildung 9.28**
Das fertige Etikett mit Verläufen und Biene-Symbol

Die Klammern können Sie mit der Maus auf dem Pfad entlangbewegen und damit den Beginn des Textes bzw. mit der Endklammer das Ende des Textes bestimmen. Schieben Sie beide so nah zueinander, dass der Text nicht mehr dazwischenpasst, bekommt die Endklammer wieder das bekannte Symbol für Übersatz.

Mit der mittleren Klammer verschieben Sie den gesamten Text auf dem Pfad, ohne dabei die mögliche Textmenge zu verändern. Sie erkennen, dass Sie eine der Klammern mit der Maus erwischt haben, wenn Ihnen eines der drei Symbole an der Maus mit angezeigt wird. Sie müssen aber sehr aufpassen, dass Sie nicht aus Versehen in das kleine Quadrat klicken statt in die Klammer, da Sie sonst die Textverkettung aktivieren.

Eine der häufigsten Anwendungen ist der sogenannte Kreissatz, der oft für runde Etiketten eingesetzt wird. Dabei läuft der Text entlang eines geschlossenen Kreises. So einen Kreissatz möchte ich nun mit Ihnen in einer Schritt-für-Schritt-Übung ausprobieren.

Schritt für Schritt
Kreissatz für ein Etikett

1 Datei anlegen
Legen Sie für diese Übung irgendeine Art von Illustrator-Datei neu an; es kommt hier nicht auf das Format oder das Farbsystem an.

2 Kreis zum Pfadtext-Objekt machen
Ziehen Sie mit dem Ellipse-Werkzeug (L) und gedrückter ⇧-Taste einen Kreis auf. Wählen Sie dann das Pfadtext-Werkzeug , und klicken Sie irgendwo auf den Pfad des Kreises. Da der Kreis nun seine Farb- und Konturattribute verliert, brauchen Sie sich vorher nicht darum zu kümmern.

3   Schrift eingeben

Schreiben Sie ein Wort Ihrer Wahl, z. B. »Wendländer«. Wenn Sie nun bei aktivem Text das Auswahl-Werkzeug (V) auswählen, sehen Sie drei Klammern. Klicken Sie als Erstes im Steuerung-Bedienfeld auf das Symbol für ZENTRIEREN. Der Schriftzug springt auf die Mittel-Markierung (unten in diesem Fall).

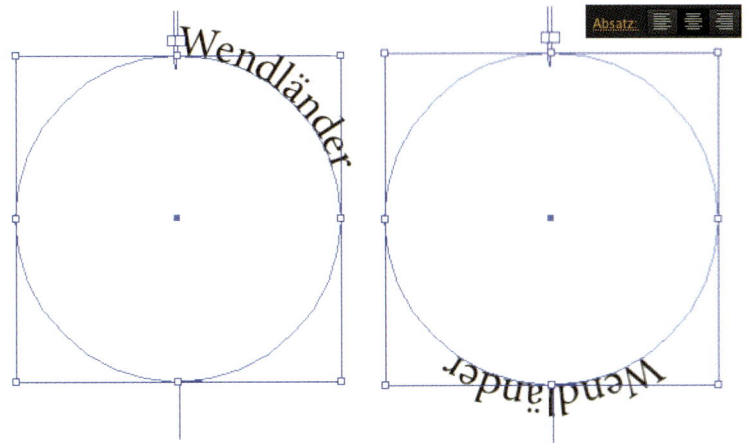

◄ **Abbildung 9.29**
Den Schriftzug zu zentrieren, erleichtert das weitere Arbeiten.

Fassen Sie dann die mittlere Klammer an, und drehen Sie den Text wieder nach oben.

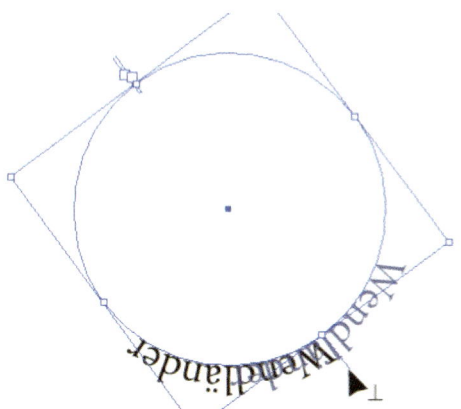

◄ **Abbildung 9.30**
Den Schriftzug an seiner Mittelklammer drehen

Ebenfalls im Steuerung-Bedienfeld wählen Sie eine Schriftart und eine Schriftgröße.

◄ **Abbildung 9.31**
Die Schriftart und -größe anpassen

▲ **Abbildung 9.32**
Duplizierten Text nach innen
ziehen

**Untenliegenden Text
bearbeiten**

Möchten Sie nun den
untenliegenden Text
bearbeiten, ist es am besten, den oberen Text zu
aktivieren und ihn mit
Strg/⌘+2 zu sperren.
Nun kommen Sie einfach
an den unteren Text
heran.

**Noch etwas zum
Workshop**

Die Biene aus Abbildung
9.28 kommt übrigens aus
der Illustrator-Symbol-
Sammlung »Natur« (siehe
Kapitel 7, »Muster, Pinsel
und Symbole«). Wie Sie
einen Kreisverlauf auf
einen Kreis anwenden
und ihn unter die Biene
legen, lesen Sie in Ab-
schnitt 5.5, »Verläufe«.

4 **Text duplizieren und drehen**

Aktivieren Sie das ganze Textobjekt mit dem Auswahl-Werkzeug
(V) ▶, kopieren Sie es mit Strg/⌘+C, und setzen Sie es mit
Strg/⌘+F als Duplikat vor den ersten Text.

   Fassen Sie auch diesen Text mit dem Auswahl-Werkzeug (V)
▶ an seiner Mittelklammer an, und drehen Sie ihn nach unten.
Führen Sie Ihre Maus aber innerhalb des Kreises, damit der Text
gespiegelt wird und nicht auf dem Kopf steht.

5 **Unteren Text editieren**

Aktivieren Sie den unteren Text mit Strg/⌘+A, während der
Text-Cursor im Text steht. Er wird schwarz hervorgehoben. Nun
geben Sie das Wort »Bienenhonig« ein.

6 **Abstand zum Text**

Da der untere Text nicht genauso zur Kreislinie steht wie der
obere, müssen Sie ihn erneut mit dem Text-Werkzeug ▼ (T)
markieren.

   Öffnen Sie das Zeichen-Bedienfeld (FENSTER • SCHRIFT • ZEICHEN).
Im Flyout-Menü wählen Sie OPTIONEN EINBLENDEN. Nun geben
Sie bei GRUNDLINIENVERSATZ EINSTELLEN ❶ einen negativen Wert
ein, bis die Oberlänge des Wortes an den Kreis stößt. Gleichen Sie
noch die dadurch vergrößerte LAUFWEITE ❷ mit einem negativen
Wert aus, bis der untere Text optisch mit dem oberen harmoniert.

▲ **Abbildung 9.33**
Mit der Laufweite und dem Grundlinienversatz passen Sie den Schriftzug
an den Kreis an.

9.3 Text bearbeiten

Zum Arbeiten mit Text gehört natürlich auch das Feintuning – also wie Sie Schriften in Größe und Laufweite anpassen, Umbrüche erzwingen oder verhindern etc.

Zeichen

Das wichtigste Bedienfeld für das Bearbeiten von Text ist das Zeichen-Bedienfeld mit seinem Flyout-Menü (FENSTER • SCHRIFT • ZEICHEN). Wenn Ihnen nur der obere Teil des Bedienfeldes angezeigt wird, wählen Sie aus dem Flyout-Menü OPTIONEN EINBLENDEN.

Für alle Zeicheneinstellungen müssen Sie auch ein oder mehrere Zeichen bzw. den ganzen Text aktiviert haben. Mit dem Text-Werkzeug T, (T) ziehen Sie über das betreffende Zeichen. Sind es mehrere, können Sie den Text-Cursor vor das erste Zeichen setzen und mit gedrückter ⇧-Taste hinter das letzte Zeichen klicken. Soll der ganze Text eines Textrahmens oder eines Pfadtextes aktiviert werden, klicken Sie irgendwo in den Text, sodass der Cursor im Text blinkt, und drücken Strg/⌘+A.

◄ **Abbildung 9.34**
Das Zeichen-Bedienfeld

Wählen Sie eine SCHRIFTART ❸ und auch einen SCHNITT ❹. Ganz wichtig ist natürlich die SCHRIFTGRÖSSE ❺. Bei mehrzeiligen Texten brauchen Sie auch einen ZEILENABSTAND ⓫. Steht der Wert in Klammern, ist es der automatische Wert. Illustrator setzt hier 120 % der Schriftgröße ein. In der Pulldown-Liste können Sie auch AUTOMATISCH wählen. Vergrößern Sie die Schrift, wächst der Zeilenabstand mit.

Zur Erinnerung

In den meisten Eingabefeldern haben Sie die Möglichkeit, einen numerischen Wert einzugeben, den Wert, der schon im Eingabefeld steht, mit den Auf- und Abwärtspfeilen zu erhöhen oder zu verringern oder einen der Standardwerte aus der Pulldown-Liste zu wählen.

AUSGLEICH
AUSGLEICH

▲ **Abbildung 9.35**
Manuelle Unterschneidung
einzelner Buchstaben mit
dem Kerning (unten).

Ich laufe eng.
Ich laufe normal.
Ich laufe weit.

▲ **Abbildung 9.36**
Unterschiedliche Laufweiten

Wendland

▲ **Abbildung 9.37**
Manchmal passt auch eine
Zeichendrehung.

VERSALIEN

▲ **Abbildung 9.38**
Großbuchstaben über das Flyout-Menü

ECHTE KAPITÄLCHEN
FALSCHE KAPITÄLCHEN

▲ **Abbildung 9.39**
Nicht jede Schrift hat eigene,
also echte Kapitälchen.

$H2O \quad H_2O \quad H_2O$
$102 \quad 10^2 \quad 10^2$

▲ **Abbildung 9.40**
Hoch- und tiefgestellte
Zeichen

Das Kerning (dt. Unterschneidung), also der ABSTAND ZWISCHEN ZWEI ZEICHEN **6**, funktioniert dann, wenn Sie den Cursor nur zwischen die Zeichen stellen, ohne sie zu aktivieren. Nun können Sie sie näher zusammen oder weiter auseinander schieben. Ganz wichtig ist dieser Ausgleich bei der Gestaltung von Logos. Sie können so einzelne Buchstaben optisch harmonisieren.

Möchten Sie eine ganze Zeile oder den ganzen Text in seiner LAUFWEITE **12** verändern, müssen die betreffenden Zeichen oder der Text aktiviert sein.

Typografisch zu Recht sehr verpönt ist das HORIZONTALE **7** und VERTIKALE SKALIEREN **13**. Den GRUNDLINIENVERSATZ **8** brauchen Sie hingegen öfter, denn manchmal benötigen auch einzelne Zeichen wie das @-Zeichen leichte Grundlinienkorrekturen.

Für besondere Effekte können Sie einzelne Zeichen, die Sie aktiviert haben, auch drehen (ZEICHENDREHUNG **14**). Da sich der Schriftkegel dabei mitdreht, müssen Sie in aller Regel danach die Zeichenabstände wieder korrigieren.

Sie können hier ein aktiviertes Wort, das Sie mit großem Anfangsbuchstaben und kleinen Folgebuchstaben gesetzt haben, unter GROSSBUCHSTABEN **9** komplett auf Versalien stellen. Kommt Ihr Art Director vorbei und will es anders, ist es nur ein einziger Klick, und das Wort ist wieder normal, ohne es neu tippen zu müssen.

KAPITÄLCHEN setzt alle Buchstaben in Versalien; doch die ursprünglichen Kleinbuchstaben behalten dabei ihre Höhe – sie werden quasi »kleine« Versalien. Aber Achtung: Besitzt die Schrift keinen Zeichensatz mit Kapitälchen, skaliert Illustrator die kleinen Versalien runter, sodass unterschiedliche Balkenstärken entstehen, die schlecht und unprofessionell aussehen. Diese nennt man falsche Kapitälchen.

HOCHGESTELLT und TIEFGESTELLT brauchen Sie ebenfalls von Zeit zu Zeit. Manchmal lohnt es sich, das Zeichen nachträglich über den Grundlinienversatz auszugleichen (jeweils rechts in Abbildung 9.40).

Auch das Unter- oder Durchstreichen von Text ist möglich.

Die GLÄTTUNGSMETHODE **15** ist nicht für einzelne Zeichen zu aktivieren, sondern nur für den ganzen Text. Sie müssen dafür den Textrahmen mit dem Auswahl-Werkzeug aktivieren. Diese

Einstellung ist nur für das Web interessant, weil die Bildschirm-
darstellung der Schriften hiermit gesteuert wird.

◀ **Abbildung 9.41**
Ohne Glättung (links) und mit
Glättung (rechts)

Wenn Sie unter SPRACHE ❿, die Sprache, in der Sie schreiben, aus
der Pulldown-Liste auswählen, kann Illustrator die Wörter richtig
trennen, sofern sie dem Programm bekannt sind.

Im Flyout-Menü des Zeichen-Bedienfelds finden Sie noch
Funktionen, an die Sie nur dort herankommen.

Wenn Sie Text setzen, der im Web erscheinen soll, wählen Sie
SYSTEMLAYOUT statt GEBROCHENE BREITEN. Damit sorgen Sie dafür,
dass Schrift nur auf ganzen Pixeln gesetzt wird.

Immer wieder wird ein Wort am Ende des Textrahmens oder
des Pfades getrennt. Sie können eine Trennung verhindern, indem
Sie das Wort komplett markieren und KEIN UMBRUCH anhaken.

▲ **Abbildung 9.42**
Das Flyout-Menü des
Zeichen-Bedienfelds

Verhindern eines Um-
bruches

◀ **Abbildung 9.43**
Kein Umbruch für das Wort
»Umbruches« unten

Absätze

Eingangs sagte ich ja bereits, dass Illustrator kein Textprogramm
ist. In Logos oder manchmal in Illustrationen setzen Sie Einzelwör-
ter oder einzelne Zeilen, die Sie mit den Zeichenfunktionen aus
dem vorangegangenen Abschnitt bearbeiten. Seltener arbeiten
Sie mit Mengentext. Hier müssen Sie dann nicht nur die einzelnen
Zeichen und die Schrift editieren, sondern auch ganze Absätze.

Ein Absatz ist der Text bis zur jeweils nächsten Zeilenschaltung
(⏎) ❶ (Abbildung 9.44). Sie können auch mit ⇧+⏎ eine
neue Zeile ❷ erzwingen, haben dann aber keinen Absatz. Hilfreich
kann es sein, sich über SCHRIFT • VERBORGENE ZEICHEN EINBLENDEN
zu lassen, um besser am Text arbeiten zu können.

Umbruch

Umbricht Ihr Text nicht
am Ende des Textrah-
mens, haben Sie vielleicht
aus Versehen das Zeichen-
attribut KEIN UMBRUCH im
Flyout-Menü aktiviert.

Abbildung 9.44 ▶
Optisch sehen beide Texte gleich aus, technisch unterscheidet Illustrator aber zwischen ihnen.

Ein.Absatz.trennt.sich.vom.nächsten.mit.der. Zeilenschaltung..¶ ———————————————————— ❶
Danach.beginnt.der.nächste.Absatz,.und.zwar.so. lange,.bis.wieder.die.Zeilenschaltung.aktiviert. wird..¶
Eine.Zeile.trennt.sich.von.der.nächsten.mit.der. Zeilenschaltung.mit.Shift..↵ ——————————————— ❷
Danach.beginnt.die.nächste.Zeile.erzwungen,.bis. kein.Platz.im.Rahmen.ist.oder.die.nächste.Zeilenschaltung/Absatz.gesetzt.wird.¶

▲ **Abbildung 9.45**
Das Absatz-Bedienfeld

Die verschiedenen Ausrichtungen eines Textes bestimmen Sie im Absatz-Bedienfeld. Die grundausrichtungen Linksbündig, Zentriert, Rechtsbündig, finden Sie auch im Steuerung-Bedienfeld.

▲ **Abbildung 9.46**
Blocksatz, letzte Zeile linksbündig

Einzug links. Für alle Zeilen. Die erste Zeile bekommt aber noch ein wenig mehr Einzug hinzu: Einzug links in erster Zeile.

▲ **Abbildung 9.47**
Linker Einzug, erste Zeile mit Zusatzeinzug

Ein Absatz trennt sich hier vom nächsten Absatz mit einem ABSTAND NACH.

So kann der Abstand zwischen zwei Absätzen auch einen anderen Wert haben als eine Leerzeile.

▲ **Abbildung 9.48**
Abstand nach Absatz

Für die Einstellungen der Absatzattribute reicht es aus, wenn der Cursor in dem betreffenden Absatz steht. Wollen Sie mehrere Absätze zugleich editieren, aktivieren Sie einfach die ganzen betreffenden Absätze und rufen über FENSTER • SCHRIFT das Absatz-Bedienfeld auf.

In der ersten Zeile ❸ stehen die Ausrichtungen: LINKSBÜNDIG; ZENTRIERT; RECHTSBÜNDIG; BLOCKSATZ, LETZTE ZEILE LINKSBÜNDIG; BLOCKSATZ, LETZTE ZEILE ZENTRIERT; BLOCKSATZ, LETZTE ZEILE RECHTSBÜNDIG; BLOCKSATZ, ALLE ZEILEN (hier wird die letzte Zeile auf die gesamte Textrahmenbreite gezwungen).

Mit EINZUG LINKS ❹ bestimmen Sie den Abstand, den der Text von der linken Textrahmenkante haben soll. Für EINZUG RECHTS ❽ gilt Entsprechendes für die rechte Seite. EINZUG LINKS IN ERSTER ZEILE ❺ kann für die erste Zeile einen anderen Wert angeben als für die übrigen, sodass z. B. nur die erste Zeile eingezogen ist.

ABSTAND VOR ABSATZ ❻ gibt einen Abstand zum vorherigen Absatz an, sodass die Absätze nicht direkt aneinanderkleben. ABSTAND NACH ABSATZ ❾ rückt den nächsten Absatz etwas ab.

Mit SILBENTRENNUNG ❼ bestimmen Sie, ob Wörter am Textrahmenrand getrennt werden sollen. Nach welchen Kriterien getrennt wird, lesen Sie nachfolgend.

Der Umbruch

Sehen Sie auch einmal ins Flyout-Menü des Absatz-Bedienfelds. Dort finden Sie wichtige Grundeinstellungen für die Gestaltung Ihrer Absätze bzw. Texte. Es gibt in Illustrator nämlich zwei grundsätzlich verschiedene Methoden, Absätze zu umbrechen. Die erste Art interpretiert die einzelnen Zeilen. Passt ein Wort nicht mehr in eine Zeile, wird es getrennt, und die nächste Zeile wird untersucht. Ist diese durch den Wortteil der Zeile darüber zu voll geworden, wird auch hier am Ende Platz geschaffen und so weiter. Diese Methode nennt Illustrator den **Adobe Einzeilen-Setzer**.

Die Methode **Adobe Alle-Zeilen-Setzer** untersucht den ganzen Absatz und versucht, die Wortabstände optimal zu gestalten. Dabei ist es durchaus möglich, dass Illustrator auch in Zeilen über jener, an der Sie gerade arbeiten, Text neu umbricht. Bei Mengentext erhalten Sie mit dieser Methode meistens deutlich bessere Ergebnisse.

> Die verschiedenen Ausrichtungen eines Textes bestimmen Sie im Absatz-Bedienfeld. Die Grundausrichtungen Linksbündig, Zentriert und Rechtsbündig finden Sie auch im Steuerung-Bedienfeld.

> Die verschiedenen Ausrichtungen eines Textes bestimmen Sie im Absatz-Bedienfeld. Die Grundausrichtungen Linksbündig, Zentriert und Rechtsbündig finden Sie auch im Steuerung-Bedienfeld.

Rufen Sie über das Flyout-Menü des Absatz-Bedienfelds ABSTÄNDE auf, ist für den Einsteiger nur die unterste Pulldown-Liste EINZELNES WORT AUSRICHTEN wichtig. Kommt es nämlich vor, dass der Textrahmen an einer Stelle so eng wird, dass nur noch ein einzelnes Wort darin Platz findet, entscheiden Sie, ob dieses Wort auf die gesamte Breite ausgetrieben wird oder in einer anderen Ausrichtung läuft.

Abbildung 9.49
Flyout-Menü des Absatz-Bedienfelds

Abbildung 9.50
Oben: BLOCKSATZ, ALLE ZEILEN mit dem ADOBE EINZEILEN-SETZER
Unten: ADOBE ALLE-ZEILEN-SETZER

Abbildung 9.51
Das Abstände-Bedienfeld

▲ **Abbildung 9.52**
Einzelwortausrichtung,
wenn's mal eng wird

Mit der SILBENTRENNUNG…, die Sie im Flyout-Menü des Absatz-Bedienfeldes aufrufen, beeinflussen Sie den Umbruch Ihres Textes. Die Einstellungen gelten immer nur für den gerade aktivierten Absatz.

Abbildung 9.53 ▶
Die Silbentrennungsvorgaben

Auch hier, wie im Absatz-Bedienfeld, können Sie einstellen, ob überhaupt Wörter getrennt werden sollen ❶. Wenn ja, legen Sie fest, wie lang ein Wort mindestens sein muss ❷, damit es getrennt werden darf. Dann entscheiden Sie, wie viele Zeichen ❸ mindestens vor der Trennung stehen müssen. Wie viele Zeichen in die nächste Zeile mitgenommen werden dürfen, entscheiden Sie hier ❹. Wenn in mehreren Zeilen untereinander getrennt werden müsste, kann ein optisches Loch entstehen; deshalb können Sie die Menge der Trennungen untereinander einschränken ❺. Der TRENNBEREICH ❻ hat meist wenig Einfluss und besagt, in welcher Zone zum rechten Rand getrennt wird. Mit dem Schieberegler ❼ geben Sie den besseren Wortabständen (links) den Vorrang oder entscheiden sich dafür, dass Sie lieber weniger Trennungen untereinander haben wollen (rechts). Dass großgeschriebene Wörter getrennt werden dürfen ❽, macht in der deutschen Sprache Sinn.

9.4 OpenType

ohne Ligatur: fl, fi
mit Ligaturen: fl, fi

▲ **Abbildung 9.54**
Standardligaturen

OpenType-Funktionen nützen Ihnen nur etwas, wenn auch die Schrift, die Sie benutzen, eine OpenType-Schrift ist. Aber nicht jede OpenType-Schrift verfügt über die gleichen Zeichensätze. Grundsätzlich bieten diese Schriften sehr viele Zeichen und

Schriftschnitte an, sodass Sie oftmals auf Ligaturen oder echte Brüche zugreifen können.

◀ **Abbildung 9.55**
Das OpenType-Bedienfeld

fft, fb, st

▲ **Abbildung 9.56**
Bedingte Ligaturen

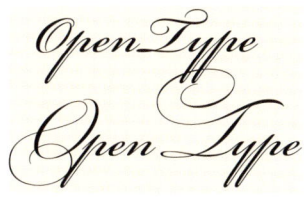

▲ **Abbildung 9.57**
Schwungschrift für die Anfangsbuchstaben

Über FENSTER • SCHRIFT • OPENTYPE öffnen Sie das Bedienfeld. Ein Zeichen bzw. der Text muss ausgewählt sein, wenn Sie eine Open-Type-Funktion zuweisen wollen. Acht Funktionen können Sie mit den unteren Buttons anwählen. Ist ein Button inaktiv, fehlt der aktuellen Schrift diese OpenType-Funktionalität.

❶ STANDARDLIGATUREN: Eine Ligatur fasst bestimmte Buchstabenpaare zusammen. »Th« oder »fi« sind klassische Beispiele solcher Buchstabenpaare.

❷ KONTEXTBEDINGTE VARIANTEN benutzen je nach Buchstabenpaarung variierende Zeichen.

❸ BEDINGTE LIGATUREN enthält noch weitere Alternativen zu den Standardligaturen.

❹ SCHWUNGSCHRIFT hat besonders stark ausgeprägte »Schnörkel«, die sich besonders in Schreibschriften gut machen.

❺ FORMATVARIANTEN hält Alternativzeichen vor.

❻ TITELSCHRIFTVARIANTEN benutzen Sie vornehmlich für Versalien, also Großbuchstaben.

❼ ORDINALZEICHEN wie 1st im Englischen sind eigene Zeichenpaare, vergleichbar mit den Ligaturen.

❽ BRÜCHE sind in diesem Fall »echte« Brüche. Wenn Sie 1 1/2 als Bruch (1 ½) haben möchten, dürfen Sie auch nur 1/2 auswählen, wenn Sie auf den Button BRÜCHE klicken.

1/2 1/4 2/8

½ ¼ ⅛

▲ **Abbildung 9.58**
Echte Brüche (unten)

▲ **Abbildung 9.59**
Zahlenvariationen von Open-Type

Bleiben noch die Zahlen der Pulldown-Liste **❾**. VERSALZIFFERN sind Zahlen, die so groß sind wie die Großbuchstaben. MEDIÄVALZIFFERN sind die Zahlen, die mit ihrer Grundlinie variieren und zu passenden Gelegenheiten auch sehr edel aussehen können.

Unter PROPORTIONALE... versteht man, dass die Zahlen zueinander ausgeglichen sind und damit unterschiedliche Abstände

Tel.: 05861 972 456

Tel.: 05861 972 456

▲ **Abbildung 9.60**
Nutzen Sie Mediävalziffern, wenn's mal edel aussehen soll (unten).

05861972456

▲ **Abbildung 9.61**
Gleiche Abstände zwischen
den Ziffer für Tabellen

aufweisen, während Zahlen FÜR TABELLEN immer den gleichen Abstand zueinander haben. Sie sehen steifer aus, doch die einzelnen Ziffern stehen genau untereinander.

9.5 Glyphen

Ein Zeichen ist eigentlich reine Information. Ein »A« ist demnach ein ganz bestimmter Buchstabe. Doch wie dieser letztendlich aussieht, steht auf einem anderen Blatt. Eine Glyphe ist die grafische Darstellung dieser Information, quasi die Ausarbeitung der Information »A«. Wie diese ausfällt, hängt in erster Linie von der Schrift ab. Es gibt aber auch viele Varianten und Abwandlungen. Jede dieser Abwandlungen ist eine Glyphe. Doch auch alle anderen Zeichen, die wir in unseren Texten benutzen, sind Glyphen, wie das @-Zeichen zum Beispiel.

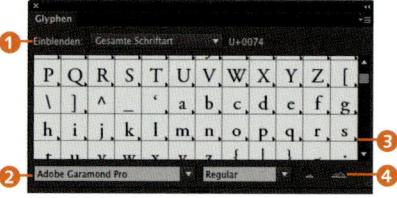

▲ **Abbildung 9.62**
Im Glyphen-Bedienfeld finden Sie jedes Zeichen der unten ausgewählten Schrift.

▲ **Abbildung 9.63**
Gut über das Glyphen-Bedienfeld zu finden: ausländische Schriftzeichen

▲ **Abbildung 9.64**
Schränken Sie Ihre Suche nach bestimmten Glyphensätzen ein.

Alle diese Glyphen finden Sie im Glyphen-Bedienfeld, das Sie über FENSTER • SCHRIFT • GLYPHEN aufrufen.

Um eine Glyphe einzusetzen, stellen Sie Ihren Text-Cursor an die Stelle, an der Sie ein Zeichen einfügen möchten, und doppelklicken das gewünschte Zeichen im Glyphen-Fenster an. Ist ein Zeichen in Ihrem Text ausgewählt, wird es ersetzt.

Bei OpenType-Schriften kann es leicht Tausende von Glyphen geben. Damit Sie auf der Suche nach einem bestimmten Zeichen nicht endlos scrollen müssen, können Sie Ihre Suche nach bestimmten Kriterien filtern ❶ (siehe Abbildung 9.64). Scrollen Sie im Glyphen-Fenster mit dem Scrollrad Ihrer Maus oder mit dem Trackpad Ihres Laptops statt aufwendig mit dem Scrollbalken, bis Sie die gewünschte Glyphe finden.

Wählen Sie, von welcher Schrift ❷ Illustrator die Glyphen anzeigt und in welchem Schnitt. Haben Sie Text aktiviert, werden automatisch die Glyphen dieser Schrift beim Aufrufen des Glyphen-Bedienfelds angezeigt.

In manchen OpenType-Schriften gibt es noch Zeichenvarianten, was durch ein kleines Dreieck ❸ angezeigt wird. Wenn Sie es mit der Maus gedrückt halten, werden die Varianten angezeigt. Halten Sie die Maus weiterhin gedrückt, und ziehen Sie sie auf die gewünsche Variante, um sie auszuwählen.

9.6 Formatvorlagen

Wenn Sie mit Flächentext arbeiten, wählen Sie eine bestimmte Schrift, bestimmen die Abstände zu den Rändern oder zu nachfolgenden Absätzen und mehr. Haben Sie aber Text mit mehreren Absätzen, müssen Sie diese Einstellungen eventuell jedes Mal vornehmen. Das ist dann viel Arbeit. Mit Formaten können Sie vordefinierte Attribute schnell einem Text zuweisen.

Absatzformate

Um Ihnen die Arbeit zu erleichtern, gibt es Absatzformate. Absatzformate merken sich die einzelnen Einstellungen, sodass Sie sie nur noch mit einem Klick den Absätzen zuweisen müssen.

Der einfachste Weg zu einem Absatzformat ist der, als Erstes einen Absatz zu formatieren, wie Sie ihn haben möchten. Dann öffnen Sie das Absatzformate-Bedienfeld (Fenster • Schrift • Absatzformate).

Halten Sie [Alt] beim Klicken auf den Button Neues Format erstellen ❺. Es öffnet sich der Dialog Absatzformatoptionen, der sich in zehn Kategorien unterteilt.

Anzeige einstellen

Jedes Zeichen steht in einem Quadrat. Wie groß diese Darstellung ist, steuern Sie hier mit den zwei Bergen ❹ für größer und kleiner.

▲ **Abbildung 9.65**
Unter dem kleinen Dreieck verbergen sich Formvarianten.

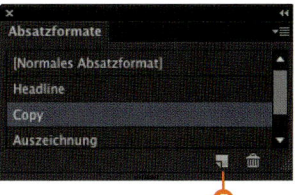

▲ **Abbildung 9.66**
Das Absatzformate-Bedienfeld mit mehreren definierten Formaten für entsprechende Anwendungen

▲ **Abbildung 9.67**
Das Absatzformat-Flyout-Menü zur Organisation Ihrer Formate

Checkbox-Auszeichnungen

Ist im Bedienfeld eine Checkbox mit einem Strich zu sehen, ignoriert Illustrator diese Funktion. Setzen Sie einen Haken, wendet Illustrator sie an; und bleibt die Checkbox frei, wird diese Funktion ausgeschlossen, also explizit nicht angewendet. Mit jedem weiteren Klick ändert sich der Status.

▲ Abbildung 9.69
Status einer Checkbox

▲ Abbildung 9.70
Formatänderungen übernehmen oder löschen

Alles, was Sie auch in den Bedienfeldern für Zeichen und Absätze einstellen können, können Sie auch für ein Absatzformat definieren. Einzig die ZEICHENFARBE kommt hier neu dazu. Sie wählen hier die Flächenfarbe für die eigentliche Zeichenfarbe. Eine Konturfarbe kann zwar zugewiesen werden, würde die Schrift aber dicker und meist hässlicher machen. (Wie Sie Tabulatoren einstellen, lesen Sie in Abschnitt 9.7.) In jeder Kategorie gibt es unten einen Button BEDIENFELD ZURÜCKSETZEN, der alle Einstellungen für die jeweilige Kategorie löscht.

Sie können jederzeit mit einem Doppelklick ein Format öffnen und Änderungen daran vornehmen. Diese Änderungen werden dann auf alle Absätze mit diesem Format übertragen. So ändern Sie im Nu Ihr ganzes Dokument, ohne in jeden einzelnen Textrahmen klicken zu müssen und dort alles wieder von vorn zu formatieren.

Ändern Sie an einem Absatz, der auf einem Absatzformat basiert, etwas, bekommt das Format ein kleines Plus hinter seinen Namen, damit Sie wissen, dass hier etwas anders ist, als an sich eingestellt. Sie haben nun drei Möglichkeiten:

▶ Sie können es zur Kenntnis nehmen und lassen, weil es so gehört,

▶ Sie können die Abweichung löschen (FLYOUTMENÜ • ABWEICHUNGEN LÖSCHEN), oder

▶ Sie können die Abweichungen auf alle Absätze dieses Formats anwenden (FLYOUTMENÜ • ABSATZFORMAT NEU DEFINIEREN).

Zeichenformate

Sie können einzelne Wörter in ihrem Aussehen verändern. Zum Beispiel geben Sie einem bestimmten Wort wie dem Firmennamen immer eine rote Farbe. Oder Sie setzen bestimmte Auszeichnungen in fetter Schrift. Auch für diese häufig wiederkehrende Arbeit können Sie ein Format anlegen, diesmal ein Zeichenformat (FENSTER • SCHRIFT • ZEICHENFORMAT).

Das Zeichenformat steht in der Rangfolge über dem Absatzformat. So können Sie einem Textabschnitt ein anderes Absatzformat zuweisen, ohne dass sich das Zeichenformat ändert. Das heißt: Haben Sie den Firmennamen mit einem Zeichenformat rot eingefärbt und weisen Sie ein Absatzformat zu, das Blau als Textfarbe definiert hat, bleiben die Firmennamen rot.

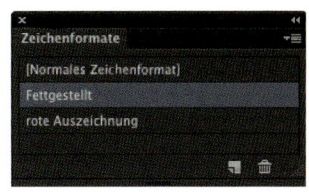

▲ **Abbildung 9.71**
Das Zeichenformat-Bedienfeld

„*Three Rings for the Elven-kings under the sky, Seven for the Dwarf-lords in their halls of stone, Nine for Mortal Men doomed to die, One for the Dark Lord on his dark throne, In the land of Mordor where the shadows lie. One Ring to rule them all, One Ring to find them, One Ring to bring them all, and in the darkness bind them, In the land of Mordor where the shadows lie.*" – *J. R. R. Tolkien*

„*Three* Rings for the Elven-kings under the sky, *Seven* for the Dwarf-lords in their halls of stone, *Nine* for Mortal Men doomed to die, *One* for the Dark Lord on his dark throne, In the land of Mordor where the shadows lie. *One Ring* to rule them all, *One Ring* to find them, One Ring to bring them all, and in the darkness bind them, In the land of Mordor where the shadows lie.*" – *J. R. R. Tolkien*

„Three Rings for the Elven-kings under the sky, **Seven** for the Dwarf-lords in their halls of stone, **Nine** for Mortal Men doomed to die, **One** for the Dark Lord on his dark throne, In the land of Mordor where the shadows lie. **One Ring** to rule them all, **One Ring** to find them, One Ring to bring them all, and in the darkness bind them, In the land of Mordor where the shadows lie." – J. R. R. Tolkien

▲ **Abbildung 9.72**
Links: der Text ohne Auszeichnungen; Mitte: mit roten Wörtern über ein Zeichenformat; rechts: die roten Wörter bleiben trotz Änderung des Absatzformats erhalten.

Möchten Sie ein ganz bestimmtes Attribut in Ihr Zeichenformat aufnehmen, deaktivieren Sie allen Text, klicken mit Alt auf den Button NEUES FORMAT ERSTELLEN und geben nur das Zeichenattribut ein, das Sie definieren wollen; alle anderen bleiben unangetastet. So wird das zugewiesene Wort zum Beispiel »Bold«, egal wie groß die Schrift gerade ist oder welche Schriftart der Text hat. Dies bleibt alles unangetastet.

◄ **Abbildung 9.73**
Nur der Schriftschnitt wurde auf BOLD gesetzt, alles andere bleibt frei.

9.7 Tabulatoren

Mit Tabulatoren setzen Sie einen Einzug bis zu einer definierten Position, die vom linken Textrahmenrand aus gemessen wird. Dabei muss der Einzug nicht am Zeilenanfang stehen.

Es gibt vier verschiedene Arten von Tabulatoren: linksbündig, zentriert, rechtsbündig und dezimal. In Abbildung 9.75 markiert die rote Linie die jeweilige Tabulatorposition und Ausrichtung.

Abbildung 9.74 ▼
Verschiedene Tabulatorarten auf die gleiche Position

Zwei Dinge braucht ein Tabulator:

▸ Erstens müssen Sie an der Textstelle, von der aus ein »Sprung« zur nächsten stattfinden soll, einen Tabulator tippen: ⇥ .

▸ Zweitens müssen Sie dem Absatz sagen, an welchen Positionen (von links gemessen) der Text am Tabulator »einrasten« soll.

Sie können auch mehrere Tabulatoren über das Tabulatoren-Bedienfeld definieren. Diese gelten aber für den gesamten Absatz, in dem der Text-Cursor steht oder ein Wort ausgewählt ist.

Fenster • Schrift • Tabulatoren ruft die Tabulatorenleiste auf. Haben Sie einen Textrahmen ausgewählt, klicken Sie auf den

Magneten ❼, damit sich die Tabulatorenleiste an die Oberkante des Textrahmens andockt. Sie haben so die beste Kontrolle über die Position der Tabulatoren. Klar ist, dass auch der gesamte Textrahmen im Monitor zu sehen sein muss.

◄ **Abbildung 9.75**
Die Tabulatorenleiste

Klicken Sie mit der Maus an irgendeine Position im Lineal ❻, um einen Tabulator zu setzen. Aktivieren Sie einen Tabulator mit einem Mausklick, oder verschieben Sie seine Position mit gedrückter Maustaste.

Die Bündigkeit ❹ ersehen Sie aus Abbildung 9.74. Wenn Sie die Bündigkeit eines Tabulators ändern möchten, wählen Sie ihn erst in der Leiste aus und klicken dann auf den entsprechenden Button. Die Position des jeweils von Ihnen mit der Maus ausgewählten Tabulators können Sie im x-Feld ❶ numerisch eingeben oder beim Verschieben ablesen.

Soll die Textlücke, die der Tabulator erzeugt, mit einem Zeichen (wie zum Beispiel Punkten) gefüllt werden, geben Sie diese als Füllzeichen ❷ ein. Es können auch Striche oder sogar Buchstaben sein.

Tabulator löschen

Möchten Sie einen Tabulator löschen, ziehen Sie ihn mit der Maus aus der Leiste heraus.

Satzanfang .... erster Tabulator .... zweiter Tabulator.

◄ **Abbildung 9.76**
Zwei Tabulatoren mit Punkten als Füllzeichen

Sollen Tabulatoren in mehreren Zeilen an der gleichen Position untereinanderstehen, aktivieren Sie vor den Eingaben in der Tabulatorenleiste alle betroffenen Zeilen. Sollen Zahlen mit dem Komma genau untereinanderstehen, wählen Sie AUSRICHTEN AN ❸ und geben das Zeichen ein, an dem ausgerichtet werden soll. Sie müssen dafür aber auch den rechten der vier Tabulatoren ❹, den sogenannten dezimalen Tabulator, wählen.

Absätze über Tabulator einstellen

Über das Absatz-Bedienfeld sind Einzüge für die erste und die folgenden Zeilen leichter einzustellen, doch auch hier ❺ könnten Sie es tun.

9.8 Text importieren

In einem Layoutprogramm ist es Alltag, bei Illustrator eher selten: das Importieren von Text. Wenn Sie aber vom Kunden Text geliefert bekommen und ihn in Illustrator importieren müssen, gehen Sie wie bei Bildern und externen Grafiken auf PLATZIEREN (BEARBEITEN/DATEI • PLATZIEREN) und navigieren zur Textdatei. Halten Sie einen Textrahmen aktiv, wird der Text dort hineinplatziert.

Textimportoptionen

Je nachdem, um was für eine Art Datei es sich handelt, öffnet Illustrator den einen oder anderen Dialog, in dem Sie Voreinstellungen für den Textimport einrichten, bevor der ausgewählte Text in Illustrator platziert wird.

Abbildung 9.77 ▶
Dialoge beim Textimport von TXT-Dokumenten

Bei reinen Textdateien (*.txt*) wählen Sie Ihre PLATTFORM aus ❶ und stellen als ZEICHENSATZ ❷ meist MITTELEUROPÄISCH ein (bei verschiedenen Formaten, probieren Sie am besten aus, welcher Zeichensatz auch alle Zeichen anzeigen kann).

Oftmals ist in der Textdatei hinter jeder Zeile ein Absatz gesetzt. Illustrator nennt dieses Zeichen, wie bei alten Schreibmaschinen, Wagenrücklauf ❸. Setzen Sie den ersten Haken, um diese Zeichen zu entfernen und den Text automatisch am Textrahmenrand umbrechen zu lassen. Sollen aber tatsächlich Absätze erhalten bleiben, erkennt Illustrator das, wenn zwei Wagenrückläufe gesetzt wurden, und lässt einen davon als richtigen Absatz stehen. Ganz häufig sind für Einzüge am Zeilenanfang leider mehrere Leerzeichen gesetzt worden. Diese können Sie durch einen Tabulator ersetzen lassen ❹.

....Nein,.meine.Texte.les.ich.nicht,.so.nicht,.stöhnte.Oxmox..Er.¶
war.mit.Franklin,.Rockwell.und.dem.halbtaxgrauen.Panther.¶
Weidemann.in.Memphis.(Heartbreak.Hotel).zugange..Sie¶
warteten.auf.die.fette.Gill,.um.bei.der.Bank.of.Helvetica.die.¶
Kapitälchen.in.Kapital.umzuwandeln..Oxmox.liess.nicht.¶
locker.."Ich.fleh.euch.an,.rettet.meine.Copy,.gebt.meinem.Body.¶
noch'n.Durchschuss!".¶

....Kein.Problem,.erbarmte.sich.Old.Face.Baskerville,.streichelte.¶
seinen.Hund,.zog.seine.einspaltige.Poppl,.legte.an.und.traf!.¶

→   Nein,.meine.Texte.les.ich.nicht,.so.nicht,.stöhnte.Oxmox..Er.war.mit.Franklin,.Rockwell.
und.dem.halbtaxgrauen.Panther.Weidemann.in.Memphis.(Heartbreak.Hotel).zugange..Sie.
warteten.auf.die.fette.Gill,.um.bei.der.Bank.of.Helvetica.die..Kapitälchen.in.Kapital.umzuwan-
deln..Oxmox.liess.nicht.locker.."Ich.fleh.euch.an,.rettet.meine.Copy,.gebt.meinem.Body.noch'n.
Durchschuss!".¶

→   Kein.Problem,.erbarmte.sich.Old.Face.Baskerville,.streichelte.seinen.Hund,.zog.seine.
einspaltige.Poppl,.legte.an.und.traf!.(Zeidank.nichts.Ernstes.?.nur'n.bisschen.Fraktur.).Oxmox..¶

→   Danke,.ist.jetzt.mit.Abstand.besser..→Derweil.jumpte.der.Fox..leise.over.the.Buhl,.die.sich.
mal.wieder.immerdar.wie.jedes..Jahr.gesellte.¶

→   Diesmal.war.Guaredisch.ihr.Erwählter,.weil..seine.Laufweite.einem.vollgetankten.Bodoni

◀ **Abbildung 9.78**
Oben müssten Sie sich mit mehrfachen Leerschritten am Absatzbeginn und Absätzen hinter jeder Zeile herumschlagen. Erst der untere Text ist »arbeitsfähig«.

▲ **Abbildung 9.79**
Textimport bei Word-Dokumenten

▼ **Abbildung 9.80**
Wenn Sie Textformatierungen schon beim Platzieren löschen, erhalten Sie reinen Text.

Word-Import

Bei Word-Dateien können Sie entscheiden, was Sie alles mit in das Platzieren einschließen wollen ❺, denn in einer Word-Datei können neben dem eigentlichen Text auch Fußnoten, Indextexte und Inhaltsverzeichnisse enthalten sein. Viel interessanter ist aber die letzte Checkbox ❻. Damit können Sie alle Textformatierungen, wie Farbe, Schriftschnitte etc. entfernen.

Liebe.Kundin.und.Leserin,.Kunde.und.Leser,..¶
¶
falls.Sie.keine.Probleme.haben,.diesen.Blindtext.schnell.und.zügig.zu.
lesen,.können.Sie.sich.glücklich.schätzen...Der.verantwortliche.Art.
Director,.der.Ihnen.höchstwahrscheinlich.gerade.diesen.Entwurf.
präsentiert,.versteht.sein.typografisches.Handwerk.par.excellence..
Er.hat.diesen.Copyblock.weder.gestaucht,.gezerrt.noch.in.Versalien.
oder.gar.in.6.Punkt.Eurostile.Outline.gesetzt...¶
¶
EDITORIAL¶
Falls.Sie.keine.Probleme.haben,.diesen.Blindtext.schnell.und.zügig.zu.
lesen,.können.Sie.sich.glücklich.schätzen...Der.verantwortliche.
Art.Director,.der.Ihnen.höchstwahrscheinlich.gerade.diesen.
Entwurf.präsentiert,.versteht.sein.typografisches.Handwerk.par.
excellence.¶
Er.hat.diesen.Copyblock.weder.gestaucht,.gezerrt.noch.in.Versalien.
oder.gar.in.6.Punkt.Eurostile.Outline.gesetzt...¶

Liebe.Kundin.und.Leserin,.Kunde.und.Leser,..¶
¶
falls.Sie.keine.Probleme.haben,.diesen.Blindtext.schnell.und.zügig.zu.
lesen,.können.Sie.sich.glücklich.schätzen..Der.verantwortliche.Art.
Director,.der.Ihnen.höchstwahrscheinlich.gerade.diesen.Entwurf.
präsentiert,.versteht.sein.typografisches.Handwerk.par.excellence.¶
Er.hat.diesen.Copyblock.weder.gestaucht,.gezerrt.noch.in.Versalien.
oder.gar.in.6.Punkt.Eurostile.Outline.gesetzt...¶
¶
Editorial¶
Falls.Sie.keine.Probleme.haben,.diesen.Blindtext.schnell.und.zügig.zu.
lesen,.können.Sie.sich.glücklich.schätzen..Der.verantwortliche.Art.
Director,.der.Ihnen.höchstwahrscheinlich.gerade.diesen.Entwurf.

313

9.9 Text und Grafiken/Bilder

In Illustrator arbeiten Sie so gut wie nie ausschließlich mit Text, denn Illustrator ist ja kein Textprogramm. Also werden die Texte, mit denen Sie es zu tun haben werden, irgendwie im Zusammenhang mit Illustrationen, Grafiken oder Bildern stehen. Darum geht es in diesem Abschnitt.

Text um Grafiken fließen lassen

Wenn Sie Text und Illustrationen zusammenbringen, soll oftmals der Text um eine Grafik herumfließen. Zwei Bedingungen müssen dafür mindestens erfüllt sein:

▸ Erstens müssen Text und Umfließen-Objekt auf einer Ebene sein, und
▸ zweitens muss das Umfließen-Objekt über dem Text liegen (OBJEKT • ANORDNEN • IN DEN VORDERGRUND).

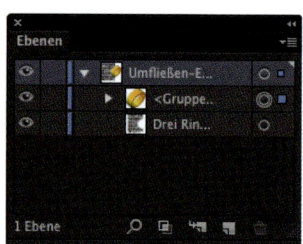

▲ **Abbildung 9.81**
Der Ring liegt auf der gleichen Ebene wie der Text, aber oberhalb von diesem!

Wenn Sie diese Bedingungen erfüllt haben, wählen Sie die Grafik aus und gehen zu OBJEKT • UMFLIESSEN • ERSTELLEN. Der Text wird um die Grafik herumfließen. Solange die Grafik aktiviert ist, sehen Sie feine Hilfslinien, die anzeigen, wie groß der Abstand vom Text zum Objekt sein wird.

Abbildung 9.82 ▸
Links liegt der Ring über dem Text, rechts wird er vom Text umflossen.

Drei Ringe den Elbenkönigen hoch im Licht, sieben den Zwergenherrschern in ihren Hallen aus Stein, den Sterblichen, ewig dem Tode verfallen, neun. Einer dem Dunklen Herrn auf dunklem Thron, im Lande Mordor, wo die Schatten drohn. Ein Ring, sie zu knechten, sie alle zu finden, ins Dunkel zu treiben und ewig zu binden. Im Lande Mordor, wo die Schatten drohn.

An gleicher Stelle (OBJEKT • UMFLIESSEN) finden Sie den Eintrag UMFLIESSENOPTIONEN.... Hier stellen Sie den Abstand zum Text ein. Die Option UMFLIESSEN UMKEHREN macht nur bei transparenten oder farblosen Objekte Sinn, weil der Text ja hinter dem Objekt liegt und sonst nur abgedeckt würde.

▲ **Abbildung 9.83**
Abstand des Textes zum Objekt, das er umfließt

Text um Bilder fließen lassen

Bei Bildern kommen noch drei weitere Bedingungen hinzu:

▸ Das Bild muss als TIF-Dokument gespeichert sein, was noch akzeptabel ist.

▸ Doch muss es auch in Photoshop freigestellt sein, und zwar mit einem Beschneidungspfad (Abbildung 9.84). Diesen Beschneidungspfad erkennt Illustrator und stellt dann das Bild daran selbstständig frei. Das bedeutet, dass der Freisteller auch scharfe Kanten hat und fürchterlich ausgeschnitten aussieht.

▸ Als Letztes dürfen Sie das Bild nur eingebettet platzieren (siehe Kapitel 4, »Bilder und Grafiken«).

Wenn Sie sich mit Photoshop auskennen. können Sie auch eine weiche EBENENMASKE anlegen, die aber auch in Photoshop angewendet sein muss.

▲ **Abbildung 9.84**
Aus einem Freistellpfad in Photoshop einen BESCHNEIDUNGSPFAD machen

▲ **Abbildung 9.85**
Ebenenmasken aus Photoshop werden auch erkannt.

Umfließen per Illustrator-Pfad

Das sind aber Einschränkungen, die ich in meiner Arbeit so oft nicht akzeptieren kann, weil ich es nicht immer mit auf Weiß freigestellten Bildern zu tun habe. Deshalb empfehle ich in solchen Fällen, das Bild ganz normal, verknüpft, in Illustrator zu platzieren und das Umfließen mit einem ganz gewöhnlichen Illustrator-Pfad zu erzwingen.

Das Vorgehen ist dabei das gleiche wie bei Grafiken: Text unten, Bild oder Umfließenpfad oben (auf einer gemeinsamen

Ebene), aktiver Pfad und unter OBJEKT • UMFLIESSEN… • ERSTELLEN. Das Schöne am Illustrator-eigenen Pfad ist, dass Sie diesen noch manuell mit dem Direktauswahl-Werkzeug (A) dort korrigieren können, wo er nicht ganz passt.

 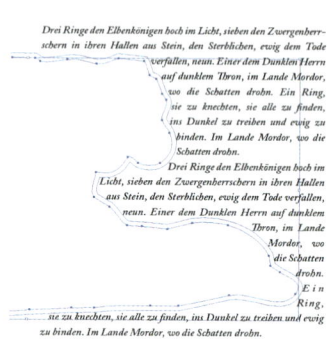

Abbildung 9.86 ►
Das nicht freigestelle Bild liegt abgeschwächt im Hintergrund, während der Text von einem Illustrator-Pfad verdrängt wird (rechts).

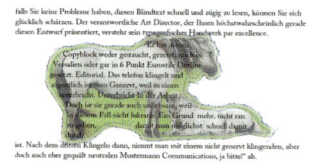

▲ **Abbildung 9.87**
Text fließt im Freisteller.

Mit der Option UMFLIESSEN UMKEHREN können Sie den Text auch im statt um das Umfließen-Objekt laufen lassen. Hier gilt ebenfalls, dass Sie in Illustrator einen Pfad zum Umfließen angelegt haben müssen, der ohne Flächenfarbe ist, um den Text auf das Objekt zu bringen.

Soll das Objekt nicht mehr von Text umflossen werden, aktivieren Sie das Umfließen-Objekt und wählen OBJEKT • UMFLIESSEN • ZURÜCKWANDELN.

9.10 Texteffekte

Wenn Sie mit Illustrator Text setzen, möchten Sie vielleicht nicht nur Mengentext setzen, wie im Layoutprogramm, sondern Effekte erzeugen.

Bild im Text

Einer der vielleicht häufigsten Effekte ist, die Schrift mit einem Bild zu füllen. Dazu tippen Sie zunächst den Text und platzieren ein beliebiges Pixelbild in Ihre Datei. Setzen Sie das Bild unterhalb des Textes in gewünschter Größe. Aktivieren Sie nun beide Objekte mit dem Auswahl-Werkzeug (V), und wählen Sie dann OBJEKT • SCHNITTMASKE • ERSTELLEN.

Möchten Sie das Bild innerhalb des Textes verschieben, wählen Sie OBJEKT • SCHNITTMASKE • INHALT BEARBEITEN. Nun können Sie das Bild verschieben oder skalieren; vermeiden Sie es aber, auf die Schrift zu klicken, denn damit kommen Sie wieder zum gesamten Objekt zurück. An gleicher Stelle (OBJEKT • SCHNITTMASKE • ZURÜCKWANDELN) wandeln Sie die Schnittmaske auch wieder in zwei einzelne Objekte zurück, wenn es Ihnen nicht gefällt.

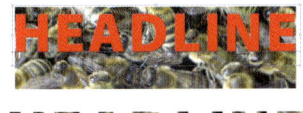

▲ **Abbildung 9.88**
Erst steht das Bild hinter dem Text, dann durch Erstellen der Schnittmaske im Text (unten)

Verlauf im Text

Es ist zwar nicht so einfach wie das Einfügen von Bildern, einen Verlauf in einer Schrift zu erzeugen und die Schrift trotzdem editierbar zu halten, aber die Mühe lohnt sich.

Schreiben Sie Ihren Text, und wählen Sie ihn anschließend mit dem Auswahl-Werkzeug (V) aus. Nun öffnen Sie das Aussehen-Bedienfeld (FENSTER • AUSSEHEN). In dessen Flyout-Menü wählen Sie NEUE FLÄCHE HINZUFÜGEN. Solange diese neue Fläche im Aussehen-Bedienfeld ausgewählt ist, wählen Sie einen Verlauf aus den Farbfeldern, um sie dem Text zuzuweisen.

◀ **Abbildung 9.89**
Neue Fläche für Verläufe

Mit dem Verlaufwerkzeug ▦ (G) editieren Sie den Verlauf. Den Text können Sie nach Belieben verändern.

◀ **Abbildung 9.90**
Passen Sie den Verlauf mit dem Verlaufwerkzeug direkt an der Schrift an (oben). Weitere Effekte (unten) sind »Basrelief« links und »Schlagschatten« rechts.

9.11 Überdrucken von Text

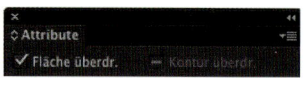

▲ **Abbildung 9.91**
»Blitzer« im Druck machen
kleine Schriften unleserlich.

▲ **Abbildung 9.92**
Schwarzer Text sollte auf
FLÄCHE ÜBERDR. stehen.

▲ **Abbildung 9.93**
Achtung: Der gelbe Text überdruckt die rote Fläche und
verschwindet dadurch.

In verschiedensten Projekten werden Sie mit Schrift arbeiten, die auf farbigem Untergrund steht. Manches Mal werden die Schriften außerdem recht klein ausfallen (vielleicht nur 7 Punkt). Wenn Ihre Grafik dann im Layoutprogramm auch noch verkleinert eingesetzt wird, schrumpft die reale Schriftgröße dort noch mehr.

Weiße »Blitzer« (Abbildung 9.91), die im Druckproduktionsprozess entstehen können, machen kleine Schriften unleserlich. Verhindern können Sie die »Blitzer«, indem Sie Ihre schwarzen (!) Texte auf Überdrucken stellen: Dazu aktivieren Sie den schwarzen Text, öffnen das Attribute-Bedienfeld (über FENSTER) und setzen einen Haken bei FLÄCHE ÜBERDR. Das Schwarz wird dann auf die darunterliegende Fläche »draufgedruckt«.

Aber Vorsicht bei farbigem Text: Die Textfarbe mischt sich beim Überdrucken mit dem Untergrund und kann im schlimmsten Fall optisch verschwinden. ANSICHT • ÜBERDRUCKENVORSCHAU simuliert für Sie das Ergebnis.

Das Problem »Überdrucken« erkläre ich ausführlicher in Abschnitt 14.4. Bitte lesen Sie es unbedingt, damit es später nicht zu bösen Überraschungen kommt.

Geschaeftsausstattung.ai

Schritt für Schritt
Ein Briefbogen

1 Datei öffnen
Ich habe Ihnen eine Datei vorbereitet. Es ist ein Briefbogen. Außer dem Hintergrund ist aber noch nichts zu sehen. Öffnen Sie die Datei »Geschaeftsausstattung.ai« von der Buch-DVD.

2 Logo platzieren und einrichten
Platzieren Sie sich das Logo, das Sie in Abschnitt 2.7, »Pfade in Aktion«, erstellt haben, über das Menü DATEI • PLATZIEREN, und navigieren Sie dort zu Ihrem Logo. Alternativ finden Sie das Logo auch auf der DVD (»Logo_fertig.ai«).

Im Platzieren-Dialog wählen Sie bei BESCHNEIDEN AUF • BILDMATERIAL, damit Sie auch nur das Logo bekommen und nicht die ganze Zeichenfläche.

▲ **Abbildung 9.94**
Der fertige Briefbogen, den
wir nun kreieren

◂◂ **Abbildung 9.95**
Noch ist nicht viel auf der
Zeichenfläche zu sehen.

◂ **Abbildung 9.96**
Platzieren des Logos

Mit dem Auswahl-Werkzeug ([V]) ▸ schieben Sie das Logo nach oben rechts. Während Sie die [⇧]-Taste gedrückt halten, können Sie durch Ziehen oder Schieben an den Ecken des Logos, die von Ihnen gewünschte Größe einstellen.

Wenn Sie mögen, können Sie es auch noch mit einem Schlagschatten versehen: EFFEKT • [ILLUSTRATOR-EFFEKTE] • STILISIERUNGS-FILTER • SCHLAGSCHATTEN...

▴ **Abbildung 9.97**
Aufziehen eines Textrahmens
mit dem Text-Werkzeug

3   Textrahmen anlegen

Wählen Sie das Text-Werkzeug ([T]), und ziehen Sie einen Textrahmen rechts unter dem Logo auf. Hier soll später der Text des Adressfelds stehen. Wenn Sie INTELLIGENTE HILFSLINIEN aktiviert haben ([Strg]/[⌘]+[U]), können Sie die Position leichter an das Logo anpassen.

4   Texteingabe und -formatierung

Gehen Sie mit dem Text-Werkzeug so nah an die rechte Textrahmenkante heran, dass Ihr Cursor das Symbol ⊥ statt diesem I̵ anzeigt, und klicken Sie hinein. Sie können die Schrift, deren Größe und Ausrichtung im Steuerung-Bedienfeld bestimmen (z. B. Myriad Pro, Regular, 10 pt, zentriert).

Dann geben Sie eine beliebige Adresse in folgender Anordnung ein: Firma | Name || Straße | Ort || Telefonnummer || E-Mail.

Überall, wo zwei senkrechte Striche stehen (||), setzen Sie einen Absatz ([↵]); dort, wo nur einer steht, setzen Sie eine neue Zeile ([⇧]+[↵]).

▲ **Abbildung 9.98**
ABSTAND NACH ABSATZ 8 pt

▲ **Abbildung 9.99**
Proportionale Mediävalziffern

Abbildung 9.100 ▶
So sollte nun Ihr formatierter
Adressteil aussehen.

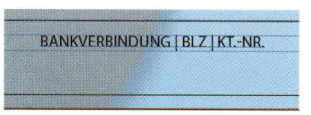

▲ **Abbildung 9.101**
Die Fußzeile des Briefbogens

▲ **Abbildung 9.102**
Ausrichten zur Zeichenfläche

5 Absatzformatierung

Aktivieren Sie mit dem Text-Werkzeug (T) den gesamten Text, oder drücken Sie Strg/⌘+A. Bei aktivem Text öffnen Sie das Absatz-Bedienfeld (FENSTER • SCHRIFT • ABSATZ) und geben bei ABSTAND NACH ABSATZ einen Wert von 8 pt ein. Die Adressdaten gruppieren sich nun lesbarer.

Aktivieren Sie nun nur die Firma, den Namen und die Telefonnummer, und wählen Sie den Bold-Schnitt der Schrift. Dann markieren Sie die Telefonnummer und öffnen das Bedienfeld OPEN-TYPE (FENSTER • SCHRIFT • OPENTYPE). Dort wählen Sie bei ZAHL die Option PROPORTIONALE MEDIÄVALZIFFERN.

6 Fußzeile

Legen Sie mit dem Text-Werkzeug 🅣 noch mittig am unteren Rand eine Fußzeile mit den Bankverbindungen an und darüber eine am besten mit dem Zeichenstift-Werkzeug gezogene Linie.

Wenn Sie beides aktivieren und im Steuerung-Bedienfeld erst AN ZEICHENFLÄCHE AUSRICHTEN auswählen und dann HORIZONTAL ZENTRIERT AUSRICHTEN ➊ anklicken, steht die Fußzeile schön mittig zur Seite.

Sie haben sich die ganze Zeit gefragt, warum denn da oben rechts so eine kleine Zeichenfläche liegt? Das soll Ihre Visitenkarte werden, die Sie nun selbstständig anfertigen. Viel Spaß.

Grafiken für Web und Screen

Mit Illustrator für den Bildschirm gestalten

- ▸ Was muss man bei der Monitordarstellung beachten?
- ▸ Wie arbeitet man mit Slices?
- ▸ Was wird beim Speichern für das Web eingestellt?
- ▸ Wie wird eine Illustration animiert und für Flash gespeichert?
- ▸ Welche Bildformate gibt es für das Internet?

10 Grafiken für Web und Screen

Einiges, was ich Ihnen in diesem Kapitel erkläre, kam schon an verschiedenen Stellen anderer Kapitel vor, sodass Ihnen manches bekannt vorkommen wird. In Kapitel 14, »Ausgabe für den Druck«, wird es um das Speichern und Aufbereiten der Illustrator-Daten gehen, doch auch an dieser Stelle möchte ich schon ein paar Worte über die Ausgabe speziell fürs Web verlieren (siehe Abschnitt 10.3).

Auch muss hier erwähnt werden, dass Illustrator kein Programm zum Erstellen von Webseiten ist, sondern diesen lediglich zuarbeitet. Mit Dreamweaver, Flash und ähnlichen arbeiten Sie dann speziell für das Web.

10.1 Die Besonderheiten der Monitordarstellung

Monitore stellen ihren Inhalt in Form von Pixeln dar, deren Anzahl begrenzt ist. Sie arbeiten also mit einer sehr viel geringeren Auflösung, als es für die Druckausgabe möglich ist.

An Pixelraster ausrichten

Auf der Buch-DVD finden Sie Lektion 3.2, »Web-Buttons gestalten mit Illustrator«.

Der Monitor ist in ein feines Raster untergliedert. Jede dieser Rasterzellen entspricht einem Pixel. Deshalb nennt Illustrator dieses Raster auch **Pixelraster**. Sie können es sich über ANSICHT • PIXELVORSCHAU oder [Strg]/[⌘]+[Alt]+[Y] anzeigen lassen. In dieser Ansicht sehen Sie, wie Ihre Grafiken in einer Monitordarstellung aussehen würden. In der Vergrößerung erkennen Sie dann deutlich die Pixelung auch Ihrer Vektorelemente, die ja sonst in jeder Vergrößerung scharf blieben.

Wenn Sie beispielsweise eine dünne Linie zeichnen, die zufällig nicht genau in dem Pixelraster der Datei liegt, ist die Darstellung dieser Linie entsprechend schlecht ❶. Deshalb gibt es die Einstellung AN PIXELRASTER AUSRICHTEN. Sie sollten diese Einstellung

am besten direkt beim Anlegen des Dokuments vornehmen, möglich ist aber auch ein nachträgliches Einstellen. AN PIXELRASTER AUSRICHTEN bewirkt, dass Objekte, die Sie zeichnen, minimal verschoben werden, wenn sie nicht kongruent zum dem Pixelraster laufen ❷.

Für die Arbeit an Web- oder Screen-Designprojekten kennt Illustrator verschiedene Zeichenflächendarstellungen, die Sie unter PROFIL ❸ schon beim Anlegen einer neuen Datei auswählen sollten, wenn Sie für Monitordarstellungen arbeiten. Die entscheidendste Einstellung ist der Haken bei NEUE OBJEKTE AN PIXELRASTER AUSRICHTEN ❹ im ERWEITERT-Bereich. Damit sorgen Sie schon beim Zeichnen dafür, dass die Objekte in das Pixelraster passen und scharf dargestellt werden. Die beiden Profile WEB und FLASH-BUILDER setzen schon automatisch den Haken für das Ausrichten am Pixelraster.

▲ **Abbildung 10.1**
Linien, die nicht mit dem Raster am Monitor konform laufen, sehen undeutlich aus (oben). Unten: AM PIXELRASTER AUSRICHTEN.

◄ **Abbildung 10.2**
Der Dialog NEUES DOKUMENT

▲ **Abbildung 10.3**
Die verschiedenen Profile beim Anlegen eines neuen Dokuments

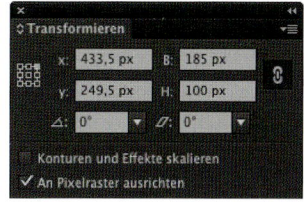

▲ **Abbildung 10.4**
Setzen Sie für Elemente, die ins Netz sollen, immer den Haken bei AN PIXELRASTER AUSRICHTEN – hier im Transformieren-Bedienfeld.

Wenn Sie sich erst später entscheiden, Ihre Grafik auch für Webanwendungen zu nutzen, können Sie Ihre Objekte nachträglich an das Pixelraster anpassen. Wählen Sie alle bisherigen Objekte aus, öffnen Sie das Transformieren-Bedienfeld, und setzen Sie einen Haken bei AN PIXELRASTER AUSRICHTEN.

Auflösung des Web-Dokuments

▲ **Abbildung 10.5**
Vorgegebene Auflösungen
unter GRÖSSE im Profil WEB

Bei der Erstellung Ihres neuen Web-Dokuments sollten Sie sich gleich für die richtige Zielauflösung entscheiden. Die klassische Einstellung 800 x 600 Pixel ist jedoch veraltet, weil kein Mensch mehr mit solch niedrig auflösenden Monitoren arbeitet.

Farben für den Bildschirm

Die Farben des Farbfelder-Bedienfelds sind bei einem neuen Dokument, das auf einem anderen Dokumentprofil als DRUCK basiert, im RGB-Modus, und das sollte auch so sein.

Wenn Sie eine neue Farbe anlegen, wird in jedem Fall eine RGB-Farbe angelegt, auch wenn Sie bei FARBMODUS ❸ CMYK auswählen würden. Unabhängig davon können Sie auch im RGB-Modus Farben als GLOBAL ❷ definieren (siehe Abschnitt 5.2).

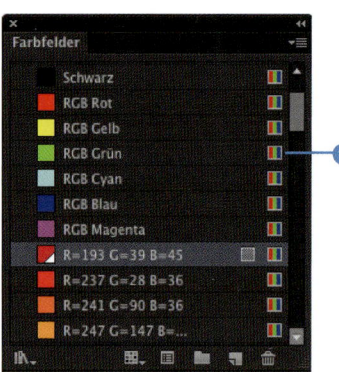

▲ **Abbildung 10.6**
Die Farbfelder zeigen Ihnen das Symbol für den RGB-Farbraum an ❶.

▲ **Abbildung 10.7**
Anlegen eines neuen Farbfeldes im RGB-Farbmodus

▲ **Abbildung 10.8**
Die eingeschränktere Farbauswahl bei websicheren Farben

Viele Webdesigner lieben es aber, mit dem FARBWÄHLER zu arbeiten und die Farben eher »intuitiv« auszuwählen. Klicken Sie dafür in der Werkzeugleiste doppelt auf FLÄCHE oder KONTUR 🔲. Im Verlaufsbalken ❻ wählen Sie eine ungefähre Farbe aus, die Sie in der großen Farbvorschau ❹ genauer bestimmen. Speziell für das Webdesign ist die Checkbox NUR WEBSICHERE FARBEN ❺ vorgesehen, mit der Sie die Farben auf diejenigen reduzieren, die von den meisten Browsern sicher wiedergegeben werden können. Sehr hilfreich ist die numerische Eingabemöglichkeit von Hexadezimalfarben ❽, die ebenfalls die websicheren Farben wiedergibt. Von hier aus kommen Sie übrigens auch zu Ihren Farbfeldern ❼, wenn Sie doch lieber dort Farben auswählen wollen.

◄ **Abbildung 10.9**
Der Farbwähler bietet viele Möglichkeiten für das Webdesign.

10.2 Das Slice-Werkzeug

Seitdem in Websites immer seltener Tabellen, sondern zunehmend CMS-Systeme eingesetzt werden, werden auch weniger Slices benutzt.

Dennoch benötigen Sie manchmal nur Teile Ihrer Grafik, z. B. für Navigationsleisten. In diesem Fall können Sie sie mit dem Slice-Werkzeug »zerschneiden«. In Wirklichkeit bleibt Ihre Illustrator-Grafik vollständig erhalten; sie wird nur in Bereiche aufgeteilt, die Sie dann einzeln für das Web speichern können. Jeder einzelne Slice kann dabei ganz eigene Speicheroptionen erhalten.

▲ **Abbildung 10.10**
Slice-Werkzeug und Slice-Auswahlwerkzeug

Slice

Ein Slice ist eine Definition eines Bereichs auf Ihrer Zeichenfläche, kein Objekt im eigentlichen Sinne.

Slices anlegen

Wenn Sie mit der Gestaltung fertig sind und nun für das Webprogramm Einzelteile der Gestaltung brauchen, wählen Sie das Slice-Werkzeug ✏ (⇧+K).

Das Slice-Werkzeug erzeugt beim Ziehen mit der Maus Rahmen und unterteilt Ihre Seite. Selbst wenn Sie in der Mitte anfangen sollten, einen Rahmen aufzuziehen, setzt es darüber, daneben und darunter selbstständig Rahmen, die von oben links beginnend durchnummeriert werden.

Abbildung 10.11 ▶
Das mittlere Rechteck wurde mit dem Slice-Werkzeug aufgezogen. Dadurch unterteilt sich die gesamte Zeichenfläche in durchnummerierte Slices.

▲ **Abbildung 10.12**
Die (automatische) Unterteilung eines Slices passt auch die Nummerierung an (links).

Sie können in jeden dieser Rahmen mit dem Slice-Werkzeug weitere Unterteilungen ziehen. Die Nummerierungen werden dabei angepasst. Noch leichter ist es, einen mit dem Slice-Auswahlwerkzeug aktivierten größeren Slice automatisch über OBJEKT • SLICE • SLICES UNTERTEILEN… aufteilen zu lassen. Geben Sie im Dialog die Anzahl der waagerechten oder senkrechten Unterteilungen oder die Größe der Slices in Pixeln ein. Neue Slices werden erstellt, und die bisherige Nummerierung aller Slices wird angepasst.

Browserfenster

Legen Sie sich am besten einen Screenshot eines Browserfensters hinter Ihr Weblayout, weil die ganzen Navigationsleisten noch von Ihrem Platz für Gestaltung abgehen – sie beanspruchen meist mehr Raum, als man denkt.

▲ **Abbildung 10.13**
Lassen Sie automatisch einen Slice unterteilen.

Benötigen Sie nicht die ganze Seite als Slice, sondern nur eine bestimmte Grafik, aktivieren Sie diese mit dem Auswahl-Werkzeug (V) und wählen OBJEKT • SLICE • ERSTELLEN. Wenn im gleichen Menüpunkt auch noch GANZE ZEICHENFLÄCHE EXPORTIEREN angehakt ist, wird die ganze Seite automatisch mit Slices versehen. Wenn Sie den Haken beim Zeichenflächenexport weglassen und nur auf ERSTELLEN gehen, verschiebt sich der Slice zusammen mit dem Objekt. Löschen Sie das Objekt später, verschwinden auch die Slices.

◄ **Abbildung 10.14**
Eine Objektgruppe ist ausgewählt und dient als Basis für die Slice-Erstellung (unten).

Slices korrigieren

Wechseln Sie zum Korrigieren der Slices zum Slice-Auswahlwerkzeug. Mit diesem klicken Sie in die Slice-Rahmen und korrigieren sie in gleicher Weise, wie Sie normale Objektrahmen mit dem Auswahl-Werkzeug korrigieren würden: durch Ziehen an den Eck- und Seitenanfassern. Es lohnt sich schon der Übersichtlichkeit wegen, Überschneidungen der Slices zu korrigieren und zurückzuschieben.

▲ **Abbildung 10.15**
Schieben Sie die Slices mit dem Slice-Auswahl-Werkzeug einfach wie sonst ganz ordinäre Objekte an die passende Stelle, oder verkleinern bzw. vergrößern Sie sie, indem Sie an den Eckpunkten ziehen.

▲ **Abbildung 10.16**
Nur der Slice Nr. 3 wurde erstellt. Die angrenzenden Slices werden abgeschwächt dargestellt und sind nicht auswählbar.

Übrigens können Sie Slices, deren Nummern heller dargestellt sind, nicht verschieben, weil diese nur indirekt durch nebenliegende Slices entstanden sind. Sie haben sie also nicht mit dem Slice-Werkzeug selbst aufgezogen.

Möchten Sie hingegen einen Slice löschen, aktivieren Sie ihn mit dem Slice-Auswahlwerkzeug und wählen OBJEKT • SLICE • ZURÜCKWANDELN.

Slice-Typ festlegen

Es gibt drei Arten von Slices:

▸ KEIN BILD steht für Vektorflächen.
▸ BILD definiert den Slice als Pixelbild.
▸ HTML-TEXT legt fest, dass es sich bei dem Slice um Text handelt.

▲ **Abbildung 10.17**
Optionen für einzelne Slices

Die Typisierung der verschiedenen Slices macht Sinn, weil ein Bild eher als JPG gespeichert wird, während eine Vektorgrafik gern ein PNG-Format sein darf. Wählen Sie einen Slice mit dem Slice-Auswahlwerkzeug aus, und rufen Sie die Slice-Optionen über OBJEKT • SLICE • SLICE-OPTIONEN… auf. Im Dropdown-Menü bei SLICE-TYP wählen Sie aus, um welchen Typ es sich handelt.

Alternativ dazu rufen Sie DATEI • FÜR WEB SPEICHERN… auf. Dort öffnen Sie mit Doppelklicks auf die jeweiligen Slices den gleichen Dialog, kommen aber schneller ans Ziel und können noch weitere Ausgabeparameter festlegen. Anstatt zu speichern, können Sie nach der Festlegung der Slice-Typen auf den Button FERTIG klicken, um zurück zur Zeichenfläche zu gelangen (siehe den folgenden Abschnitt).

Abbildung 10.18 ▸
Den Slice-Typ noch im FÜR WEB SPEICHERN-Dialog festlegen

10.3 Die Ausgabe für das Web

Am Ende einer jeden Illustrator-Arbeit steht immer die Ausgabe, also das Speichern oder Exportieren Ihrer Datei zum Weiterleiten, Ausdrucken oder zum Einbinden in andere Programme. Wählen Sie DATEI • FÜR WEB SPEICHERN, haben Sie Zugriff auf alle Einstellungsmöglichkeiten, die Sie für die Webausgabe benötigen.

▼ **Abbildung 10.19**
Der Dialog FÜR WEB SPEICHERN

Das Vorschaufenster ❸ zeigt Ihnen die Datei, die Sie speichern, so wie in den Einstellungen rechts eingegeben. Lassen Sie sich nur das Original, die optimierten Eingaben oder den Vergleich zweier Einstellungen ❶ anzeigen.

In der Werkzeugleiste ❷ finden Sie verschiedene Werkzeuge: Wenn Sie einen anderen Ausschnitt der Datei sehen möchten, verschieben Sie ihn im Vorschaufenster mit dem **Hand-Werkzeug** (H). Einzelne Slice-Typen definieren Sie mit dem **Slice-Auswahl-Werkzeug** und doppelklicken auf den gewünschten Slice. Vergrößern Sie die Vorschau mit der **Lupe**, oder verkleinern Sie sie mit Alt und einem Klick in die Vorschau. Mit der **Pipette** nehmen Sie Farbe aus dem Bild auf und lassen sich die Farbwerte im Farbwäh-

▲ **Abbildung 10.20**
Vergleichen Sie im Vorschaufenster verschiedene Einstellungen auf ihre Qualität.

ler darunter anzeigen. Wenn die **Slices** Sie bei der Beurteilung des Speichern-Ergebnisses stören, blenden Sie sie einfach aus.

Den Ausschnitt im Vorschaufenster bestimmen Sie über die %-Werte ❹. Eine Vorschau im Browser erhalten Sie mit einem Klick auf diesen Button ❺. Daneben ❻ bestimmen Sie, mit welchem Browser Sie die Browservorschauen sehen möchten. Wie es im Browser aussehen würde (ohne diesen erst zu öffnen), können Sie auch simulieren lassen.

Abbildung 10.21 ▶
Die Vorschau im Webbrowser zeigt an, wie Ihre Seite dort aussehen würde. Sie verrät auch etwas über die Struktur (unten).

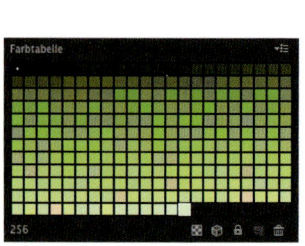

▲ **Abbildung 10.22**
Die Farben eines ausgewählten Slices können Sie noch bearbeiten.

▲ **Abbildung 10.23**
Sollen alle Slices gespeichert werden oder nur ein ausgewähltes?

Die eigentlichen Speichereinstellungen nehmen Sie in der rechten Seite des Speichern-Dialogs vor. Bestimmen Sie im oberen Teil, in welchem Format (GIF, PNG, JPG, SWF, SVG, WBMP) Sie speichern möchten ❼ (siehe Abschnitt 10.5). Dann legen Sie fest, ob durchsichtige Stellen Ihrer Datei auch im Webformat durchsichtig sein sollen (TRANSPARENZ) ❽, wie viele FARBEN ❾ es maximal gibt und ob dort, wo Ihre Grafik durchsichtig ist, eine andere HINTERGRUNDFARBE erscheinen soll ❿.

Wechseln Sie im Abschnitt darunter ⓫ die Optionen zur BILDGRÖSSE, um in Pixelwerten oder in Prozent zum Original die Größen Ihrer Grafiken zu verändern. In der FARBTABELLE ⓬ ist es an dieser Stelle noch möglich, eine einzelne Farbe anzuklicken, um sie entweder mit dem Papierkorb-Symbol zu löschen oder mit dem Schloss-Symbol davor zu schützen. Reduzieren Sie dann die Anzahl der Farben, wird diese Farbe nicht entfernt.

Wollen Sie nur die Einstellungen für Ihre Slices festlegen, speichern Sie nicht, sondern bestätigen mit FERTIG. Wenn Sie jedoch SPEICHERN, werden Sie nach einem Ort zum Speichern gefragt und bekommen dort einen Ordner angelegt, der nun alle einzelnen Slices enthält oder, je nach Ihrer Vorgabe, nur ein einzelnes Element.

10.4 Ausgabe für Video und Film

Verwechseln Sie Illustrator nicht mit einem der Programme, mit denen Sie Filme schneiden oder bearbeiten. Mit Illustrator erstellen Sie lediglich Illustrationen oder Grafiken *für* Filme.

Anlegen einer Datei für Video

Wenn Sie für Video und Film gestalten, müssen Sie vorab auch klären, welches der vielen Formate benutzt werden soll. Beim Anlegen einer neuen Datei wählen Sie zunächst VIDEO UND FILM als PROFIL ❶ aus, aber dann müssen Sie sich auch schon für eine GRÖSSE ❷ entscheiden, d.h. für die Filmformate, die Sie aus der Dropdown-Liste auswählen.

Mobile Geräte

Oft wird mit Illustrator nicht nur für das Web, sondern für die Präsentation auf Handys, iPads und Co gestaltet. Die Ausgabe auf diesen Geräten unterscheidet sich von der für das Web und von der für Video und Film nicht – außer in der Auflösung. Alles Wissenswerte finden Sie in diesen Abschnitten.

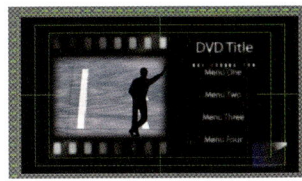

▲ **Abbildung 10.24**
Eine DVD-Vorlage aus Illustrator

▲ **Abbildung 10.25**
Auch praktisch: Symbole für Audio/Video-Schalter und für mobile Geräte

◄ **Abbildung 10.26**
NEUES DOKUMENT für Video und Film

Transparenzraster

Das Raster lässt Sie schnell erkennen, an welchen Stellen Objekte liegen und welche frei, also transparent sind. Die Schnittbereiche (grüne Linien) bleiben auch bei ausgeblendetem Raster (TRANSPARENZRASTER • AUS) sichtbar.

Die Zeichenfläche eines Dokuments für VIDEO UND FILM sieht anders aus als bei WEB oder EINFACHES RGB: Hier wird ein Transparenzraster ❸ eingeblendet. Wenn Sie es nicht brauchen, blenden Sie es mit dem Kürzel Strg/⌘+⇧+D aus. Nun können Sie drauflos gestalten.

Abbildung 10.27 ▶
Transparente Bereiche werden durch das Transparenzraster sichtbar.

Eine Animation erstellen

Wie Sie eine Illustrator-Animation als Flash-Animation im SWF-Format abspeichern, erkläre ich Ihnen in der folgenden Schritt-für-Schritt-Anleitung.

Schritt für Schritt
Ein Männchen zum Laufen bringen

Maennchen.ai

1 Datei öffnen

Öffnen Sie die Datei »Maennchen.ai« von der Buch-DVD. Sie sehen, dass es sich um eine Datei für den Monitor handelt, weil die Farbfelder alle in RGB angelegt sind. Auch die Seitenlineale zeigen Pixelmaße, und im Dokumentinformationen-Bedienfeld werden Ihnen auch die Pixelmaße angezeigt.

2 Ebenen duplizieren

Öffnen Sie das Ebenen-Bedienfeld, und ziehen Sie die Ebene »Männchen« auf das Symbol NEUE EBENE ERSTELLEN ❹. Sie haben so die erste Ebene dupliziert. Das Ebenenduplikat wird immer oberhalb der zuletzt aktiven Ebene eingefügt. Blenden Sie nun die untere Ebene ❺ aus, um für mehr Übersichtlichkeit zu sorgen und sie vor versehentlichem Verschieben zu schützen.

◀◀ **Abbildung 10.28**
Duplizieren der Ebene samt Inhalt

◀ **Abbildung 10.29**
Ausblenden der unteren Ebene

3   Das Männchen verändern

Das Männchen besteht aus Einzelteilen. Aktivieren Sie den vorderen Arm mit dem Auswahl-Werkzeug (V) ⟨⟩. Wechseln Sie zum Drehen-Werkzeug (R) ⟨⟩. Mit diesem klicken Sie einmal in das Schultergelenk ❻, um den Drehpunkt festzulegen. Nun drehen Sie den Arm mit der Maus etwas nach vorn. Verfahren Sie mit dem hinteren Arm ebenso, nur in die andere Richtung. Und auch die Beine können Sie auf diese Weise schwenken.

4   Männchen verschieben und duplizieren

Wenn Sie den Auswahlbutton der obersten Ebene anklicken ❼, wählen Sie damit das gesamte Männchen aus und können es mit dem Auswahl-Werkzeug (V) ⟨⟩ ein Stück nach vorne verschieben.

▲ **Abbildung 10.30**
Drehen Sie Arme und Beine um Drehpunkte.

▲ **Abbildung 10.31**
Alle Objekte einer Ebene aktivieren Sie mit dem Auswahlbutton.

5   Schritte 2 bis 4 wiederholen

Wiederholen Sie die Schritte 2 bis 4 (Ebene duplizieren, Männchen bewegen), bis Ihr Männchen auf die andere Seite gelaufen ist (so etwa zehnmal). Duplizieren Sie dabei immer die Ebene, auf der Sie zuletzt das Männchen bewegt haben.

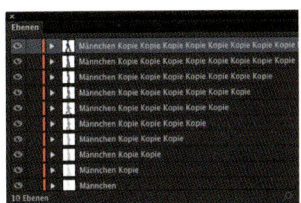

▲ **Abbildung 10.32**
Kopie der Kopie der Kopie …

6 Als Flash-Animation speichern

Sichern Sie die Datei erst einmal ganz normal als Illustrator-Datei auf Ihrem Computer.

Abbildung 10.33 ▶
Der ganze Bewegungsablauf

Dann wählen Sie Datei • Exportieren… und wählen als Format • Flash (SWF). Im sich öffnenden Export-Dialog stellen Sie die Einstellungen aus den folgenden Abbildungen in den Reitern Allgemein und Erweitert ein.

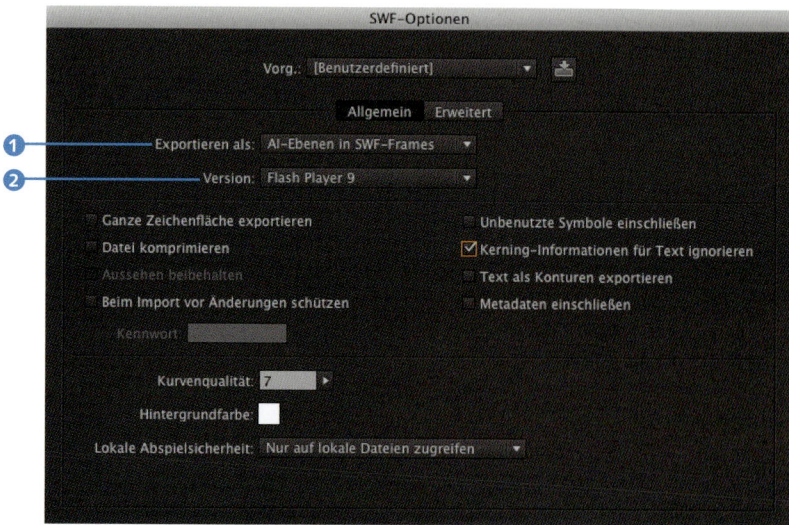

Abbildung 10.34 ▶
Allgemein im SWF-Export

◄ **Abbildung 10.35**
Erweitert im SWF-Export

Die Illustrator-Ebenen werden hier zu den einzelnen Flash-Bausteinen ❶. Wählen Sie unter Version ❷ eventuell einen nicht zu neuen Flash-Player, damit Ihre Animation auch auf älteren Geräten laufen kann.

Komprimieren Sie unter Erweitert bei Bildformat Ihre Animation als Lossy (JPEG) ❸, damit die Datenmenge schön klein bleibt. Mit der JPEG-Qualität ❹ steuern Sie noch einmal die Datenmenge. Mit einer Framerate von 3 sollte die Abspielgeschwindigkeit angenehm fließend sein ❺.

Haken Sie noch Wiederholschleife ❻ an, wenn die Animation endlos laufen soll. Unter Ebenenreihenfolge ❼ stellen Sie Von unten nach oben ein. Das heißt in unserem Fall, dass das Männchen vorwärts statt rückwärts läuft. Hier können Sie wieder vorab im Browser sehen, ob alles bestens ist.

Fertig ist Ihre erste eigene Animation

10.5 Bildformate für das Web

Wenn Sie Ihre Illustrationen für das Web speichern, müssen Sie auch die Bildformate kennen:

▶ **GIF** ist ein Bildformat speziell für das Web. Es hat eine auf maximal 256 Farben beschränkte Palette, was GIF-Dateien recht klein und dadurch schnell in der Anzeige macht. Einzelne

Farben können aus der Farbpalette, die das Format aus dem Bild herausliest, gelöscht werden. Deshalb eignet es sich auch gut für Logos, die im Netz stehen, weil nur noch »reine« Farben übrig bleiben.

- ► **JPEG** (oder JPG) ist das Format für Fotos im Netz. Seine Datenkomprimierung ist zwar verlustbehaftet, aber Sie können das Verhältnis von Datenmenge zu Bildqualität selbst bestimmen.
- ► **PNG-8 und PNG-24** sind die Nachfolgermodelle des GIF-Formats. Inzwischen werden sie auch von den meisten Browsern unterstützt. Sie sind in der Lage, Transparenzen und Alpha-Transparenzen in Bilder zu legen und diese mit Hintergrundfarben aufzufüllen.
- ► **SWF** ist das Speicherformat für Flash. Es ist wesentlich leistungsstärker als die oberen Bildspeicherformate, da es viele Zusatzinformationen speziell für das Flash-Programm mit abspeichert.
- ► **SVG** ist ein spezielles Format für mobile Geräte, wie Handys etc. Es speichert Vektorgrafik, Pixel und Schrift ab. Weitere Metadaten werden in seiner XML-Struktur mitgeliefert.

Die Formate GIF, JPG und PNG sind über Für Web speichern zu erreichen. Zu SWF gelangen Sie über das Exportieren (Datei • Exportieren…). Auch dort sehen Sie noch einmal PNG und JPG. Auch andere Formate sind dort zu finden (Photoshop, TIFF, CAD oder TXT). Zu SVG und der komprimierten Version davon (SVGZ) kommen Sie nur über den Speichern- bzw. Speichern unter-Befehl.

Diagramme

Von Torten, Balken und Kurven

- ▸ Wie werden Diagramme angelegt?
- ▸ Was für Diagrammarten gibt es?
- ▸ Wie werden die Werte eingegeben und verändert?
- ▸ Was für Design-Möglichkeiten gibt es?
- ▸ Wie werden eigene Designs angelegt?
- ▸ Wie wird Fotomaterial in Diagramme eingebunden?
- ▸ Wie werden Effekte auf Diagramme angewendet?

11 Diagramme

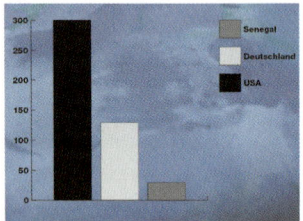

▲ Abbildung 11.1
Balkendiagramm vor Foto

Dieses Kapitel fällt aus dem Rahmen, denn Sie werden hier nicht zeichnen, malen und entwerfen und auch nicht Grafiken anderer Anwendungen transformieren. Wenn es um Diagramme geht, geht es im Wesentlichen um Zahlen, meistens um Verhältniszahlen. Diese Zahlen, 2009 x Euro Umsatz, 2010 y Euro Umsatz etc., weisen Sie bestimmten Diagramm-Darstellungen zu. Sie werden es also mit Tabellen zu tun haben, in die Sie Werte und die zugehörigen Begriffe eingeben. Trotzdem dürfen Sie kreativ sein; ich zeige Ihnen, wie.

11.1 Diagramme anlegen

Zum Anlegen eines Diagramms wählen Sie das Diagramm-Werkzeug ([J]) und ziehen damit auf Ihrer Zeichenfläche ein Rechteck, das so groß ist, wie auch Ihr Diagramm werden soll.

▲ Abbildung 11.2
Verschiedene Werkzeuge für diverse Diagramm-Arten

Wenn Sie die Maus nach dem Aufziehen mit einem Diagrammwerkzeug loslassen, erstellt Illustrator zunächst zwei Dinge:

▸ ein »Diagramm« mit nur einem Balken und
▸ die Datentabelle dazu.

Es ist nicht ganz einfach abzuschätzen, aber schon in diesem ersten Schritt bestimmen Sie das künftige Aussehen, und zwar, indem Sie eher ein hochformatiges oder eher ein querformatiges Rechteck aufziehen.

Abbildung 11.3 ▸
Links: breit aufgezogenes
Rechteck; rechts: senkrecht
aufgezogen

◀ **Abbildung 11.4**
Die dazugehörige Daten-
tabelle mit einem Wert

Werte eingeben

Schon wenn Sie zwei Werte eingeben, bekommen Sie ein Verhältnis. Dieses wird Ihnen visuell angezeigt, was oft ja schon ausreichend sein kann, um einen Sachverhalt deutlich zu machen.

▼ **Abbildung 11.5**
Von links: Balkendiagramm,
Tortendiagramm, Linien-
diagramm mit zwei Daten an
der y-Achse der Datentabelle

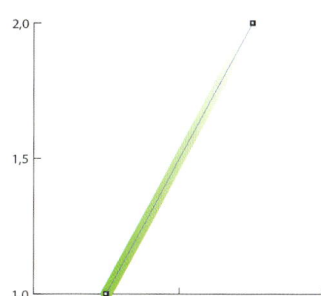

Nun können Sie weitere Werte in die Datentabelle einfügen.
Dabei wird die **x-Achse** (horizontale Achse) des Diagramms in
den Spalten der Datentabelle widergespiegelt, die **y-Achse** des
Diagramms (senkrechte Achse) findet sich in den Zeilen des Diagramms wieder. In den Spalten tragen Sie die **Kategorien** ein, in
den Zeilen die **Legenden**.

Wenn Sie nur in der 1. Spalte eine Kategorie eingeben und in
der zweiten Spalte die Werte, sieht Ihr Balkendiagramm so wie in
Abbildung 11.6 aus.

▼ **Abbildung 11.6**
Ein »richtiges« Diagramm mit
Werteskala links, Erläuterun-
gen unten und den Balken,
rechts die Tabelle dazu mit
Bezeichnungen und Werten

Wenn Sie in der ersten Zeile noch Informationen für die Legende eingeben, sieht Ihr Diagramm so wie in Abbildung 11.8 aus. Das erste Feld ❶ bleibt dann leer. Im Diagramm werden Ihnen die Werte ❷ (maximal der höchste eingegebene Wert) und die Jahre ❸ angezeigt und nun auch noch die Begriffe ❹ – farblich abgestuft als Legende. Aber: Die Jahreszahlen müssen Sie in der Wertetabelle in Anführungszeichen setzen, damit Illustrator sie als Wörter versteht, nicht als Werte!

Abbildung 11.7 ▶
Dateneingabe mit Jahreszahlen

Abbildung 11.8 ▶
Die Werte stehen links, die Jahreszahlen unten; und die Legende mit den Begriffen sehen Sie rechts oben.

Die Datentabelle

▲ **Abbildung 11.9**
Die Buttons der Datentabelle: Daten importieren, Reihe/ Spalte vertauschen, x/y vertauschen, Zellen einstellen, Zurück zur letzten Version, Anwenden.

Die Datentabelle stellt noch einige Buttons zur Verfügung:

▶ Daten importieren ❺: Hier greifen Sie auf Datensätze anderer Programme (wie z. B. Excel) oder auf einfache Textdateien zu. Die Werte müssen durch Tabulatoren bzw. Zeilenschaltung voneinander getrennt sein und dürfen nur Zahlen und ein Dezimalkomma enthalten (10.000,00 wird nicht akzeptiert).

▶ Reihe/Spalte vertauschen ❻: Klicken Sie auf diesen Button, würde das Beispiel aus Abbildung 11.9 in der Legende die Jahreszahlen auflisten, und unter den Balken stünde dann »Äpfel« und »Birnen«, so wie in Abbildung 11.10 zu sehen.

▶ x/y vertauschen ❼: Dies gilt nur für Streudiagramme und vertauscht die zweite und dritte Spalte der Werte.

▸ Zellen einstellen ❽: Sie können hier die Breite der Zellen numerisch verändern und die Anzahl der Dezimalstellen bestimmen.

▸ Zurück zur letzten Version ❾: Damit springen Sie zu den letzten Eingabewerten zurück.

▸ Anwenden ❿: Dieses Symbol zeigt Ihnen das Ergebnis der aktuellen Werte.

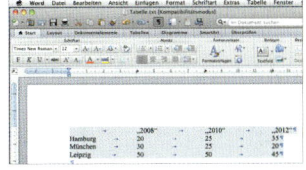

▲ **Abbildung 11.10**
Tauschen von Reihe und Spalte

Das Diagrammdaten-Fenster bleibt übrigens so lange offen, bis Sie es schließen. Selbst wenn Sie das Werkzeug wechseln, wird es nur ausgegraut. Falls Sie auf den Schließen-Button des Menüfensters klicken, aber den Anwenden-Button noch nicht gedrückt haben, werden Sie erst noch gefragt, ob Sie die letzten Werte bestätigen möchten (Speichern).

Sie werden auch dann gewarnt, wenn Sie in Ihre Tabelle keine Zahlen eingeben, weil Illustrator dann nicht weiß, was zu tun ist.

Daten importieren

Manchmal bekommen Sie auch Daten aus externen Quellen, wie Excel-Dateien Ihrer Kunden, die Sie hier einfach per Daten Importieren ❺ einfließen lassen können. Dazu muss die Tabelle des Ausgangsprogramms in »Text mit Tab-Stopps« umgewandelt und als *.txt*-Dokument abgespeichert sein. Dann übernimmt Illustrator die Daten gerne.

▲ **Abbildung 11.11**
Eine Word-Tabelle wurde für den Datenimport in Text mit Tab-Stopps umgewandelt.

11.2 Diagramme bearbeiten

Wenn Sie ein Diagramm erstellt haben und es bearbeiten wollen, aktivieren Sie es mit dem Auswahl-Werkzeug ([V]) und gehen zu Objekt • Diagramm. Leichter noch gelangen Sie mit der rechten Maustaste zu diesen Optionen.

Werte verändern

Sind es die Werte, die nicht stimmen, wählen Sie hier Daten. Sie gelangen wieder zu der Datentabelle, in der Sie einfach die falschen Daten/Werte überschreiben und am Ende die Eingabe mit dem Anwenden-Button speichern.

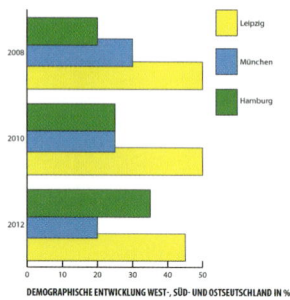

▲ **Abbildung 11.12**
Horizontales Balkendiagramm

Abbildung 11.13 ▶
Diagrammattribute zum
Steuern des Diagrammauf-
baus, hier am Beispiel des
Horizontalen Balkendia-
gramms. Andere Diagramm-
arten haben auch andere
Diagrammattribute.

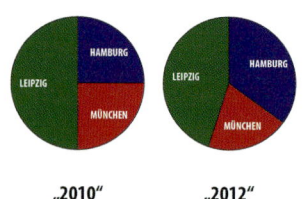

„2010"   „2012"

▲ **Abbildung 11.14**
Legende in den Segmenten

Diagrammart ändern

Vielleicht möchten Sie lieber doch eine andere Darstellungsart
(z. B. Torten- statt Balkendiagramm) verwenden: Dann wählen Sie
ART. Dies entspricht auch einem Doppelklick auf ein beliebiges
Diagramm-Werkzeug. Nun öffnet sich das Diagrammattribute-
Fenster.

Hier wählen Sie als Erstes Ihr gewünschtes Diagramm per Klick
in den ART-Button ❷ aus. Nicht jede Art von Diagramm besitzt
weitere Optionen ❶ im Aufklappmenü unter DIAGRAMMOPTIONEN
für so spezielle Dinge wie eine Werte- bzw. Kategorieachse. Dort
könnten Sie die Länge oder Unterteilung von Teilstrichen bestimmen. Im Kreisdiagramm entscheiden Sie zum Beispiel, ob die
Legende im Segment steht statt neben dem Diagramm.

Besitzt die ausgewählte Diagrammart eine WERTACHSE ❸,
bestimmen Sie noch, auf welcher Seite diese stehen soll. (Sie
haben die Wahl zwischen UNTEN, OBEN, LINKS, RECHTS und AUF
BEIDEN SEITEN). Bei STIL ❹ verzichten Sie lieber auf Schatten (der
so gern gesetzt wird), weil Sie das mit den Effekten von Illustrator
viel ansprechender machen können.

Mit den OPTIONEN ❺ steuern Sie artspezifische Parameter.
Bei den Balkendiagrammen heißt das, dass Sie die Balkenbreite
❻ anpassen können. Geben Sie z. B. einen Wert über 100 % ein,
überschneiden sich die Balken wie in Abbildung 11.15.

11.3 Diagrammdesign

Mir geht es jetzt darum, dass ich mit dem Aussehen der angelegten Diagramme so meist nicht zufrieden bin. Ich denke, auch Sie möchten Ihre Diagramme verändern, hübscher und ansprechender machen und Ihnen Farbe zuweisen. Denn wenn Sie ein Diagramm anlegen, ist es zunächst schwarz und grau.

Manuelles Design: Farbe und Schrift anpassen

Das Werkzeug der Wahl ist das Gruppenauswahl-Werkzeug 🔖. Es funktioniert bei Diagrammen ganz fantastisch, weil diese sehr strukturiert aufgebaut sind. Einzelne Kategorien sind gruppiert und mit der nächsthöheren Strukturebene wieder gruppiert. (Im Ebenen-Bedienfeld wird Ihr Diagramm aber nur als »Diagramm« ❼ aufgeführt, sodass Sie darüber nicht in einzelne Bereiche kommen.)

Möchten Sie Balken eines Balkendiagramms **umfärben**, klicken Sie mit dem Gruppenauswahl-Werkzeug auf einen Balken. Er wird ausgewählt. Mit einem zweiten Klick auf den Balken wählen Sie dann alle gleichfarbenen Balken aus. Mit einem dritten Klick nehmen Sie auch noch die entsprechende Legende hinzu. Klicken Sie dann auf eines Ihrer Farbfelder, werden die Balken umgefärbt. Das Tolle daran ist: Wenn Sie jetzt die Daten, also die Werte, korrigieren, bleibt die neue Farbe erhalten. Selbst wenn Sie noch eine weitere Kategorie hinzunehmen, wird die Farbe für den neuen Balken übernommen.

▲ **Abbildung 11.15**
Diagramme sind in den Ebenen nur Objekte.

Diagramm als Gruppierung

Achtung: Diagramme, bei denen Sie die Gruppierung aufheben, verlieren endgültig die Verbindung zu den Diagrammfunktionen.

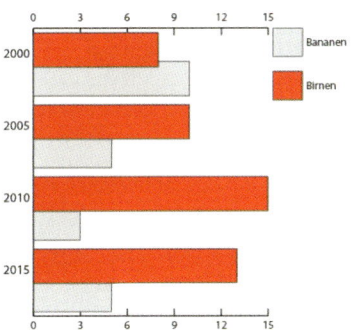

◀ **Abbildung 11.16**
Eine weitere Jahreszahl kommt hinzu. Die manuell geänderten Farben werden übernommen.

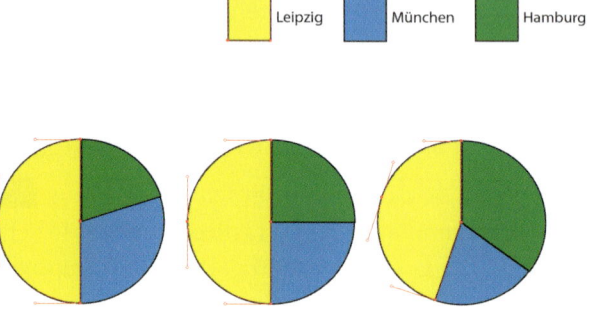

▲ Abbildung 11.17
Es lohnt sich, auch Verläufe
zu speichern.

Ich empfehle in meinen Schulungen immer, sich zuvor Farbgruppen anzulegen und diese mit spezifischen Farbfeldern zu bestücken, um beim Umfärben von Diagrammen schnell darauf zugreifen zu können.

Abbildung 11.18 ▶
Mit dem Gruppenauswahl-
Werkzeug ausgewählte Farbe

Seit Illustrator CS6 sind endlich Verläufe auf Konturen möglich, sodass Sie nun auch Liniendiagramme spannender gestalten können, ohne die Editierbarkeit des Diagramms zu verlieren. Wählen Sie einfach die Linien eines Liniendiagramms mit dem Direktauswahl-Werkzeug (A) aus, verstärken Sie die Kontur (über das Steuerung-Bedienfeld), und weisen Sie der Kontur einen Verlauf über das Verlauf-Bedienfeld zu.

Abbildung 11.19 ▶
Verläufe an Konturen im
Liniendiagramm

Doch auch die **Schriftart** können Sie anpassen. Dazu wählen Sie – wieder mit dem Gruppenauswahl-Werkzeug – die Schrift aus und entscheiden sich über das Steuerung-Bedienfeld für eine andere. Sollen sich alle Schriften Ihres Diagramms ändern, reicht es, das Diagramm als Ganzes mit dem Auswahl-Werkzeug (V) auszuwählen. Die Schriftgröße oder -farbe können Sie natürlich auch ändern.

Wenn Sie also **Einzelteile** der Diagramme auswählen können, muss es auch möglich sein, diese separat zu verändern – über die Färbung hinaus. Wählen Sie eine Balkenkategorie aus einem Diagramm, und gehen Sie zu Effekt • (Illustrator-Effekte) Stilisierungsfilter • Schlagschatten. So erhalten Sie einen richtigen, weichen Schlagschatten, den Sie jederzeit über das Aussehen-Bedienfeld editieren können.

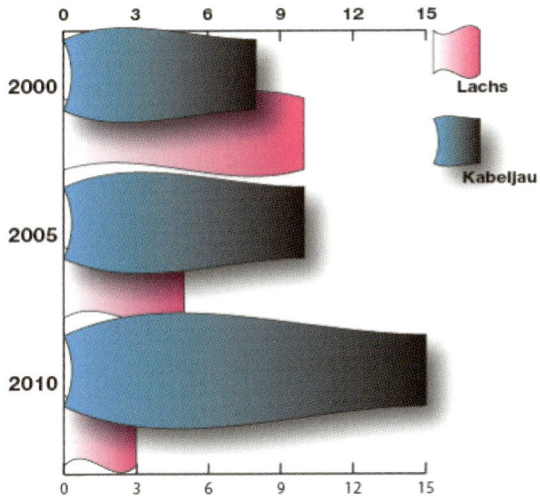

Fischverbrauch im Jahresdurchschnitt

Es wird Sie sicher ärgern, dass die Effekte beim Verändern der Werte verloren gehen. Da hilft ein kleiner Trick: Wenn Sie nämlich vorher einen Balken mit einem Effekt und vielleicht noch einem Verlauf per Drag & Drop in das Grafikstile-Bedienfeld ziehen, speichern Sie so sein Aussehen ab. Aktivieren Sie nach der Diagrammkorrektur eine Balkenkategorie und klicken auf den gespeicherten Grafikstil, bekommen die Balken im Handumdrehen ihr früheres Aussehen zurück.

Effekte gehen verloren

Achtung: Anders als die Verläufe und Farben gehen Effekte bei Änderungen an den Diagrammdaten oder der Art des Diagramms wieder verloren.

◀ **Abbildung 11.20**
Schnell bringen Sie mit Effekten Schwung in Ihre Diagramme.

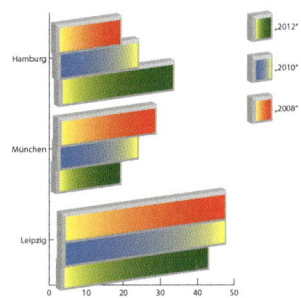

▲ **Abbildung 11.21**
Effekte sind schnell erzeugt.

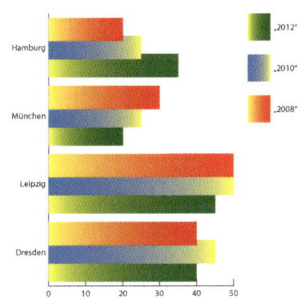

▲ **Abbildung 11.22**
Verändern sich die Daten (hier kommt eine weitere Stadt hinzu), gehen die Effekte verloren.

◀ **Abbildung 11.23**
Zuweisen von Grafikstilen, die Sie zuvor gespeichert haben

Design als Diagrammfunktion

Unter OBJEKT • DIAGRAMM finden Sie auch den Punkt DESIGNS. Mit dieser Funktion können Sie die Balken oder Punkte von Liniendiagrammen mit Objekten versehen. So erhalten Sie statt der rechteckigen Balken das Objekt, das Sie als Design ausgewiesen haben. Am besten erkläre ich es Ihnen in einer Schritt-für-Schritt-Anleitung.

Schritt für Schritt
Ein Balkendiagramm mit Design

1 Dokument öffnen

Im Ordner UEBUNGEN liegen zwei Dateien: »Reisdiagramm.ai« und »Reisdiagramm.txt«. Öffnen Sie zunächst die Illustrator-Datei »Reisdiagramm.ai«.

Reisdiagramm.ai und
Reisdiagramm.txt

2 Das Design anlegen

Sie finden in Ihrer Datei ein großes Reiskorn vor. Navigieren Sie bei aktivem Reiskorn zu OBJEKT • DIAGRAMM • DESIGNS. Im Diagrammdesign-Dialog klicken Sie erst auf NEUES DESIGN, um das Reiskorn hinzuzufügen, und dann auf UMBENENNEN, um dem Reiskorn einen Namen zu geben (z. B. »Reiskorn_senkrecht«). Bestätigen Sie zweimal mit OK.

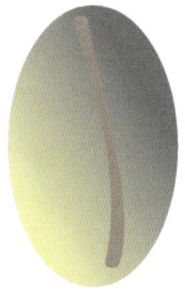

▲ **Abbildung 11.24**
Ein Reiskorn wird zum Design.

Abbildung 11.25 ▶
Benennen Sie das Reiskorn.

3 Diagrammdaten importieren

Nun ziehen Sie mit dem vertikalen Balkendiagramm-Werkzeug
 ein Diagramm auf. Es wird einen Balken enthalten und Ihnen
die Wertetabelle anzeigen mit der »1,00« an der ersten Position.

Mit einem Klick auf DATEN IMPORTIEREN ❶ öffnet sich das
Importieren-Fenster. Hier navigieren Sie zu der Datei »Reisdia-
gramm.txt« im Übungsordner.

Die Daten der Textdatei werden automatisch in die Wertetabelle eingelesen. Sie brauchen nur noch mit ANWENDEN ❷ zu
bestätigen, und schon sieht Ihr Diagramm so aus wie ein richtiges
Diagramm. Schließen Sie Ihre Datentabelle wieder.

▲ **Abbildung 11.26**
Importieren Sie separat
erstellte Werte.

▲ **Abbildung 11.27**
Die importierte Wertetabelle
für Ihr Diagramm

4 Design anwenden

Während Ihr Diagramm aktiviert ist, navigieren Sie zu OBJEKT •
DIAGRAMM • BALKEN. Hier wählen Sie aus der Liste Ihr neues
Design »Reiskorn_senkrecht« ❸ aus und wählen aus der Drop-
down-Liste BALKEN ❹ den Eintrag VERTIKAL SKALIERT aus. Und
schon kann jeder schnell erfassen, wie es um die Verteilung von
Lebensmitteln steht (hier nur ein fiktiver Wert zum Üben).

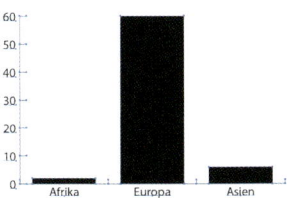

▲ **Abbildung 11.28**
Ihr Diagramm, noch ohne
Design

▲ **Abbildung 11.29**
Zuweisen Ihres eigenen Designs

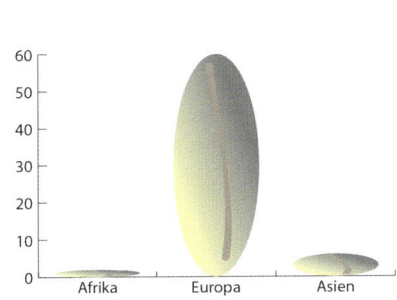

▲ **Abbildung 11.30**
Ihre Tabelle mit dem Design »Reiskorn
senkrecht«

▲ **Abbildung 11.31**
So sähe das Design mit
WIEDERHOLEND aus.

5 Umfärben

Um den Sachverhalt noch zu verdeutlichen, können Sie die einzelnen Reiskörner auch unterschiedlich umfärben. Wenn Sie in
Kapitel 5, »Farbe und Verläufe«, gut aufgepasst haben, wissen Sie
ja, wie man umfärbt: Objekt mit dem Direktauswahl-Werkzeug

(A) auswählen, im Steuerung-Bedienfeld BILDMATERIAL NEU FÄRBEN wählen, dort bei BEARBEITEN die Farben neu mischen und anschließend mit OK bestätigen.

Abbildung 11.32 ►
Umfärben der Reiskörner

6 Effekte

Wählen Sie wieder nur die Reiskörner aus, und navigieren Sie im Effekt-Menü auf STILISIERUNGSFILTER (ILLUSTRATOR EFFEKTE), um dort SCHLAGSCHATTEN auszuwählen und an Ihr Diagramm anzupassen. Sie können sich dabei an den Einstellungen in Abbildung 11.33 orientieren. Fertig ist Ihr individuelles Balkendiagramm.

▲ **Abbildung 11.33**
Schlagschatten für die Reiskörner

Abbildung 11.34 ►
So oder so ähnlich sieht jetzt Ihr Diagramm aus. Fertig.

11.4 Zusammenspiel mit Bildmaterial und 3D

Diagramme können mit einfachen Mitteln in Illustrator noch attraktiver gestaltet werden.

Diagramme mit Fotos gestalten

Eine Möglichkeit, Diagrammen ein besonderes Aussehen, ein bestimmtes Design zu geben, besteht darin, sie mit Fotomaterial zu kombinieren.

Relativ einfach und doch effektiv ist es schon, ein Foto hinter das Diagramm zu stellen. Platzieren Sie hierfür ein Foto, und positionieren Sie es so, wie es zum Diagramm stehen soll. Dann stellen Sie es hinter das Diagramm: Klicken Sie mit der rechten Maustaste auf das Bild, und wählen Sie ANORDNEN • IN DEN HINTERGRUND.

Spannend kann es auch sein, wenn das Bild nur *in* den Diagrammflächen sichtbar ist. Leider können Sie aber gerade bei einem Tortendiagramm keine Designs anwenden. Wandeln Sie das Diagramm deshalb durch Entgruppieren um, was am Ende der Arbeit durchaus möglich ist. Es darf danach aber keine Änderungen mehr geben, weil Sie die Werte dann ja nicht mehr aktualisieren können.

In der folgenden Schritt-für-Schritt-Anleitung zeige ich Ihnen, wie Sie etwas schummeln können.

▲ **Abbildung 11.35**
Diagramm mit Hintergrundfoto

▲ **Abbildung 11.36**
Ein Tortendiagramm wurde mit einem Foto gefüllt.

Schritt für Schritt
Ein Kreisdiagramm mit Design

1 Diagramm anlegen

Legen Sie sich ein beliebig großes Dokument neu an. Wählen Sie aus der Werkzeugleiste das Kreisdiagramm aus. Mit diesem Werkzeug ziehen Sie nun einen Rahmen in der Größe auf, die die Torte später haben soll. Automatisch erscheint auch die Datentabelle mit dem einzelnen Wert »1,00«.

»Wasser-Foto.psd«

◄ **Abbildung 11.37**
Der Start eines jeden Tortendiagramms

2 Werte eingeben

Geben Sie die Werte für den Wasserverbrauch und die Ländernamen so ein, wie in Abbildung 11.38 zu sehen ist. Bestätigen Sie Ihre Eingaben mit ANWENDEN ❷. Stehen die Kategorien in der ersten Spalte, bekommen Sie drei Kreise (obere Abbildung). Stehen die Kategorien in der ersten Zeile, erhalten Sie einen aufgeteilten Kreis. Um beide Darstellungsweisen miteinander zu vergleichen, klicken Sie einfach auf REIHE/SPALTE VERTAUSCHEN ❶.

▲ **Abbildung 11.38**
Die Anordnung der Werte entscheidet darüber, ob Sie drei Kreise oder einen einzigen Kreis erhalten.

3 Optional: Legende anzeigen lassen

▲ **Abbildung 11.39**
Darstellungsoptionen des Tortendiagramms

Je nachdem, wie Ihr letztes Kreisdiagramm ausgesehen hat, kann es passieren, dass Sie gar keine Legende sehen oder eine, die innerhalb der Kreissegmente liegt. Doppelklicken Sie auf das Kreisdiagramm in der Werkzeugleiste. Im Diagrammattribute-Menü stellen Sie bei LEGENDE die Option NORMALE LEGENDE ein und setzen, wenn das nicht schon angezeigt wird, die Position auf GLEICHMÄSSIG.

4 Legende verschieben

Die Legenden liegen oft viel zu weit außerhalb des Diagramms. Wählen Sie das Direktauswahl-Werkzeug ([A]) ◥, und ziehen Sie einen Rahmen sowohl um die Legendenfelder als auch um deren Bezeichnungen. Nun schieben Sie sie an die gewünschte Position.

◄ **Abbildung 11.40**
Verschieben der Legende

5 Tortenstücke verschieben

Mit dem Direktauswahl-Werkzeug (⒜) 🔺 können Sie die Tortenstücke etwas auseinanderziehen. Fassen Sie sie aber in den Flächen an, nicht an den Konturen.

◄ **Abbildung 11.41**
Verschieben der Tortenstücke

6 Bild platzieren

Wählen Sie Datei • Platzieren, und navigieren Sie zur Buch-DVD. Im Ordner Uebungen finden Sie die Datei »Wasser-Foto.psd«.

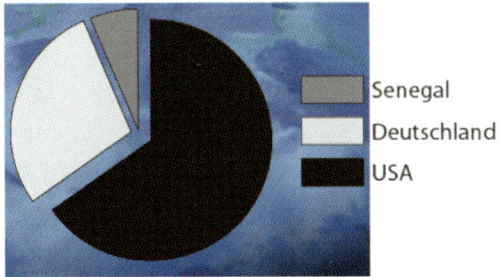

◄ **Abbildung 11.42**
Foto hinter das Diagramm einfügen

Legen Sie das Bild so auf Ihr Diagramm, dass es alle Flächen verdeckt. Notfalls müssen Sie es an seinem Begrenzungsrahmen skalieren. Als Letztes stellen Sie es dann über Objekt • Anordnen in den Hintergrund.

7 Duplizieren der Flächen

Mit dem Gruppenauswahl-Werkzeug ![Gruppenauswahl-Werkzeug] klicken Sie mehrmals auf ein Kreissegment, bis alle Flächen ausgewählt sind. Kopieren Sie sie dann mit ⌈Strg⌉/⌈⌘⌉+⌈C⌉. Bevor Sie sie wieder einfügen, deaktivieren Sie aber das Diagramm mit ⌈Strg⌉/⌈⌘⌉+⌈⇧⌉+⌈A⌉.

Wenn Sie sie jetzt durch ⌈Strg⌉/⌈⌘⌉+⌈F⌉ einfügen, kommen die einzelnen Kreissegmente direkt vor denen des Diagramms zu liegen.

8 Foto in die Flächen einfügen

Abbildung 11.43 ▼
Die Flächen eines zusammengesetzten Pfades reagieren wie ein einziger Pfad.

Ganz wichtig: Während die eingefügten Flächen noch aktiv sind, gehen Sie zu OBJEKT • ZUSAMMENGESETZTER PFAD • ERSTELLEN. Die einzelnen Flächen verhalten sich nun wie eine.

Jetzt nehmen Sie mit dem Auswahl-Werkzeug (⌈V⌉) ![Auswahl-Werkzeug] und gedrückter ⌈⇧⌉-Taste noch das Bild im Hintergrund zur Auswahl hinzu und gehen zu OBJEKT • SCHNITTMASKE • ERSTELLEN.

Abbildung 11.44 ▼
Das fertige Tortendiagramm (rechts mit Effekten)

Mit Effekten und weiteren Beschriftungen machen Sie das Diagramm noch hübsch.

Täglicher Wasserverbrauch im Vergleich
Stand 2002. Quelle: VdG, BGW, UNEP.

Diagramme und 3D

In Kapitel 12 wird es um die 3D-Funktion von Illustrator gehen. Da 3D aber auch immer gern für Diagramme benutzt wird, verliere ich hier schon ein paar Worte dazu. Kreieren Sie ein gewöhnliches Tortendiagramm, und wählen Sie mit dem Direktauswahl-Werkzeug (Ⓐ) nur die Tortenstücke aus.

Unter EFFEKT • 3D • EXTRUDIEREN UND ABGEFLACHTE KANTE öffnen Sie die 3D-Optionen. Bei TIEFE DER EXTRUSION ❷ geben Sie ein, wie tief nach hinten die Grafik gezogen wird. Bei ABGEFLACHTE KANTE ❸ können Sie Profile auswählen, damit die Kanten nicht so abgehackt aussehen. Dort bestimmen Sie auch unter HÖHE ❺, wie stark diese Kante profiliert wird.

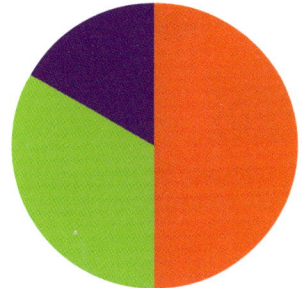

▲ **Abbildung 11.45**
Ein gewöhnliches Tortendiagramm

◄ **Abbildung 11.46**
Die 3D-Optionen für das Extrudieren und die abgeflachte Kante

Wenn Sie den Dialog bestätigen, wird Ihr Diagramm in der räumlichen Ausrichtung dargestellt, die Sie mit der Maus im Vorschaukreis ❶ eingestellt haben. Zur Kontrolle während der Eingaben setzen Sie den Haken bei VORSCHAU ❹.

Möchten Sie doch etwas verändern, klicken Sie im Aussehen-Bedienfeld auf den Link zum 3D-Effekt ❻. Wollen Sie lieber keinen solchen Effekt, ziehen Sie das »fx«-Zeichen in den Mülleimer.

◄ **Abbildung 11.47**
Über das Aussehen-Bedienfeld kehren Sie zum 3D-Dialog zurück.

▲ **Abbildung 11.48**
Konturen und 3D vertragen
sich nicht sonderlich gut.

Vorsicht: Löschen Sie, bevor Sie 3D-Einstellungen vornehmen, die Konturen, die Ihr Diagramm eventuell hat, weil es sonst zu unerwarteten Ausfällen kommt (siehe Abbildung 11.48).

Die spiegelnden Flächen werden über BILDMATERIAL ZUWEISEN des 3D-Effekts erzeugt; doch dazu lesen Sie mehr im nächsten Kapitel. Der Schatten ist eine einfache Ellipse mit schwarzer Flächenfarbe, die mit dem EFFEKT • (ILLUSTRATOR-EFFEKTE) STILISIERUNGSFILTER • WEICHE KANTE erzeugt wurde. Viel Spaß beim Experimentieren!

Abbildung 11.49 ▶
Ein finales Diagramm

3D in Illustrator CS6

Willkommen in der dritten Dimension

- ▶ Wann wird welcher der 3D-Effekte verwendet?
- ▶ Wie werden Objekte extrudiert?
- ▶ Wie werden runde Objekte gekreiselt?
- ▶ Wie wird Bildmaterial auf die 3D-Objekte gerendert?
- ▶ Wofür wird ein Perspektivenraster verwendet?
- ▶ Wie werden Objekte in den Perspektivenebenen verschoben?

12 3D in Illustrator CS6

Heute sehen Sie immer mehr Illustrationen, die als »3D« kreiert wurden. Meines Erachtens sind es viel zu viele, weil erstens für vieles eine handgezeichnete Illustration mit entsprechendem Duktus passender wäre und weil zweitens sehr viele der 3D-Zeichnungen von minderer Qualität sind. Es herrscht nämlich die irrige Annahme, man müsse für 3D nicht zeichnen können, weil die Programme es ja selbst machen.

Sie müssen sich also überlegen, welches Ziel Sie verfolgen, wenn Sie eine der 3D-Funktionen von Illustrator nutzen möchten. Illustrator ist kein klassisches 3D-Programm. Es verfügt aber über Funktionen, die an gegebener Stelle gut funktionieren. Ich denke, dass Sie am Ende des Kapitels gut entscheiden können, wo Sie die 3D-Funktionen von Illustrator in Anspruch nehmen, wo Sie Perspektive nur simulieren oder wo Sie auf die dritte Dimension ganz verzichten bzw. diese professionellen 3D-Programmen überlassen.

▲ **Abbildung 12.1**
3D-Model mit Drahtgitter-
darstellung (rechts)

12.1 Die 3D-Effekte

Extrudieren und abgeflachte Kante...
Kreiseln...
Drehen...

▲ **Abbildung 12.2**
Illustrator kennt drei verschiedene 3D-Effekte.

3D-Effekte finden Sie unter EFFEKTE • (ILLUSTRATOR-EFFEKTE) • 3D. Dabei kennt Illustrator drei verschiedene 3D-Effekte. Um eine 3D-Funktion zu nutzen, brauchen Sie erst mal ein Objekt, auf das ein dreidimensionaler Effekt angewendet werden soll. In den folgenden Abbildungen sehen Sie links das Ausgangsobjekt und daneben die 3D-Effekte EXTRUDIEREN UND ABGEFLACHTE KANTE, KREISELN und DREHEN, wobei Sie den dritten Effekt seltener anwenden werden. Doch sehen Sie selbst:

Abbildung 12.3 ▶
Ausgangsobjekt Quadrat:
Extrudieren, Kreiseln,
Drehen (von links)

◄ **Abbildung 12.4**
Ausgangsobjekt Kreis:
Extrudieren, Kreiseln,
Drehen (von links)

◄ **Abbildung 12.5**
Ausgangsobjekt Kontur:
Extrudieren, Kreiseln,
Drehen (von links)

Was Sie an diesen Beispielen schon sehen können, ist das Prinzip der einzelnen 3D-Funktionen:

▸ EXTRUDIEREN UND ABGEFLACHTE KANTE: Diese Funktion kippt das Objekt perspektivisch und konstruiert eine Raumtiefe hinzu.

▸ KREISELN: Die Funktion tut genau das – kreiseln. Sie nimmt das Objekt und vervielfältigt es so viele Male um eine Achse, dass es wie ein dreidimensionaler Körper aussieht. Deshalb nehmen Sie hierbei auch meistens einen offenen Pfad, weil sich dieser dann, um die Achse gedreht, optisch wieder schließt.

◄ **Abbildung 12.6**
Links wird der rote Kreis um seine linke Kante gekreiselt. Daneben sehen Sie das Gittermodell und rechts das gerenderte, fertige Objekt.

▸ DREHEN: Diese Funktion generiert keine plastischen Objekte wie die beiden oberen, sondern »kippt« das Objekt lediglich in den Raum hinein. Sie kennen die Funktion auch schon als Verbiegen-Werkzeug .

Um einen dieser Effekte anzuwenden, wählen Sie also ein beliebiges Objekt und öffnen EFFEKT • (ILLUSTRATOR-EFFEKTE) • 3D. Hier müssen Sie sich dann entscheiden, auf welche Weise Sie das Objekt in Form bringen wollen. Klar: Für eine eckige Dose kann Kreiseln nicht das erwartete Ergebnis bringen, und ebenso wenig werden Sie ein Weinglas extrudieren. Die Frage ist also, ob Ihr Ausgangsobjekt rund oder eckig ist.

Extrudieren und abgeflachte Kante

Sie haben ein eckiges Objekt ausgewählt. Dabei ist es egal, ob das Objekt offen oder geschlossen ist, ob es nur Flächen, Flächen und Konturen oder nur eine Kontur hat. In jedem Fall wird es zu einem 3D-Objekt.

Abbildung 12.7 ►
Ob Fläche oder Kontur: Alles ergibt ein 3D-Objekt.

Auch wenn Sie nur eine Linie, also einen offenen Pfad mit dem Aussehen einer Kontur haben, wird Ihr Objekt extrudiert, selbst wenn sich der Pfad überschneidet oder wenn die Kontur einen Verlauf enthält. Die Extrusion in die Tiefe bekommt dann aber trotzdem nur eine Schattierung und nicht einen Verlauf.

▲ **Abbildung 12.8**
Offene Linien werden auch zu 3D-Objekten.

Wenn Sie zum Extrudieren-Befehl (EFFEKT • (ILLUSTRATOR-EFFEKTE) • 3D) navigieren, finden Sie sich im recht umfangreichen 3D-Optionen-Menü wieder.

Dort können Sie als Erstes aus einer Liste vordefinierter Positionen ❶ wählen. Das Vorschaufenster ❷ stellt Ihnen diese Ansichten schematisch anhand eines Würfels dar. Sie können in das Vorschaufenster aber auch selbst eingreifen, indem Sie den Würfel mit der Maus anfassen und perspektivisch nach Lust und Laune drehen. Die blaue Fläche symbolisiert dabei das Ausgangsobjekt. Sie können die Veränderungen Ihres Objekts auch live mitverfolgen, wenn Sie die Vorschau ❻ aktivieren.

Abbildung 12.9 ►
Die Optionen für das Extrudieren

◄ **Abbildung 12.10**
Verfolgen Sie die Drehungen live mit.

▲ **Abbildung 12.11**
Die Raumachsen zum besseren Verständnis

Sie können die Drehung auch über numerische Werte ❼ eingeben. Der obere Wert dreht das Objekt um eine waagerechte x-Achse, der mittlere Wert um eine senkrechte y-Achse, und der untere Wert steht für die Tiefenachse z (siehe Abbildung 12.11). Die PERSPEKTIVE ❽ in Grad bestimmt die Verkürzung in den Raum hinein.

Mit TIEFE DER EXTRUSION ❸ »ziehen« Sie Ihr Objekt in die Perspektiventiefe hinein. Je höher der Wert ist, desto länger ragt das Objekt in den Raum hinein. Der ABSCHLUSS ❾ entscheidet dabei, ob das 3D-Objekt an den Enden geschlossen oder wie eine Röhre offen ist.

▲ **Abbildung 12.12**
Der Abschluss lässt die Objekte an den Enden offen.

Mit ABGEFLACHTE KANTE ❹ bekommen die Objekte längs der Raumtiefenkante ein Relief. Aus der Dropdown-Liste können Sie sich eines auswählen. Wie stark das Relief aufträgt, geben Sie mit seiner HÖHE ein. In Abbildung 12.13 sehen Sie eine komplexe abgeflachte Kante mit Bögen und Ecken und das Schema dahinter.

Mit der OBERFLÄCHE ❺ rendern Sie noch das Aussehen. Sie können statt einer ebenen Fläche auch ein Drahtmodell wählen, um die Konstruktion des 3D-Objekts zu zeigen.

Unter MEHR OPTIONEN ❿ stehen Ihnen noch Beleuchtungsoptionen für die Oberflächengestaltung zu Verfügung. Sie bestim-

▲ **Abbildung 12.13**
Der Reliefpfad, der der abgeflachten Kante zugrunde liegt

Rendern

Es ist eine Sache, einem Objekt eine Raumtiefe über die Richtungen seiner Kanten zu geben. Räumlich wird das Objekt aber erst durch die Textur und den Lichteinfall auf seiner Oberfläche. Dies nennt man »Rendern«.

men, von wo das Licht kommt, das Ihr Objekt moduliert **⑫**. Verschieben Sie es einfach mit der Maus. Auch können Sie es hinter das Objekt stellen, eine weitere Lichtquelle hinzunehmen oder sie wieder löschen.

Abbildung 12.14 ▶
Die Oberflächengestaltung

Soll das Objekt nicht neutral angeleuchtet sein, wählen Sie unter SCHATTIERUNGFARBE eine Lichtquellenfarbe **⑬** und steuern die Lichtintensitäten Ihren Wünschen entsprechend **⑪**.

Bei BILDMATERIAL ZUWEISEN **⑭** können Sie auf Ihre 3D-Illustrationen Bilder und Grafiken legen – ich erkläre es später in der Schritt-für-Schritt-Anleitung.

▲ Abbildung 12.15
Oben: mit neutraler Beleuchtung; unten: eingefärbt

Dose.ai

Schritt für Schritt
Eine Keks-Dose in 3D

1   Datei öffnen

Wenn Sie die Datei »Dose.ai« öffnen, finden Sie schon drei Elemente vor: einen Pfad, einen in Pfade umgewandelten Schriftzug und eine Grafik eines Hasen. Unser Ziel ist es, mit dem 3D-Effekt aus diesen Elementen eine Keksdose zu kreieren.

2   Die Dosenkante speichern

Die Dose hat eine Tiefenkante, ein sogenanntes Relief (siehe Abbildung 12.16). Um das Relief in den 3D-Optionen auswählen zu können, muss es sich aber in einer speziellen Illustrator-Datei befinden, auf die beim Extrudieren vom Programm zugegriffen wird.

Warum Illustrator diese wichtige Datei seit CS5 so tief in seinem Programm versteckt, ist mir ein Rätsel. Sie heißt »Abge-

▲ Abbildung 12.16
Die Keksdosenkante

flachte Kanten.ai« und befindet sich in Ihrem Adobe Illustrator CS6-Programmordner, und zwar im sogenannten Packetinhalt des Programms selbst. Wenn Sie sich im Illustrator-Programmordner befinden, gelangen Sie über folgenden Pfad zur besagten Datei: SUPPORT FILES • REQUIRED • RECOURCES • DE _ DE (wenn Sie mit der deutschen Version arbeiten) • ABGEFLACHTE KANTEN.AI.

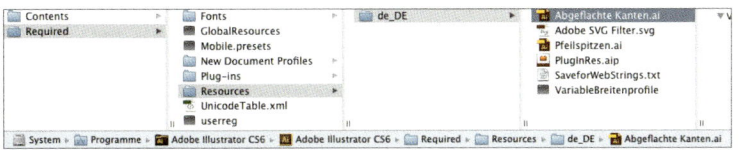

▲ **Abbildung 12.17**
Der Pfad unter MacOS X

Diese Datei, »Abgeflachte Kanten.ai« öffnen Sie und kopieren den Reliefpfad hinein, den ich für Sie in die Keksdosendatei gelegt habe. Öffnen Sie dort das Symbole-Bedienfeld, und ziehen Sie den Pfad einfach per Drag & Drop hinein. Nun nennen Sie ihn auf Nachfrage »Kekspfad« und speichern die Datei. Bestätigen Sie die Frage nach dem Speichern in eine ältere Programmversion ruhig an dieser Stelle.

Leider müssen Sie jetzt Illustrator beenden (speichern Sie zuvor alle eventuell geöffneten Dateien), um den Reliefpfad nach dem nächsten Neustart von Illustrator in der 3D-Funktion zu erhalten.

Gerne würde ich Ihnen diese komplizierte Prozedur ersparen, doch das Arbeiten mit eigenen Reliefpfaden ist zu schön und zu effektiv, als dass ich es Ihnen vorenthalten wollte.

3 Grundform der Dose

Öffnen Sie nach einem Neustart von Illustrator wieder die Datei »Dose.ai«. Ziehen Sie mit dem Rechteck-Werkzeug (M) ▢, und gehaltener ⬆-Taste ein Quadrat auf, das eine Seitenlänge von ca. 50 mm hat. Weisen Sie dem Quadrat die Farbe »Dose« aus den Farbfeldern zu, und löschen Sie eventuell die Konturfarbe.

4 Die Dose extrudieren

Gehen Sie zu EFFEKT • (ILLUSTRATOR-EFFEKTE) 3D • EXTRUDIEREN UND ABGEFLACHTE KANTE, während das Quadrat ausgewählt ist (z. B. mit dem Auswahl-Werkzeug ▧). Wählen Sie unter ABGE-

»Abgeflachte Kanten.ai« auf dem Mac öffnen

Wollen Sie auf dem Mac die Datei »Abgeflachte Kanten.ai« öffnen, gehen Sie wie folgt vor: Wenn Sie sich im Illustrator-Programmordner befinden, rechtsklicken Sie auf ADOBE ILLUSTRATOR CS6 und wählen im Kontextmenü PAKETINHALT ZEIGEN aus. Unter REQUIRED • RECOURCES • DE_DE (wenn Sie mit der deutschen Version arbeiten) finden Sie nun die Datei *Abgeflachte Kanten.ai*.

▲ **Abbildung 12.18**
Das Speichern eines eigenen Pfades für ABGEFLACHTE KANTE

▲ **Abbildung 12.19**
Einfach nur ein Rechteck ohne Kontur

▲ **Abbildung 12.20**
Tiefe der Dose und Höhe der
Reliefkanten

▲ **Abbildung 12.21**
Machen Sie eingebettete Bilder oder Vektorgrafiken per
Drag & Drop zu Symbolen.

▲ **Abbildung 12.22**
Das Aussehen-Bedienfeld
mit dem 3D-Effekt

Abbildung 12.23 ▶
Der BILDMATERIAL ZUWEISEN-
Dialog

FLACHTE KANTE Ihren Keksdosenpfad aus (»Keksdose«). Haben Sie die Vorschau aktiviert, sehen Sie schon die Form der Dose.

Passen Sie die Extrusionstiefe und die Reliefhöhe der Größe Ihres Rechtecks an. Bestätigen Sie Ihre Eingaben mit OK.

5 Bildmaterial vorbereiten

Um Bildmaterial, gleich ob Vektor oder Pixel, auf die 3D-Dose zu legen, muss es als Symbol vorliegen. Sie haben schon gelernt, dass man ein Objekt nur in das Symbole-Bedienfeld ziehen muss, um es künftig in dieser Datei als Symbol verwenden zu können. Wichtig ist nur, dass Fotos oder andere platzierte Dateien dafür eingebettet sein müssen. Ziehen Sie nun die Hasengrafik und den Schriftzug in das Symbole-Bedienfeld. Sie werden jeweils nach einem Namen gefragt. (Bei ART wählen Sie FILMCLIP oder GRAFIK; das spielt innerhalb von Illustrator keine Rolle.)

6 Bildmaterial »aufkleben«

Aktivieren Sie mit dem Auswahl-Werkzeug (V) die Dose, und öffnen Sie das Aussehen-Bedienfeld. Die Extrusion hat einen eigenen Eintrag als Effekt. Sie wissen ja: Effekte sind jederzeit editierbar. Ein Klick auf den Namen des Effekts ❶ öffnet wieder das Optionsfenster von 3D-EXTRUDIEREN UND ABGEFLACHTE KANTE.

Aktivieren Sie die Vorschau, und klicken Sie auf BILDMATERIAL ZUWEISEN. Im folgenden Dialogfenster wählen Sie zunächst eine FLÄCHE ❸ aus, auf die Sie das Bildmaterial aufbringen wollen. Mit den Vorwärts- und Rückwärtspfeilen blättern Sie die Flächen durch. Die jeweils ausgewählte Fläche wird an dem Objekt im Hintergrund auf Ihrer Zeichenfläche rot umrandet ❻ angezeigt.

Wenn Sie die richtige Fläche gefunden haben (in unserem Fall die oberste und vorderste), wählen Sie aus der Dropdown-Liste Symbol ❷ zunächst das Hasensymbol für die obere Fläche aus. Auf Seitengrösse skalieren ❺ passt die Hasengrafik zwar der Größe der Fläche an, verzert sie aber unter Umständen. An den Anfasspunkten ❹ ziehend, können Sie sie skalieren. Halten Sie dabei die ⇧-Taste gedrückt, um eine unproportionale Verzerrung zu vermeiden. Wenn Sie mit der Maus in die Nähe eines Eckpunkts (nicht darauf) kommen, ist es zudem möglich, die Grafiken oder Schriftzüge zu drehen.

Navigieren Sie nun mit den Fläche-Pfeilen zu der vordersten Fläche, auf der der Schriftzug erscheinen soll. Passen Sie auch hier die Größe an. Bestätigen Sie nun erst das Zuweisen des Bildmaterials und dann das Extrudieren. Fertig ist Ihre Keksdose rechtzeitig zu Ostern. Sie können die Dose jederzeit in eine andere Perspektive drehen und auch sonst beliebig anpassen. Das »aufgedruckte« Bildmaterial wird sich mitdrehen.

▲ **Abbildung 12.24**
Die ausgewählte Fläche wird rot hervorgehoben.

▲ **Abbildung 12.25**
Die fertige Keksdose – oder was man daraus macht

Kreiseln

Anders als das Extrudieren erschafft der 3D-Effekt Kreiseln grundsätzlich runde Formen, selbst dann, wenn die Grundform eine eckige ist.

Wählen Sie diese Form der 3D-Darstellung also lieber für runde Formen, wie zum Beispiel ein Weinglas. In Kapitel 8, »Transparenzen und Effekte«, haben Sie schon auf konventionellem Weg ein Weinglas gezeichnet. Das geht auch mit dem 3D-Effekt – schneller zwar, aber auch plakativer und nicht so ausgefeilt.

▲ **Abbildung 12.26**
Hier wurde ein auf der Spitze stehendes Quadrat gekreiselt.

▲ **Abbildung 12.27**
Ein »konventionell« gezeichnetes Weinglas

Abbildung 12.28 ▶
Links: Das ganze Glas kreiselt
noch mal um sich selbst.
Rechts wird nur der Quer-
schnitt des Glases als Kontur
zum Glas gekreiselt.

Sie können zum Kreiseln auch geschlossene Flächen verwenden,
aber es bietet sich eher an, mit offenen Pfaden zu arbeiten. Jedoch
gehört auch hier eine gewisse Vorstellungskraft dazu, weil Sie eine
Schnittform (Querschnitt des fertigen Objekts) als Grundlage
nehmen müssen. Andernfalls würde das ganze Glas um sich selbst
gedreht werden (siehe Abbildung 12.28, links), anstatt sich durch
das Kreiseln erst zum ganzen Glas zu verbinden.

Zeichnen Sie also immer einen Querschnitt des Objekts, das Sie zu
3D kreiseln wollen. Aktivieren Sie diesen Pfad mit dem Auswahl-
Werkzeug (V) ![Cursor], und weisen Sie ihm eine Konturfarbe zu, damit
Ihr Glas bei einer schwarzen Kontur nicht pechschwarz erscheint.

Anschließend gehen Sie bei immer noch ausgewähltem Pfad zu
Effekt • (Illustrator-Effekte) 3D • Kreiseln. Die unten abgebil-
deten Einträge sind die einzigen, die sich vom Extrudieren im vorherigen Abschnitt unterscheiden.

▲ **Abbildung 12.29**
Die Kreiseln-spezifischen Optionen

▲ **Abbildung 12.30**
Bei nur 270° wird die Form
nicht geschlossen.

Mit dem Winkel ❶ bestimmen Sie, ob das Kreiseln einmal ganz
herumgeht (360°), ob die Form also geschlossen wird oder teilweise offen bleibt. Geben Sie einen etwas geringeren Wert als
360° ein, wird ein Stück wie bei einer Torte ausgelassen.

Der Versatz ❷ dreht nicht um die direkte Außenkante, sodass
ein Loch in der Mitte entsteht.

◀ **Abbildung 12.31**
Von 0 über 20 bis 40 pt-Versatz

Je nachdem, ob Sie eine linke oder rechte Hälfte Ihres Objekts gezeichnet haben, müssen Sie wählen, um welche Kante ❸ gekreiselt wird. Haben Sie eine rechte Kontur und lassen Sie linksherum kreiseln, erhalten Sie eine negative Form (Abbildung 12.32).

Es wird berücksichtigt, ob die Konturen, die Sie kreiseln lassen, deckend oder transparent sind. Deutlich wird dies, wenn Sie mit Innenräumen arbeiten. Der folgende Weg verdeutlicht es:

❶ Weinglashälfte zeichnen
❷ Wein selbst passgenau in das Glas zeichnen
❸ Flächenfarben zuweisen, Konturfarben löschen
❹ Glas auf 30 %, Wein auf 80 % Transparenz stellen
❺ Glas und Wein gruppieren
❻ Glas-Wein-Gruppe kreiseln

▲ **Abbildung 12.32**
Richtig und falsch herum gekreiselt

◀ **Abbildung 12.33**
Kreiseln mit halbtransparenten Objekten

Drehen

Der einzige wirkliche Unterschied zum Verbiegen-Werkzeug ist die Perspektive (Abbildung 12.34) in den Drehen-Optionen. Damit werden die Achsen des Objekts nicht nur in den Raum hinein *gekippt*, sondern auch *verjüngt*. Nutzen Sie das Drehen, wenn Sie numerisch Raumtiefe erzeugen wollen.

Abbildung 12.34 ►
3D-Drehen-Optionen

Oft jedoch verleiten uns die vielen – und an richtiger Stelle auch nützlichen – Funktionen der ausgefeilten Grafikprogramme dazu, zu kompliziert zu denken. Das einfache Anlegen schräger Flächen erzeugt oftmals eine glaubwürdigere Ansicht; man muss aber schon räumliches Vorstellungsvermögen haben.

Schrift extrudieren

▲ **Abbildung 12.35**
»Konventionell« mit Skalieren und Verbiegen gezeichneter Würfel

Diesem sehr kurzen Abschnitt möchte ich voranstellen, dass das Umwandeln von Schriften nach 3D in 97 % aller Fälle eine typografische Unart ist. Aber es geht. Und in den 3 % der Fälle, die übrig bleiben, wählen Sie eine passende Schrift und Anmutung.

Gestalten Sie eine Schrift (im Fall von Abbildung 12.36 sogar eine Schrift mit einem Verlauf), wählen Sie sie mit dem Auswahl-Werkzeug aus, und gehen Sie zu EFFEKT • (ILLUSTRATOR-EFFEKTE)

▲ **Abbildung 12.36**
Auch Schriften können in 3D umgewandelt werden.

3D • EXTRUDIEREN UND ABGEFLACHTE KANTE. Hier geben Sie wie bei anderen Objekte auch schon die Tiefe Ihrer Extrusion ein und die Drehung in den Raum. Fertig.

Abbildung 12.37 ►
Text kann korrigiert und formatiert werden. Beachten Sie nur, dass sich die Position der Buchstaben durch den 3D-Effekt verändert (Mitte).

Die Schrift bleibt editierbar, d.h., Sie können jederzeit mit dem Textcursor in den Schriftzug klicken und ihn korrigieren oder auch eine andere Schrift auswählen. Illustrator wird sie dann sogleich in den schon angewendeten 3D-Effekt verrechnen.

▲ **Abbildung 12.38**
3D-Typo mit VERZERRUNGSHÜLLE – alles ist möglich.

12.2 Das Perspektivenraster

Wollen Sie perspektivisch korrekt zeichnen, bietet Ihnen das Perspektivenraster einige Hilfestellungen. Einerseits ist es Anhaltspunkt für Ihre Zeichnungen und hilft Ihnen rein visuell. Andererseits bringt es auch von Ihnen nichtperspektivisch gezeichnete Objekte durch Verformen in die richtige Perspektive.

Doch Perspektive ist nicht für jedermann etwas. Es erfordert trotz der Hilfestellungen, die Illustrator bietet, gutes räumliches Vorstellungvermögen. Und Sie sollten vor (!) dem Zeichnen wissen, wie in etwa ihre Illustration hinterher aussehen soll.

▲ **Abbildung 12.39**
Zeichnen in Perspektive

Daher lohnt es sich, bei der Arbeit mit dem Perspektivenraster eine Skizze dessen anzulegen, was Sie sich vorstellen – auch dann, wenn Sie sich nicht für ein Zeichengenie halten. Scannen Sie Ihre Skizze ein, und platzieren Sie sie in den Hintergrund. Auch lohnt es sich, für viele dieser Arbeiten von vornherein ein Querformat anzulegen.

Ein Perspektivenraster anlegen

In dem Moment, in dem Sie das Perspektivenraster-Werkzeug ▮ (⇧ + P) auswählen, erscheint so ein Raster direkt auf Ihrer Zeichenfläche. Selbst nach einem Werkzeugwechsel verschwindet es nicht mehr. Um es auszublenden, gehen Sie auf ANSICHT • PERSPEKTIVENRASTER • RASTER AUSBLENDEN (Strg / ⌘ + ⇧ + I).

◀ **Abbildung 12.40**
Die Zeichenfläche mit einem Perspektivenraster

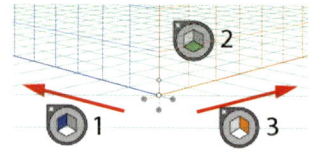

▲ **Abbildung 12.41**
Das Raster weist in drei Richtungen.

▲ **Abbildung 12.42**
Der Ebenenwähler zeigt die
aktive Raumtiefe an.

Das Raster zeigt Ihnen drei Raumtiefen:

▸ Nach links wird es mit einem blauen Gitter dargestellt. Ist diese Raumtiefe aktiv, zeigt Ihnen der EBENENWÄHLER (Abbildung 12.42) dies mit einer blauen Fläche an.

▸ Nach rechts hinten wird die zweite Raumtiefe mit Orange angezeigt.

▸ Der Boden wird mit Grün dargestellt.

Ist eines der Perspektiven-Werkzeuge ausgewählt, wechseln Sie die aktive Ebene mit den Tasten ①, ② oder ③; alternativ klicken Sie mit der Maus in eine Fläche des Würfels. Die Taste ④ deaktiviert die Perspektivenfunktion; klicken Sie in den Kreis, der den Würfel umgibt.

Das Perspektivenraster anpassen

Nun geht es darum, eine gute Grundlage für die weitere Arbeit zu schaffen. Das Raster zeigt Ihnen ja die drei Dimensionen an, die auf zwei Fluchtpunkte zulaufen: die Senkrechte nach links und rechts sowie den Boden. Doch passt das vielleicht gerade nicht zu Ihrer Skizze oder Vorstellung.

Das Raster hat verschiedene Steuerelemente, die Sie nun so verschieben, dass das Raster (so gut es geht) mit Ihrer Vorlage übereinstimmt.

Mit dem Auswahl-Werkzeug (Ⓥ) fassen Sie den ganz linken Anfasser an und schieben den Horizont ❶ auf die gewünschte Höhe. Er kann nur in der Vertikalen bewegt werden. Danach schieben Sie den linken Fluchtpunkt ❷ in der Waagerechten, bis die nach links fluchtenden Linien mit Ihrer Skizze übereinstimmen. Mit dem rechten Fluchtpunkt verfahren Sie anschließend ebenso.

▲ **Abbildung 12.43**
Je genauer Sie das Raster an Ihre Skizze anpassen können, desto leichter wird das Arbeiten.

Abbildung 12.44 ▸
Die Steuerelemente zum Anpassen des Perspektiven-rasters

Mit dem Steuerelement für die horizontale Rasterebene ⑥ verschieben Sie die gesamte Bodenebene auf eine glaubwürdige Höhe. Der Rasterzellen-Punkt ⑤ vergrößert lediglich die Zellen, wenn Sie ihn nach oben schieben, und verfeinert sie, wenn Sie ihn nach unten ziehen. Er steuert also die Feinheit Ihres Rasters, da zu viele Rasterlinien Sie bei der Arbeit behindern können. Die Ausdehnung des Rasters schränken Sie mit dem Steuerelement zur Rasterausdehnung ④ ein oder erweitern sie. Wie weit soll Ihr Raster also in der Raumtiefe noch angezeigt werden?

Zum Verschieben des ganzen Rasters fassen Sie es an der Bodenebene ganz unten links oder rechts ③ an.

Doch achten Sie darauf, dass sich nach dem Anpassen des Rasters die blaue, orange und grüne Ebene wieder treffen. Die Steuerelemente müssen wieder aufeinander liegen, wie in Abbildung 12.44 unten rechts zu sehen ist.

Perspektivisch zeichnen

Nachdem Sie nun das Raster eingestellt haben, wollen Sie bestimmt mit dem Zeichnen beginnen. Gut. Wenn Sie das Rechteck-Werkzeug (⌨M) auswählen und der Ebenenwähler ⑦ die linke Ebene als aktive Ebene kennzeichnet, wird jedes Rechteck automatisch in der Perspektive der linken Ebene gezeichnet – selbst außerhalb des sichtbaren Rasters. Auch ein Kreis wird sogleich in der entsprechenden Perspektive aufgezogen.

Soll das Rechteck zur rechten Perspektive konform sein, klicken Sie im Ebenenwähler die rechte Würfelfläche an, bevor Sie zeichnen. Sie sehen, dass die Farben vom Ebenenwähler und dem aktiven Perspektivenraster immer übereinstimmen.

Möchten Sie erst einmal etwas zeichnen, ohne dass die Objekte gleich in irgendeine Richtung einrasten, schalten Sie die Perspektive ab. Dazu klicken Sie in den kleinen Kreis, der den Würfel des Ebenenwählers umgibt, oder drücken Sie ⌨4 auf Ihrer Tastatur. Möchten Sie später dann das gezeichnete Objekt einer Perspektivenebene zuweisen, wählen Sie aus der Werkzeugleiste das Perspektivenauswahl-Werkzeug 🡒 (⇧+⌨V) und aktivieren eine Würfelfläche im Ebenenwähler. Klicken Sie auf das Objekt, wird es erst mal nur ausgewählt, doch sobald Sie es bewegen, springt es sofort in die aktive Perspektive.

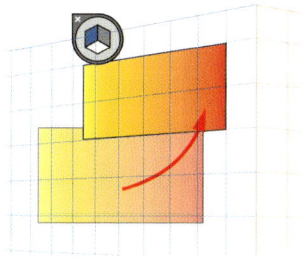

▲ **Abbildung 12.45**
Ein Objekt bei aktiver Perspektive gleich perspektivisch aufziehen

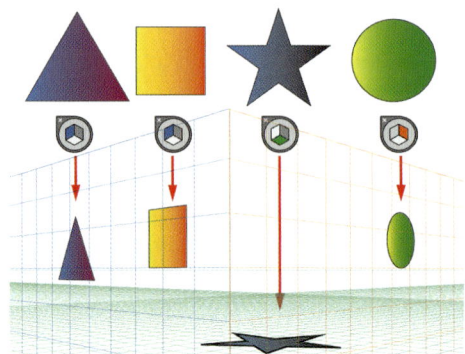

Abbildung 12.46 ►
Mit aktiven Perspektiven-
Ebenen und dem Perspekti-
venauswahl-Werkzeug ins
Raster gezogene Objekte

Wenn Sie mit dem Perspektivenauswahl-Werkzeug 🐟 ein Objekt
verschieben, passt es sich in der Perspektive seiner aktiven Ebene
an. Soll es aber seine Perspektivenebene wechseln, ziehen Sie es
an die entsprechende Stelle und drücken dabei eine der Ebenen-
Tasten: ① steht für die linke Ebene, ② für die Bodenebene, ③
für die rechte, und ④ schaltet die Perspektive aus.

Wenn Sie beim Ziehen auch noch die Alt-Taste drücken,
duplizieren Sie das Objekt dabei. Ein sehr ökonomischer Weg!

Abbildung 12.47 ►
Das Objekt wechselt seine
Ebene.

Eine Besonderheit gibt es noch. Wenn Sie nämlich ein der linken
Ebene zugeordnetes Objekt mit dem Perspektivenauswahl-Werkzeug weiter nach rechts schieben, wird es größer. Wollten Sie es
aber weiter nach rechts schieben, um es in die Ferne zu verschieben, halten Sie einfach beim Schieben die Taste ⑤ gedrückt.

Abbildung 12.48 ►
Mit der gedrückten Taste ⑤
verschieben Sie ein Objekt
innerhalb seiner Raumebene
in die Ferne.

Zusammenspiel in der CS6

Illustrator und Bridge, InDesign und Photoshop

- ▶ Wie kann Bridge in der CS6 genutzt werden?
- ▶ Welche Möglichkeiten zur Projektstruktur bietet die Bridge?
- ▶ Wie werden PSD-Ebenen in AI übernommen?
- ▶ Wie kommen Illustrator-Einzelobjekte zu Photoshop?
- ▶ Wie werden Pfade zwischen den Printprogrammen ausgetauscht?
- ▶ Wie setzt InDesign Text an einen Illustrator-Pfad?

13   Zusammenspiel in der CS6

Illustrator-Anwender arbeiten sehr oft auch mit anderen Programmen der Creative Suite 6 zusammen, besonders mit Photoshop und vor allem auch mit InDesign. Deshalb möchte ich Ihnen hier die Zusammenarbeit dieser Programme näherbringen.

13.1   Adobe Bridge CS6

In meinen Schulungen fragen selbst gestandene Grafiker immer wieder nach, was denn eine »Bridge« überhaupt sei und woher sie sie bekämen. Dabei wird die Bridge mit der Creative Suite geliefert! In diesem Buch ist Ihnen die Bridge schon zweimal begegnet: in Kapitel 4, »Bilder und Grafiken«, wo sie zum Austausch von Bildern diente, und in Abschnitt 5.1, »Colormanagement«, wo sie für das Farbmanagement unerlässlich war.

In erster Linie hilft Ihnen die Adobe-Bridge bei Ihrer Projektorganisation, denn sobald Sie mit mehreren Programmen arbeiten, haben Sie auch verschiedene Dateien für ein und dasselbe Projekt. Bei einem Katalog zum Beispiel kommen schnell Hunderte von Dateien zusammen. Da kann man schon mal den Überblick verlieren, wenn man nicht Ordnung hält.

▲ Abbildung 13.1
Schon die Werkzeuge zeigen, wo Überschneidungen sind (von links: Adobe Illustrator, InDesign, Photoshop).

Projektorganisation

Da jedes Projekt unterschiedlich ist, möchte ich Ihnen mit dem Überblick über die Bridge Anregungen geben, wie Sie Ihre ganz eigene Ordnung schaffen können.

Legen Sie sich auf der Betriebssystemebene Kundenordner an, und navigieren Sie in der Bridge am besten mit der Ordnerstruktur ❷ zu dem Ort Ihres Kundenordners (Sie können aber auch in der Bridge selbst neue Ordner anlegen: DATEI • NEUER ORDNER). Der Inhalt ❸ des Ordners wird Ihnen daraufhin angezeigt. Mit der rechten Maustaste können Sie ihn auch zu den Favoriten ❶ hinzu-

▲ Abbildung 13.2
Blättern Sie in der Vorschau durch Ihre Illustrator-Zeichenflächen.

fügen, damit Sie später schneller wieder an ihn herankommen und schnell zwischen wichtigen Ordnern hin und her springen können.

▼ **Abbildung 13.3**
Das Bridge-Fenster

Die Filter zeigen Ihnen zum Beispiel von Ihnen vergebene Beschriftungen ➐ oder welche Dokumentarten ➒ sich überhaupt im Ordner befinden. Auf der anderen Seite sehen Sie die Metadaten ➍ einer aktivierten Datei ein. Eine größere Ansicht dieser Datei sehen Sie in der Vorschau ➎.

▲ **Abbildung 13.4**
Für das Arbeiten mit großen Fotoarchiven: Anlegen und Vergeben von Stichwörtern

◄ **Abbildung 13.5**
Die wichtigsten Infos stehen schon unter der Datei.

▲ **Abbildung 13.6**
Metadaten eines Fotos, wie
Blende, ISO-Wert oder
Belichtungszeit

▲ **Abbildung 13.7**
Filtern nach zuvor vergebe-
nen Bewertungen

▲ **Abbildung 13.8**
Vergeben Sie Etiketten für
Dateikategorien.

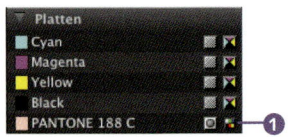

▲ **Abbildung 13.9**
Die PLATTEN zeigen die
Farbauszüge Ihrer Illustrator-
Datei an – so auch die
Pantone-Farbe ❶.

Passen Sie die Anzeigengröße der Dateien an ⓫, oder wählen Sie aus verschiedenen Anzeigevorgaben ⓬. Alle Stege zwischen den Frames können Sie mit der Maus anfassen und verschieben; ganz nach Ihren eigenen Wünschen. Selbst die Frames selbst können Sie an ihren Titelleisten an andere Stellen ziehen und sich so Ihr eigenes Bridge-Fenster zusammenstellen.

In der Steuerleiste ganz oben ❻ navigieren Sie innerhalb der Bridge: zum Beispiel eine Ordnerebene höher oder zu letzten Dateien oder zurück zu Photoshop etc.

Jede Datei ist mit ihrem Namen gekennzeichnet, und je nach Voreinstellung (DATEI/ADOBE BRIDGE CS6 • EINSTELLUNGEN… • MINIATUREN) gibt sie auch das Farbprofil und andere Ihnen wichtige Informationen ❿ preis, ohne dass Sie sie öffnen müssten. An dieser Stelle zeigt sich schon die erste Stärke der Arbeit mit der Bridge: Übersichtlichkeit und Schnellzugriff auf Informationen.

Unter BESCHRIFTUNG ❼ können Sie einer oder mehreren aktivierten Dateien eine Beschriftung mit Farbetiketten zuweisen. Ebenda stehen BEWERTUNGEN ❽, mit denen Sie Sternchen vergeben können. Mit diesen Filtern ist es so sehr schnell möglich, bestimmte Kategorien von Dateien herauszufiltern, indem Sie eine oder mehrere Kategorien anhaken und dann auch nur diese angezeigt bekommen (Abbildung 13.7 und 13.9).

Mit einem Doppelklick auf eine Illustrator-Datei öffnet sie sich in Illustrator, um dort bearbeitet zu werden. Mit einen Klick auf das Bridge-Symbol � in der Anwendungsleiste von Illustrator gelangen Sie wieder zurück zur Bridge.

Vorabkontrolle

Hier ist die zweite Stärke von Illustrator: Sie sollen das Logo eines Kunden, das Sie mit Illustrator erstellt haben, für einen 4c-Druck zu einem Kollegen schicken. In der Bridge aktivieren Sie die Datei mit einem einfachen Klick und sehen in den Metadaten sofort, dass das Logo eine Volltonfarbe ❶ enthält, die umgewandelt werden muss.

Ach, du Schreck, auch eine Schrift wird angezeigt, also benutzt! Wäre sie in Illustrator in Pfade umgewandelt worden, würde sie hier in der Bridge auch nicht angezeigt werden. Sie müssen die

Schrift mit zu dem Kollegen schicken oder sie zuvor noch in Pfade umwandeln. Also: Die Bridge dient auch zur Vorabkontrolle Ihrer Dateien (was eine richtige Reinzeichnungskontrolle natürlich nicht ersetzt!).

13.2 Programmübergreifendes Arbeiten

Die Creative Suite als Programmpaket zeigt besonders dann ihre Stärke, wenn Sie mit mehreren Programmen gleichzeitig arbeiten.

Wie könnte ein Workflow aussehen? Sie entwerfen gerade das Cover einer CD und machen ein paar Scribbles auf Papier für ein grafisches Element, sagen wir, ein Piktogramm. Eines davon gefällt Ihnen, und Sie scannen es ein. In Photoshop bearbeiten Sie es noch ein wenig. Dann wechseln Sie zu Illustrator, um es dort zu vektorisieren. Anschließend platzieren Sie das Illustrator-Piktogramm in InDesign. In der Bridge verschaffen Sie sich währenddessen einen Überblick über alle Teile Ihres CD-Cover-Projekts. Das Piktogramm gefällt Ihnen so sehr, dass Sie es auch auf Ihre Website verwenden möchten, und daher speichern Sie es von Illustrator aus: über FÜR WEB SPEICHERN oder über den Exportieren-Dialog – je nachdem, was Sie brauchen.

Auf dem ganzen Weg brauchen Sie sich kein einziges Mal Gedanken über Farbräume und -konvertierungen zu machen, weil Sie zuvor in der Bridge die Farbeinstellungen für dieses Projekt ausgewählt und die Programme entsprechend synchronisiert haben.

Auch wenn Ihr Illustrator-Piktogramm noch verändert werden muss, obwohl es in InDesign schon platziert wurde, doppelklicken Sie in InDesign mit gedrückter [Alt]-Taste lediglich auf die Grafik, damit sie sich in Illustrator öffnet. Nach der Veränderung speichern und schließen Sie sie. Kehren Sie zu InDesign zurück, ist sie dort schon automatisch aktualisiert. Einfacher geht es nicht mehr.

Für den Printbereich speichern Sie Ihre Dateien offen ab. Das gilt für Photoshop und auch für Illustrator, wobei Sie bei Illustrator ja auch das PDF-Format unter Beibehaltung der Illustrator-Bearbeitungsfunktionen wählen können.

▲ **Abbildung 13.10**
Unter SCHRIFTEN werden die in Ihrer Illustrator-Datei verwendeten Schriften aufgelistet.

Creative-Suite-Farbeinstellungen

Damit Sie innerhalb der Creative Suite nicht aus Versehen mit unterschiedlichen Farbeinstellungen arbeiten (Dateien verschiedener Programme also nicht völlig andere Parameter aufweisen) und damit der Austausch auf farblicher Ebene reibungslos(er) funktioniert, wird das Farbmanagement zentral gesteuert – über die Bridge. Wie Sie die Creative-Suite-Programme über BEARBEITEN • CREATIVE SUITE FARBEINSTELLUNGEN… synchronisieren und was alles dabei beachtet werden muss, lesen Sie in Abschnitt 5.4, »Farben verwalten«.

▲ **Abbildung 13.11**
Vereinheitlichte Farbeinstellungen innerhalb der CS6

▲ **Abbildung 13.12**
Ohne Haken bei VERKNÜPFEN
wird das Bild eingebettet.

▲ **Abbildung 13.13**
Ebenen eines Photoshop-
Bildes

Photoshop-Ebenen in Illustrator-Ebenen umwandeln

In einigen Fällen werden Sie Ebenen eines Photoshop-Bildes nach dem Platzieren in Illustrator benötigen. Das geht zwar, aber nur mit einer großen Einschränkung: Die Photoshop-Datei muss eingebettet sein. Beim Platzieren lassen Sie einfach den Haken vor VERKNÜPFEN weg.

Abbildung 13.14 ►
Der PHOTOSHOP-IMPORT-
OPTIONEN-Dialog in Illustrator

Foto ist schon verknüpft

Haben Sie die PSD-Datei schon verknüpft platziert, möchten aber auf deren Ebenen zugreifen, öffnen Sie das Verknüpfungen-Bedienfeld, gehen ins Flyout-Menü und wählen BILD EINBETTEN.

Wenn Sie ein Bild mit Ebenen (!) platzieren, erscheinen die Photoshop-Importoptionen, in denen Sie EBENEN IN OBJEKTE UMWANDELN ❶ anhaken; andernfalls bekommen Sie ein zusammengefasstes Bild. Möchten Sie in Illustrator auch Zugriff auf Photoshop-Ebenen haben, die aber nicht sichtbar sind, setzen Sie auch einen Haken bei AUSGEBLENDETE EBENEN IMPORTIEREN ❷.

Die einzelnen Photoshop-Ebenen werden als Objekte einer Unterebene in Illustrator erstellt ❹. Ein verknüpft platziertes Bild hingegen liegt als Einzelobjekt ❸ in den Ebenen von Illustrator.

Sie können nun jedes Objekt selbstständig aktivieren oder wie andere Objekte auch über das Augensymbol in den Ebenen ausblenden. Sie können sogar andere Objekte aus Illustrator zwischen die Ebenen des Photoshop-Bildes legen.

▲ **Abbildung 13.15**
Die Ebenenstruktur von Illustrator

▲ **Abbildung 13.16**
In Illustrator gezeichnete Striche wurden teilweise unter und über das Auto gelegt.

Von Illustrator zu Photoshop

Sehr häufig wird in Illustrator vorgezeichnet, um in Photoshop weiterzuarbeiten. Da Photoshop aber ein pixelbasiertes Programm ist, funktioniert es anders als Illustrator. Die Ebenen, die Sie in Illustrator angelegt haben, werden nicht einfach als Ebenen in Photoshop übernommen, und das gilt schon gar nicht für die einzelnen Elemente, von denen es in Illustrator ja schnell Hunderte geben kann. Photoshop hat aber einen genialen Weg gefunden, mit der Zusammenarbeit umzugehen: Es nutzt Smart-Objekte.

In Photoshop gehen Sie zu DATEI • PLATZIEREN. Hier können Sie Ihre Illustrator-Datei auswählen, um sie in die bestehende Photoshop-Datei zu platzieren. Im folgenden Dialog wählen Sie SEITE **5** und den BEGRENZUNGSRAHMEN **6**, um alle Objekte, nicht aber den leeren Bereich der Zeichenfläche von Illustrator zu platzieren.

◄ **Abbildung 13.17**
Der PDF PLATZIEREN-Dialog von Photoshop

Nach dem Platzieren können Sie die platzierte Datei noch an den Objektbegrenzungen ❶ skalieren, und Sie müssen in jedem Fall das Platzieren noch einmal mit der Eingabetaste oder den Buttons in der Steuerleiste bestätigen.

Die AI-Datei ist jetzt automatisch zum Smart-Objekt in Photoshop geworden, was Sie am Icon ❷ im Ebenen-Bedienfeld erkennen. Sie haben nur eine Ebene hinzubekommen, doch wenn Sie auf das Smart-Objekt-Icon doppelklicken, öffnet sich Illustrator – mit den einzelnen Ebenen. Aber Achtung! Die Illustrator-Datei, die sich nun geöffnet hat, ist nicht Ihre Originaldatei! Es ist eine aus Photoshop generierte Kopie. Darum steht in der Titelleiste auch »Vektor-Smart-Objekt.ai« ❸.

▲ **Abbildung 13.18**
Noch können Sie das Platzieren verwerfen oder das Objekt an den Anfassern skalieren.

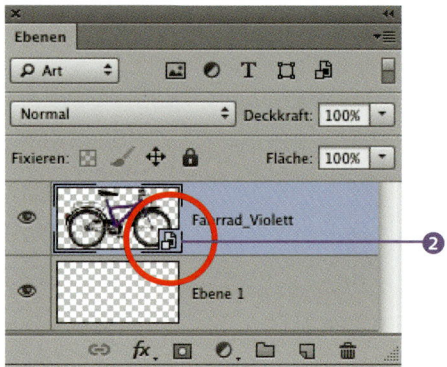

Abbildung 13.19 ▶
Das Icon einer Smart-Ebene in Photoshop sieht anders aus als »normale« Ebenen.

▲ **Abbildung 13.20**
Photoshop öffnet aus der Smart-Ebene die Illustrator-Datei.

Sie können die Zeichnungen in Illustrator nun beliebig verändern und speichern. Kehren Sie nach dem Speichern zu Photoshop zurück, werden die Veränderungen dort automatisch übernommen. Ihr Original in Illustrator bleibt unangetastet. Sie können die Smart-Ebene immer wieder als Illustrator-Dokument öffnen, bis Ihnen die Veränderungen zusagen.

Pfade aus Illustrator exportieren

Manchmal will man nicht eine komplette Illustration, sondern nur einzelne Pfade von Illustrator nach InDesign oder Photoshop bringen. Das bewerkstelligen Sie per Copy & Paste. Wählen Sie mit dem Auswahl-Werkzeug ([V]) einen Pfad aus, kopieren Sie ihn mit [Strg]/[⌘]+[C], wechseln Sie zu Photoshop oder zu InDesign, und fügen Sie ihn über [Strg]/[⌘]+[V] ein.

In **Photoshop** wird es keine Probleme geben, weil Sie in jedem Fall gefragt werden, was mit dem zu platzierenden Element passieren soll. Wählen Sie Pfad, und bestätigen Sie dann den Dialog. Im Pfade-Bedienfeld steht jetzt der Illustrator-Pfad als Arbeitspfad. Soll der Pfad auch nach dem Schließen der Datei erhalten bleiben, müssen Sie auf ihn doppelklicken und ihn benennen.

◀ **Abbildung 13.21**
In Photoshop per Drag & Drop eingefügter Pfad

▲ **Abbildung 13.22**
Skalieren eines Pfades in Photoshop

In Photoshop haben Sie die Möglichkeit, den Pfad zu skalieren (Strg/⌘+T) und ihn dann für alle weiteren Photoshop-Operationen zu nutzen. Doch sollten Sie besser auf den Arbeitspfad doppelklicken, den Photoshop für Sie erstellt hat, und ihn benennen, damit er beim Schließen der Datei nicht verloren geht.

Wenn das auch mit **InDesign** so leicht gehen soll, müssen Sie erst die Voreinstellungen des Programms ändern: Bearbeiten/InDesign • Voreinstellungen • Zwischenablageoptionen. Standardmäßig ist unter Zwischenablage die Option Beim Einfügen PDF bevorzugen aktiviert. Das ermöglicht das unproblematische Einfügen vieler Daten, sorgt aber auch dafür, dass ein Illustrator-Pfad als Bild eingefügt wird. Entfernen Sie für diese Operation den Haken, und fügen Sie den Illustrator-Pfad ein.

▲ **Abbildung 13.23**
Eine bessere Voreinstellung für den Austausch von Pfaden

Sie können den Illustrator-Pfad in InDesign bearbeiten wie einen in InDesign selbst gezeichneten Pfad. Dabei ist es egal, ob der Pfad offen oder geschlossen ist.

Haben Sie mehrere Pfade von Illustrator gleichzeitig nach InDesign kopiert, sind diese gruppiert. Um an die einzelnen Pfade heranzukommen, müssen Sie nur Objekt • Gruppierung aufheben wählen.

Wenn Sie mehr als nur den reinen Pfad aus Illustrator kopieren, erhalten Sie in InDesign zwei Objekte: den Pfad an sich und dessen Füllung als Bild. Die Füllung ist aber weder verknüpft noch eingebettet und entzieht sich dadurch jeglicher Editierbarkeit.

▲ **Abbildung 13.24**
Der eigentliche Illustrator-Pfad und seine Verlaufsfüllung als Bild

▲ **Abbildung 13.25**
Objekt zu Illustrator: Fläche,
Kontur (Pfad), Schnittmaske

Abbildung 13.26 ▼
Pfad in Photoshop aktivieren
und kopieren und in Illustrator einfügen und verarbeiten

Pfade in Illustrator einfügen

Wenn Sie Pfade **aus InDesign** per Copy & Paste in Illustrator einfügen, sind diese Pfade zunächst in einer Schnittmaske eingebunden. Sie kommen mit dem Direktauswahl-Werkzeug (A) an die
einzelnen Punkte heran; trotzdem bleibt der Pfad außerhalb seiner Schnittmaske unsichtbar.

Aktivieren Sie einen eingefügten Pfad mit dem Auswahl-Werk-
zeug (V), und wählen Sie OBJEKT • SCHNITTMASKE • ZURÜCKWAN-
DELN. Sie erhalten zu dem eigentlichen Pfad noch die farblose
Schnittmaske, die Sie einfach löschen können.

Möchten Sie einen **Photoshop-Pfad** nach Illustrator übertragen, öffnen Sie in Photoshop das Pfade-Bedienfeld (FENSTER •
PFADE), klicken dort einmal auf den entsprechenden Pfad, wählen das Zeichenstift-Werkzeug 🖋 (P) und klicken mit gehaltener Strg/⌘+Alt-Taste auf den im Bild sichtbaren Pfad. Nun
ist er als Ganzes aktiviert. Sie können ihn kopieren und in Illustrator einfügen.

▲ **Abbildung 13.27**
Speichern der Farben zur
ASE-Datei

13.3 Farben austauschen

Wie ich in Abschnitt 5.4, »Farben verwalten«, schon beschrieben habe, können Sie Farbfelder in Illustrator speichern, um sie in
anderen Adobe-Programmen zu benutzen: Öffnen Sie das Farbfelder-Bedienfeld, und wählen Sie im Flyout-Menü ALLE NICHT
VERWENDETEN AUSWÄHLEN. Als Zweites wählen Sie dort FARBFEL-
DER LÖSCHEN. Es bleiben Ihnen nur die Farbfelder, die Sie tatsächlich benutzt haben. Nun wählen Sie an gleicher Stelle FARBFELD-

BIBLIOTHEK ALS ASE SPEICHERN. Geben Sie im Dialog einen Namen und den Ort für die ASE-Datei an. Sie kann jetzt von einigen anderen Adobe-Programmen geladen werden.

Farbaustausch mit InDesign

In InDesign öffnen Sie ebenfalls das Farbfelder-Bedienfeld aus dem Fenster-Menü. In dessen Flyout-Menü wählen Sie dann FARBFELDER LADEN und navigieren zur gespeicherten ASE-Datei. Die Farbfelder der ASE-Datei werden zu den regulären InDesign-Farbfeldern mit hinzugenommen.

InDesign ist hier stärker als Illustrator, denn bei einem Austausch aus InDesign heraus reicht es, gezielt einzelne Farben auszuwählen (halten Sie bei mehreren Farben [Strg]/[⌘] dabei gedrückt) und dann im Flyout-Menü FARBFELDER SPEICHERN zu wählen (Abbildung 13.30). Geben Sie einen Namen und einen Ort an, fertig!

Um eine ASE-Datei in Illustrator zu laden, öffnen Sie das Farbfelder-Bedienfeld und gehen im Flyout-Menü zu FARBFELD-BIBLIOTHEK ÖFFNEN • ANDERE BIBLIOTHEK. Im anschließenden Dialog navigieren Sie zur gewünschten Datei. Sie bekommen ein eigenes Farbfelder-Bedienfeld, in dem dann die Farben der ASE-Datei liegen (Abbildung 13.31).

Farbaustausch mit Photoshop

Der Austausch zwischen Illustrator und Photoshop ist identisch mit dem mit InDesign. Im Flyout-Menü der Farbfelder von Photoshop wählen Sie den Eintrag FARBFELDER LADEN und navigieren zur ASE-Datei. Deren Farbfelder werden in Photoshop an die bestehenden angehängt.

Aus Photoshop heraus wählen Sie im Flyout-Menü FARBFELDER FÜR AUSTAUSCH SPEICHERN. Leider speichert Photoshop auch nur seine gesamten Farbfelder. Einzelne Farbfelder dort zu löschen, ist aufwendig: Sie müssten sie dafür alle einzeln mit [Alt] anklicken.

In Illustrator können Sie aus ASE-Farbbibliotheken keine Farbfelder löschen. Anders herum wird jedes Farbfeld, das Sie anklicken, automatisch in das reguläre Farbfelder-Bedienfeld übernommen.

▲ **Abbildung 13.28**
Laden der ASE-Datei in InDesign

▲ **Abbildung 13.29**
Illustrator-Farben werden zu den Farbfeldern von InDesign hinzugefügt.

▲ **Abbildung 13.30**
Aus InDesign nur gezielt Farben zu ASE speichern

▲ **Abbildung 13.31**
Das Bedienfeld für geladene Farbfelder in Illustrator

Schritt für Schritt
Ein CD-Cover in der CS6

Ordner CD-Cover •
CD_Cover.indd, Muster.ai
und Skizze.psd

1 Start in der Bridge

Legen Sie sich einen Ordner auf Ihrem Computer an, und ziehen Sie dort alle drei Dateien »CD_Cover.indd«, »Muster.ai« und »Skizze.psd« aus dem Ordner UEBUNGEN • CD-COVER von der Buch-DVD hinein. Öffnen Sie die Bridge (die sich bei Ihren anderen Adobe Creative Suite CS6-Programmen befindet), und navigieren Sie zu Ihrem neuen Ordner.

Sie sehen die eingescannte Bleistiftskizze (»Skizze.psd«). Mit einem Doppelklick darauf öffnet sich Photoshop.

Illustrator als Einzelprogramm

Sollten Sie ein Einzelprogramm ohne die Suite haben, können Sie diese Schritt-für-Schritt-Anleitung leider nicht mitmachen.

2 Aufbereitung in Photoshop

In Photoshop öffnen Sie nun das Korrekturen-Bedienfeld, klicken auf den Button GRADATIONSKURVEN und steilen dort die Kurve, um die grauen Striche des Bleistifts schwärzer werden zu lassen. Orientieren Sie sich dabei ruhig an Abbildung 13.33.

▲ **Abbildung 13.32**
Die Bleistiftskizze

Abbildung 13.33 ▶
Korrekturen-Bedienfeld und Gradationskurve; rechts: schwärzere Konturen

▲ **Abbildung 13.34**
So wählen Sie die Außenform der Tropfen aus.

Mit dem Zauberstab ![Zauberstab] (Y) und dem in der Steuerleiste gesetzten Haken BENACHBART klicken Sie in die weiße Fläche außerhalb des Tropfens. Klicken Sie nun bei gedrückter ⇧-Taste in die beiden Glanzflecken, um diese auszuwählen.

Stellen Sie sicher, dass Sie bei den folgenden Schritten immer die Hintergrundebene aktiviert haben. Drücken Sie D, damit gewährleistet ist, dass die Farben Schwarz und Weiß im Farbwäh-

ler aktiv sind. Mit ⌈Strg⌉/⌈⌘⌉+⌈←⌉ füllen Sie mit der Vordergrund-
farbe und färben so den Hintergrund und die Glanzflecken weiß
ein.

Als Letztes drehen Sie mit ⌈Strg⌉/⌈⌘⌉+⌈⇧⌉+⌈I⌉ die Auswahl
um. Damit die Tropfen schwarz eingefärbt werden, drücken Sie
⌈Alt⌉+⌈←⌉. Ihr Ergebnis ist jetzt Schwarzweiß.

Sichern Sie jetzt die Veränderung an der Datei »Skizze.psd« mit
⌈Strg⌉/⌈⌘⌉+⌈S⌉. Sie können Photoshop nun schließen.

▲ **Abbildung 13.35**
Die bearbeiteten Tropfen in
Photoshop

3 Nachzeichnen in Illustrator

Öffnen Sie eine neue Illustrator-Datei, und platzieren Sie den
bearbeiteten Tropfen mit DATEI • PLATZIEREN. Stellen Sie im Bildnachzeichner-Bedienfeld (FENSTER • BILDNACHZEICHNER) die Werte
so wie in Abbildung 13.36 ein: Wählen Sie bei MODUS die Option
SCHWARZWEISS, einen niedrigen SCHWELLENWERT und unter
ERWEITERT keine ECKEN. Danach klicken Sie auf NACHZEICHNEN
und im Steuerung-Bedienfeld auf UMWANDELN.

Mit den normalen Bordwerkzeugen von Illustrator wie dem
Tropfenpinselwerkzeug (⌈⇧⌉+⌈B⌉) oder dem Direktauswahl-
Werkzeug (⌈A⌉) können Sie, wenn Sie wollen, noch die Form
abrunden oder verändern. Wichtig ist, dass Sie am Ende die weiße
Fläche, die um die Tropfen herum liegt, mit dem Direktauswahl-
Werkzeug anklicken und löschen. Dazu deaktivieren Sie die Trop-
fengrafik mit ⌈Strg⌉/⌈⌘⌉+⌈⇧⌉+⌈A⌉, bevor Sie die weiße Fläche mit
dem Direktauswahl-Werkzeug anklicken und dann ⌈Entf⌉ drücken.

Wenn Sie mögen, wählen Sie die einzelnen Tropfen mit dem
Direktauswahl-Werkzeug und der gedrückten ⌈⇧⌉-Taste aus
und weisen den Tropfen einen schönen Verlauf zu (siehe dazu
Abschnitt 5.5, »Verläufe«).

Zuletzt speichern Sie Ihren Tropfen in dem Ordner, in dem auch
die anderen Projekt-Dateien liegen.

▲ **Abbildung 13.36**
Der Bildnachzeichner für den
Tropfen

4 Layout in InDesign

Wechseln Sie über den Button im Steuerung-Bedienfeld
zur Bridge, und doppelklicken Sie dort auf die bereits vorberei-
tete InDesign-Datei »Cover-CD.indd«. Wie erwartet öffnet sich
InDesign. Dort öffnen Sie über DATEI • PLATZIEREN den Platzieren-
Dialog von InDesign und navigieren wieder zu Ihrem Ordner, in
dem Sie dann doppelt auf die Illustrator-Datei klicken.

▲ **Abbildung 13.37**
Weiße Außenflächen mit dem
Direktauswahl-Werkzeug aus-
wählen und löschen

▲ **Abbildung 13.38**
Das zu platzierende Bild
befindet sich in der Maus.

Darstellung in InDesign
Damit Ihre Designs auch
sauber in InDesign ange-
zeigt werden, gehen Sie
zu Ansicht • Anzeige-
leistung • Anzeige mit
hoher Qualität.

Mit der Maus, in der sich nun der Tropfen befindet, ziehen Sie diesen großflächig über das CD-Cover. Stimmt die Größe oder die Position hinterher nicht, korrigieren Sie dies auf fast die gleiche Weise wie in Illustrator mit dem Auswahl-Werkzeug ▶. Für die Positionsbestimmungen nutzen Sie das Auswahlwerkzeug, und wenn Sie an den Ecken mit gehaltener Strg/⌘+⇧-Taste ziehen, können Sie die Größe ändern.

5 Korrekturen

Wenn Sie beim Layouten feststellen, dass die Farben des Tropfens nicht so recht passen oder dass er partiell Transparenzen haben sollte, doppelklicken Sie mit gedrückter Alt-Taste auf ihn. Er öffnet sich in Illustrator und aktualisiert sich in InDesign automatisch nach dem Speichern.

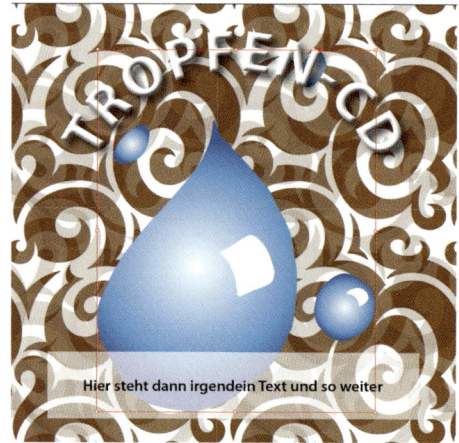

Abbildung 13.39 ▶
Ihr CD-Cover

Abbildung 13.40 ▶
Die Deckkraft von Illustrator
wird in InDesign übernom-
men.

Ausgabe für den Druck

Speichern, Exportieren und Weitergeben

▶ Wie speichert Illustrator Dokumente?

▶ Welche Datenformate gibt es mit Illustrator?

▶ Wie werden PDFs produktionssicher generiert?

▶ Wie wird gedruckt und ausgedruckt?

▶ Was ist Überfüllen?

▶ Was ist Überdrucken?

▶ Wozu legt man die Farbe Extraschwarz an?

14 Ausgabe für den Druck

▲ **Abbildung 14.1**
Das Nachmessen, Vergleichen, Besprechen, Kontrollieren und vieles mehr gehört zur Ausgabe.

In diesem Kapitel geht es darum, alles das, was Sie in Illustrator erschaffen haben, für andere zugänglich zu machen – sei es zur Weiterverarbeitung, sei es, um es in andere Programme einzubinden, um es ins Web einzustellen, um es selbst auszudrucken oder drucken zu lassen oder oder um ein PDF zur Präsentation oder zum Drucken zu erzeugen.

Der ganze Bereich der Ausgabe war früher ein eigener Beruf. Sie können sich vorstellen, dass ein gewisses Fachwissen vonnöten ist, um hier sicher zu agieren. Beschäftigen Sie sich deshalb auch über dieses Buch hinaus mit Themen wie Colormanagement, PDF und Acrobat, Druckverfahren heute etc.

Cleverprinting.de
Die Website *Cleverprinting.de* bringt regelmäßig eine neue Ausgabe des Prepress-Handbuches »PDF/X und Colormanagement« heraus. Hier finden Sie komprimiert und verständlich, was Sie sonst in diversen Büchern lesen müssten – kostenlos zum Herunterladen.

14.1 Speicherformate für den Druck

Es gibt unter DATEI zwei Einträge zum Speichern: SPEICHERN und SPEICHERN UNTER.

Unter FORMAT wählen Sie aus, in welchem Format die Datei gespeichert werden soll.

Abbildung 14.2 ▶
Der SPEICHERN UNTER-Dialog

Abbildung 14.3 ▶
Die Speicherformate von Illustrator

386

Adobe Illustrator (ai)

Das AI-Format ist das native Format von Illustrator. Wenn Sie Ihr Dokument in der aktuellen Version abspeichern, gibt es keinerlei Einschränkungen, damit in Illustrator zu einem späteren Zeitpunkt weiterzuarbeiten. Auch InDesign und Photoshop akzeptieren das native, auch »offen« genannte AI-Format. Haken Sie hier dann aber unbedingt PDF-KOMPATIBLE DATEI ERSTELLEN ❸ an, damit andere Anwendungen Ihre Dateien auch sicher darstellen können.

▲ **Abbildung 14.4**
Das ai-Icon

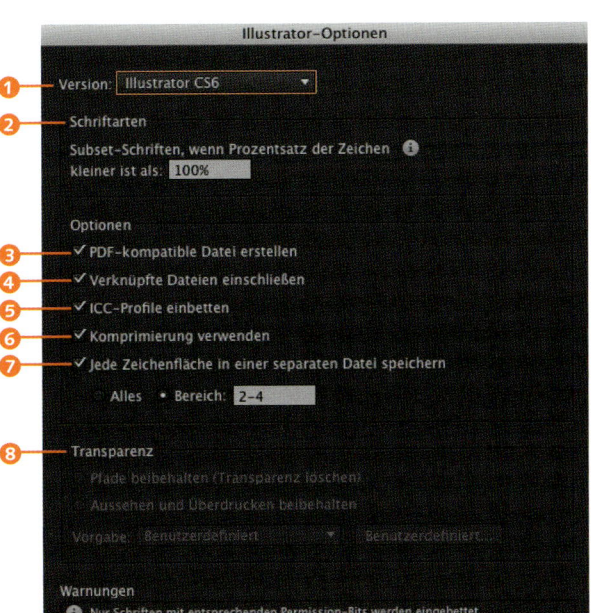

▲ **Abbildung 14.5**
Speicheroptionen für eine ai-Datei

Wählen Sie eine Illustrator-Version ❶ aus. Bis zu Version 3 zurück könnten Sie speichern, was aber meist keinen Sinn macht, weil die Bearbeitbarkeit von neueren Funktionen dabei natürlich verloren geht. Speichern Sie Ihr Dokument nur auf Nachfrage von Dienstleistern in früheren Versionen.

Schriften können eingebettet ❷ werden. Falls Sie aber nur ein paar Zeichen einer Schrift benutzen, würde die Datei unnötig groß werden, wenn trotzdem alle Zeichen eingebettet werden. Deshalb steht der Standard auf 100 %, womit quasi immer nur Untergruppen eingebettet werden. Hüten Sie sich aber vor Miss-

Mehrere Zeichenflächen

Im Zeichenflächen-Bedienfeld vergeben Sie Namen, indem Sie auf das jeweilige Seiten-Symbol ganz rechts neben dem Namen klicken. Im Flyout-Menü können Sie die ZEICHENFLÄCHEN NEU ANORDNEN. Beim Speichern sind sie bei Bedarf zusätzlich als Einzelseiten zu speichern.

verständnissen: Die Schriften müssen zum Bearbeiten der Datei trotzdem auf Ihrem Computer installiert sein.

Falls Sie die verknüpften Dateien einschließen lassen ❹, werden diese Bestandteil der Illustrator-Datei und sind dann nicht mehr verknüpft (siehe Abschnitt 4.1 unter »Verknüpfen oder einbetten?«). Dadurch steigt die Dateigröße des AI-Dokuments an.

In Illustrator-Dateien betten Sie meist keine ICC-Profile ein ❺, damit die Vektorflächen in anderen Anwendungen nicht durch Farbkonvertierungen verändert werden, was z. B. bei Firmenlogos vermieden werden muss. Da Sie Ihre Illustrator-Dateien meist in Layoutanwendungen wie InDesign platzieren, entscheiden Sie sich dort für entsprechende Ausgabeprofile. Die AI-Datei gibt dafür lediglich die CMYK-Werte vor. Drucken Sie direkt aus Illustrator, wählen Sie das Ausgabeprofil (ICC-Profil) im Druckdialog aus.

PDF-Dateien werden in Illustrator komprimiert ❻. Es wird empfohlen, die Funktion auszuschalten, wenn der Speichervorgang dadurch länger als acht Minuten dauert.

Sie können das Dokument so speichern, wie es ist, oder Sie lassen *zusätzlich* zum Masterdokument noch Zeichenflächen als einzelne Illustrator-Dateien speichern ❼. Voraussetzung ist natürlich, dass Ihre Datei über mehr als eine Zeichenfläche verfügt.

Der Punkt TRANSPARENZ ❽ wird erst bei einem Rückwärts-Speichern vor Illustrator 9 aktiv. Wählen Sie dort PFADE BEIBEHALTEN, werden Transparenzen gelöscht und die Objekte auf deckend gesetzt.

Illustrator EPS (eps)

▲ **Abbildung 14.6**
Das eps-Icon

Grundsätzlich ist das EPS-Format ein Auslaufmodell und wird über kurz oder lang von der Bildfläche verschwinden. Es ist von den Anforderungen, die heute an Ausgabedaten gestellt werden, überholt worden. Das EPS kann keine Transparenzen enthalten, muss diese also umrechnen. Lesen Sie in Abschnitt 8.2, »Transparenzreduzierung«, worin die Probleme bestehen.

Trotzdem werden Sie aber von Zeit zu Zeit ein Illustrator-EPS generieren müssen, zum Beispiel für Schilder- und Stempelmacher oder für Dienstleister, die Daten plotten.

◀ **Abbildung 14.7**
EPS-Speicheroptionen

Wählen Sie eine Illustrator-Version ❾ in Absprache mit Ihrem Dienstleister aus, da Sie für sich selbst ja kein EPS wählen würden. Beim EPS wird sehr oft noch die recht alte Version 10 erbeten.

Die Vorschau ❿ gibt an, in welcher Form Ihnen z. B. beim Einfügen eine Vorschau der Daten gezeigt wird. Lassen Sie am besten TIF (8-Bit-Farben) und die Option Transparent ausgewählt.

Unter Transparenz ⓫ ist Überdrucken nur anwählbar, wenn Sie in Ihrer Datei Objekte im Attribute-Bedienfeld auf Überdrucken gestellt haben. Beibehalten simuliert das überdruckte Aussehen, was in den meisten Fällen gewünscht ist. Wählen Sie unter Vorgabe eine Hohe Auflösung, wenn Ihre Daten gedruckt werden sollen. Besprechen Sie aber auch mit Ihrem Dienstleister, welche Einstellungen er haben möchte.

Sie können Schriften einbetten ⓬, damit sie beim Platzieren in anderen Anwendungen vorhanden sind; auf Ihrem Computer müssen sie dafür aber dennoch installiert sein.

In den Optionen ⓭ entscheiden Sie sich, ob Sie Verknüpfte Dateien einschliessen (also einbetten). Ferner geben Sie an, ob

z. B. im Finder Miniaturen der Datei angezeigt werden sollen, was standardmäßig angehakt ist und recht praktisch sein kann. Wenn Sie eine Illustrator-Datei in RGB speichern, diese aber in einer Anwendung öffnen, die nur CMYK anzeigen kann, wird auf das eingeschlossene CMYK-EPS zugegriffen. Die eigentliche RGB-Datei bleibt unangetastet. VERLÄUFE UND VERLAUFSGITTER KOMPATIBEL DRUCKEN müssen Sie nur anhaken, wenn Sie mehrere Versionen rückwärts speichern oder wenn es beim Ausdrucken Probleme mit den Verläufen gegeben hat.

Als Letztes ⑭ wechseln Sie auf LEVEL 3, wenn Ihr Dienstleister nichts anderes von Ihnen verlangt (LEVEL 2 ist für inzwischen sehr alte Geräte).

Illustrator Template (ait)

Das Illustrator-Template ist schnell erklärt, denn es speichert Ihre Illustrator-Datei quasi als offene AI-Datei ab. Aber anders als eine normale AI-Datei überschreiben Sie das Template nicht, wenn Sie es wieder öffnen: Illustrator legt eine neue, unbenannte Datei an, weshalb Sie beim anschließenden Speichern auch zum SPEICHERN UNTER-Dialog gelangen. Das Template dient Ihnen also nur als »Vorlagen-Datei« und bleibt Ihnen erhalten. Wenn Sie beispielsweise für einen Kunden immer wieder Illustrationen anlegen, die sein Logo und ganz bestimmte Farben bereithalten, brauchen Sie nur das Template zu öffnen, in dem Sie all das schon gespeichert haben.

Unter DATEI • NEU AUS VORLAGE greifen Sie schnell auf bestehende AI-Dateien zu, ohne diese selbst zu verändern. Navigieren Sie im Dialog zu einer Datei, und öffnen Sie sie mit NEU. Das Original wird nicht überschrieben.

Adobe FXG (fxg)

Das FXG-Format ist für den Einsatz in Flex gedacht, einem Open-Source-Framework von Adobe, mit dem sogenannte RIAs (Rich Internet Applications) erstellt werden können. Das Format basiert indirekt auf XML und wird auch vom Adobe Flex Builder und Adobe Flash Catalyst verwendet, um interaktive Anwendungen und Benutzeroberflächen zu entwickeln.

Leider wird vieles im FXG-Format nicht unterstützt. So werden beispielsweise Illustrator-3D-Daten in Pixelbilder umgewandelt oder Füllmethoden auf NORMAL gesetzt.

◄ **Abbildung 14.10**
FXG-Speicheroptionen

In den OPTIONEN ❶ wählen Sie PERSÖNLICHE ILLUSTRATOR-DATEN SPEICHERN, weil Sie damit die meisten Rückimportmöglichkeiten zu Illustrator erhalten. Die Option UNBENUTZTE SYMBOLE EINSCHLIESSEN würde die Dateigröße unnötig erhöhen, während VERKNÜPFTE BILDER HERUNTERRECHNEN (72 PPI) Ihre Pixelbilddaten auf eine Auflösung von 72 dpi setzt und damit zu kleineren Dateigrößen führt.

In den KONVERTIERUNGSOPTIONEN ❷ geht es darum, ob das Aussehen beibehalten werden soll oder ob versucht werden soll, die Bearbeitbarkeit nach Möglichkeit zu erhalten. Wählen Sie AUTOMATISCHE UMWANDLUNG, versucht Illustrator sein Bestes zu tun, um die Bearbeitbarkeit und das Aussehen zu erhalten.

SVG komprimiert (scgz) und SVG (svg)

SVG ist ein spezielles Format für mobile Geräte wie Handys etc. Es speichert Vektorgrafik, Pixel und Schrift ab. Weitere Metadaten werden in seiner XML-Struktur mitgespeichert.

▲ **Abbildung 14.11**
Das svg-Icon

Abbildung 14.12 ▶
SVG-Optionen

Wählen Sie unter SVG-Profil ❶ SVG Tiny 1.2; es unterstützt die meisten Geräte.

Wenn Sie Text • In Konturen umwandeln ❷ auswählen, ist die Schrift anschließend nicht mehr editierbar, wird aber so angezeigt, wie Sie sie in Illustrator sehen. Das Subsetting ❸ bindet Schriften in die Datei ein. Nur verwendete Glyphen sorgt dafür, dass die benutzten Zeichen angezeigt werden können und die Datenmenge trotzdem gering bleibt.

Einbetten ❹ speichert Ihre verknüpften Bilder in die Datei hinein. Illustrator-Bearbeitungsfunktionen beibehalten ❺ bettet zusätzlich eine AI-Datei in die SVG-Datei mit ein, um später Änderungen daran vornehmen zu können, solange die SVG-Datei noch nicht geändert wurde. Sie können sich die Datei auch schon in Ihrem Standardbrowser ❻ in einer Vorschau anzeigen lassen.

Adobe PDF (pdf)

▲ **Abbildung 14.13**
Das pdf-Icon

Das PDF-Format ist zum Standardformat für die Druckausgabe geworden. Kaum eine Druckerei nimmt offene Dateien überhaupt noch an.

Auch innerhalb der Creative Suite werden Daten zwischen den Programmen sehr oft als PDF-Daten ausgetauscht. Es geht sogar so weit, dass PDF im Hintergrund von Illustrator läuft.

Wenn ich weiter oben davon sprach, dass das EPS-Format ein Auslaufmodell ist, dann ist das PDF-Format dabei, ihm den Todesstoß zu geben. Denn was PostScript nicht kann, ist bei PDF selbstverständlich geworden: Transparenzen. Auch die nachträglichen Bearbeitungsmöglichkeiten des PDFs überzeugen.

Allgemein | Nach dem Auswählen des Formats PDF befinden Sie sich direkt im Register ALLGEMEIN.

◄ **Abbildung 14.14**
Der PDF SPEICHERN-Dialog

Wie alle ADOBE PDF-VORGABEN ❼ steht auch ILLUSTRATOR-STANDARD in eckigen Klammern. Diese Einstellung speichert Ihr Dokument zwar als PDF, verhält sich beim Öffnen in Illustrator selbst aber so, als wäre es eine ganz normale AI-Datei – ohne Einschränkungen! Der große Vorteil ist der, dass andere Programme die Datei wie ein PDF importieren/platzieren können. Adobe-Programme brauchen das aber nicht, sie arbeiten auch mit offenen AI-Dateien.

STANDARD ❽ bietet Ihnen in der Druckindustrie gebräuchliche Standards zur Auswahl. Möchte eine Druckerei einen dieser Standards, werden alle Einstellungen der folgenden Menüs entsprechend angepasst. Doch die Anpassungen sind der absolute Minimalkonsens, der noch lange kein gutes PDF ausmacht.

Die KOMPATIBILITÄT ❿ zeigt einerseits an, mit welcher Acrobat-Version das PDF lesbar ist. Deshalb sollten Sie nicht die aktuellste auswählen, damit auch Empfänger mit älteren Versionen Ihr PDF lesen können. Andererseits verhalten sich die verschiedenen Versionen in der Druckproduktion unterschiedlich. PDF 1.3 wird für die PDF/X-Standards 1 bis 3 verwendet; PDF 1.4 unterstützt Live-Transparenzen. Sie wählen es aus, wenn Sie mit Transparenzen gearbeitet haben und keinen PDF/X-Standard verwenden.

In den OPTIONEN ❾ setzen Sie einen Haken bei ILLUSTRATOR-BEARBEITUNGSFUNKTIONEN BEIBEHALTEN, wenn Sie die Datei unein-

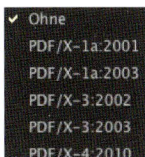

▲ **Abbildung 14.15**
PDF/X-Vorgaben im Drop-down-Menü STANDARD

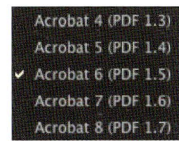

▲ **Abbildung 14.16**
Acrobat-Versionen unter KOMPATIBILITÄT

PDF/X oder nicht X?

In der Fachwelt wird viel und kontrovers über den Sinn und Nutzen von PDF/X diskutiert.
Das Ziel von PDF/X ist es, die Bedingungen beim Druck und den Druck- daten zu standardisieren, um konstante Ergebnisse zu erzielen. Es werden aber auch sehr viele Kompromisse gemacht, um alle unter einen Hut (PDF/X) zu bringen.
Fragen Sie Ihren Drucker, ob er PDF/X haben möchte oder nicht.

geschränkt in Illustrator weiterbearbeiten möchten. Die Seiten-miniaturen erleichtern im PDF das Auffinden der richtigen Seiten. Nur schnelle Webansicht optimieren sollten Sie nur dann an-haken, wenn das PDF auch online gelesen werden soll.

PDF speichern und anzeigen öffnet Ihnen nach dem Spei-chern automatisch das Dokument in Acrobat, was für die Druck-ausgabe auch sehr wichtig ist. Wollen Sie das PDF aber in erster Linie als Illustrator-Dokument behandeln, würde ich den Haken wegnehmen, weil sich sonst bei jedem Speichern Acrobat öffnet, was ziemlich nerven kann. Auch Acrobat arbeitet schon lange mit Ebenen. Sie können die Ebenen von Illustrator also übernehmen.

Speichern Sie Ihre Einstellungen als Vorgabe ⑪, um sie das nächste Mal unter den Vorgaben ❼ schnell auszuwählen. Mit PDF speichern sichern Sie Ihr PDF, wenn Sie alle Register abgearbei-tet haben.

Komprimierung | Nach den allgemeinen Einstellungen wählen Sie in der linken Liste das Register Komprimierung, in dem Sie die Datenmenge reduzieren können.

Abbildung 14.17 ▶
Hier stellen Sie die PDF-Komprimierung ein.

Unter Komprimierung ❶, die es jeweils für Farb-, Graustufen- und monochrome Bilder gibt, können Sie keine Komprimierung (Ohne) oder eine verlustfreie Komprimierung (ZIP) wählen, was bei Vektorillustrationen auch die erste Wahl ist, weil die Daten-mengen sich ohnehin in Grenzen halten. Enthält Ihre Datei aber so viele Pixelbilder in hoher Auflösung, dass die Datenmenge zu groß für Präsentations- oder Web-PDFs wird, kann eine stärkere Komprimierung (JPEG2000 oder JPEG) sinnvoll sein.

Bei Maximum ❷ ist die Bildqualität gemeint, nicht das Maximum an Komprimierung. Bei Online-PDFs oder welchen, die Sie nur zur Ansicht per E-Mail verschicken, reicht meist auch Niedrig. Monochrome Bitmapbilder ❸ brauchen Sie aus Illustrator normalerweise nicht anders als mit ZIP zu komprimieren.

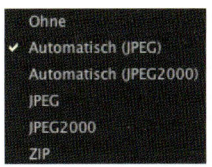

▲ **Abbildung 14.18**
Formate für die Komprimierung

Marken und Anschnitt | Nachdem Sie die Komprimierung festgelegt haben, wechseln Sie in das nächste Register, Marken und Anschnitt.

▲ **Abbildung 14.19**
Bildqualität der Komprimierung

▲ **Abbildung 14.20**
Druckermarken und Beschnitt festlegen

Unter Marken ❹ finden Sie alle Markierungen und automatischen Informationen, die auf dem Druckbogen mit ausgegeben werden können und die die Druckerei gegebenenfalls braucht.

▶ Schnittmarken ❻ bestimmen die Position, an der nach dem Druck das Papier auf Maß beschnitten wird. Man spricht auch vom **Beschnitt** oder **Anschnitt**. Elemente, die »im Anschnitt« liegen, werden auch »randabfallend« genannt.

▶ Passermarken ❼ sind dafür da, die einzelnen Farben im Druckprozess zur Deckungsgleichheit auszurichten (die Schnittmarken sind nicht dafür da).

▶ Farbkontrollstreifen ❽ geben dem Drucker eine Farbreferenz.

▶ Seiteninformationen ❾ geben außerhalb des Formates den Namen der Datei und das Ausgabedatum an, was für Rückfragen sehr nützlich sein kann.

▲ **Abbildung 14.21**
Die Druckermarken

▶ Den DRUCKMARKENTYP lassen Sie am besten auf ROMAN, die STÄRKE DER SCHNITTMARKE auf 0,25 Pt, und den VERSATZ (also den Abstand der Marken zum Papierformat) setzen Sie auf 3 mm.

Bei BESCHNITTZUGABEN ❺ (Abbildung 14.20) geben Sie Ihrem Papierformat noch einmal 3 mm hinzu, die in der Verarbeitung wieder abgeschnitten werden. In diese Zugabe legen Sie alle Elemente hinein, die bis zum Papierrand reichen. Elemente, die nicht angeschnitten werden sollen, rücken Sie vorsichtshalber etwas vom Papierrand ab. Wenn Sie beim Anlegen der Datei schon einen Beschnitt angelegt haben, reicht ein Haken in der Checkbox ANSCHNITTEINSTELLUNGEN DES DOKUMENTS VERWENDEN.

Ausgabe | Im Register AUSGABE wählen Sie in Abhängigkeit vom Druckverfahren aus, was mit den Farben der Datei passieren soll.

Abbildung 14.22 ▶
Wenn alle Objekte, Bilder und die Datei schon im Ausgabeprofil sind, brauchen Sie keine Farbkonvertierung.

ICC-Profile herunterladen

Die ECI bietet Ihnen auf ihrer Website die von den meisten Druckereien benutzten ICC-Profile zum Download an: *www. eci.org*. Auf Windows-Rechnern reicht ein Rechtsklick auf ein heruntergeladenes Profil, um es zu installieren. Mac-Anwender legen es in folgenden Ordner: LIBRARY • APPLICATION SUPPORT • ADOBE • COLOR • PROFILES.

Es gibt drei Einstellungen unter FARBKONVERTIERUNG ❶:

1. Wenn Sie Ihre Datei als PDF speichern, um sie zum Beispiel in InDesign einzubinden, und hier selbst keine Pixelbilder platziert haben, können Sie den Standard KEINE UMWANDLUNG verwenden. Es werden keine Farben konvertiert.

2. Möchten Sie Ihre Datei aber direkt drucken lassen oder haben Sie Pixelbilder platziert, sollten Sie sich erkundigen, mit welchen ICC-Profilen die Druckerei drucken wird. Diese wählen

Sie bei Z<small>IEL</small> ❷ aus, wenn Sie sie auf Ihrem Computer installiert haben. Damit CMYK-Daten aber nicht noch einmal in CMYK umgewandelt werden, wodurch es zu leichten Farbverschiebungen kommen kann, wählen Sie I<small>N</small> Z<small>IELPROFIL</small> <small>KONVERTIEREN</small> (N<small>UMMERN</small> <small>BEIBEHALTEN</small>) ❶.

3. Die dritte Einstellung, I<small>N</small> Z<small>IEL</small> K<small>ONVERTIEREN</small>, ist nur etwas für Colormanagement-Kenner.

Generieren Sie ein PDF/X (unter K<small>OMPATIBILITÄT</small>), wird bei N<small>AME</small> <small>DES</small> A<small>USGABEMETHODENPROFILS</small> der CMYK-Arbeitsfarbraum eingetragen. Wenn von Ihrer Druckerei nichts anderes verlangt wird, lassen Sie die anderen Felder leer, sie dienen nur Informationszwecken.

Erweitert | Unter E<small>RWEITERT</small> beschäftigen Sie sich mit der Einbettung von Schriftarten und den wichtigen Transparenzoptionen.

▲ **Abbildung 14.23**
Je nach Druckbedingungen brauchen Sie auch das entsprechende Profil.

◄ **Abbildung 14.24**
Transparenzreduzierung bei PDF/X

Überdrucken und Aussparen

Lesen Sie hierzu bitte Abschnitt 14.4 weiter hinten in diesem Kapitel.

Nur wenn Ihre Kompatibilität ❼ auf A<small>CROBAT</small> 4 (PDF 1.3) steht, was beim Schreiben von PDF/X-Dateien ❸ der Fall ist, müssen Sie unter V<small>ORGABE</small> ❻ auch die Höhe der Auflösung bestimmen. Wählen Sie H<small>OHE</small> A<small>UFLÖSUNG</small> für den Offsetdruck. Wenn Sie dann noch über das Attribute-Bedienfeld Objekte auf Ü<small>BERDRUCKEN</small> gestellt haben, lassen Sie mit B<small>EIBEHALTEN</small> ❺ die Funktion Ü<small>BERDRUCKEN</small> aktiv. Ansonsten wird das Objekt ausgespart, und seine Flächen- oder Konturfarbe mischt sich nicht mit den darunter liegenden Objekten.

Betten Sie in Ihre PDF-Datei Schriften ❹ ein. Wenn Sie nicht alle Zeichen (also weniger als 100 %) in Ihrer Datei benutzen, werden auch nur die benutzten Zeichen eingebettet, damit Sie nicht den gesamten Font mit Ihrer Datei »herumschleppen«.

▲ **Abbildung 14.25**
Ob Schriften im PDF eingebettet sind, erfahren Sie bei den Dokumenteigenschaften des PDFs.

Sicherheit | Das vorletzte Register beschäftigt sich mit der Sicherheit Ihrer PDF-Datei. Wenn Sie mit vertraulichen Daten zu tun haben, vergeben Sie zum Öffnen des PDFs ❶ ein Passwort, das Sie dem Empfänger separat zukommen lassen.

Sie können aber auch nur die Verwendung ❷ einschränken, damit das PDF nicht oder in nur geringer Auflösung gedruckt werden kann oder damit keine Texte herauskopiert werden können.

Abbildung 14.26 ▶
Passwortvergabe beim PDF

14.2 Exportieren

Illustrator gibt Ihnen die Möglichkeit, direkt in verschiedene Datenformate zu exportieren. Je nach Format exportieren Sie die gesamten Zeichenflächen, einzelne Zeichenflächen oder auch nur aktivierte Objekte. Das Ziel ist es, nicht in den verschiedenen Applikationen zu versuchen, eine AI-Datei zu importieren, sondern die Grafik, Illustration, das Diagramm (oder was Sie auch immer gestaltet haben) ohne Umwege zu den entsprechenden Anwendungen zu »bringen«.

Abbildung 14.27 ▶
Wählen Sie zwischen diversen Formaten.

DATEI • EXPORTIEREN bringt Sie zum Exportieren-Dialog. Unter DATEITYP (Windows) bzw. FORMAT (Mac) wählen Sie das gewünschte Datenformat aus. In den meisten Fällen öffnet sich nach Ihrem Klick auf den SICHERN/EXPORTIEREN-Button ein weiterer Dialog. In diesem geben Sie dann genauere Einstellungen für das jeweilige Format an.

PNG

Haben Sie sich für das inzwischen sehr gängige PNG-Format entschieden, das als Nachfolger für GIF entwickelt wurde, können Sie einen Haken bei ZEICHENFLÄCHEN VERWENDEN ❸ setzen, um nur ganz bestimmte Zeichenflächen zu exportieren.

◀ **Abbildung 14.28**
Exportoptionen für das PNG-Format

Bestätigen Sie den Dialog, erscheint der PNG-OPTIONEN-Dialog, in dem Sie die AUFLÖSUNG ❹ bestimmen (für Web 72 ppi). Die Hintergrundfarbe macht auf TRANSPARENT ❼ Sinn. Andernfalls legen Sie auch in Illustrator eine Farbe hinter Ihre Grafik; diese wird dann mitgespeichert. Wenn Ihre Datei Schriften enthält, lohnt es sich, diese GLÄTTEN ❺ zu lassen, damit sie am Bildschirm sauberer aussehen. INTERLACED ❻ vergrößert zwar die Datenmenge, baut Ihre Datei im Browser aber in mehreren Schritten auf, was sich also nur bei sehr großen Bildern lohnt.

▲ **Abbildung 14.29**
Oben wurde ohne einen Hintergrund und unten mit schwarzem Hintergrund exportiert.

BMP

Das BMP-Format speichert alles, was Sie an Elementen angelegt haben, gnadenlos über Ihre Zeichenflächen hinweg. Wollen Sie nur einen Teil Ihrer Arbeit als Pixelbild speichern, kopieren Sie es in eine neue Datei und exportieren von dort aus. Brauchen Sie das Bild im CMYK-Modus, müssen Sie es in Photoshop umwandeln, weil es als RGB, Graustufen oder Bitmap exportiert wird. Die Auflösung wird in aller Regel auf 72 ppi stehen. Entscheiden Sie nach dem Bestätigen mit OK noch für das Betriebssystem und die passende Datentiefe.

▲ **Abbildung 14.30**
BMP-Speicheroptionen

▲ **Abbildung 14.31**
Oben das AI-Original, unten die CAD-Zeichnung

AutoCAD

Hier möchte ich nur kurz auf das Format eingehen, weil CAD-Daten sehr speziell sind. Es werden Ihnen zwei Formate angeboten: Zeichnung (dwg) und Interchange (dxf). Ersteres versucht, die Daten – so weit, wie es aus Illustrator geht – für CAD-Anwendungen bereitzustellen. Das Interchange-Format DXF ist zwar optisch gut als Zeichnung zu verwenden, zerschneidet aber viele Pfade in Einzelstücke und ist damit technisch recht eingeschränkt.

EMF

Wenn Sie Illustrator-Daten für MS-Office-Programme zur Verfügung stellen möchten, können Sie sie im *Enhanced Metafile Format* (EMF) speichern. Es ist das Nachfolgeformat vom WMF und speichert Vektor- und Pixeldaten in einem Bild.

SWF

Der Export zu Flash bietet Ihnen schon mehr Möglichkeiten, weil trotz der Vektorfunktionen von Flash gern in Illustrator vorge-

▲ **Abbildung 14.32**
AI-Ebenen zu Flash-Ebenen umrechnen

arbeitet wird. Mit der Exportfunktion bekommen Sie dann die Daten unkompliziert zu Flash.

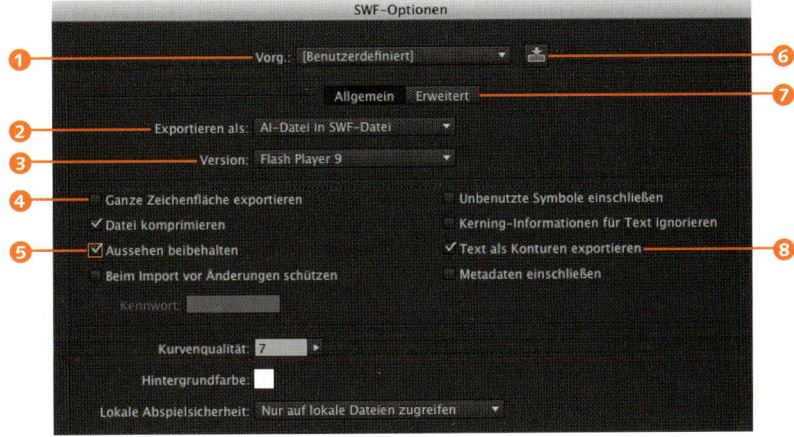

◄ **Abbildung 14.33**
Die umfangreichen
SWF-Optionen

Wie in so vielen Menüs können Sie auf Ihre gespeicherten Vorgaben ❶ zurückgreifen, um nicht jedes Mal von Neuem all die Einstellungen eingeben zu müssen. Klicken Sie zum Anlegen einer Vorlage vor dem Bestätigen Ihrer Eingaben auf VORGABE SPEICHERN ❻, und geben Sie der Vorlage im folgenden Dialog einen sinnvollen Namen.

Zwei Dinge können Sie exportieren ❷: die ganze AI-Datei oder deren Ebenen. Die Ebenen wiederum können Sie in Flash-Frames speichern, als einzelne Flash-Dokumente (jede AI-Ebene wird dann zu einen SWF-Dokument), oder Sie speichern die AI-Ebenen jeweils als Symbole, die Sie in Flash verwenden möchten.

Wählen Sie außerdem eine Flash-Version ❸ aus. Wenn Sie die exportierte Datei in Flash bearbeiten wollen, speichern Sie sie am besten in der aktuellen Version. Möchten Sie Ihr Exportergebnis in mobile Geräte einbinden, klären Sie zuvor, bis zu welcher Flash-Version jene Dateien lesen können.

In den Optionen sind für den Einstieg nur folgende Punkte für Sie interessant:

▸ ob nur die Objekte exportiert werden sollen oder auch die ganze Zeichenfläche ❹ darum herum,

▸ ob durch AUSSEHEN BEIBEHALTEN ❺ alle Ebenen vor dem Export auf eine reduziert werden sollen und

▲ **Abbildung 14.34**
Exportieren als...

▸ ob der TEXT ALS KONTUREN ❽ exportiert werden soll, womit er sein Aussehen beibehält, aber nicht mehr editierbar ist.

Sie können eine Animation über diesen Export anlegen, indem Sie aus einzelnen Illustrator-Ebenen oder Angleichungen eine Animation generieren lassen. Dies finden Sie unter ERWEITERT ❼. Die Framerate bestimmt dabei die Geschwindigkeit, mit der die Animation läuft, und die Wiederholschleife lässt sie ununterbrochen laufen. ANGLEICHUNG ANIMIEREN setzt voraus, dass Sie eine Angleichung in Illustrator angelegt haben (siehe Abschnitt 5.7, »Angleichung«, und Abschnitt 10.4, »Ausgabe für Videos und Film«).

Abbildung 14.35 ▸
Erweitert für Animationen

PSD und TIF

Der Unterschied zwischen dem Tif- und dem Photoshop-Export besteht darin, dass das Tif auf eine Hintergrundebene reduziert wird und damit ein einfaches Pixelbild geworden ist, während die Illustrator-Ebenen und viele ihrer Einzelelemente zu Photoshop-Ebenen werden, wenn Sie ins Photoshop-Format exportieren. Der Anwendungszweck bestimmt hier Ihre Entscheidung. Denn wenn Sie Ihre Illustration einfach nur als Bild haben möchten, kann eine PSD-Datei mit sieben Ebenengruppen und achtunddreißig Einzelebenen etc. schon übertrieben und unübersichtlich sein.

Bereits beim Export entscheiden Sie über das Farbmodell ❶ (Abbildung 14.36) und die Auflösung ❷ sowie darüber, ob die Illustrator-Ebenen auch in Photoshop übernommen werden ❸. Nur wenn Bilder in Ihrer AI-Datei eingebunden sind, setzen Sie den Haken bei ICC-PROFIL EINBETTEN ❹.

JPG

Ganz ähnlich wie der PSD-Export funktioniert der JPG-Export, wenn Sie Ihr Design aus Illustrator vielleicht mal schnell zur Kundenfreigabe oder zum Besprechen mit Kollegen mailen möchten. Doch auch hier entscheiden Sie über das Farbmodell ❺ und die Auflösung ❼. Und wie immer beim JPG wählen Sie eine Komprimierungsstufe ❻ aus.

▼ **Abbildung 14.36**
PHOTOSHOP-EXPORTOPTIONEN

▼ **Abbildung 14.37**
JPEG-OPTIONEN

14.3 Drucken

Das Drucken können Sie direkt aus der Illustrator-Datei heraus erledigen, denn nicht immer ist es notwendig, ein Druck-PDF zu erstellen. Auch hier kann es ganz unterschiedliche Anforderungen geben, die Sie zuvor klären müssen.

▶ Drucken Sie digital ein fertiges Produkt in größerer Menge?

▶ Belichten Sie per Druckbefehl aus der offenen Datei heraus (statt vom PDF aus)?

▶ Machen Sie »nur« einen Ausdruck auf einem Tintenstrahl-/Laserdrucker, um Ihr Ergebnis auf Papier zu sehen bzw. es Ihrem Kunden zu präsentieren?

Je nach Antwort auf diese Fragen sind andere Einstellungen für Sie wichtig.

Der Drucken-Dialog (DATEI • DRUCKEN) teilt sich in fünf Bereiche auf: Der Bereich ❶ (Abbildung 14.38) bietet Ihnen Einstellungs- und Druckervorgaben. Je nachdem, welche Vorgaben Sie hier wählen, erhalten Sie im nächsten Bereich darunter unter-

PDF zum Drucken

Wie Sie druckfähige PDFs erstellen, lesen Sie in Abschnitt 14.1, denn die Druckereien verlangen mittlerweile fast alle PDFs für den Druck.

403

schiedliche Einstellmöglichkeiten. Im Bereich ❷ wählen Sie dann die einzelnen Einstellungen aus. Sie müssen jedes Register ❸ nacheinander durchgehen und jeweils rechts Ihre Einstellungen vornehmen. Es wird Ihnen immer eine aktuelle Vorschau ❹ dessen gezeigt, was Sie inzwischen eingestellt haben. Der unterste Bereich ❺ steuert den Drucker auf Systemebene an (DRUCKER…), startet den Druck (EINRICHTEN) oder speichert die oben vorgenommenen Einstellungen (FERTIG), ohne zu drucken.

Abbildung 14.38 ▶
Der DRUCKEN-Dialog mit seinen fünf Bereichen

Deaktiviert?

Wenn bei Ihnen bestimmte Checkboxen oder Menüauswahlen deaktiviert sein sollten, stellt Ihr unter ❶ ausgewählter Drucker diese Funktionen nicht zur Verfügung. Dies ist vor allem bei TrueType-Druckern (also Tintenstrahldruckern) der Fall. Sie können dann, um alles »mitzumachen«, unter DRUCKER den Eintrag ADOBE PDF 9.0 auswählen.

Allgemein | Bestimmen Sie zunächst, wie viele EXEMPLARE ❻ Sie ausdrucken möchten. In welcher REIHENFOLGE (Seite 1 bis x oder umgekehrt) möchten Sie bei mehreren Exemplaren und Zeichenflächen die Ausdrucke sortieren? Sollen auch Zeichenflächen ohne Objekte mit ausgedruckt werden, und wollen Sie ALLE oder nur bestimmte Zeichenflächen ausdrucken?

Wenn Sie ZEICHENFLÄCHEN IGNORIEREN ❼ angehakt haben, verschieben Sie mit der PLATZIERUNG ⓫ Ihre Arbeit im Druckbereich – orientieren Sie sich dabei an der Druckvorschau.

Wählen Sie unter Medien ❽ ein Papierformat aus der Drop-down-Liste aus, und lassen Sie Illustrator Ihre Arbeit AUTOMATISCH DREHEN, damit sie am besten aufs Papier passt.

◀ **Abbildung 14.39**
Allgemeine Druckoptionen

Über die Optionen bei ❾ können Sie Ihre Zeichenflächen eins zu eins ausdrucken oder sie automatisch an den druckbaren Bereich Ihres Druckers und die eingestellte Papiergröße anpassen lassen (AN SEITE ANPASSEN). Oder Sie definieren einen Skalierungswert in Prozent. Sollte Ihre Zeichenfläche (dann) aber nicht mehr auf Ihre Papiergröße passen, können Sie den Ausdruck auf mehrere Seiten verteilen. Weil Ihr Drucker in der Regel einen weißen Rand lässt, lassen Sie die unterteilten Bereiche überlappen.

Über ❿ drucken Sie die Ebenen, die in Ihrer Datei gerade sichtbar sind und bei denen in den Ebenen-Optionen die Druckbarkeit aktiviert ist – abgeschlossen dürfen sie aber sein.

Marken und Anschnitt | Diese Optionen sind identisch mit denen für die Marken in der PDF-Ausgabe auf Seite 395. Beachten Sie an dieser Stelle nur, dass Ihr Papier entsprechend größer als A4 sein muss, wenn Sie eine DIN A4 große Datei mit Marken in Originalgröße ausdrucken möchten, da ja die Marken außerhalb des Formats liegen (siehe Abbildung 14.40).

Ausgabe | In der Ausgabe geht es wieder darum, wie mit den Farben umgegangen werden soll. Hier sind die Einstellungen jetzt sehr abhängig davon, um was für einen Druck es sich handelt.

Abbildung 14.40 ▶
Marken und Anschnitt

Abbildung 14.41 ▶
Möglichkeiten bei der
separierten Ausgabe

**Composite oder
Separation?**

Wenn Sie Ausdrucke auf
Ihrem Farbdrucker
machen wollen, wählen
Sie unter Modus einfach
Composite. Nur wer an
einer Druckmaschine
oder einem Belichter
steht, braucht hier die
Einstellungen der Separa-
tion.

Mit dem Modus ❶ bestimmen Sie, ob Sie im Composite-Modus –
also alle Farben übereinander auf ein Medium (Papier) – drucken
wollen oder ob Sie in Separationen ausdrucken, also jede Farbe
einzeln.

Die Punkte Schichtseite, Bild und Auflösung ❷ stellen Sie je
nach Druckverfahren ein. Arbeiten Sie in einer Druckerei, wissen
Sie, was Sie tun, andernfalls drucken Sie ohnehin mit der Modus-
Option Composite und können hier nichts einstellen. Auch wenn
Sie einen TrueType-Drucker ausgewählt haben, sind diese Punkte
ausgegraut.

Wenn in 4c gedruckt werden soll, Sie aber Volltonfarben in Ihrer
Datei genutzt haben und das nicht mehr ändern können, können
Sie zur Not auch hier noch Alle Volltonfarben in Prozessfarben
konvertieren ❸. Soll nur eine bestimmte Volltonfarbe umgewan-

delt werden, klicken Sie in das Farb-Icon ❻. Ebenso können Sie den Druck einzelner Farben unterdrücken. Klicken Sie dazu das jeweilige Drucker-Icon ❺ weg.

Eine praktische Funktion ist noch, dass Sie Schwarz von hier aus überdrucken lassen können ❹.

Grafiken | Wenn Sie die Kurvennäherung ❼ auf Automatisch stellen, bemüht sich Illustrator um ein gutes Verhältnis zwischen der Genauigkeit der Vektorpfade und der Druckgeschwindigkeit. Lassen Sie die Schriften ❽ nur in Untergruppen zum Drucker schicken, damit nicht überflüssig viele Daten versendet werden müssen, die den Druckprozess verlangsamen.

Bei den Optionen ❾ ist der PostScript-Level 3 derzeitiger Standard. Verläufe und Verlaufsgitter kompatibel drucken haken Sie nur an, wenn die Verläufe unsauber sein sollten; sie werden dann in Pixel umgewandelt, wodurch der Druckprozess aber auch verlangsamt wird.

◄ **Abbildung 14.42**
Optionen für Schriften, Postscript-Level und Kanten-näherungen

Farbmanagement | Im Bereich Farbmanagement sind vor allem zwei Punkte wichtig: das Druckerprofil und dass Sie die CMYK-Werte beibehalten.

◄ **Abbildung 14.43**
Das Farbmanagement für die entsprechenden Druck-bedingungen

407

Erweitert | Unter ERWEITERT ist DRUCKEN ALS BITMAP automatisch angehakt, wenn Sie auf TrueType-Druckern drucken. Wählen Sie ansonsten bei ÜBERDRUCKEN den Eintrag BEIBEHALTEN, um Ihre Einstellungen der Datei zu übernehmen. Die Einstellung bei VORGABE lautet meistens [HOHE AUFLÖSUNG]. Sollte für einen Kunstkatalog zum Beispiel eine höhere Auflösung als 300 dpi verlangt sein, stellen Sie sie bei BENUTZERDEFINIERT entsprechend hoch ein.

Abbildung 14.44 ▶
Transparenzreduzierung und Überdrucken

Übersicht | Die ÜBERSICHT zeigt Ihnen noch einmal mit gelben Warndreiecken mögliche Probleme an. Nicht jeder Hinweis muss korrigiert werden, ein Blick lohnt sich aber. Sollten Sie feststellen, dass eine Stelle Ihrer Datei einer Korrektur bedarf, brechen Sie aber nicht einfach ab, sondern klicken Sie auf FERTIG, um beim nächsten Versuch nicht alles neu eingeben zu müssen.

Mit dem Button ÜBERSICHT SPEICHERN wird eine Textdatei angelegt, die Sie den Projektunterlagen beilegen können, um bei Problemen oder späterem Nachdruck sehen zu können, mit welchen Einstellungen gedruckt wurde.

Abbildung 14.45 ▶
Warnhinweise auf mögliche Fehlerquellen

14.4 Überdrucken und Überfüllen

Für die Ausgabe unerlässlich ist das Wissen um die Begriffe **Überdrucken** und **Überfüllen**. Schauen wir uns dafür noch einmal den Prozess des Offsetdrucks an. Wie kommen die vielen Farben zustande, obwohl nur mit den vier Farben Cyan, Magenta, Gelb und Schwarz gedruckt wird?

Wenn Sie mit einer starken Lupe auf farbige Bilder Ihrer Tageszeitung schauen oder Großplakate aus der Nähe betrachten, sehen Sie den Aufbau des Bildes aus farbigen Punkten.

▲ **Abbildung 14.46**
Das sichtbare Raster im Zeitungsdruck

Im klassischen Offsetdruck wird die Fläche in ein feines Raster aufgeteilt. Dieses Raster wird in Zentimetern gemessen. Ein 60er-Raster weist demnach pro Zentimeter 60 Zellen in der Waagerechten und 60 in der Senkrechten auf. Im Zeitungsdruck benutzt man 54er- bis 60er-Raster. Im Zeitschriftendruck sind es 60er-Raster und im Kunstdruck noch feinere Raster von 70 bis 80.

Jede der vier Farben druckt jeweils nur einen Punkt in eine solche Zelle. Stößt der Punkt an alle vier Seiten der Zelle an, ist sie zu 100% gefüllt. Tritt die Farbe an einer Stelle nur leicht auf, wird der Punkt entsprechend kleiner. Das passiert nun mit allen vier Farben, deren Raster etwas gegeneinander verdreht sind.

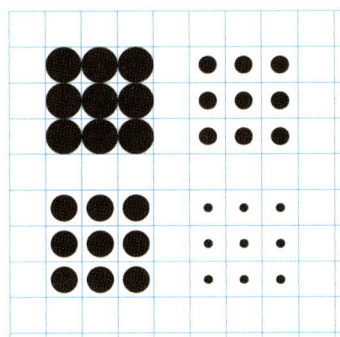

◄ **Abbildung 14.47**
Diese Raster ergäben Farbtöne im Druck: 100% und 50% oben, 75% und 25% unten.

Druckt man jetzt eine Fläche mit 100%igen Magenta-Punkten und darüber eine aus 100%igen Yellow-Punkten, mischen sich diese auf dem Papier zu einem Rot. Druckt man 100%ige Yellow-Punkte auf 50%ige Cyan-Punkte, entsteht durch den Druckprozess ein helles Grün usw.

Wenn Sie in Illustrator nun ein blaues Quadrat aufziehen und darüber einen gelben Kreis legen, würde sich dieser durch die Mischung auf dem Papier grün färben. Damit das nicht geschieht, spart Illustrator das blaue Quadrat an der Stelle des Kreises aus, druckt dort also keine Farbe. Der gelbe Kreis wird dann im nächsten der vier Druckdurchgänge genau in das Loch im Quadrat hineingedruckt.

Fürs Web speichern

Falls Sie an dieser Stelle nach dem Speichern für das Web suchen sollten, möchte ich Sie auf Abschnitt 10.3, »Die Ausgabe für das Web«, verweisen. Hier ist alles dafür erklärt.

4c-Farben

Die 4c-Farben sind das Gleiche wie »Prozessfarben« oder »CMYK«. Abgeleitet von 4-color (4 Farben) stehen sie für den Druckprozess mit CMYK.

PDF und Überfüllen

Wenn Sie nicht aus Illustrator drucken, sondern ein PDF schreiben, übernimmt das RIP der Druckvorstufe das Überfüllen. Sie brauchen sich in Illustrator nicht weiter darum zu kümmern. Wo Objekte sich aber überdrucken sollen, müssen Sie es auch bei der PDF-Ausgabe manuell anlegen.

◄ **Abbildung 14.48**
So legen Sie das Aussparen in Illustrator an.
Rechts: Der Kreis druckt in die freie Stelle im Quadrat.

Sagen Sie dem gelben Kreis im Attribute-Bedienfeld aber, dass er überdrucken soll, wird der Kreis nicht aus dem blauen Quadrat ausgespart, der gelbe Kreis überdruckt die blaue Fläche des Quadrats, und die gelbe Farbe des Kreises würde sich zu Grün mischen.

Sie benutzen das Überdrucken aber nicht, um sich das Anlegen von Farben zu sparen: Diese lassen sich besser und leichter als Farbfelder anlegen, um das Ergebnis vorherzusagen. Das Überdrucken wird meist bei schwarzen Schriften angewendet (InDesign überdruckt sogar alle 100 % schwarzen Objekte standardmäßig).

Im Druckprozess kann es nämlich leicht zu kleinen Ungenauigkeiten kommen, bei denen der gelbe Kreis nicht genau das Loch im blauen Quadrat trifft. Dann schimmert das Papierweiß an einer Kante durch. Man nennt diese Stellen »Blitzer«, und sie fallen sofort unschön ins Auge. Es gibt aber eine Methode, um solche Blitzer zu vermeiden: das **Überfüllen**.

Dazu geben Sie dem gelben Kreis noch eine gelbe Kontur. Damit diese aber nicht auch noch vom blauen Quadrat ausgespart wird, setzen Sie für diese Kontur im Attribute-Bedienfeld einen Haken bei Kontur überdrucken. Überall dort, wo die Kontur die blaue Fläche des Quadrates trifft, mischt sie sich dann zwar zu Grün, das ist aber weniger auffallend als ein weißer Blitzer. Wichtig ist, dass die Kontur sehr klein ist. Für den klassischen Offsetdruck reicht meist eine Kontur von 0,08 mm; zur Sicherheit fragen Sie aber in Ihrer Druckerei nach!

Mit einer kleinen Schrift können Sie so etwas aber nicht machen, weil die überdruckende Kontur die Schrift optisch fetter erscheinen ließe. Deshalb setzen Sie die schwarze Schrift komplett, also mit ihrer Fläche, auf Überdrucken.

▲ **Abbildung 14.49**
Trifft der Kreis nicht genau, blitzt das Papierweiß hindurch.

▲ **Abbildung 14.50**
Überdrucken der Kontur

▲ **Abbildung 14.51**
Die auf Überdrucken gestellte Kontur des Kreises verhindert Blitzer.

Schrift die auf farbigen Untergrund steht...

Schrift die auf farbigen Untergrund steht...

▲ **Abbildung 14.52**
Schrift mit Blitzern ist unleserlich. Überfüllung macht sie fetter (unten). Schwarze Schrift sollte überdrucken.

Ist die Schrift aber nicht schwarz, würde sie sich mit dem Hintergrund vermischen. Daher bleibt Ihnen nur, so etwas schon in der Gestaltung zu vermeiden.

▲ **Abbildung 14.53**
Schwarze Schrift überdrucken

14.5 Tiefschwarz

Extraschwarz, Superschwarz, Sonderschwarz, Tiefschwarz – all diese Begriffe meinen das Gleiche: Einem neuen Farbfeld »Tiefschwarz« werden nicht nur 100% K zugewiesen, sondern außerdem noch 40 bis 60% Cyan (fragen Sie Ihren Drucker nach dem gewünschten Wert).

◄ **Abbildung 14.54**
Anlegen eines Tiefschwarz als Farbfeld

Das Ziel bei der Nutzung von Extraschwarz ist es, ein besonders dichtes Schwarz zu erzeugen, das unter bestimmten Umständen trotzdem tiefschwarz aussieht. Steht zum Beispiel eine Headline auf zwei verschiedenfarbigen Untergründen, erscheint das »normale« Schwarz auch unterschiedlich. Das soll vermieden werden.

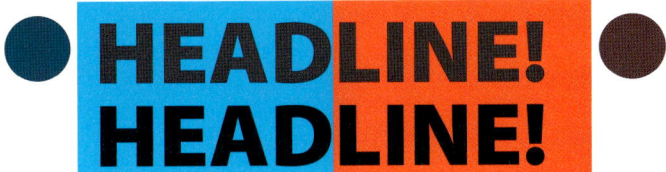

◄ **Abbildung 14.55**
Oben: Das linke Schwarz wirkt kälter, das rechte wärmer. Unten: Mit Tiefschwarz erzeugen Sie ein »sattes« Schwarz.

Die DVD zum Buch

Auf der DVD zum Buch finden Sie alles, was Sie brauchen, um erfolgreich mit diesem Buch zu arbeiten. Damit Sie einen Überblick über die einzelnen Ordner bekommen, möchte ich Ihnen die Inhalte kurz vorstellen.

Uebungen

Das Verzeichnis UEBUNGEN enthält alle im Buch verwendeten Beispieldateien. In den einzelnen Workshops verweise ich in der Marginalspalte auf die jeweils benötigte Datei.

Ordner »Video-Lektionen«

In diesem Ordner finden Sie ausgesuchte Video-Lektionen, mit denen Sie Ihr Illustrator-Wissen vertiefen können. Die Lektionen wurden dem Video-Training »Adobe Illustrator CS6. Das umfassende Training« (ISBN: 978-3-8362-1903-7) von Karl Bihlmeier entnommen.

Um das Training zu starten, gehen Sie auf der Buch-DVD in den Ordner VIDEO-LEKTIONEN und klicken dort die Datei »start.exe« (Windows) bzw. »start.app« (Mac) auf der obersten Ebene doppelt an. Alle anderen Dateien können Sie ignorieren.

Das Video-Training startet, und Sie finden sich auf der Oberfläche wieder. Bitte vergessen Sie nicht, die Lautsprecher zu aktivieren oder gegebenenfalls die Lautstärke zu erhöhen. Sollten Sie Probleme mit der Leistung Ihres Rechners feststellen, können Sie alternativ die Datei »start.html« aufrufen.

Sie finden folgende Filme:

Kapitel 1: Einstieg in Illustrator CS6
1.1 Die Arbeitsoberfläche im Überblick (08:28 Min.)
1.2 Bedienfelder und Paletten kennenlernen (07:29 Min.)
1.3 Vektoren und Pixel im Vergleich (05:33 Min.)

Testversion Illustrator CS6

Leider können wir Ihnen auf der DVD keine Testversion von Adobe Illustrator CS6 mitgeben, da die Datenmengen zu groß sind. Sie können sich die Testversion aber auch kostenlos von der Adobe-Website herunterladen. Beachten Sie, dass die erneute Installation einer Testversion nicht möglich ist, wenn Sie bereits einmal eine Testversion von Illustrator CS6 auf Ihrem Rechner installiert gehabt haben.

Kapitel 2: Zeichnen und Gestalten

2.1 Freihandzeichnen mit Illustrator (12:01 Min.)

2.2 Mit Konturen gestalten (10:27 Min.)

2.3 Plastische Objekte mit dem Gitterwerkzeug erstellen (05:45 Min.)

Kapitel 3: Kreatives aus der Praxis

3.1 Handbuch-Illustrationen zeichnen (11:19 Min.)

3.2 Web-Buttons gestalten (12:24 Min.)

3.3 Comics zeichnen und illustrieren (17:45 Min.)

Index

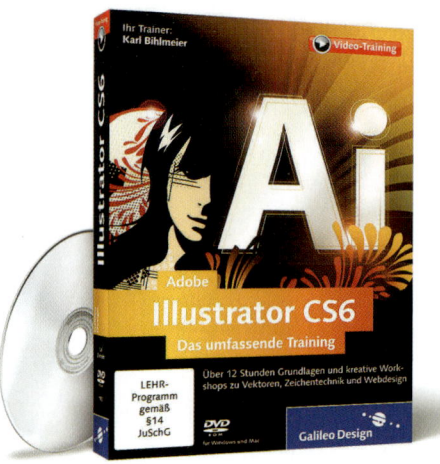

DVD, Windows und Mac, 12 Stunden
Spielzeit, 39,90 Euro
ISBN 978-3-8362-1903-7

www.galileodesign.de/3082

Karl Bihlmeier

Video-Training:
Adobe Illustrator CS6
Das umfassende Training

Mit diesem Video-Training werden Sie
zum Profi-Illustrator! Karl Bihlmeier zeigt
Ihnen mit viel Witz und Können, wie Sie
mit Adobe Illustrator CS6 eindrucksvolle
Zeichnungen, Grafiken und Bildmontagen
entwerfen. Film für Film erlernen Sie alle
Grundlagen und Techniken, die Sie als
Illustrator brauchen.

DVD, Windows und Mac, 14 Stunden
Spielzeit, 39,90 Euro
ISBN 978-3-8362-1902-0

www.galileodesign.de/3081

Orhan Tançgil

Video-Training:
Adobe InDesign CS6
Das umfassende Training

Mit InDesign CS6 zum perfekten Layout –
in diesem Training lernen Sie es! Druck-
vorstufe-Experte Orhan Tançgil zeigt
Ihnen, wie Sie Adobe InDesign CS6
richtig einsetzen und erklärt Ihnen alle
Funktionen und Werkzeuge an anschau-
lichen Beispielen aus der Praxis.

Videos im Web!

Andrea Forst

Adobe InDesign CS6

Schritt für Schritt zum perfekten Layout

Jetzt können Sie sofort mit Ihren Layout-projekten loslegen! Ohne ausufernde Erklärungen zeigt Ihnen dieses Workshop-buch konkret, wie ansprechende Flyer, Visitenkarten, Plakate, Broschüren und Co. gelingen. Durch die Arbeit an realen Projekten lernen Sie Schritt für Schritt Adobe InDesign CS6 und seine Möglichkeiten kennen.

391 S., 2012, komplett in Farbe, mit DVD, 39,90 Euro
ISBN 978-3-8362-1882-5

www.galileodesign.de/3062

Hans Peter Schneeberger, Robert Feix

Adobe InDesign CS6

Das umfassende Handbuch

Endlich das ganze Wissen rund um InDesign CS6 in einem Buch: 1200 Seiten randvoll gefüllt mit Insiderwissen des bekannten Autoren-Duos Schneeberger/ Feix, die sich besonders auch den neuen Themen Liquid Layout, EPUB, PDF-Formulare und Tablet Publishing widmen. Arbeiten Sie jetzt noch produktiver mit dem Standardwerk!

ca. 1200 S., komplett in Farbe, mit DVD, 59,90 Euro
ISBN 978-3-8362-1880-1,
Oktober 2012

www.galileodesign.de/3060

Galileo Press

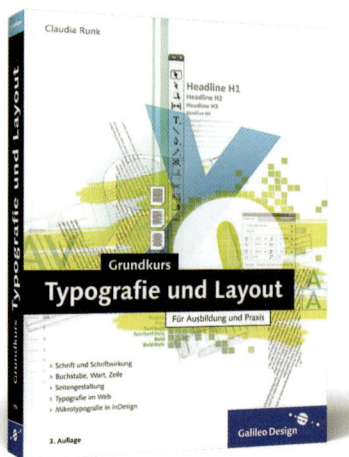

319 S., 3. Auflage 2012, 24,90 Euro
ISBN 978-3-8362-1794-1

www.galileodesign.de/2627

Claudia Runk

Grundkurs Typografie und Layout

Für Ausbildung und Praxis

Diese liebevoll gestaltete Einführung
zeigt Ihnen, wie Ihre Entwürfe durch
den richtigen Umgang mit Schrift
gewinnen können – von der passenden
Schriftwahl über Abstände bis hin zu
Grundlinienrastern und dem optimalen
Seitenformat. Beispiele aus Print und Web,
umgesetzt mit InDesign und QuarkXPress,
vervollständigen das Buch.

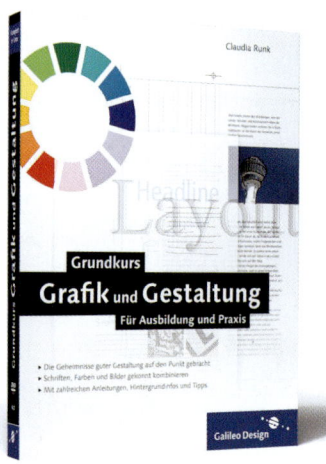

314 S., 2010, komplett in Farbe,
24,90 Euro
ISBN 978-3-8362-1437-7

www.galileodesign.de/2157

Claudia Runk

Grundkurs Grafik und Gestaltung

Mit konkreten Praxislösungen

Dieses Buch führt Sie Schritt für Schritt
in die Geheimnisse guter Gestaltung ein.
Es zeigt Ihnen, welche Grundregeln es
zu beachten gilt und wie Sie mit den
richtigen Farben, Bildern und Schriften
Layouts entwerfen, die im Gedächtnis
bleiben.

Bestellen Sie unseren Newsletter!

- Die Regeln guter Gestaltung praxisnah erklärt

- Anleitungen und Tutorials zu Schrift, Farbe & Layout

- Inkl. Komplett-Workshop – von der Idee bis zum Druck

Orhan Tançgil

Video-Training:
Grafik und Gestaltung

Das umfassende Training

Sie suchen eine Designschule, in der Sie anschaulich und praxisnah die Prinzipien guter Gestaltung erlernen? Dann ist dieser Lernkurs genau richtig für Sie. Lernen Sie direkt am Bildschirm, wie Sie Farben, Schriften und Bilder wirkungsvoll einsetzen können, und schulen Sie Ihren Blick für eine gute Gestaltung. Zahlreiche Praxisworkshops mit Vorher-nachher-Beispielen zeigen Ihnen konkrete Praxislösungen, mit denen Sie Ihre Drucksachen und Webseiten deutlich attraktiver machen.

DVD, Windows, Mac und Linux, 9 Stunden Spielzeit, 39,90 Euro
ISBN 978-3-8362-1743-9

www.galileodesign.de/2837

Galileo Press